KB131619

심미주의 선언

심미주의 선언

1판 1쇄 발행 2015. 2. 4.
1판 3쇄 발행 2020. 11. 26.

지은이 문광훈

발행인 고세규
편집 김윤경 디자인 길하나, 안희정

발행처 김영사
등록 1979년 5월 17일(제406-2003-036호)
주소 경기도 파주시 문발로 197(문발동) 우편번호 10881
전화 마케팅부 031)955-3100, 편집부 031)955-3200 | 팩스 031)955-3111

값은 뒤표지에 있습니다.
ISBN 978-89-349-6997-6 03100

홈페이지 www.gimmyoung.com   블로그 blog.naver.com/gybook
페이스북 facebook.com/gybooks   이메일 bestbook@gimmyoung.com

좋은 독자가 좋은 책을 만듭니다.
김영사는 독자 여러분의 의견에 항상 귀 기울이고 있습니다.

심미주의 선언

Manifesto for Life Aesthetic

좋은 삶은 어떻게 가능한가?

문광훈 지음

김영사

우리는 선과 우아를 추적하는 타고난 재능의 장인들을 찾아내야 하네. 우리 공동체의 젊은이들이 건강한 곳에서 살 수 있도록 말일세. 여기서는 모든 것이 이로워서 그들의 눈과 귀는 훌륭한 예술작품의 영향만 받을 것이네. 그 효과는 좋은 곳에서 불어온 미풍처럼 건강을 가져다줄 거라네. 그리하여 어릴 때부터 자기도 모르는 사이에 그들을 이끌어 이성의 아름다움을 받아들이고 그와 친숙해져 조화롭게 해줄 것이네.

_ 플라톤, 《국가》

예술이란 무엇인가? 예술은 왜 있는 것인가? 이 물음에 대해 우리는 여러 가지로 대답할 수 있다. 그러나 예술의 장르가 어떻고 그 작품에 대한 접근 방식이 무엇이든 간에, 예술의 지향은 결국 하나의 지점으로 수렴된다. 그 지점이란 삶이다. 그것은 오늘의 삶-오늘을 사는 나와 우리 모두의 삶이다. 예술이, 그것을 감상하는 나와 우리의 지금 삶을 쇄신시키는 데로 이어지지 못한다면, 대체 무엇을 위해 있을 것인가?

차 례

예술경작의 험난한 경로를 시작하며

이 책에서 나는 오늘의 현실과 세계 그리고 그 속의 인간을 스케치할 것이다. 이 스케치에서 드러나는 가장 중대한 문제의식이 '어떤 하나'로 수렴되는지 살펴볼 것이다. 또한 이렇게 살펴본 것을 내 삶에 적용해볼 것이다.

모든 것은 나의 지금 여기 생활로부터 나온다. 아마도 그것은 왜 시를 버릴 수 없는지, 문학과 예술은 무엇을 하고 또 무엇을 해야 하는지, 그리고 예술에 대한 이 같은 믿음이 없다면 지금의 삶은 얼마나 척박하고 얕은 것인지에 대한 절박한 물음과 해묵은 좌절과 작은 기쁨의 궤적이 될지도 모른다.

매일을 지탱하는 나의 느낌과 생각과 몸과 언어가 결국 내 글의 주인이 되게 한다. 속되고 비루해도 때로는 참신할 수 있고, 원칙의 고수가 용렬할 수도 있다. 그러나 진솔하다면, 시정(市井)의 이야기가 역사와 경전(經典)의 이야기보다 못할 것 없다. 그렇듯이 나의 가장 사적이고 내밀한 실존의 기록이 그 어떤 집단의 기록보다 더 사회적일 수 있다. 그러면서 이 책이 지난 시간의 여러 사회역사적 성취를 그 나름으로 소화한다면, 더욱 좋을 것이다. 그것은 고려의 문장가 이규보(李奎報) 이래의 전통이기도 했다.

글을 짓는(경문, 耕文) 마음, 마음의 밭을 가는 글(경심지문, 耕心之文), 그것은 예술경작(예경, 藝耕)의 험난한 경로다. 호미와 낫, 쟁기와 보습을 수리하고, 이렇게 고친 도구로 자아를 버리면서 세계를 향해 느낌과 생각을 갈고 닦는 일. 그것은 그 자체로 심미적이다. 나의 글은 심미적으로 채색될 것이다. 곳곳에 시와 그림이 있고, 음악이 있고, 사진과 조각도 있을 것이다. 이 다양한 예술경험은 다양한 방식으로 이야기될 것이다. 때로는 분석하고 때로는 논평하며, 때로는 해석하고 때로는 회상하고 대화하고 상상하면서 서술될 것이다. 여기에 때로는 흐느낌과 탄식, 하소연과 웅얼거림까지 배어들 것이다.

그리하여 모든 장(章)과 단락이 하나의 심미적 경험이 되게 할 수 있을까? 이 책 전체가 결국 하나의 예술작품이 되도록 만들 수 있을까? 시이면서 철학이고, 산문이면서 음악적 선율이 들어간 글. 아무리 오래된 것도 새로움 속에서 다시 존재하고, 그 어떤 새로운 것도 이미 있어왔던 것의 빛 아래 자리할 것이다. 형식상으로 혁신적이고 내용적으로 판이한, 그리고 그 같은 새로움 속에서 지금 여기의 삶을 전혀 새롭게 드러내 보여주는, 그리하여 오늘의 삶을 새롭게 주형하는 데 기여하는 그런 글의 길이 있을까? 그 길에서 우리는 인간성의 상수(常數)를 잃지 않고 살아갈 수 있는 힘을 다시 얻게 될까?

이 책은 20세기 후반에서 21세기 초반을 이 좁은 땅─한반도의 중간쯤에 자리한 서울의 한 모퉁이에 살고 있는 필자가 절박한 마음으로 쓴 실존적 호소다. 그것은 '예술을 통해 심미적인 것(the aesthetic/ das Ästhetische)의 형성력을 갖자'는 요청이고, '이 자발적이고 비폭력적이며 즐거운 자기갱신의 형성력으로 우리 사회의 미진함과 결핍을 조금씩 교정시켜가는 것은 어떤가'라는 하나의 제언이다. 이 제언은, 이것이 아니라면 갈등과 고통을 최소화하면서 현재를 갱신할 수 있는 다른 길은 드물 것이라는, 아니 거의 없는지도 모른다는 점에서, 하나의 정언명령이다. 그리고 이 제언은, 그것이 심미적으로 구조화되어 있다는 점에서, '심미적 정언명령(aesthetic imperative)'이라고 말할 수 있다.

나는 정치적인 것의 모든 개선은 '성격의 고귀화(Veredlung des Charakters)'로부터 시작해야 한다는 실러(F. Schiller)의 테제를 옹호한다. 두뇌(이성)로의 길은 심장/감각/마음을 통해 열려야 한다는, 그가 믿은 미학적 진실성을 따른다. 그러나 그 방법은, 오늘의 시대가 실러의 시대보다 훨씬 어지럽고 훨씬 빠르며 훨씬 복합적으로 전개되고 있기 때문에, 그 당시보다 더욱 면밀하고 다층적이지 않으면 안 된다. 그러면서 이 심미적 방법은, 하나의 방법론이 현실을 파악하는 하나의 그물일 뿐 현실 자체는 아니라는 점에서, 고수의 대상은 아니다. 그것은 버릴 수도 있어야 한다. 개념은, 개념 자체의 죽음까지 고려할 때, 살아남을 수 있다. 성찰의 진정한 변증법은 성찰의 중단까지 포함한다. 그래야 사유는 점점 자라날 수 있으므로. 그래서 '무엇이어야 한다'는 당위적 구절도, 궁극적으로는 있는 것보다는 없는 게 더 좋다.

아마도 자유란, 엄격한 의미에서 보자면, 아름다움의 자유만을 일컫는지도 모른다. 그리고 오직 아름다움만을 통하여 우리는 넓고 깊은 의미의 삶으로 나아갈 수 있는 것인지도 모른다. 그러나 여기에는 기품이 필요하다. 예술의 마음밭을 가는 일(心田耕作)은 기품 있는 자유의 즐거운 길이다. 미에 대한 탐구는 필요하고, 심미적인 것의 가능성은 유효하다. 이 가능성이란 줄이면 '자기를 만드는' 데, 즉 자아의 변형에 있다. 그 점에서 이 책은 '인격의 심미적 형성론'이다. 그리고 이 책은 실러가 《인간의 심미적 교육론》(1795)에서 전개한 핵심적인 구상―'예술과 그 교육을 통한 감각적 인간의 이성화'를 현대적으로 재구성하려는 시도다. 이것은 문헌학적 차원에서 보면 근대미학사에서 가장 뛰어난 문제의식의 어떤 면을 재해석하는 일이고, 비교문화적 관점에서 보면 오늘의 한국미학적 가능성을 탐색하는 일이다.

　나는 이 책이 전통미학의 재해석을 겨냥하는 논증적인 글이 아니라 생활에 뿌리박은, 그러니까 지금 여기의 고민과 열망에 닿아 있는, 개인적이면서도 사회적이고, 실존적으로 내밀하면서도 현실의 전체에 열려 있는 하나의 성찰이 되길 희망한다.

2015년 1월
문광훈

프롤로그

Manifesto for Life Aesthetic

껍질을 벗기다

자기자신을 속이는 사기꾼에 비하면, 이 세상의 다른 사기꾼들은 모두 아무것도 아닐 것이다.

_ 찰스 디킨스, 〈위대한 유산〉(1861)

잊혀지지 않은, 결코 잊을 수 없는 이미지가 하나 있다. 그것은 사람의 얼굴일 수도 있고, 그의 태도나 목소리 혹은 몸짓일 수도 있고, 사물의 외양이나 자연의 풍경일 수도 있다. 영화의 한 장면이거나 어제 읽었던 문장이거나, 그 문장이 남긴 의미의 여운일 수도 있다. 아니면 그 여운이 만들었던 무슨 분위기와, 그 분위기로 충만하던 어느 한때의 순간일 수도 있고, 그 순간은 때때로 무한으로 이어지는 영원의 아련한 자취일 수도 있다. 그리고 어떤 경우, 그 강렬했던 모습은 지금 그 모습을 기억하는 내 자신이나 우리보다 더 오래 살아남을 수도 있다.

죽을 운명의 인간 앞에서, 풀처럼 사라질 인간 앞에서 두려워하다니,
네겐 무엇이 있느냐?

_ 《구약성경》, 〈이사야〉(51장 12절)

　　내게 지금 남아 있는 그 이미지는 미켈란젤로(Michellangelo)
의 살갗이다. 그냥 그대로의 살갗이 아니라 벗겨진 살갗. 허
물로서의 피부…. 그것은 로마의 시스티나 예배당에 있는, 그
가 이 예배당의 천장에 그린 〈최후의 심판〉(1535~1541)에 들어
있다. 그것은 이 프레스코화의 중앙, 그러니까 심판자 그리스
도의 오른쪽 아래편에 있다.
　　사도이자 순교자인 바돌로메(Bartholomäus)는 오른손으로
칼을 쥐고 있고, 왼손으로는, 마치 뱀의 벗겨진 허물처럼, 속
내용이 빠져나간 어떤 사람의 살가죽을 들고 있다. 그것은 바
돌로메 자신의 살가죽이다. 그의 문장(文章)은, 이 그림이 보
여주듯이, 칼과 벗겨진 살가죽이다. 그런데 그 모습은 미켈란
젤로를 닮아 있다. 미켈란젤로는 자신을 벗겨진 살가죽 ─ 허
물로 그린 것이다.

미켈란젤로, '성 바돌로메'(자화상, 부분)
성 바돌로메는 산 채로 살가죽이 벗겨졌다는 열두 사도 가운데 한 사람이다. 실체와 가죽은 어떻게 이어지고, 살(肉)과 영혼과 죄악은 어떻게 관계하는가? 영혼은 새로워질 수 있는가?

미켈란젤로, '성 바돌로메'(자화상, 부분)
성 바돌로메는 미켈란젤로의 가죽을, 마치 저울질하듯 든 채, 심판을 기다린다.
인간은 허물의 무게로만 가능되는 것인가?

미켈란젤로(Michellangelo, 1475~1564), 〈최후의 심판〉(1535~1541), 로마 식스티나 예배당, 전체 그림
여기 지상과 천상의 인간 드라마가 있다.
스러지고 소리치며 쫓기면서 괴로워하는 일—삶의 한가운데서 인간은 이미 지옥의 고통을 겪는다.

바돌로메의 손에 달린 이 사람의 두 손은 아래로 축 늘여져 있고, 그 살가죽은 쭈글쭈글하게 구겨지고 움푹 들어간 모습으로 힘없이 매달려 있다. 생명은 고작해야 가죽 한 덩어리의 잔해로 남아 있다. 생명이 빠져나간 사람의 고개는 옆으로 돌아가고, 살갗은 핏기를 잃고 창백하게 마모되어 있다.

가죽으로만 남은 사람, 그는 누구인가? 무기력한 몰골로 두 팔을 늘어뜨린 채, 벗겨진 허물로만 남아 있는 사람. 이 사람은, 1923년 이태리의 의사인 카바(F. Cava)가 밝혀낸 이래, 미켈란젤로 자신의 모습이라고 이제는 누구나 여기고 있다. 왜 미켈란젤로는 자기를 직접 그리는 대신 그 허물만 그렸을까? 왜 속이 꽉 찬 모습이 아니라 그 가죽과 껍질로 된 형상을 자기의 진짜 모습이라고 했을까? 왜 이렇게 소극적인 방식으로만 그는 자화상을 남겼고, 이렇게 남겨진 자화상이란 고작 껍데기만 보여줄 뿐인가? 우리의 삶은 허물 이상일 수 있는가?

미켈란젤로의 모습은 수난당한 자의 모습—순교자의 이미지다. 텅 빈, 그래서 각질로만 남은 자아와 자신(自身)을 보여준다. 그것은 공허한 정체성의 표시일 수 있다. 나의 자아는 비어 있고, 나의 세계는 공허하다는 것. 보여줄 것이라고는 이 공허한 껍데기의 세계뿐이라는 것…. 이것은 크게 세 가지로 해석될 수 있다.

첫째, 삶에서 패배했다는 것. 오로지 삶에서 반복된 것은 실패와 좌초의 경험뿐이었다는 것이다. 현실에서 승리는 장담할 수 없다는 것. 이 점에서 그는 현실을 직시한다. 이렇게 인간의 현실을 직시한다는 점에서 미켈란젤로의 이 숨은 자화상은 뒤러(A. Dürer)의 〈자화상〉(1500)으로 이어지고, 또한 현실의 패배를 기록한다는 점에서 카라바조(Caravaggio)의 〈골리앗의 머리를 든 다윗〉(1605/1606)을 모티브적으로 선도한다.

둘째, 이 패배는, 그것이 순교라는 데서 드러나듯이, 헌신을 포함한다. 그것은 있는 그대로를 '그저 받아들이는 것'이다. 패배라는 점에서 그것은 고통스러운 것이지만, 자발적 수용이라는 점에서 거기에는 자족적 기쁨이 스며 있다. 이때의 고통이란 어떤 믿음과 이 믿음을 통한 행동의 결단을 증거하는 것이고, 이 실존적 결단 때문에 고통은 구원의 계기가 될 수도 있다. 어떤 믿음 아래 행해진 행동의 결과로서의 죽음은 회피의 대상이 아니라 감당해야 할 대상이다.

셋째, 헌신은 화가에게 물론 예술에의 헌신을 뜻한다. 그래서 수난은 예술적 진실을 위해 기꺼이 감당해야 할 현실로 받아들여진다. 이것은 예술적 진실을 위해서라면 수난과 박해, 오해와 시기와 죽음도 관통할 수 있어야 한다는 뜻이 된다.

그러므로 미켈란젤로의 자화상이 자기직시와 자기성찰의 표현이라면, 이 자기성찰이란 삶의 진실을 위한 성찰이고, 그 진실을 감당하기 위해 수난도 불사(不辭)하겠다는 의지다. 이 의지의 표현으로 그는 자기가 껍질로 내걸리는 수모도 견딘다. 자기를 실체로서가 아니라 껍데기로 그림으로써 그는 자신의 현재적 위치—예술적 실존의 굴욕과 자부를 동시에 드러낸 것이다. 그것은, 시인 김수영의 말을 빌면, "남을 보기

전에 네 자신을 먼저 보이는 긍지와 선의"가 아니던가? 왜 굴욕인가? 창의적이지 않다면, 상투적 양식과 뒤떨어진 세계관 그리고 이로부터 나오는 후진적 정치체제로부터 벗어날 수 없기 때문일 것이다. 왜 자부인가? 이 후진성의 자각에는 그 한계에도 불구하고 불합리한 삶의 구조를 이겨내려는 의지가 녹아 있기 때문이다. 그러나 그것이 실제로 어땠는지는, 500년 전 그의 현실이 문헌적으로 논거되기 어려운 까닭에, 짐작으로만 남는다.

그러나 허물벗기라는 주제는 예술사적으로, 또 더 크게 보면 지성사/정신사적으로 반복적으로 나타나는 현상이라고 할 수 있다. 허물벗기가, 앞서 말했듯이, 자기미화가 아니라 자기직시를 통한 현실직시이고 자기증거를 통한 세계증거라고 한다면, 그리고 이러한 증거란 세계에 대한 예술적 양심의 표현이라면, 그것은 뒤러나 카라바조에게서도 나타나고, 여러 문학작품들에서도 확인되는 바다.

문학작품을 넓은 의미에서 자서전적 형식이라고 보는 것은 반드시 맞는 말은 아니지만, 그렇다고 전혀 틀린 말이라고 볼 수도 없다. 여러 작품의 표면적 다양성에도 불구하고 그 작품을 쓴 작가의 내적 고향은 동일하고, 그 때문에 작가는 일평생 단 한 권의 작품만을 쓸 수 있다고 프루스트(M. Proust)는 말했다. 음악이나 조각, 영화나 사진이나 연극과 춤은 다른 것인가? 그렇지 않다. 예술이란, 단순화하자면, 나를 통해 세계를 바라보고, 이렇게 본 세계 속에서 다시 자기를 확인하는 일이다. 그리고 이 확인 속에서 그는 거듭 자신을 쇄신시켜간

문학작품은 넓은 의미의 자서전적 형식

"작가는 일평생 단 한 권의 작품만을 쓸 수 있다" (프루스트)

다. 나와 세계, 개인과 사회, 개체와 전체, 자아와 우주 사이의 부단한 상호작용과 그 긴장에서 촉발되는 어느 한 시점에서의 불꽃, 이 불꽃의 점화, 이 점화로서의 표현이 예술인 것이다.

이 불꽃의 연소 과정, 이 타오르는 상호작용의 경로는 흥미롭다. 나는 이 경로를 생산적/예술가적 관점에서가 아니라 수용적/독자적 관점에서 살펴보고자 한다. 생산의 영역이 예술가의 창조적 자리라면, 수용의 영역은 수용자의 심미적 자리다. 따라서 심미적 영역은 예술적 영역보다 훨씬 넓고 일반적으로 경험할 수 있으며, 따라서 덜 제약적이다. 굳이 예술가가 아니어도, 그러니까 예술감상자로서 개별작품의 수용적 느낌 속에서 그 가능성을 말할 수 있기 때문이다. 이제 나는 이 심미적 경험의 과정이 그 자체로 주체의 즐거운 자기형성 과정―사람이 느낌과 생각의 부단한 교정 속에서 자기의 성격을 건전하게 만들어가는 자기변형의 시민화 과정임을 살펴보려고 한다.

심미적 경험의 과정은 주체의 즐거운 자기형성 과정이며 자기변형의 시민화 과정이다

예술의 모든 장르 가운데서도, 특히 자화상이란 장르에 나
는 관심이 많다. 자기가 그린 자기자신에 대한 그림…. 모든
표현은 글이든 그림이든, 음악이든 건축이든, 아니면 조각이
나 또 다른 형상물이건, 자기의 반영이면서 그것을 넘어선다.
표현의 자기종속성 혹은 주체의존성은 피할 수 없다. 그렇지
만 거기에 객관적 계기가 없는 것은 아니다. 좋은 표현일수록
더 높은 객관화의 계기를 포함하고 있고, 자의적일 가능성은
낮아진다.

> 좋은 표현일수록 더
> 높은 객관화의 계기
> 를 포함하며 자의적
> 가능성은 낮아진다

　문제는 자아와 세계, 주체와 객체의 납득할 만한 상호관계
이고, 이 자극적 상호관계에서 유지되는 상호평등이다. 이 균
등한 상호관계를 통한 상호갱신의 점진적 형성 과정이다. 균
형은 이 관계의 건전성에서 온다. 그러니까 중요한 것은 상호
관계를 어느 정도의 납득할 만한 수준에서 '편향되지 않게'

유지할 수 있는가다. 여기에서 무게중심은 세계이고 현실이다. 현실은 내가 없어도 여전히 현실이고, 이 현실이 세계를 구성하며, 세계는 이 다양한 현실과 현실들로 존속한다. 그러나 이 관계가 시작되는 것은 자아/주체에 의해서다. 관계는 나로부터 맺어지기 시작하고, 내가 이 현실에 참여함으로써 생겨난다. 내가 없으면 관계는, 상호주관적 관계건 사회적 관계건, 없다. 여하한 관계성은 나의 참여로부터 성립하고, 나의 개입에 의해 발생한다. 그런 점에서 모든 사회적 관계는 나의 표현이다.

사회적 관계망이란 나의 자아─나의 문제의식과 세계관이 흘러들어가고 배어든 것의 오랜 결과다. 이런 이유로 세계는 여전히 내 활동의 마당이고 나의 표현이며 나의 거울이라는 말은 맞다. 자아란 모든 것의 거울인 것이다. 그러나 이 명제가 오래 가려면, 둘 사이의 관계─나와 세계의 주객관계는, 다시 한 번 더 강조하여, 일정한 균형을 이뤄야 한다. 관계의 건전성과 지속성이란 이 균형 아래서 비로소 확보된다. 이 건전성이 견지된다면, 대상을 비추는 주체의 표현적 진실성도 얻어진다. 그러니까 나는 늘 자기로부터 시작하되, 이렇게 시작한 자기의 관점과 경험과 이 경험에 대한 진술이 주관적 차원을 넘어서기를, 그래서 납득할 만한 논리 속에서 상호주관적 의미를 얻고, 결국에는 이 상호주관성이 객관성에 가닿기를 애써왔던 것이다.

죠르죠네(Giorgione)의 〈자화상〉(1510년경)에는 견장처럼 어깨에 붙은 철 조각이 먼저 눈에 띈다. 고개를 뒤로 젖히고 머

죠르죠네(Giorgione, 1477/1478~1510), 〈자화상〉(1510년경)
화가의 눈빛은 철조각처럼 빛나는 견장을 닮아 있다.
세상을 가로지르는 오만한 응시.

뒤러(A. Dürer, 1471~1528), 〈자화상〉(1500)
그의 모습은 실제보다 미화되어 있다.
하지만 여기에도 화가가 추구한 가치들—균형과 조화 그리고 완결성 같은 고전적 이념에 대한 의지가 녹아 있다.
1495년 뒤러는 마침내 독립 공방(工房)을 차린다. 그리고 이듬해 'AD'라는 본인 서명을 사용하기 시작한다.
그러니까 24~25살부터 자기세계를 본격적으로 열기 시작한 것이다.

살바토르 로사(S. Rosa, 1615~1673), 〈자화상〉(1641)
서판에는 이렇게 적혀 있다.
"침묵하거나, 침묵보다 더 나은 것을 말하라."
예술은 침묵 그 이상의 전언이어야 한다.

앙소르(J. Ensor, 1860~1949), 〈자화상〉(1899)
화가를 둘러싼 것은 수많은 가면-허깨비나 유령을 닮은 모습들이다.
가면무도회 같은 삶에서 나는 어떻게 내 자신을 지켜갈 것인가?

리를 비스듬히 튼 채 관찰자를 응시하는 그의 눈빛은 매섭다. 두 눈썹 사이에는, 화가의 고민과 고집을 말하듯이, 주름이 져 있다. 전사(戰士)와 같은 매서운 눈빛. 이것은 인간과 그 현실을 한편으로는 노려보면서도 다른 한편으로는, 이것이 아무것도 아니라는 듯이, 무시하는 듯하다. 그 점에서 그의 시선은 뒤러 〈자화상〉의 자기응시를 닮아 있으면서도 그보다 더 거만하고 더 도전적으로 느껴진다. 나는 눈앞에 놓인 모든 것을 용인할 순 없다. 그 눈빛과 표정은 이렇게 말하는 듯하다. 뒤러의 〈자화상〉이 자기직시를 통해 고유한 예술성에 이르고, 이 성찰적 고양에 기대어 신적 차원으로 나아가려는 화가의 선언이라면, 죠르죠네의 〈자화상〉은 이 같은 이상화를 오히려 사절하는 듯하다. 오직 부정적 직시를 통해 세계를 꿰뚫어보겠다는 의지의 완고함이 더 두드러진다.

이에 비해 살바토르 로사(S. Rosa)의 〈자화상〉(1641)에는 깊은 우울과 회의(懷疑)와 수심(愁心)이 서려 있다. 그래서 더 깊고 더 내밀하며 관조적이라고나 할까? 로사의 〈자화상〉 속 인물은 비딱한 고개로 정면을 주시하면서 왼손으로는 자기세계에 빗장을 걸듯 외투를 쥐고 있다. 그리고 오른손으로는 선언문 같은 글이 적힌 베이지색 서판(書板)을 움켜쥐고 있다. 이 서판에는 "AUT TACE, AUT LOQUERE MELIORA, SILENTIO(침묵하거나, 아니면 침묵보다 더 나은 것을 말하라)"라고 적혀 있다.[1]

그러나 로사의 이 침묵은 아무런 생각 없이 그저 가만히 있는 것을 뜻하지 않는다. 오히려 그것은 많은 생각으로 세상을 직시하고, 이렇게 직시하면서 보이는 것과 다르게 이

"침묵하거나, 아니면 침묵보다 더 나은 것을 말하라" (살바토르 로사)

세상을 창조하겠다는 표현의지처럼 보인다. 원래 그림이란 말없이 세계를 그려내는 시(詩) 아니던가? 시가 말로 쓴 그림인 것과 같이. 시와 그림, 문학과 회화는 세계를 그려내는 진실 속에서 하나로 만난다. 철학은, 예술적 자아가 표현의 진실을 위해 표현을 아낄 때, 침묵의 변두리를 배회하며 공부하는 과목이다. 이런 회의와 침울의 정신에 화가의 짙은 나무색 옷과 자세가 잘 어울린다. 검은 머릿결에 검은 모자, 불그스름하면서도 진갈색 옷을 입은 화가의 뒤편으로 하늘이 파랗게 칠해져 있고, 이 파란 배경은 머리 쪽에서 다시 검게 변하고 있다. 응시 속에서 자기성찰을 행한다는 점에서 그는 뒤러나 죠르죠네를 잇고 있지만, 이 자기진술은 뒤러처럼 이상화되어 있지 않다. 또 죠르죠네처럼 세상에 도전적이지만, 그러나 그는 오만하기보다는 차라리 침잠을 선택한 듯하다. 고집스런 침잠의 저항이라고나 할까? 그런 쓸쓸한 고집이 이 그림에는 있다. 그래서 그 눈빛과 그림의 분위기는 오랜 여운을 준다.

샤르댕(J. Chardin)을 지나고 고야(F. Goya)를 지나서 앙소르(J. Ensor)의 〈자화상〉(1899)에 이르면, 자화상의 내용은 훨씬 기괴해진다. 이제 예술적 자아는 자신의 내적 세계에 더 이상 조용하게 침잠할 수 없는 것인가. 앙소르는 뒤러처럼 자신을 이상화할 수도 없고, 죠르죠네처럼 오만스럽게 세상을 바라볼 수도 없다. 그는 온갖 도깨비와 유령 그리고 귀신에 둘러

---

1 Ernst Rebel, *Selbstporträts*, Köln 2008, S. 42f.

프롤로그__껍질을 벗기다

싸여 있기 때문이다. 그의 현실을 이루는 것은 가면들의 무리 뿐이다.

앙소르의 〈자화상〉에는 산 사람의 얼굴도 있고, 진짜 가면도 있고, 이미 육탈된 해골도 있다. 이것은 오늘날 전 세계에서, 그곳이 생업의 현실이건 영화건 게임이건 혹은 시위현장이건 간에, 출현하는 좀비를 연상케 한다. 기괴한 옷을 입고, 가면처럼 얼굴을 희거나 검게 칠한 수십 수백 수천의 사람들. 좀비는 되살아난 시체로 무리지어 다니고, 싸움을 일삼고, 멈출 줄 모르는 허기를 달래기 위해 쉼 없이 먹고 마시고 소리 지른다. 하릴없이 절망 속을 어슬렁거리는 살아 있는 시체들. 이들은 기업가처럼 탐욕스럽지만, 충동적으로 구매하는 소비자들 자신이기도 하다. 아마도 오늘날의 좀비 신드롬은 그 자체로 자기를 잃어버린 사람들로 가득 찬 현대의 불신사회, 그리고 영혼과 온기가 증발된 생활세계의 징후이자 이 무의미한 세계에 대한 항거의 표현일지 모른다.

인간은 똥파리처럼 죽는다. 자기 색채를 찾지 못한다면, 살아가는 동안 자기 생활을 만들지 못한다면, 그래서 의미뿐만 아니라 이 의미의 무의미까지 자각하지 못한다면, 우리는 좀비가 될 뿐이다. 삶을 살면서도 전혀 산 것이라고 말할 수 없는 삶―살아 있는 시체로 우리는 생애의 시간을 때워간다. 의미가 없다면 좀비일 뿐이고, 자기 물음을 던지지 않고는 가면이 될 수밖에 없다. 기이하고 우스꽝스러우며 어처구니없는 이런 무리가 모여 현대세계의 소음을 만들고 있다.

오늘날의 좀비 신드롬은 그 자체로 자기를 잃어버린 사람들로 가득 찬 현대의 불신사회, 그리고 영혼과 온기가 증발된 생활세계의 징후이자 이 무의미한 세계에 대한 항거의 표현일지 모른다

인간은 똥파리처럼 죽는다. 자기 색채를 찾지 못한다면, 의미뿐만 아니라 이 의미의 무의미까지도 자각하지 못한다면

시끄럽고 혼란스런 가면무도회. 찡그리고 희롱하고 비아냥 대며 서로에게 화내고 상대를 모욕하는 괴팍스런 허깨비들. 이 가면들의 퍼레이드 한가운데 화가의 얼굴도 그려져 있다. 세상은 온갖 잡동사니의 전시장이 돼버렸다. 세상이 짝퉁들의 무대가 되고, 인생이 가면놀이가 되며, 이 인생을 그린 화가도 이 같은 가면을 쓴 채 살아간다. 대중은 혼란과 소동을 일으키고 이 소란에 열광하면서 그 화려한 외양에 넋을 잃는다. 오늘날 자기를 증명할 수 있는 것은 가면밖에 없다. 가면을 쓴 채 또 다른 가면 같은 것을 찾아 나서는 것, 그것이 현대 예술가의 우울이다.

자기직시와 자기성찰, 반성과 고양, 세계에 대한 도전적 태도, 일에 대한 오만스런 자부심, 내적 침잠, 침묵의 고수, 가면의 전시와 허황된 행진…. 이 모든 것은 필요하다. 그 각각이 현실에 대한 그 나름의 대응방식이고, 삶의 실존적 영위법이다. 마치 죠르죠네가 15~16세기에 가장 혁신적인 화가의 한 사람이었듯이, 로사는 17세기에 가장 고집스럽고 다면적인 화가였다. 마치 뒤러의 자의식이 1500년대 예술사의 기독교적 휴머니즘을 대변하고, 앙소르의 정신이 가면의 군중 가운데 가면으로서의 자기를 투시했듯이. 그리하여 제각각은 제각기의 개성적 방식 속에서 빛나는 것이다.

제각각은 제각기의 개성적 방식 속에서 빛난다

그렇다면 나의 자의식은 어디에 있는가? 내가 써왔던 가면은 어디에 있고, 지금 쓰고 있는 가면은 어떠하며, 앞으로 쓸 가면은 또 어떨 것인가? 나는 어떤 가면을 쓴 채 세상의 다른 가면들과 대결할 것인가? 세상은 가면들의 창고다. 내가 쓰는 이 글이 잡동사니의 하나가 되지 않고, 내가 믿는 예술이 허영의 진열장을 장식하지 않으며, 내가 의지하는 문화의 방식이 야만이 아니 되는 길은 과연 있는가?

나는 다시 미켈란젤로의 허물을 떠올린다.

3장 _____ 운명과의 놀이, 운명에의 저항

    왜 미켈란젤로는 가죽뿐인 모습에서 자기를 보았을까? 왜 미켈란젤로는 그렇게 쭈글쭈글하게 늘여진, 살가죽으로만 남은 것이 자신의 본질적 이미지라고 증언했을까? 가죽으로만 남은 것은 수난의 증거다. 그러나 이 수난자의 벗겨진 살갗을 들고 있는 바돌로메 역시, 《성경》의 〈마가〉(3장 18절)에 따르면, 순교자다. 순교자 사도가 수난받는 순교자 화가를 보여주고 있는 것이다.

    〈최후의 심판〉에 나오는 바돌로메는 대머리에 긴 수염을 기르고 있다. 이에 반해 그의 왼손에 들려진 화가의 허물에는 머리카락이 붙어 있고, 이 가죽에 붙은 수염은 짧다. 그러니까 바돌로메의 손에 들려진 인물은 구름을 타고 앉은 바돌로메가 아니다. 예술사의 거장 연구가 흔히 그러하듯이, 미켈란젤로 연구 역시 복잡하고 다양하기 그지없다. 그중 어떤 것에 따르면, 이 바돌로메는 미켈란젤로와 동시대에 살았던 피에 트로 아레티노(Pietro Aretino)와 상당히 닮았다고 전해진다. 미 켈란젤로가 회화 분야에서 변덕스럽고도 우울한 거장이었다 면, 아레티노는 그 당시 문학계에서 우두머리였다. 미켈란젤 로는 실제로 민감한 사람이었고, 그 때문에 아레티노의 위세 로 인해 괴로워했다는 말도 있다. 그렇다면 둘 사이의 반목은 상당했을 수도 있을 것이다. 자기를 살가죽이 벗겨진 모습으 로 그렸다는 것은 한편으로 자기를 순교자로 이해했다는 것 이고(그 점에서 그는 오만하다), 다른 한편으로 실존의 어떤 치장 혹은 가면을 벗겼다는 뜻도 된다(그 점에서 그는 반성적이다).

자기의 허물을 그렸다는 것은, 푸시킨의 말을 빌자면, "가 상의 우월감"을 증거하는 미덕이다. 여기에는 "선행도 악행 도 모두" "고백할 정도의" "무관심"이 필요하고, 바로 이 무 관심이 역설적이게도 예술적 탁월성을 이룬다. 오직 무관심 적 자유 속에서 예술가는 삶의 진실에 다가갈 수 있기 때문이 다. 칸트 미학에서 무관심성(Interesselosigkeit)이란 '사적 이해 관계로부터 벗어난', 그래서 '자유로운' 상태를 뜻한다. 자유 로움은 일체의 이해관계로부터 벗어날 때 시작된다. 자유롭 지 못하면 넓게 볼 수 없고, 따라서 진실의 드넓은 의미지평 으로 나아갈 수 없다. 독단에 휘둘리는 것은 사익적 안락함을 던져버리지 못해서다.

그러므로 허물벗기란 소극적으로는 편견과 독단에 휘둘린 가면적 삶에 대한 거부이고, 적극적으로는 새로움과 시작에 의 갈망을 의미한다고 할 것이다. 이 의미를 더 확장하면, 그

자유로움은 이해관 계로부터 벗어날 때 시작된다

허물벗기란 편견과 독단에 휘둘린 가면 적 삶에 대한 거부 이고, 새로움과 시 작에의 갈망이다

것은 지상적(地上的) 명성에의 거부이자 천상적(天上的) 삶에의 희구쯤 될까. 그것은 기존의 형태가 보존되는 것이 아니라 그 허물을 벗어야 한다는 점에서 자기모멸일 수 있지만, 이 탈각화를 통해서만 새 삶이 가능하다는 점에서 자신감의 선언이기도 하다. 자기의 각질을 벗어났을 때, 이 가죽을 과감히 벗어나고자 할 때, 인간은 새로 태어날 수 있다는 것인가? 그렇지 않다면 또 하나의 좀비가 되어 우리는, 무능한 국가와 부패한 기업이 지배하는 이 화려하고도 무자비한 상품세계에서, 유령처럼 떠돌아다닐 수밖에 없을지도 모른다. 그러니까 화가는 시체로서의 삶이 아니라 살아 있는 자, 살아 숨 쉬는 자로서의 삶을 살아가고 싶어 한다. 그 점에서 허물벗기란 허명(虛名)과 벌이는 혈투다.

실제로 미켈란젤로가 〈최후의 만찬〉 작업에 매달리던 6년 동안 많은 일이 일어났다. 그는 여류 시인 콜로나(V. Colonna)를 알게 되어 편지와 시를 그녀와 교환했고, 이 교제를 통해 카톨릭 교회의 근본적 변화를 요구하는 이태리 종교개혁을 접하게 되었다. 교황 클레멘스 7세의 뜻으로 시스티나 예배당의 새 제단벽화를 그리도록 위촉받았지만, 경쟁자들의 모함과 시기는 그칠 줄 몰랐다. 그는 가족을 부양하느라 시달렸고, 그렇게 사랑하던 아버지와 동생도 이 무렵 잃었다. 그래서 자기가 예수를 십자가에 못 박히게 한 것처럼 양심의 혹독한 가책에 시달리기도 했다. 낙원은 반드시 기쁨에 넘치고 영혼이 구제되는 어떤 영원한 곳이 아닌지도 몰랐다. 그렇듯이 지옥은 비탄과 저주, 전율과 경악과 단죄만 있는 곳이 아닐 수도 있었다. 차라리 천국과 지옥은 제각각이면서 얼마만큼 뒤섞일 수도 있는 것이다. 그 때문이었을까. 그는 생명의 예찬과 썩어 문드러진 육체, 끔찍한 가면과 명상적 자세 그리고 경악에 찬 표정을 나란히 배열했다. 그는 지옥과 천국을 안젤리코(F. Angelico)처럼 예수의 좌우에 뚜렷하게 양분한 것이 아니라, 하나의 동일한 화면 위에 섞어 그렸던 것이다.[2] 천국과 지옥은 어떤 식으로든 이어진다고 믿었던 것일까. 아니면 가톨릭적 구원관과 인간이해가 이전보다는 더 유연하고 복합적이어야 한다고 생각했던 것일까?

미켈란젤로는 천국과 지옥을 하나의 동일한 화면 위에 섞어 그렸다

이 2.5~2.6m나 되는 400여 명의 제단화 인물들을 미켈란젤로는 어떻게 다 그렸을까? 천정에 매달린 채 이 다양한 인간군상을 그리다가 그는 사다리에서 떨어져 다리를 다친 적도 있다. 그러나 그는 그 어떤 치료도 거부한 채 집 안에 틀어박혀 지냈다고 전해진다. 교황이 보낸 의사도 그는 만나지 않았다. 그는 조카 로베레 레오나르도(R. Leonardo)의 방문도 거절했고, 힘겨운 프레스코화 대신 유화를 그리라는 동료의 말에도 자기 뜻을 굽히지 않았다고 한다.[3] 그는 외롭고 쓸쓸했고 참담했을 것이다.

예배당에 들어선다는 것은 무엇인가? 기도라는 행위는 어떤 뜻을 갖는가? 신의 은총과 인간의 죄악, 세상살이의 고통과 천상의 구원, 신성이란 과연 무엇인가? 신의 심판을 받는

---

2 Charles Sala, *Michelangelo*, Terrail(Paris) 1995, S. 133, S. 140.

3 Ebd, S. 142.

다는 것, 신의 법정 앞에 선다는 것은 어떤 의미인가? 어리석음과 탐욕을 줄이기 위해 우리는 무엇을 해야 하는가? 개혁이란 종교적으로만 실행되어야 하는가, 아니면 삶 전체로 확장되어야 하는가?

천국에 있는 자도 회개를 했기 때문에 거기로 갔을 것이고, 아무리 선해도 한순간 그르친다면 구원되지 못하기도 한다. "지극히 작은 자 한 명에게 하는 것이 나에게 하는 것"이라고 예수는 말했다. 너무도 작은, 그래서 없다고도 할 수 있는 차이가 선악의 경계를 이룬다. 누구나 구원받을 수 있듯이, 누구나 타락할 수도 있다. 선과 악의 차이는 거의 없는 것이다. 그러나 바로 이 때문에라도 이성은 절대적으로 중요하다. 감정의 기복에 따라 행하는 것이 아니라 일관되게 행해야 하는 까닭이다. 일관된 실천이 기도한 대로 살아가는 일이므로. 미켈란젤로는 감성적으로 민감한 것이 아니라 영혼적으로 민감한 화가였을 것이다. 그래서 그 영적 감수성은 이성까지 포함하고 있었다. 그리고 이 이성으로 그는 인간의 온갖 움직임을 탐구했다. 인간육체의 모든 몸짓을 보여준다고 평가되는 이 프레스코화는 이 같은 고민 속에서 완성되었을 것이다. 아마도 그런 이유로 미술사가 바사리(G. Vasari)는 미켈란젤로와 같은 시대에 태어났음을 신께 감사한다고 말했을 것이다.

바돌로메는, 앞서 말했듯이, 그 자신이 산 채로 껍질 벗겨진 성자였다. 그가 들고 있는 인간가죽에는 미켈란젤로의 모습이 담겨 있다. 그렇다면 그 껍질은 성자의 것일 수도 있고, 화가의 것일 수도 있다. 아니면 성자로서의 화가인 것인가?

누구나 구원받을 수 있듯이 누구나 타락할 수 있다

그것은 자기허물을 직시하지 못하면 화가가 될 수 없다는 것, 인간은 허물 속에서 기뻐할 수가 있고, 허물과 더불어 행복할 수 있다고 말하는지도 모른다. 자기허물을 보여줄 수 없다면 성스러울 수도 없고, 끔찍함 없이는 구원도 없다는 것인가? 예수의 사랑은 순교 속에서 이뤄지고, 이 순교는 얼마나 끔찍한 불안과 공포를 야기하는가? 어쩌면 신적 은총은 영원한 형벌처럼 섬뜩한 것인지도 모른다. 이 바돌로메의 모습에서 나는 세계를 보여주는 예술가의 기이하고도 모순된 방식을 본다. 그것은 인간이 사는 세계란 얼마나 고통스럽고 당혹스런 방식으로 나타나는가에 대한 증언이다. 그것이 고통스러운 이유는 인간이 허물 없이 자기를 직시할 수 없다는 데 있고, 그것이 당혹스러운 이유는 끔찍함 없이는 구원도 없다는 데 있다.

세계가 고통스러운 이유는 허물 없이 자기를 직시할 수 없다는 데 있고, 세계가 당혹스러운 이유는 끔찍함 없이는 구원도 없다는 데 있다

　이런 식으로 미켈란젤로는 나이가 들수록 삶 자체에 그리고 인간현실에 더 가까이 다가간 것처럼 보인다. 1541년 12월 4일 니콜로 마르텔리(N. Martelli)가 보낸, 찬사로 가득 찬 편지에 대해 그는 이렇게 답장했다. "내가 지금 있는 그대로이기를 신마저도 원하는 바로 그런 사람이 저라고 당신은 믿고 있지요. 그러나 저는 아무런 가치도 없는 가련한 사람입니다. 나는 신이 제게 선사한 예술을 행하느라 나 자신을 소모시키고 있지요. 그것도 내 삶을 최대한 늘이려는 의도를 가진 채 말입니다."[4] 그러고는 삶의 막바지에서 그렇게 믿던 예술로

---

4 Ebd. S. 147에서 재인용.

부터도 점점 멀어져간다. 이런 심정을 그는 죽기 전에 바사리에게 보낸 한 편지에서 소네트 형식으로 썼다. 시인 릴케는 이 소네트를 독일어로 번역하기도 했다.

> 내 삶의 항해는
> 어설픈 배로 폭풍우 바다를 가로질러
> 그 모든 것의 항구에 벌써 도달했네
> 그 귀환에는 냉정한 평가가 잇따르고.
>
> 이제 내가 보는 것은
> 예술의 은총을 우상처럼 군림했던 환상이네
> 오류로 가득 찬 그것이 얼마나 잘못됐는지
> 모든 사람은 이런 잘못에도 그걸 바라네…
>
> 그림과 조각은 이제 더 이상
> 사랑으로 돌아선 영혼을 위로하지 못하네
> 그 사랑은 십자가 곁에 선 우리에게 팔을 내밀었네.

표현한다는 것은 구원과 따로 있는 것이 아니다

그린다는 것, 새긴다는 것, 표현한다는 것은 구원과 따로 있는 것이 아니다. 구원이나 은총은 정녕 살아 있을 때의 사안이 아닌 것 같지만, 그럼에도 그것은, 굳이 종교나 신앙이란 말을 내세우지 않더라도, 적어도 사람이 "어설픈 배로 폭풍우 바다를 가로질러" 가는 삶을 살아가는 한, 이 삶에서 잊을 수 없는, 잊혀질 수 없는 궁극적인 일이다. 그런 점에서 우리는 이미 종교적 차원 속에 발을 내딛고 있고, 신앙적 믿음의 얼마간을 공유하는 셈이다. 예술가에게 이 신적 초월적 차원은 절대적이다. 사랑과 영혼과 위로와 구원의 문제는 예술적 자의식에서 결정적이다.

사랑과 영혼과 위로와 구원의 문제는 예술적 자의식에서 결정적이다

자기의 허물을 직시하고 증언하고 표현한다는 것은 하나의 쇄신이고 변형이고 탄생이며 부활이다. 이 새로운 탄생은 구원으로의 창구일 수도 있고, 실존적 시작을 위한 전환일 수도 있다. 이 시작은 화가에게는 창조—환상에 의한 새로운 세계의 창출이 될 것이다. 그것은 상상적 놀이공간의 확보이고, 이 공간의 확보 속에서 예술가는 현실을 다르게 만나며, 이 다른 만남에서 의미의 지평을 새롭게 열 수 있다. 운명을 거스르는 힘은 여기에서 나올 수 있을 것이다. 그러니까 미켈란젤로는 허물을 벗음으로써, 허물을 벗은 자기를 대상화함으로써 운명적 힘에 거스르는 저항적 계기를 마련한 것이다.

자신의 허물을 직시하고 증언하고 표현한다는 것은 하나의 쇄신이고 변형이고 탄생이며 부활이다

실제로 그는 절대적인 교황과 막강한 제후들에 둘러싸인 채, 또 후원자들의 요구에 부응하고 동료 화가들의 거듭된 감탄과 오해와 질시 속에서 자기세계를 창조해야 했다. 그리고 그렇게 창조한 세계마저 종국에는 떨쳐버렸다. 그리하여 현실의 희망은 사라지고, 행복의 가능성도 배제되며, 그래서 결국 신의 은총마저 멀어진다. 이 모든 작별을 그는 홀로 감당했다.

현실의 희망은 사라지고, 행복의 가능성도 배제되며, 그래서 결국 신의 은총마저 멀어진다. 이 모든 작별을 미켈란젤로는 홀로 감당했다

자화상이 화가의 자기선언이라면, 이 자기선언을 직접 진술하기보다는 숨겨진 방식으로 표현했다는 점은 독자성을 향한 미켈란젤로의 노력이 얼마나 신산스러웠던가를 잘 보

여준다. 예술은 이 운명과의 대결―싸움이면서 놀이여야 할 대결이다. 그것은 삶의 운명과 더불어 놀면서 동시에 이 운명에 거스르기 위한 것이다. 자, 주위를 우선 돌아보자. 언제나 문제는 현실이다.

심미적 경험 I

Manifesto for Life Aesthetic

오늘의 삶과 예술

오늘날 지역으로서의 한국사회와 세계로서의 지구현실을 동일하게 관통하고 있는 문제의 핵심을 한 문장으로 표현하면 어떻게 될까? 그리고 이 두 차원의 문제를 동시에 해결할 수 있는, 아니 해결은 할 수 없다고 해도 그 문제에 적절히 대응할 수 있는 공동의 실마리는 없는 것일까? 이질적이고 상충하는 이해관계의 매트릭스는 어떤 근본적 원칙의 설정을 통해 그 고통과 혼란을 최소화하는 데로 재조정될 수 있을까? 이것은 더없이 복잡하고도 아득한 문제가 아닐 수 없다. 그 근본원칙의 하나가—심미적인 것의 경험이 인간의 자기형성과 사회의 합리적 변화에 기여하는 한—이 심미적인 것 속에 있음을 나는 다음에서 살펴보고자 한다.

앞 그림 설명
안드레아 만테냐(A. Mantegna), 〈지혜의 정원에서 야만과 무지를 내쫓는 미네르바〉(1502), 프랑스 루브르 박물관
화면 왼쪽에서 창과 방패를 든 미네르바(아테나)가 다른 여신을 대동한 채 등장한다. 정원에는 악을 상징하는 여러 형상이 있다. 사람 꼴을 한 왼쪽 나무에는 흰 띠가 둘러져 있고, 이 띠에는 세 가지 덕목—정의와 힘과 절제가 적혀 있다. 하늘에는 세 신(미덕)이 지상의 이런 드라마를 내려다본다. 지혜는 악을 쫓아낼 수 있을까? 그렇듯이 예술은 인간을 야만과 무지로부터 구해낼 수 있을까? 그렇게 구해낼 수 있다고 '아직도 믿어도 되는' 시대에 우리는 산다고 말할 수 있을까?

1장 _____ 혼종현실

인간은 하나도 남김없이 모든 것을 사회와 국가와 계급과 인종과 민족에게
바칠 것을 요구받고 있다.

_ 베르댜예프, 《현대 세계의 인간 운명》(1934)

앞에서 던진 물음에서 우리는 여러 관련사항을 추출할 수
있다. 이를테면 국가와 시장의 관계를 새로이 설정한다든가,
시장과 문화, 효용성과 정의의 관계, 또 도덕과 경제의 문제
를 다시 모색해볼 수도 있다. 부와 복지의 균형이나 시장동력
학의 합리적 틀에 대한 논의도 그렇다. 어찌되었건 이 모든
논의는 시장이 스스로 행동하거나 결정하지 않는다는 점, 시
장의 구조를 규정하는 것은 소비자이고 생산자이며 기업이
고 제도라는 문제의식에서 시작한다.

경제체계란 순수한 시장의 현상이 아니라 정치경제학적 관
계망(nexus) 속에 있고, 그러는 한 이 관계망은 크고 작은 규
칙과 일정한 규율을 필요로 한다. 즉 지배와 통치, 운영과 관
리(governance)를 요구한다. 이 제도적 개입을 통해 시장과 국
가, 부와 복지의 바람직한 균형도 확보될 수 있다. 시민사회

논쟁에서 핵심은 '새로운 관리(new governance)'[5]의 문제다. 요즘 자주 논의되는 '세계화담론비판'이나 '사적 재화와 공적 재화의 새로운 형식' 문제도 그렇고, '새로운 사회적 공약(social commitment)'이나 '새로운 사회협약'의 문제도 이와 무관하지 않다. 이것은, 오늘날 지배적 시대조류의 한두 가지 과오를 떠올리면, 더 분명하게 나타난다.

공론장의 쇄신

잘못된 시대정신의 대표적인 예가 과거의 현실사회주의 이념과 지금의 신자유주의 슬로건이다. 낡은 사회주의 이념은 국가가 모든 시민의 삶과 행복을 책임지겠다는 것을 약속했다는 점에서, 또 신자유주의의 구호는 시민의 복지를 시장에 맡기면 자본의 혜택이 '골고루 퍼질 것'이라고 주장했다는 점에서, 다 같이 비현실적이고 망상적이라고 할 수 있다. 그런 점에서 좀 더 비판적으로 고찰되어야 한다. 제도적 디자인을 통한 사회의 재조직이 절실하다면, 그것은 정당하고 합리적인 세계에서 살기 위해서다. 이 정당하고 합리적 세계에서

---

5 governance는 푸코(M. Foucault)가 사용한 'gouvernement'의 번역어이고 독일어로는 'Führung'이다. 나는 이것을 '지배'나 '통치'가 아니라, 물론 이런 뜻도 있지만, '관리'로 번역했다. 이 같은 번역이 주체의 자율성─자기고유의 발의권과 개입 여지를 강조하는 데 더 어울린다고 보기 때문이다. 이것은, 푸코가 권력을 gouvernement로 이해하지만, 이 권력에는 '자유'의 면모가 있다는 사실, 그래서 권력이란 오직 자유로운 주체에게만 행사된다고 보았다는 점을 고려하면, 조금 더 분명해진다. 그러니까 권력과 자유는 상호배제적 관계가 아닌 상호보완적 상호투쟁적 관계 아래 있다. 그러면서 자유는 권력상황에 도전하는 것이기도 하다.

는 자유도 확장되고 경제도 발전한다. (경제에서의 발전은 자유의
발전을 전제한다고 지적한 것은 노벨경제학 수상자인 아마르티야 센(A.
Sen)이었다.) 이것은 '자본주의 안에서 어떻게 부정의를 줄일
수 있는가'라는 문제이기도 하다. 시장이란, 스미스(A. Smith)
가 말했듯이, '보이지 않는 손'에 의해 스스로 균형을 잡아가
는 체제가 아니라, 제도적으로 끊임없이 제어되어야 하기 때
문이다.

　앞으로 우리가 나아갈 방향이 '20 대 80' 혹은 '10 대 90'
의 사회가 아니라 더 안정되고 더 평등한 사회라면, 정치와
법질서, 경제와 노동과 복지, 교육과 학술과 문화와 언론, 생
활과 환경과 복지 등 많은 분야에서 새로운 틀을 마련해야 한
다. 그 가운데 핵심은 말할 것도 없이 사회정치적 제도의 개
혁이다. 이것은, 사회과학적으로 번역하면, '공론장의 쇄신'
공적 영역의 합리화　혹은 '공적 영역의 합리화'가 될 것이다.

　공론장의 문제만 보더라도 그 종류와 분야와 수준은 다양
하다. 정치경제적 공공성 이외에도 금융과 시장에 대한 국가
적 통제, 대의민주주의의 방향이나 정당활동, 지방자치제, 사
회민주주의와 자유주의를 포함하는 이념탐구, 정치사회적
참여의 의미, 합리적 보수의 가능성, 진보의 재구성, 새로운
사회협약이나 연대성 그리고 공동체와 화해에 대한 다양한
논의도 포함된다. 그러나 이 모든 것을 더 간결하게 말할 수
없을까? 나는 이 같은 문제가 모두 다음의 한 가지 사항으로
수렴된다고 생각한다. 한마디로 요약하자면 다른 생각을
다른 생각을 '적'으　'적'으로 간주하지 않는 일이다. 소극적으로 말하면, 슬로건
로 간주하지 않는 일

이나 휘장, 광고나 선전을 경계하는 일이며, 모든 외양화된 언술과 표피화된 행동을 의심하는 일이다. 이것은, 합리적 공론장에서의 정치적 참여라는 관점으로 새로이 말하면, 각자가 공동의 사안에 얼마나 독립적이고도 자율적으로 참여할 수 있는가의 문제이다.

사회적인 것의 과잉

사회의 변화와 정치적 혁신을 추동해가는 데 우선되어야 할 것은 말할 것도 없이 정책적 입안이고 행정적 조치이며, 제도적 장치와 이를 위한 법률적 구속력의 확보다. 그다음에 요구되는 것은 이 모든 형식적 틀과 제도적 규율을 생활 속에서 실행해가는 각 개인의 참여활동이고, 이 참여 속에 이뤄지는 자율적 삶이다. 여기에서 결정적인 요소는 단체 자체가 아니라 단체의 일원으로 사는 개인의 육화된 실천력이다. 단체에의 소속은 '구성된 것'임에 반해, 개인은 '실재하기(real)' 때문이다. 이것은, 다시 확인하건대, 단체나 집단이나 공동체가 추상적이거나 불필요하다는 뜻이 결코 아니다. 당연히 그것은 중대한 가치가 아닐 수 없다. 그러나 집단을 지칭하는 명칭들은, 개별적인 내가 지금 여기에서 이 순간에 느끼고 체험하며 사는 이 모든 것만큼, 생생하지 않다.

20세기에 두 번의 세계대전을 겪고 난 후 현대사회는 철저하게 파편화되고 기계화된 비인간적 길을 걸어왔다. 이 파국 상황에는 여러 요인이 있겠지만, 러시아 사상가 니콜라이 베르댜예프(N. Berdyayev)는 무엇보다 신격화된 절대적 가치

니콜라이 베르댜예프(N. Berdyayev, 1874~1948)
베르댜예프가 가장 우려했던 것은 지나친 집단화/사회화/체제화 속에서의 인격
상실이었다. 사회도 국가도 인간화된 삶—폭력 없는 일상을 영위하는 데 있다.

들—국가와 계급과 민족과 사회와 인종 같은 이데올로기가 작용했다고 진단한다. 이 억압적 이데올로기로 인해 인간은 인격과 영혼의 통합적 가치를 잃고, 마치 기계처럼 해체된 채 몇 가지 기능만 일삼는 야수적 존재가 되었다는 것이다. 이데올로기의 비인간적 반인격적 야만적 작용이 멈추지 않았다는 점에서, 스탈린적 공산주의나 히틀러적 파시즘 그리고 더 나아가 현대의 자본주의도 다르지 않다고 했다. 그래서 베르댜예프는 세계대전의 이 같은 체험 속에서 인류의 유산이라던 휴머니즘적 전통이 얼마나 허구에 찬 것인지 깨닫고 이 현대적 비인간화 경향을 극복하기 위해서는 기독교적 사회주의가 필요하다고 역설했지만, 어떻든 그가 줄곧 경계한 것은 인간 영혼의 집단화/국유화였다. 이것은 어느 다른 나라, 다른 사회 이상으로 이념적 이데올로기적 대립이 심하고 집단주의적인 한국사회에서도 눈여겨볼 만한 매우 중대한 사항이 아닌가 나는 생각한다.

우리는, 사회나 정치에 우리자신의 영육을 열어놓은 채, 그러나 그것에 지나치게 짓눌리거나 포박되지도 않은 채, 각자의 개인성/주체성/시민성을 부단히 연마할 필요가 있다. 바로 이 대목에서 나는 예술의 가능성에 주목한다. 더 정확히 말하여, 심미적 경험에서의 성찰적 비판적 부정적 잠재력에 주목한다. 왜냐하면 예술은 바로 나/여기/주체/개인/느낌으로부터 시작하기 때문이다. 예술경험에서 이뤄지는 감각과 사고의 연마는 비강제적 자발적으로 일어나며, 이 비강제적 자발적 자기변화에는 사회적 변화가 겹쳐 있기 때문이다. 그

나는 예술의 가능성에 주목한다. 더 정확히 말하면 예술이 지닌 심미적 경험의 성찰적 비판적 부정적 잠재력에 주목한다

리하여 우리는 가장 사적이고 내밀하며 주관적이고 실존적인 경험 속에서 사회적이고 객관적이며 전체적인 것의 변형적 경험을 할 수 있는 것이다.

생각할 수 있는 힘 – 자기발의권

주체의 잠재력은 단순히 정의나 연대성을 외치는 데 있지 않다. 또 이런 술어 아래 무조건 행동하는 데 있는 것도 아니다. 그것은 무엇보다 자기행동의 공정성을 되돌아보는 가운데 스스로 책임을 다하는 자발적 자기발의권(Eigeninitiative)에서 생겨난다. 자유의 여지는 책임의 분량만큼만 주어지기 때문이다. 자기제한이 없는 자유는 무의미하다. 자유란 일차적으로 개인적 행동의 자유이지만, 그것은 말할 것도 없이 사회정치적 조건과 경제적 토대 그리고 물질적 환경에 의해 제약된다. 개인적 행동과 사회적 제도는 상보적이다. 자유란 결국 '자기구속을 자발적으로 선택하는 능력'에 다름 아니다. 자유와 제약이 인간 삶의 사회적 근본관계를 구성하는 것이다.

그러나 자발적 자기발의권 혹은 책임 있는 자유의 능력이란 말은 다소 추상적으로 느껴진다. 구체적으로, 더 일상적으로 말할 수 없을까? 그것은 과연 어디에서 시작하는 것인가? 가장 간단하게는 다르게 느끼고 새롭게 생각하며 정확하게 말하는 데 있다고 생각한다. '다르게 느낀다'는 것은 대상에 대하여 늘 풍부하게 감응한다는 뜻이고, '새롭게 생각한다'는 것은 사고의 진부함을 경계한다는 뜻이며, '정확하게 표현한다'는 것은 사실에 충실하다는 뜻이다. 거꾸로 말하면 상

자유는 '자기구속을 자발적으로 선택하는 능력'이다

다르게 느끼고 새롭게 생각하며 정확하게 말하는 것–대상에 대해 풍부하게 감응하며, 사고의 진부함을 경계하며, 사실에 충실하다는 뜻

심미적 경험 I __오늘의 삶과 예술

투적으로 말한다는 것은 진지하고 절실하게 사고하지 않는다
는 뜻이고, 그래서 바른 판단능력이 없다는 뜻이다. 상투적 관
용어는, 유대인 학살자인 아이히만(A. Eichmann)에 대한 한나
아렌트(H. Arendt)의 통찰이 보여주듯이, 무엇보다도 "생각하
는 능력이 없는 데(inability to think)"서 나오고, 이 사고의 불가
능성이란 바로 "전적인 생각 없음(sheer thoughtlessness)"에 다
름 아니다.[6]

자기의 느낌과 생각을 스스로 표현할 능력을 갖는다는 것,
그리고 이 독립적 사고력을 갖기 위해 노력한다는 것은, 다르
게 말하면, 어떤 명령이나 지시에 의지하지 않고 살아간다는
것이고, 자기의 내면적 목소리에 따라, 어떤 지도자도 없이
이 목소리를 참된 법정으로 삼으며 살아가는 것이다. 이것은
양심의 소리에 귀 기울이는 일이기도 하다. 또 일상적으로는

지도자의 명령이나
지시에 의지하지 않
고 자기자신의 내면
적 목소리를 참된
법정으로 삼으며 살
아가기

6 Hannah Arendt, *Eichmann in Jerusalem. A Report on the Banality of
   Evil*(Originally published New York, Viking Press, 1963), Penguin Books
   2006. p. 49, p. 287f. (한나 아렌트, 《예루살렘의 아이히만》, 김선욱 역, 한길
   사, 2006년, 106쪽, 391쪽) 아이히만은 그 당시 흔히 통용되던 진부하고 상투
   적인 표현(clichés)을 자주 반복했다. 대부분의 나치주의자들이 '유대민족의
   절멸' 혹은 '학살'이란 말 대신 '최종해결(Endlösung)'이란 단어를 즐겨 썼
   듯이, 아이히만도 왜 무고한 사람들을 죽였는지 물으면, "난 어떤 인간도 죽인
   적이 없다. 유대인이든 비유대인이든 죽이라는 명령을 내린 적이 없다…. 그
   일은 그냥 일어났을 뿐이다"라고 대답했다. (p. 22; 번역서, 74쪽) 그는 자신
   이 무엇을 하는지 진지하게 생각하지 않았고, 자기 하는 일의 성격이 무엇인
   지 절실하게 알려고도 하지 않았다. 그래서 수백만 명의 어른과 아이들을 죽
   일 때도 내적 모순을 결코 의식하지 않았고, 오히려 그럴듯한 수사로 너무도
   만족스럽게 자기의 결정과 행동을 정당화했다. 그리하여 상투적 사고와 판에
   박힌 표현은 현실과 유리된 인식과 잘못된 판단을 야기했던 것이다. 거꾸로
   말하면, 사실에 충실할 때, 사람은 현실을 알게 되고, 그의 말은 쓸모 있게 된
   다. 삶의 변화는 그 후에나 가능하다.

한나 아렌트(H. Arendt, 1906~1975)
전체주의적 폭력의 뿌리에는 '생각 없음'-자신과 주변을 돌아보는 반성적 능력의
부재가 있다.

관습화된 구호와 관용구에 감염되지 않는 것, 그래서 말과 생각을 가능한 한 사실에 맞게 정확히 쓰는 일이다. 왜냐하면 기존의 것은 그 자체로 가치 있는 것이 아니라 부단히 '다시 사고하는 데(re-thinking)' 있기 때문이다. (고대 그리스 로마의 정치철학에 대한 아렌트의 재해석도 바로 이 점에 있다.)

아이히만이 유대인 학살의 야만성을 느끼지 못한 것은, 그가 어리석거나 특별히 악마적이어서가 아니었다. 오히려 그것은 이들 유대인을 그가 타자적인 관점에서, 즉 이들의 입장이 되어 동류 인간적으로 사고할 수 없어서였다. (양심이란 사실상 자기 안의 타자적 목소리요 진정한 공감의 능력이요, 이 목소리에 귀 기울이는 일이며, 따라서 경청과 공감의 능력이다.) 그는 타자정향적으로 탈주체화하여 사유할 수 없었기에 타인에 대해 책임의 윤리를 가질 수 없었고, 자기 하는 일의 객관적 성격을 묻지 않았으므로 복종을 찬양하고 권위에 순종했던 것이다. 야만적 행위는 자기기만의 상투적 언어와 그 표현 속에 이미 서식한다.

책임 있는 말과 사유와 이를 위한 자발적 자기발의권은, 앞서 언급했듯이 심미적 경험에서 가장 밀도 있게 장려되고 촉진된다고 할 수 있다. 왜냐하면 예술의 경험은, 한마디로 말해, 타인의 관점에서 자기 삶을 돌아보는 자유로운 방식─주체의 자발적 객관화 방식이기 때문이다. 예술은 감각과 사고와 언어의 자발적 자기발의를 장려한다. 심미적 경험에서 새로운 감성과 사유는 단순히 의무감에서 부가되는 것이 아니라─그래서 부담스럽고 불편한 것이 아니라─스스로 행한 것이기에 기꺼이 행하는 즐거운 일이 된다. 예술의 각성이,

양심이란 자기 안의 타자적 목소리요 이 목소리에 귀 기울이는 일이며 경청과 공감의 능력이다

적어도 현대의 그것처럼 낯섦과 충격에서 오는 것이라면 이 것 역시 근본적으로 불편한 것이다.

그러나 예술경험의 불편함은 의무감에서 오는 불편함과는 확연히 다르다. 뒤의 것이 내키지 않는 부담이라면, 앞의 것 은 느낌과 사고의 쇄신 아래 이뤄지는 확대와 심화의 자발적 자기변형 과정으로 이루어진 '즐거운 불편함'이다. 그래서 이 느낌은 '공동체적 느낌(sensus communis)'—개인의 개별적 감각에 바탕을 둔 것이면서 사회의 모든 사람들이 공유하는 공동의 상식에 가깝다.

되풀이하건대, 내가 이 글에서 시종일관 염두에 두는 것은 현실의 상황에서 있을 수 있는 크고 작은 보다 나은 인간적 삶의 가능성이고, 이 가능성에서의 주체적인 상호주관적 변형의 잠재력이다. 한 나라의 운명을 좌우하는 결정적 요소는 그 나라에 구비된 자원의 양도 정치경제만도 아니다. 거기에 는 경제적 기회나 정치적 자유, 실존의 문제, 기관이나 시설 에 대한 접근의 용이성, 사회적 안전이나 경제적 투명성 등도 함께 고려되어야 한다. 이 모든 것을 통해 건전하고 합리적인 정치문화도 마련될 것이다. 정치문화가 사회구성원의 시민적 덕성으로 이뤄진다면, 이 덕성은 학교나 직장, 가족과 이웃 그리고 사회 등 여러 영역에서 그 나름으로 실행될 것이다.

그러나 핵심은 여전히 '어떻게 이 덕성을 키워서 삶의 공 정성을 기할 것인가'이고, '책임의 세계화를 도모할 것인가' 이다. 그것은 기회의 균등과 책임의 문제이고, 이 공정성 아 래 어떻게 생존적 지속의 확실성을 보장하는 삶의 비폭력적 토대를 마련할 것인가의 문제다. 나는 이 부당한 영역을 정당하게 만들고 불평등한 부분을 평등하게 하는 데 심미적인 것이 어떻게 관계/개입/참여하는가에 주목하고, 이 문제를 놓치지 않으려 한다. 여기에서 핵심은 예술에서 이뤄지는 자기 형성과 주체구성의 경로다.

예술의 진리

바로 이 대목에서 예술은, 예술에 대한 교육은, 이 예술에 대한 체험으로서의 심미적 경험은, 이 경험에서 연마되는 심미적 반성의 잠재력은 변화의 대체될 수 없는 유일무이한 계기를 마련한다고 나는 생각한다. '유일무이하다'는 것은 예술 이외에 그 어떤 다른 분과학문도, 그리고 그 어떤 사회정치적 활동도 예술만큼 '강렬하고도 비지배적으로' 그리고 '자발적이고도 무의도적으로' 이뤄지는 것은 없기 때문이다.

예술언어

예술은, 개념적 환원을 거부한다는 점에서 철학적 논증과 다르고, 추상화된 일반화를 경계한다는 점에서 과학적 방법론과도 변별성을 지닌다. 이 말은 물론 철학적 논증이나 과학적 방법론이 불필요하다는 뜻이 아니다. 오히려 사실충실은 학문/과학의 변함없이 중요한 덕성임에 틀림없다. (독일어로 '학문'을 뜻하는 Wissenschaft는 '과학'이라는 뜻이긴 하다. 학문이란, 인문과학이건 자연과학이건, 근본적으로 과학적 활동이기 때문이다.) 그러나 그것이, 역사주의가 강조하듯 실증주의적 세말(細末)에 빠져선 곤란하다. 대상에 대한 지나친 집착은, 마치 구체를 기계적으로 나열한 일반론이 그러하듯이, 대상을 똑같이 추상화한다. 사실중시의 입장이 사실을 증발시킬 수도 있다. 과학은 과학주의로 나아가선 안 된다.

예술은, 그것이 새롭게 느끼고 기존과 다르게 생각하게 함으로써 인간과 현실과 세계를 신선하게 경험하게 한다. 예술의 언어는 현실의 숨은 모습을 드러내고, 인간을 폭넓게 이해하며, 세계의 깊이를 스스로 자각하게 한다. 그것은 그 자체로 새 세계를 처음으로 개시(開示)하는 것이다. 기존의 것을 있는 그대로 받아들이는 것이 아니라 새롭게 이해한다. 이 새로운 이해 아래 대상의 변형 가능성이 생겨난다. 대상의 변형 가능성이란 곧 세계의 새로운 창출 가능성이다. 바로 이 점이 보편성에 대한 예술의 대응방식이 철학이나 사회과학 혹은 자연과학의 대응방식과는 다르다는 사실을 보여주고 있는 것이다.

예술은 처음부터 보편성이나 전체성을 말하지 않는다. 그렇듯이 '화해'나 '미' 혹은 '인간성'을 직접 말하지는 않는다. 아니 직접 말하는 것도 있다. 그것은 프로파간다 예술이나 사회주의 리얼리즘에서 그렇다. 그러나 이런 종류의 작품이 갖는 한계는 분명하다. 좋은 이념은 실현되기 어렵다. 옳고

> 예술의 언어는 현실의 숨은 모습을 드러내고 인간을 폭넓게 이해하며 세계의 깊이를 스스로 자각하게 한다

좋은 이념은 실현되기 어렵다. 옳고 선하고 아름다운 일은 실현되기 어렵기 때문에 버거운 것이다

검토와 비판을 허락하지 않는 보편성은 가짜다

원리의 갱신 가능성을 구체적 경험의 맥락 아래 늘 다시 검토해야 한다

선하고 아름다운 일은 그 자체로 나빠서가 아니라 실현되기 어렵기 때문에 버거운 것이다. 자유와 정의, 평등과 인권 같은 보편적 가치들은 시종일관 반성되지 않으면 거짓이기 쉽다. 검토와 비판을 허락하지 않는 보편성은 가짜다. 이 세상에는 거짓화해와 거짓풍요가 너무 많다. 참된 보편성은 개별적 경험과 특수한 사례의 지속적 검토를 견뎌낼 수 있어야 한다. 그리하여 처음부터 보편타당한 원리를 상정하는 것이 아니라, 이 원리의 갱신 가능성을 구체적 경험의 맥락 아래 늘 다시 검토해야 한다.

　보편성의 검토 작업에서 예술의 위치와 역할 그리고 그 메커니즘은 독특하다. 첫째 예술은 개념적 추상이 아니라 경험의 구체에 골몰하고, 둘째 이 구체를 보편적 지평 안으로 유도하여 재해석하는 활동이기 때문이다. 예술은 구체적 보편 혹은 개별적 일반성의 차원으로 나아간다. 그러나 다시 한 번 더 강조되어야 할 것은 경험적 세부에의 충실이다. 감각적 경험적 현실의 밀착이야말로 예술의 제1덕목이다. 이렇게 낱낱의 세목에 밀착하면서 예술은 흩어지고 무너지고 짓밟히고 외면된 것들을 새롭게 읽어내고자 한다. 그러니까 예술의 저항은 선언의 낭독이나 거리에서의 궐기 같은 직접적 형식이 아니라, 또 설명이나 진단 혹은 분석과 같은 사회과학적 방식이 아니라, 이 파편화된 경험의 잔해를 수집함으로써 수집된 항목의 재해석을 통하여 이루어진다. 그 점에서 수동적이며 미미하고 허약한 현실진술의 방식이라고 말할 수 있다.

　그러나 분명한 것은 예술이 단순히 운명의 필연성에 복속

하지 않고 그 나름으로 대응하고 있다는 사실이다. 그것은, 표 나지 않을 수 있지만 미세하고도 오랜 파문을 일으킨다는 점에서, 어쩌면 가장 강력한 저항매체라고 말해야 할지도 모른다. 내가 심미주의를 옹호하는 것은 이 때문이다. 그것은 실천적이지만 행동주의적인 것이 아니며, 성찰적이지만 사변적인 것은 아니다. 심미적 개입은 사유와 실천 사이를 삶 속에서, 지금 여기의 현존성 아래, 오직 이 살아 있는 오늘의 육체와 경험과 세부를 존중하는 가운데 부단히 이뤄진다. 그런 점에서 예술은 운명의 악순환 고리를 끊으면서 우리를 더 넓고 깊은 행복으로 이끌고 나아간다고 말할 수 있다.

예술은 실천적이지만 행동주의적인 것이 아니며, 성찰적이지만 사변적인 것은 아니다

　예술경험에서 감성은 이성처럼 정연하게 자리잡고, 이성은 감성처럼 유연해진다. 좀 더 높은 분별력은 이 '정연한 감정'과 '유연한 이성'에서 도달된다. 높은 분별력은 좀 더 공정한 판단력을 보증한다. 제대로 된 판단력으로부터 인간이해와 역사인식이 바뀌고, 현실분석과 사물파악이 확장된다. 현실에 대한 제도적 실천적 개입을 '정치적인 것의 바른 의미'라고 한다면, 이 실천의 바탕인 감각과 사고의 변화를 유도하는 예술의 언어만큼 정치적인 것이 어디 있는가? 한나 아렌트는 세계개시적 언어와 행위의 창조적 변형력을 정치의 중심에 놓은 적이 있다.

　예술언어는 새로운 세계를 열어 보임으로써, (정치적 참여가 그러하듯이) 사적 영역을 공적 영역으로 확장시킨다. 단지 그 차이점은 정치적 행위의 목표가 특수이익의 포기를 통해 공공성을 확대하는 데 있는 반면, 예술언어는 개인적이고 개별

예술언어는 사적 영
역을 공적 영역으로
확장시킨다. 이때
중요한 점은 개별적
이고 특수한 고유
성, 즉 사적 영역을
존중하면서 그것을
껴안고 공공성의 합
리적 구성으로 열어
나간다는 것이다

적이며 특수한 것들의 고유성을 외면하지 않은 채로 공공성
의 합리적 구성 가능성을 탐색하는 데 있다. 인간의 자유와
행복도 확대된 공공성 아래 비로소 적극적으로 실현될 것이
다. 바른 판단력은 비판과 저항의 기초적 조건이므로, 이 판
단력은 정치적 공공성의 강화에도 필수적이다. 개인은 판단
력을 통해 사적 특수영역에 밀폐되는 것이 아니라 열린 광장
의 공적 영역으로 나아간다. 이 같은 나아감―개별적 개인적
실존적 차원으로부터 공적 사회적 전체적 차원으로의 진전
을 간접적이긴 하나 가장 밀도 있게, 우회적이어서 긴 시간이
걸리지만 가장 설득력 있게 가능하게 하는 것은 예술경험이
다. 이 두 차원을 매개하는 것이 심미적 잠재력이다.

판단력 훈련의 윤리적 의미

심미적 경험은 공적 광장에서의 공적 행복으로 나아가는
개인적 자아의 자기갱신적 변형활동이다. 그런 점에서 이 활
동은 윤리적이기도 하다.[7] 이 활동을 통해 주체는 끊임없이
반성하면서 자기를 교정해가기 때문이다. 이때 중심은 반성
력(反省力), 즉 자기를 '돌이켜 살펴보는' 능력이다. 이 반성적
예술활동을 통하여 개인적 차원과 사회적 차원은 서로 연결
되고, 개별적 차원과 집단적 차원은 분리되지 않는다. 개인과

---

7 이 점을 나는 독일이상주의에서 나오는 교양이상(Bildungsideal)의 전통과 푸
코의 '자기배려적 실존미학'을 비판적으로 재구성하면서 언급한 적이 있다.
문광훈, 〈자기형성의 심미적 윤리: 김우창론〉,《한국예술총집 문학편VI》, 대한
민국예술원, 2009년, 253~281쪽.

심미적 경험 I __ 오늘의 삶과 예술

집단은 주체의 자기구성에서 하나로 엮어진다. 반성성은 심미적 계기에 의해 보다 적극적으로 매개된다. 이 패러다임적 전환은 예술에서 그 하나의 길을 시작할 수 있다고 나는 생각한다.

언어와 사고와 행동에서 스스로를 부단히 교정하고 변화시키는 일은 깊은 의미에서 정치적이고 윤리적이다. 여기에서 '스스로를 부단히 교정한다'는 것이 곧 판단력의 훈련이다. 이 판단력의 척도는 더 옳고 더 선하며 더 아름다운 데서 이뤄진다. 보다 높은 진선미의 수준에서 판단력의 정당성도 확보되는 것이다. 그리하여 보다 설득력 높은 판단력의 훈련은 그 자체로 비판적 사유이자 이 사유에 기반한 성찰의 활동이다. 이 성찰활동은 주체의 자기반성에서 온다. 주체는, 반성적으로 자기를 스스로 교정하는 한, 개인과 사회, 개체와 집단의 통념적 이분법을 벗어난다. 그는 절실한 마음속에서 사회적으로 열려 있고, 이 사회적 관계망 속에서 다시 자기를 돌아본다.

그리하여 심미적 경험의 자기갱신은 정치적 공공성에 기여한다. 앞서 언급했던 아렌트는 설득력 있는 의견을 제시하고 비판적으로 판단하며 자율적으로 행동하는 것을 '정치적인 것의 의미'로 여겼다. 진정으로 진보나 보수를 말하지 않고도 정치의 공적 영역에 참여할 수 있는 길은 사람의 수만큼이나 다양하다. 그리고 이 다양한 길 가운데 가장 중요한 것이 '심미적 경험의 경로'라고 생각한다.

무엇보다 심미적 경험의 교육을 통해 정치의 공적 영역이

건전하게 강화될 수 있다. 심미적 경험은 다른 인간, 다른 세계 그리고 다른 현실의 상상적 경험 속에서 진위와 선악 그리고 미추에 대한 감성적이고도 이성적인 판단력을 부단하게 연마케 하기 때문이다. 감성과 사고의 이 같은 연마를 통해 우리는 인간 권리의 아직 발굴되지 않은 가능성을 제고(提高)할 수 있다. 심미적인 것은 대상을 사회과학처럼 직접 설명하거나 진술하지는 않는다. 하지만 심미적 경험은, 그것이 삶의 조건을 되돌아보며 성찰케 한다는 점에서, 삶을 쇄신시킨다. 그리고 바로 이 점에서 그것은 깊은 의미에서 정치적인 것이다.

삶의 성숙을 위한 가능성을 생각하는 문제에서 고려해야 할 것은 물론 여러 가지다. 그러나 동시에 많은 것은 지금 여기에서의 실존적 결단과 선택에 달려 있다는 것도 분명하다. 적충류(滴蟲類)나 근족류(根足類)처럼 수천 년 수만 년을 아무런 변화 없이 살 것인지, 아니면, 작은 것일지라도 늘 일어나고 있는 변화에 주목하여 이 변화를 어떤 참된 전환의 계기로 삼을 것인지는 오늘 살아 있는 우리가 판단하고 결정할 몫이다.

다시 지적하건대, 개인성과 사회성, 사적 영역과 공적 영역의 상호관계는 간단하지 않다. 그것은 공동체를 어떻게 조직하느냐라는 문제―사회이론이나 사회철학, 정치철학과 법철학에서 핵심적 주제이기도 하다. 그리고 그것은 좀 더 미묘한 방식으로 문학이론이나 비평론, 예술론과 미학에서 다뤄진다. 예를 들어 상호주관성이나 개체와 전체의 관계 같은 문제는, 주객의 변증법이 철학의 주된 주제이듯, 인문학 분야의 결정적 주제다. 문학예술에서의 그것은 개념규정적 방식으로 논증되는 데 만족하는 것이 아니라, 감각적 경험적 일상적 차원에서 묘사된다는 점에서 일반적 인문학의 그것과 차이 난다. 나는 조금 다른 방향에서, 다시 말해 미학적 문화론적 측면에서 이 문제를 생각해보려 한다.[8] 내가 선택한 방식은 심미적인 것이기 때문이다.

---

8 여기까지 읽은 아내는, 촌평을 부탁하는 나에게, "답답하다. 글의 출발점 자체가 의문스럽다"고 말했다. 그러면서 이렇게 덧붙였다. "지금 한국은 사회적으로 너무 헝클어져 있어요. 한국에서 예술이나 심미적인 것은 전혀 현실적인 것으로 느껴지지 않아요. 가령 내가 만나는 두세 모임 중 하나가 강남에 사는 중고교 친구들인데, 약사나 의사가 대부분인 이 친구들은 부동산 투기 같은 것은 하지 않는데, 이들이 고민하는 것은 크게 두 가지예요. 아이들 진학문제와, 부모가 치매 걸렸을 때 어떻게 할까라는 것을 주로 고민하죠. 또 한 모임은 독서모임의 엄마들인데, 이들을 만나보면 그 나름으로 건전해요. 역시 자녀교육이나 여가, 가정, 취미와 같은 주제들을 주로 얘기해요. 명품구입이나 자기치장이 아니라 근검절약하면서 소박하게 살아가는 사람들인데, 이들이 고민하는 것도 그러나 예술이나 미학 쪽이 아니거든요. 그것은 이들에게 너무 고차원적이거나 허황되거나 비현실적인지도 몰라요. 그러니까 내실 있게 자기생활을 하는 사람들이 책을 가까이하는 것은 틀림없는데, 이 사람들마저 사실은, 우리 사회의 전체 구성원으로 보면, 희귀하거든요. 그렇다면 당신 같은 이는 희귀한 사람들 가운데서도 더 희귀한 사람이죠. 예술이나 심미성을 말하는 것은 뜬구름 잡는 얘기라고 할 수도 있어요. 이 땅의 사람들이 실제로 선택할 가능성이 높은 것은 특별히 세속적인 욕심이 강하지 않더라도 물질적 풍요나 몸의 안락함 그리고 생활의 편의이지, 예술이나 예술작품은, 적어도 아직까지는, 아니지 않나요? '문화'라고 해도 이때의 문화란 자기들의 물질적 여유에 부합하고 심리적 권태에 들어맞을 어떤 도움되는 것들이지요. 그것을 통해, 당신이 말하듯이, 자기를 반성하고 자기를 키워가는 것은 아니에요. 예술이란 대부분의 사람들에게 그 나머지 한가한 시간에, 그러니까 '별다른 할 일이 없거나 지루하고 심심할 때 잠시 돌아보는 것'에 지나지 않지요. 그것이 현재적 '실상'이지 않나요? 그런 점에서 예술은, 이전이나 지금이나, 아주 드문, 희귀한, 소수의 그리고 특권적인 일이지요."

아내의 이 같은 말에 나는 수긍한다. 수긍하지 않을 수 없다. 예술은 오늘날, 특히 한국사회에서 그것은 여러 가능성들 가운데 하나로 열려 있지만, 그렇다고 그것이 TV 드라마나 스포츠, 야동이나 도박 혹은 웹툰처럼 그렇게 자주 그리고 즐겨 선택되지는 않는다. 오히려 그것은 선택의 우선순위에서 이전보다 더 뒤로 밀려나고 있다. 그것이 지금의 실상이다. 그러나 어디 예술만 그렇겠는가? 철학이 그렇고, 인문학이 그렇고, 나아가 학문 일반이 그렇다. 아니 생각하는 일이나 가만히 앉아 있는 일도 이와 다르지 않다. 그러니까 이 글은 이런 전방위적 막막함을 무릅쓰고 행해지는, 어떤 한 외로운 정신이 스스로 살아남기 위해 벌이는 무모한 사투와도 같다. 예술사의 근대를 지나면서 우리는 '예술이념의 민주화'를 경험하고, '예술향유의 평등주의'에 환호하며, '예술적 엘리트주의의 극복' 같은 말을 자주 외쳐왔지만, 오비드(Ovid) 이래 변함없는 진리의 하나는 예술의 길이란 참으로 좁고 위태로우며 그 일은 지극히 예외적인 인간의 허황되고 부질없는 몫으로 존속한다는 사실일 것이다. 그러나, 정말, 정말 그런가?

> 감각적 인간을 이성적으로 만들기 위해서는 그를 우선 심미적으로 만드는 것
> 외에 다른 길이 없다.
>
> _ 실러, 《인간의 심미적 교육론》(1795)

 지성사/철학사/정신사/미학사의 논의 과정을 둘러보면 그 핵심은 다음과 같은 물음으로 수렴될 수 있을 것이다. 그것은 현실이란 무엇이고 대상이란 그 자체로 파악될 수 있는지, 이 같은 이해에서 감성과 이성, 육체와 영혼은 어떻게 서로 관계하는지, 주체는 어떻게 이해되고, 이성은 제대로 작동하는 것인지, 개인과 세계는 어떻게 교류하는지가 된다. 이것은, 다시 줄여 말하면, 주객의 이분법을 극복하는 일이고, 주체개념을 바르게 잡는 것이며, 합리성 비판을 제대로 하는 것이다. 하지만 이런 질문들을 하나로 모을 순 없을까? 그것은 '각 개인이 책임 있는 주체로서 자유롭게 사는 가운데 어떻게 이성적 사회질서의 형성에 참여할 수 있을 것인가'의 문제로 수렴된다. 조금 더 나아가자면, 그것은 이 참여 속에서 굳이 '책임'이나 '의무' 같은 도덕적 사회적 압박을 느끼지 않고도, 그

러니까 전혀 의도하지 않고도 공적 의무를 다하면서 개인적 삶을 행복하게 향유할 수는 없는 것일까다.

여기에서 거의 모든 범주와 구별은 선험적 존재론적 근거 위에 있는 것이 아니라, 사회적 상황이나 개별자의 특성에 따라 일정하게, 그러니까 생존유지를 위한 삶의 가장 적절한 방식으로 행해진다. 필요한 것은 경험적 역사적 세계와 초월적 형이상학적 영역 사이를 가로지르면서, 그 협애한 이원론적 경계를 넘어서는 일이다. 이 넘어섬의 계기를 우리는 물론 삶의 다양한 활동과 분야에서 구할 수 있다. 그것은 누구에게는 정치일 것이고, 다른 누구에게는 경제와 금융일 것이며, 또 다른 누구에게는 과학이며 그리고 어느 누구에게는 철학이나 종교나 언어가 될 것이다. 그 가운데서 나는 예술에 충실하고자 한다. 이 경계초월의 권장할 만한 매체가 예술이라고 판단하기 때문이다.

나는 미학이, 예술체험이 그리고 심미적 경험이, 그리고 심미적 경험을 통한 예술교육이 삶의 갱신에 중요한 역할을 할 수 있으리라고 믿는다. 아니 단순히 주요 역할을 하는 데 그치는 것이 아니라, 없어서는 안 될 필요불가결한 역할을 하리라 믿는다. 예술만이 기존현실에는 없는 다른 현실을—보다 참되고 보다 선하며 보다 아름다운 현실을 '미리 비춰주기 (vor-schein)' 때문이다. 예술의 부드럽고 복합적이며 간접적이고 모호한 언어는 궁극적으로 타당한 권위의 한 원천일 수 있을 것으로 보인다. 예술은 비판적 자기성찰을 가장 비폭력적이고도 비강제적으로 수행하는 장르다. 나는 예술의 진실성을 믿는다.

미리 비춰주기를 통하여 예술은 오늘의 문명사회가 최선의 형태가 아니라 인류사의 기나긴 경로에서 하나의 단계이자 과도기일 뿐이라는 것, 완전한 것이 아니라 불완전하며, 그 때문에 부단히 개선되고 보완되어야 할 것임을 자연스레 깨우쳐준다. 하이데거는 라디오나 비행기가 현대인에게 가장 가까운 사물이 되었지만, 궁극적 사물을 생각할 때 '전혀 다른 무엇'을 생각하지 않을 수 없고, 이 전적으로 다른 무엇이야말로 진리라고 할 수 있다고 적으면서, 이 같은 진리를 말해주는 것이 바로 예술작품이라고 보았다. 그 점에서 예술은 이미 있는 진리라기보다는 앞으로 다가올 진리이고, 과거의 진리가 아니라 미래의 진리다. 그것은 '된' 진리라기보다는 '되어야 할 것'으로서의 진리, 혹은 기성질서와는 다른 제2의 질서에 가깝다. 예술은 기성현실에 대한 대항적 대안적 현실로서 보다 깊고 넓은 삶의 진리를 대변한다.

세계가 혼미하고 무질서하다고 해도, 또 현실이 상스럽고 인간이 야비하며 그 본성과 언어가 천박하고 저속하다고 해도, 삶의 악의가 끝간 데 없고 인간의 편견이 지칠 줄 몰라 세계의 폭력이 결국 세대와 세대에 걸쳐 반복될 뿐이라고 해도, 아름다움은 여기 이 세상의 것이 되지 않으면 안 된다. 그리고 그것은 '지금 여기 우리들 사이에서' 체험되는 것이어야한다. 아름다움이 나와 우리 속에서 생생하게 체험될 수 있을 때, 진리의 인식이나 선의의 실천도 자라난다. 철학의 고유한 문제제기를 미의 경험에서 인식했던 사람은 플라톤과 칸트였다. 왜냐하면 아름다움이란 진리가 자신을 드러내는 고유한 방식이고, 예술작품은 진리로 변한 아름다움의 표현이기 때문이다.

미(美)란 곧 진리의 일어남이요, 진리의 사건이다

미란 곧 진리의 일어남(Sichereignen)이요, 진리의 사건이다. 그리고 이 진리를 깨우침으로써 우리는 좀 더 선해질 수 있다. 그러므로 미의 문제는 진선의 문제와 분리될 수 없다. 바로 그 점에서 미는 참된 것과 선한 것을 생각하게 하고, 이상적인 것과 현실적인 것의 간극을 메워준다. 진리가 도달하기 힘든 먼 곳에 있고, 선의가 현실적으로 경험되기 어렵다 해도 아름다움은 나날의 생활 속에 마땅히 자리해야 한다. 인간의 지성사는 '낡은 것들의 인류사적 축적' 속에서 '더딘 걸음'으로 진전해왔다는 것, 이런 추구의 기나긴 경로에서 진리를 추구하되 이 추구의 정열이 여하한의 근본주의적 맹목성에 빠지지 않을 수 있는 설득력 높은 하나의 방식이 예술임은 확실해 보인다. 좀 더 일상적 맥락에서 다시 적으면 이렇다.

여기 한 인간이 있다. 그가 살아가는 나날의 생활이 있고, 일이 있으며 그 가족과 친지, 친구와 이웃이 그 옆에 자리한다. 그가 사는 집이 있고 동네가 있고, 사회와 국가 그리고 지구가 있다. 그가 매일 매 순간 갖는 느낌과 경험이 있고, 이 경험을 반추하는 사고와 논리가 있으며, 이 사고를 전달하고 체계화하는 언어가 있다. 그리고 이 언어를 움직이는 의식과 정신이 있고, 이 의식의 바닥 아래로 무의식과 욕망, 충동과 본능이 자리한다. 아니다. 아직 불리지 않은 무수한 힘과 에

심미적 경험 I __오늘의 삶과 예술

너지가 이 미지의 영역에 소리 소문 없이 자리한다. 이 모든 것을 담는 것은 무엇보다 사람의 몸, 인간의 육체다. 이 육체의 수신기관으로서의 오감(五感)―보고 듣고 맛보고 만지며 냄새 맡는 지각적 능력이 자리한다.

몸과 정신과 다른 어떤 무수히 불확정적인 것들로 이뤄진 인간이 매일 매 순간을 살아간다. 일을 하고 사람을 만나며 잠을 자고 밥을 먹고 어슬렁거리면서 자기 일생을 살아간다. 그의 꿈―희망과 이상은 그 사이 어디엔가 자리할 것이다. 거기에는 사랑과 자유, 선의와 정당성, 평등과 박애, 민주주의 그리고 너그러움이 있을 것이고, 그렇듯이 무지와 몽매, 시기와 질투, 폭력과 증오 그리고 죽음처럼 강고한 타성이 있을 것이다. 그 옆에 친교와 우애, 용서와 정직, 명예나 정직 혹은 충실도 자리할지 모른다. 우리는 어느 정도까지 자유롭고, 얼마만큼 정직하며, 어느 정도까지 선의의 끈을 놓치지 않는가? 아니면 그 어리석음은 이전처럼 지금도 끝간 데 없고, 그 탐욕은 지칠 줄 모른 채 생겨나는 것인가? 그래서 인류의 문명사 자체가 과오의 항구적 순환사가 되는가?

무엇이 잘못되었는가? 왜 인간의 삶은 나아가지 못하는가? 지식이나 정보의 발전이 아니라, 인간 삶의 고양은 왜 이뤄지지 못하는가? 기술의 계량적 전진이 아니라, 일상의 질적 충일은 언제쯤 실현되는 것인가? 그래서 내실 있는 삶을 스스로 사는 가운데 사회적 갈등도 줄여가는 일은 언제쯤 가능할까? 우리는 아무것도 내세우거나 의도하지 않으면서도 어떤 선의, 최소한도의 믿음―세계와 자신의 좀 더 나은 가

무엇이 잘못되었는가? 왜 인간의 삶은 나아가지 못하는가?

능성에 대한 신뢰를 견지할 수 있는가? 어떻게 해야 하는가? 나는 이 문제를 '심미적으로 대응'하려고 한다.

다시 묻는다. '심미적(aesthetic/ästhetisch)'이란 무슨 뜻인가?

심미적이란 첫째, 집단적인 것이 아니라 개인적이란 뜻이다. 둘째, 강요나 주장이 아니라 권유이자 요청의 형식을 띤다는 것이다. 셋째, 대상에 대한 논증이나 진술로 그치는 것이 아니라 이 대상에 대해 말을 하거나 글을 쓰는 자기자신/주체로 돌아온다는 뜻이다. 넷째, 갈등이나 분열이 아니라 통합과 화해를 지향한다는 뜻이다. 다섯째, 그럼에도 불구하고 이 통합이나 화해가, 현실에 대한 전통적 관념주의적 이해와는 달리, 타자의 무시나 외면이 아니라 이 타자와의 만남과 충돌 속에서 이뤄져야 하고, 이 충돌에서 일어나는 갈등을 감수하고 분열을 견뎌내어야 한다는 뜻이다.

우선 필요한 것은 '예술적'이란 말과 '심미적'이란 말의 구분이다. '예술적'이란 용어가 예술이나 예술작품과 관련되어 있는 반면에, '심미적'이란 것은 예술/작품과의 관련성을 포함하면서 그보다 넓은 함의를 지닌다. 주체가 인간과 사물, 현실과 자연과 풍경을 접할 때, 그가 갖는 감각과 인식에서의 변화―자기갱신적이고 자기형성적인 변화에는 심미적 요소가 들어 있다. 심미적 요소의 핵심에는, '심미(審美)'라는 말에서 보듯이, '아름다움에 대한 느낌'이, 더 정확하게 말하여, '아름다움에 대해 심사하고 판단하는' 요소가 들어 있기 때문이다.

그러므로 인간과 사물, 현실과 자연에 대한 분별력은, 엄격하게 말하면 예술적 능력이라기보다는 심미적 능력이다. 단지 그 대상이 예술작품일 때, 이 분별력은 예술적 분별력 혹은 예술적 판단력이 된다. 심미적 능력은 예술작품의 생산과 감상의 차원을 포함하면서도 그것을 넘어 보다 넓은 지평으로 작용한다. 즉 사물의 일반적 지각이나 세상의 경험에서 그것은 미와 추, 선과 악, 진실과 거짓, 정의와 부정의에 대한 분별력을 키워주고, 이 분별력을 구성하는 감수성과 논리를 단련시킨다.

주체는 더 풍부한 감각과 더 정확한 사고를 예술에 기대어 연습함으로써 자기를 부단히 변형시킬 수 있다. 현실비판이나 역사인식, 인간에 대한 공감과 이해 그리고 우주에 대한 통찰도 심미적인 것의 성찰력에서 오고, 이 성찰의 밑바탕에는 자기변형의 잠재력이 있다. 자기성찰 속에서 주체는 자기를 끊임없이 다르게 만들어갈 수 있기 때문이다. 바로 이 잠재력을 키우는 것이 심미적 감수성이고 심미안이며 심미적 분별력이다. '예술적 감수성'이란 말은, 감수성이 예술작품의 경험으로부터 가장 자주 그리고 가장 밀도 있게 연마될 수 있기에 빈번하게 사용될 뿐이다.

그러나 이러한 문제의식은 이 글의 바탕에 깔려 있을 뿐, 그 표면으로 나오지 않는다. 이 글은 지극히 개인적이면서도 현실에 닿아 있고, 이 현실의 상황을 그리면서도 상황의 테두리를 잊지 않으려 한다. 사실과 사실을 지탱하는 관념에 두루 통하되 이 관념이 멈춘 곳—침묵이나 어둠 같은 아득한 세계

인간과 사물, 현실과 자연에 대한 분별력은, 엄격하게 말하면 예술적 능력이라기보다는 심미적 능력이다

까지 염두에 두려 한다. 지금 여기에서 나는 숨 쉬면서 저 먼 곳을 꿈꿀 수 있고, 저 무한영역을 염원하면서도 지금 이 순간에 충실할 수 있을까? 지극히 현실적이면서도 이 현실주의가 세태(世態)의 경박과 표피성에 휘둘리지 않도록, 그래서 한결같은 사물의 유장(悠長)한 질서에 이어지게 할 수 있을까? 이렇게 이어진다면, 나는 오늘의 상황에서 이 현실을 내재적으로 초월할 수 있는 근거를 마련하고 있다고 할 수 있지 않을까?

자, 시작하자.

심미적 형성력 _____

전통미학에서의 진실이 '가치'나 '규범' 같은 패러다임을 옹호했다면, 현대미학에서의 진실은 '타당성'이란 술어와 관계한다. 미학에서 논의되는 옳음이란 진리(Wahrheit) 자체라기보다는 설득력 있고 납득할 만한 어떤 것이다. 그것은 정확히 말해 '진리'가 아니라 '진실성 있는 것(Wahrhaftigkeit)'에 가깝고, 그래서 '타당성 있는 것'이 되기 쉽다.

심미적으로 타당한 것은 무엇인가? 우리는 어떤 점에서 심미적 타당성을 요구할 수 있는가? 이 문제는 심미적 경험의 과정에서 확인될 수 있다고 나는 생각한다. 핵심은 심미적 능력이다. 이 능력을 이루는 것은, 형성력(Gestaltungsfähigkeit)이다. 형성력이란 개인의 실존적 심리적 지적 영혼의 정체성을 만들면서 이 개체들의 다수로 이뤄지는 사회적 정체성을 만든다. 이렇게 만들어진 사회적 정체성이 거꾸로 개인의 공적

심미적 능력을 이루는 것은 형성력이다

덕성─시민성을 만드는 것은 자연스럽다. 그리하여 개인은 개체로서의 자기정체성을 훈련하고 연마하고 구축하는 가운데 삶과 생명의 공통적 권리, 한 국가의 구성원으로서의 공동체적 권리, 나아가 세계시민으로서의 보편적 권리를 차츰차츰 만들어간다.

여기에서 출발점은 물론 개인이다. 그것은 자신의 근거를 다른 무엇이 아닌 바로 자기자신에게서 찾는 개별적 자아다. 자아에 대한 근대적 용어는 '주체(subject)'다. 이 주체에는 자기를 찾아가는 '의식'이 전제되고, 자기를 만들어가려는 '의지'가 요구된다. 말하자면 깨어 있는 자의식과 자유의지가 근대적 주체를 구성하는 것이다.

출발점은 물론 개인이다. 그것은 자신의 근거를 자기자신에게서 찾는 개별적 자아다. 깨어 있는 자의식과 자유의지가 근대적 주체를 구성한다

그러나 개인의 의식과 의지는 인류사의 처음부터 자명한 것이 아니었다. 그것은 대략 1500년대를 거치면서 나타나기 시작했고, 18세기 말엽을 지나면서 사회정치적으로 개화된다고 할 수 있다. 말하자면 역사 전체적으로 시민화가 진행되는 것이다. 그러니까 산업화─근대화─과학화─시민화─도시화─인권화─개인화는 별개의 것처럼 서로 무관하게 나타나는 것이 아니라, 하나로 얽힌 채 서로 자극을 주고받으면서 같이 전개되는 것이다. 그렇다면 그 이전에는 어떠했는가?

르네상스 이전에 인간 개체는 신적 신분적 종교적 질서에 예속되었고, 그의 운명은 신적 구원의 계획표에 따라 미리 정해져 있었다. 이것이 이른바 '예정설'이다. 그 누구도 '나는 누구인가?'라는 파스칼적 물음을 던지지 않았고, '나는 무엇을 알 수 있는가?'라는 몽테뉴적 의문도 갖지 못했었다. 자기

에 대한 물음을 제기하는 일 자체가 근본적으로 근대적인 물음이었기 때문이다.[9] 주체라는 것 자체가 근대적 구성물이다.

근대적 자아는 근본적으로 자기를 만들어가는 자—자기구성자다. 이 자기구성에서 책임과 의무가 나오고, 자의식이 나오고 자유의지가 나온다. 근대적 자아의 자기반성력도 이와 관련된다. '반성한다'는 것은 '다시(re)' '비추어본다(flect)'는 뜻이고, 이 비춰봄은 자기에 대한 '거리' 없이는 불가능하기 때문이다. 거리감이란 곧 반성적 비판적 거리감이고, 이 거리감 속에서 주체는 자기를 구성해간다. 그러니까 자기의 대상화, 주체의 객관화야말로 반성력의 산물로서 근대적 인간의 자의식과 비판력 그리고 자유의지의 근거가 된다. 근대적 인간은 기본적으로 비판적 성찰력과 반성력을 가진 인간이다. 그래서 그는 말의 참다운 의미에서 이성적 계몽인간이 된다.

인간은 자기 사는 세계에 의미를 부여하고자 하고, 의미를 부여할 수 있다. 그는 자기 사는 세계의 본질을 파악하고자 한다. 그는 나날이 느끼고 생각하고 말하고 다른 사람과 교제하면서 자기 경험을 전달하고 기록하고, 자연을 체험하는 가운데 자기 삶을 구성해간다. 이 일련의 행동 속에 사회적 관계의 망은 자연스럽게 녹아 있고 드러난다. 각각의 개인이 그 나름으로 지각하고 경험하고 행동하는 가운데 의미의 그물망이 엮어진다. 문화는 이렇게 짜인 의미망의 전체다. 사회

자기의 대상화, 주체의 객관화야말로 반성력의 산물로서 근대 인간의 자의식과 비판력 그리고 자유의지의 근거가 된다. 근대 인간은 비판적 성찰력과 반성력을 가진 인간이다

---

9 이런 문제를 나는, 벨라스케스의 그림 〈시녀들〉에 대한 미셸 푸코의 논평에 기대어, 생각해본 적이 있다. 문광훈, 〈근대적 성찰은 어떻게 생겨났나: 벨라스케스의 '시녀들'〉,《렘브란트의 웃음》, 한길사, 2010년, 329~364쪽 참조.

적 규율도 개인적 행동의 규칙으로부터, 이 개별적 규칙의 결합체로서 파생되어 나온다. 사회의 질서라는 것도 개인이 던진 질문과 이 질문에 대한 답변 그리고 이 답변에 들어 있는 여러 관점들에 대한 집단의 동의와 그 누적을 통해 조금씩 만들어지는 것이다. 개인의 더 나은 행동 역시 이 사회적 질서의 규칙을 준수함으로써 가능하다. 이런 점에서 보면, 주체와 주체의 경험은 결코 사회와 분리된 것도 아니고 사회에 대한 대안/대체물인 것도 아니다. 주체와 사회는 서로 작용하고 영향을 주고받으며 만들어간다.

이러한 자기형성의 능력은 그러나 저절로 주어지는 것이 아니라 배워야 한다. 배워 익힘으로 자기 몸에 그리고 그 몸이 영위하는 나날의 생활 속에 육화되어야 한다. 왜 육화가 필요한가? 변화를 위해서다. 어떤 변화인가? 그것은 자기 삶의 변화와 사회의 변화로 이뤄지는 '거대한 변환(great transformation)'이다. (푸코는 한 인터뷰에서 이전과 동일하게 사고하기 위해서가 아니라, 자기를 변화시키기 위해 글을 쓴다고, 그런 점에서 자신은 '실험자'라고 말한 적이 있다. 그러니까 그의 글은 지식의 전복을 위한 것이고, 그 지식에 담긴 권력에 저항하기 위한 것이다. 이것은 마치 그의 사유가 이미 알려진 것—모든 종류의 확실하고 친숙하며 진부한 토대에 반발하기 위한 것이라는 뜻과 같다. 이 거부는, 거부의 대상에 자기도 포함시킨다는 점에서, 극단적이다. 그래서 그것은 전통철학의 형이상학적 토대에 대한 문제제기가 된다.) 이 거대한 변환은 평생에 걸친 기나긴 배움과 지속적인 노력 속에서 얻어질 수 있다. 심미적 경험은 바로 이 평생에 걸친 자기형성/자기교육/자기교양의 훈련과 관계한다.

심미적 경험은 평생에 걸친 자기형성/자기교육/자기교양의 훈련과 관계한다

심미적 경험은 자기형성적 훈련을 통해 도덕적 요구와 사회적 책임을 자연스럽게 잇는다. 도덕이나 책임, 연대성이나 정의는 주체가 감각적 사고의 쇄신 아래 주위를 돌아보고 자기를 변형해가면서 자기 삶의 영위법을 조절해갈 때, 어느 정도 실천되기 때문이다. 이것이 예술의 생애관리법—지배술의 새로운 의미론이다. 여기에서 관리술(governement)은 더 이상 사회과학적 정치정책적 함의를 갖는 것이 아니라 심미적으로 구성되고, 심미적으로 조직된다. 이 점은 강조되어야 한다.

일생의 노력을 통해 습득되는 것이 심미적 감수성이고, 심미적 감수성을 배양시키는 교양교육의 힘이 문화적 능력이다. 심미적 문화능력이란 무엇보다 '배우는', 아니 '배우려는' 능력이다. 이 능력에는 기본적으로 읽기 쓰기 셈하기가 있다. 나아가 이해와 해석과 전달이 있고, 더 나아가면 표현활동이 있다. 우리는 문화적 능력을 통해 자연을 느끼고 경험을 성찰하며 이 경험의 성찰 내용을 실천의 계기로 전환시킨다.

심미적 문화능력이란 배우는, 아니 배우려는 능력이다

삶에서 무엇이 필요한지, 무엇이 현실적인지, 어떤 면에 힘 쓸 것인지를 인식하고 판단하며 결정하는 것은 문화적 습득 기술—문화적 의미소화의 능력에서 나온다. (언어라는 도구를 쓸 수 있는 '매체능력'도 이 문화능력의 하나다.) 이때 결정의 여지—그 폭과 깊이는 이 모든 요소를 얼마나 자발적으로, 그래서 어느 정도의 자기발의권을 가지고 어떻게 행동하는가에 달려 있다. 결국 문화능력이 주체의 행동에 자유를 부여하고, 이 자

궁핍은 무엇보다 자기실현을 돌보지 않는 문화적 능력의 결핍이다

예술의 경험은 인간과 세계를 더 포괄적으로 더 민감하게 느끼게 만든다

유 속에서 그가 어느 정도 자기를 실현해가느냐에 따라 더 높은 삶의 자본(life capital)도 마련되는 것이다. 이런 관점에서 보면, 궁핍이란 물질적 궁핍이나 실현기회의 결핍뿐만 아니라 무엇보다 자기실현을 돌보지 않는 문화적 능력의 결핍이다.

그런데 문화능력은 말할 것도 없이 정치적 안정이나 경제적 토대로 보장되는 것이면서 무엇보다 심미적 수용에서 '적극적이고도 본격적으로' 일어난다고 할 수 있다. 예술의 경험은 인간과 세계와 현실을 더 포괄적으로 더 민감하게 느끼게 만들기(sensibilisieren) 때문이다. 이렇게 만들어지는 대표적인 것이 진선미의 가치다. 예를 들어 정의는 주로 정치적 개념이지만, 그래서 그것은 법률적 틀 안에서 보장되어야 마땅하지만, 그것은 1차적 요구이고, 더 넓게, 말하자면 심미적으로도 접근할 수 있다. 우리는 예술작품을 통해 정의의 정치적 차원이나 사회경제적 차원을 넘어서는 초세속적 신적 차원을 상정할 수도 있다. (이것은 자유를 '정치적 자유'나 '사회경제적 자유'뿐만 아니라 '정신과 영혼의 자유'로 구분하여 사고할 수 있는 것과 비슷하다.) 거꾸로 인간세계 안에서의 정의는 무한하게 열린 신적 정의의 개념 아래서만 좀 더 올바른 형태로 자리할 수 있다. 이런 식으로 예술/예술경험/미학도 그 나름의 타당성 요구(Geltungsanspruch)를 한다.

다시 한 번 좀 더 명료하게 생각해보자. 왜 심미적 정당성인가? 어디에서 심미적인 것은 자기정당성을 주장할 수 있는가? 심미적 정당성의 근거는 무엇인가?

첫째, 심미적 경험은 개인/개체로부터 시작한다.

둘째, 심미적 경험은 인간/주체성을 가능성의 존재로 파악한다.

셋째, 그렇듯이 사회/국가/공동체의 규칙은 이미 규정된 것이면서 앞으로 규정되어야 할, 따라서 교정되고 보충되어야 할 것으로 이해한다.

넷째, 심미적 주체는 낯선 것—타자성에 열려 있기 때문이다.

다섯째, 심미적 주체는 성찰적 비판적 자아다. 그것은 대상에 대해 반성적 거리를 유지한다.

여섯째, 심미적 자아는 근본적으로 자기형성적이다. 그것은 반성 속에서 자기를 부단히 해체하면서 동시에 재구성한다.

일곱째, 따라서 심미적 주체는 자기형성적 자기구성적 존재, 즉 교양시민(Bildungsbürger)이다. (독일어 Bildung이란 '교양'이면서 '형성'의 뜻을 지닌다. 사실 교양이란 가장 근본적인 의미에서 자기형성적 활동 아닌가?) 근대적 의미의 시민이란 근본적으로 자기반성 속에서 자기를 만들어가는 형성적 존재이기 때문이다.

여덟째, 심미적 인간은 자기 속에서 그 테두리(타자)를 헤아리고자 하기에 세계시민일 수 있다. 그러므로 세계시민은 곧 자기형성적 시민이고 교양인(Bildungsmensch)이지 않을 수 없다.

이런 이유에서 심미적 주체는 인간존재의 가능성에 대해, 인간적 의미의 구성에 대해, 사회구조의 합리적 조건에 대해 부단히 성찰하고 반성한다. 그러면서 더 나은 변형 가능성을 탐색한다. 인간의 사회와 현실은, 마치 인간이 그러하듯이 현재적으로 확정된 것이 아니라 앞으로 부단히 고쳐져야 할, 그래서 보충되어야 할 존재인 까닭이다.

인간은 부단히 보충
되어야 할 존재다

말 그대로 심미적 주체는 무한한 형성의 존재이고, 이렇게 자신을 형성해나가는 한, 그래서 형성해나가려고 준비되어 있는 한, 교양인간이 된다. 왜냐하면 심미적 경험은 더 옳고 더 나은 것에 대한 감각적 예민화 혹은 정련화 작용에 다름 아니기 때문이다. 예술활동이란 감수성의 섬세화 과정이다. 이렇게 예민해진 감각은 거꾸로 작품에 내재된 의미의 잠재력을 다시 섬세하게 해독할 수 있게 만든다. 좋은 예술은 의미의 구조를 작품 내재적으로 갖기 때문이다. 그리하여 예민한 감수성은 작품 안의 의미론적 빈 자리를 스스로 채울 수 있다. 사회적 의식이나 역사에 대한 인식도 이렇게 생겨난다.

나는 심미적 형성력이, 그것이 사람의 견해와 성격, 태도와 인격을 바꾸고 사회적 결속을 쇄신시키면서 공적 삶을 개혁하는 데로 이어질 수 있고, 그렇게 이어지는 한 더 나은 사회정치적 도덕적 세계를 조직하는 데 이미 참여한다고 믿는다. 심미적 문화능력은 삶의 다양한 불평등과 부정의를 철폐하는 데 기여한다. 그것이 실천을 직접 유도하지 않는다는 것, 오히려 점진적 변화를 꾀한다는 점에서 오래 걸리는 것이긴 하다. 그러나 감각과 사고의 갱신 속에서 다른 행동의 가능성을 예비한다는 점에서 그것은 결코 안이하거나 추상적이지 않다. 예술적 각성은, 그것이 어떤 당파성을 처음부터 전제

심미적 문화능력은
삶의 다양한 불평등
과 부정의를 철폐하
는 데 기여한다

하지 않는다는 점에서, 또 수용자 각자가 그 고유한 경험 속에서 그 나름으로 느끼고 판단케 한다는 점에서 어쩌면 사회적 책임의 가장 공정한 토대를 마련해준다고 할 수도 있다. 이 점에서 나는 '심미적 정의'를 말할 수 있고, 또 말해도 좋다고 생각한다.

미학사/지성사는 규범위반의 역사

> 끊어진 학문이 자네 덕분에 흥해질 걸세. 창힐이 처음 글자를 만들 때,
> 그 어떤 옛 글을 본떴겠나?
>
> _ 연암 박지원, 〈녹천관집서(綠天館集序)〉,《연암집》(1832)

심미적 가치나 범주도 문화적 가치가 그러하듯이, 역사적
으로 변한다. 심미적 가치도 문화적 가치체계의 일부이기 때
문이다. 이 기나긴 변형 과정에서 하나의 결정적 전환점은,
예술철학사/사상사에서 보면, 프랑스혁명이었다. 이 혁명 이
전에, 그러니까 후기 봉건시대까지만 해도 예술가는, 바흐나
헨델 혹은 하이든에서 보듯이, 대부분 궁정(귀족)이나 교회(성
직자) 아래 속해 있었다. 이때 예술은 주류 상층계급의 취향과
관혼상제 같은 공식적 행사를 담당하면서 후원받았다. (바흐의
음악이, 물론 전부는 아니지만, 대체로 종교적이고, 하이든 음악이 오락적인
것은 그 때문이다. 하지만 이 같은 경제적 신분적 사회적 제약 아래에서도
이들은 보편적 가치를 표현해냈고, 바로 이 점에 두 음악가의 위대성이 있
다.) 그러나 프랑스혁명기를 거치면서 사회구조는 엄청난 전
환을 겪는다. 부르주아 사회와 시민이 등장하고 경제적인 것

이 우위를 점하면서 예술은 사회의 주변부로 밀려난다. 그럼으로써 그때까지 예술이 누리던 물질적 토대나 심미적 표상들이 무너지면서 미의 가치가 의문시된다. 예를 하나 들어보자.

예술은 사회의 주변부로 밀려나면서, 그때까지 예술이 누리던 미의 가치가 의문시된다

낭만주의자들은, 간단히 말해, 프랑스혁명이라는 사회정치적 격변에 미학적으로 대응한 사람들이라고 할 수 있다. 프랑스혁명이 정치적 혁신과 전복 그리고 역사적 불연속성의 표현이었다면, 이 혁명의 경험은 그들에게 전통적 가치에 반기를 들면서 기존규범과 단절하는 계기를 제공한다. 이들은 전체나 집단 이상으로 개인과 개체에 주목하고, 이 개인에 구현된 인격과 개성이란 개념을 중시한다. 낭만주의자들이 옹호한 '천재' 개념도 이런 맥락 아래 있다. 천재란 독창적 개성의 다른 이름이기 때문이다. 이 개성은 그러나, 고전주의자들이 그러하듯이, 보편성으로 나아가는 것이 아니라 사회적으로 고립되어 있었다. 고전주의자처럼 낭만주의자도 자율적 행동을 옹호했지만, 이러한 행동은 사회적 규범의 준수가 아닌 그 일탈을 통해 새로움을 창출하고자 한다. 예술적 개성의 이 같은 자유는, 사회사적으로 보면, 프랑스혁명 전까지 예술가를 옥죄던 후원자 체제에서 예술가가 벗어나게 되었음을 뜻한다.

사회적 물질적 구속과 창작적 자유의 중간에 서 있던 음악가의 좋은 예가 모차르트다. 그는, 사회학자 노르베르트 엘리아스(N. Elias)가 잘 보여주었듯이, 자기가 잘츠부르크 대주교 아래에서 요리사나 정원사처럼 취급되는 것을 견디지 못했

다. 그는 오직 음악에 전념하기 위해, 물질적 안락함을 버리고 오로지 창작의 자유를 찾아 잘츠부르크를 떠나 빈으로 이사한다. 이런 예술적 자유와 개성은 베토벤에 이르러 확고한 형태를 띤다.

여기에서 주목해야 할 사실은 프랑스혁명이라는 사회정치적 격변기를 거치면서 그 이전의 심미적 이상과 범주체계가 와해된다는 점이다. 로젠크란츠(K. Rosenkrantz)가《추의 미학》(1853)을 쓴 것도 그렇고—그는 추를 '부정적 미(Negativschöne)'라고 불렀다—시인 보들레르가 도시적 감수성 아래 우울과 악마성이란 가치에 전념하는 것도 그런 변화의 흐름 속에서였다. 또 플라톤 이래 미학사는 넓게 보아 미추를 동반한 역사이기도 했다.[10] 단지 다른 점은 근대에 들어와 추에 대한 적극적이고도 긍정적인 평가가 시작되었다는 사실이다. 기이하고 충격적이며 일시적이고 끔찍하고 병적이고 잔혹하며 그로테스크한 것은, 보들레르가 보여주듯이, 근대적/현대적인 것의 가장 확연한 요소이자 징후다. 그리하여 '비정상적인 것의 복권'이 이뤄진다. 이러한 변화는, 이 부정적 범주들이 미의 이상에 의해 오랫동안 억눌리고 추방되어온 것이니만큼, 그 자체로 기존 가치에 대한 항거의 표현이다. 이제

플라톤 이래 미학사는 미와 추의 동반사다

10 플라톤의《알키비아데스 1, 2》에는 "추한 것들이 좋은 것일 수도 있는가?"라는 소크라테스의 물음에 알키비아데스가 "그렇다"고 대답하는 장면이 나온다. Platon, *Alkibiades I*, 1Bd. in) Platon, Werke in 8 Bde. Hrsg. v. Gunther Eigler, Darmstadt 1977. S. 565f. (115a); 플라톤, 《알키비아데스 1, 2》, 김주일/정준영 역, 이제이북스, 2007년, 70쪽. 번역은 부분적으로 고쳤다. 이하 플라톤 인용은 행 번호를 본문 안에 표기.

주목해야 할 것은 규범위반적인 것들—미(선)가 아니라 추(악)이고, 정상적인 것들이 아니라 비정상적인 것들의 권리다. 이것이 현대적 감수성의 표시다.

이 반미적(反美的)이고 규범위반적인 경향은 1850년대 이후 근현대적 심미의식을 지배한다고 할 수 있다. 그런 점에서 이전의 예술학을 근본적으로 '미의 심미학(Schönheitsästhetik)'이라고 부른다면, 현대의 예술학은 '반미의 심미학(Anti-Schönheitsästhetik)'이라고 부를 수 있다. 물론 기존의 규범이상으로 돌아가 조화와 비례, 질서와 균형의 법칙 같은 고전적 가치를 옹호하려는 움직임이 없진 않았고, 이 움직임 속에서 이상주의적 규범체계를 재건하려는 가치본질주의적 노력도 있었다.

하지만 근현대의 미학의식은, 전체적으로 개괄해보면, 반미적/비미적이고 규범위반적인 것이라고 할 수 있다. 그것은 하나의 혹은 정해진 혹은 특권화된 미의 모델을 고수하는 것이 아니라, 역동적이고 다양한 가치를 옹호하면서 혼란스럽고 규칙일탈적인 요소를 장려하는 방향으로 나아갔다. 그림의 가치란 전통정전으로 결정되는 것이 아니라 그림에 배인 마술적 영혼적 에너지의 표현이라고 할 때, 그래서 이 힘에 깃든 고통의 흔적과 문화적 기억을 바부르크(A. Warburg)가 강조할 때, 아니면 20세기 아방가르디스트들이 규범적 완결적 작품이 아니라 비유기적 개방적 작품을 선호하고 몽타주 같은 실험으로 작품의 인위성과 구성 가능성을 강조할 때, 또 러시아 형식주의자들이 충격과 '낯설게 하기(Verfremdungs-

오늘날 주목해야 할 것은 규범위반적인 것들이다. 미(선)가 아니라 추(악)이고 정상적인 것들이 아니라 비정상적인 것들의 권리다

effekt)'를 통해 관습적 지각을 뒤흔들 때, 이 모든 것은 새롭고 신선하며 탈자동화된 감각과 사유를 겨냥한다는 점에서 동일한 것이고, 그 점에서 하나의 현대적 흐름 속에 있는 것이다.

기존의 심미적 척도에 대한 비판적 다시읽기-정전의 재해석과 재구성

낭만적 규범일탈이건, 니체적 가치전복이건, 아니면 아방가르드적 실험이나 후기구조주의의 '주체/작가의 죽음'이건 간에, 이 모든 문제의식은 하나의 지점—기존의 심미적 척도에 대한 비판적 다시 읽기로 수렴된다. 즉 정전의 재해석이고 재구성이다. 정전재구성이라는 문제의식은 1970년대 이래 하나의 주류로 등장한 문화연구(cultural studies)에서나, 데리다나 라캉, 들뢰즈가 형이상학적 현존철학을 비판하면서 주체를 해체하고 예술생산의 상호텍스트적 계기를 강조하는 데서, 그리고 최근 들어 각광받는 후기식민주의적 비평이론에서도, 정도의 차이는 있는 채로, 반복된다. 그것은 하부문화적 변두리집단에 나타나는 다양한 소규모 사례를 연구함으로써 정전을 재해석하고, 이 재해석을 통해 주류문화와의 불화적 계기를 드러내거나, 제국주의적 지배 세계 아래 강요된 문화적 규범과 긴장관계를 이루면서 정치적 계기를 의식화하려고 한다. 그것은 예술생산의 집단적 성격을 강조하고, 정전을 정치화하기 위한 것이다. 심미적인 것의 저항적 토대는 이런 식으로 마련된다. 그러므로 탈신화화와 탈자동화 그리고 탈규범화는 현대의 가장 핵심적 성향이자 심미적 가치다. 이것은 정전교정/가치전환을 통해 기존의미의 지평을 넓히려고 한다.

하지만 이런 노력에도 위험이 없는 것은 아니다. 후기식민주의 이론가인 호미 바바(H. Bhabha)가 지적한 대로, 지배권력에 대한 저항에서 비판하는 자는 비판되는 대상을 '닮게 되는(mimicry)' 자기모순적 상황 속에 노출된다. 그러나 이것도 새삼스런 지적은 아니다. 자기모순성에 대한 의식은 지식과 권력의 연루관계 혹은 권력과 자유의 상쟁적 관계에 대한 푸코의 논의에서도 이미 확인되던 바였다.

지배권력에 대한 저항에서 비판하는 자는 비판되는 대상을 닮게 되는(mimicry) 자기모순적 상황을 노출시킨다

이 글의 맥락에서 더 중요한 것은 심미적 가치척도의 역사적 변형에도 불구하고 이론적 탐구의 궁극적 목표는 견지된다는 사실이다. 이론적 탐구의 목표란 자기모순의 역설적 상황에서 자기의 정체성을 발견하려는 노력을 잊지 않는 것이고, 이러한 노력에서 심미적 잠재력이 무엇을 할 수 있는지 계속 고민하는 것이다. 마르크시즘과 해체주의, 페미니즘과 신식민주의가 아무리 정전의 위세와 그 기준을 비판하고 기존의 가치규범을 문제시한다고 해도, 이러한 지적이 정전을 앞에 둔, 그래서 정전을 읽어야 하는 '나'에게 어떤 의미를 지닐 것인지 우리는 다시 물어야 하고, 이 물음에서 심미적인 것의 가치는 어떤 역할을 하는지 살펴보아야 한다. 왜냐하면 가치와 타당성을 그렇게 오랜 시간에 걸쳐 다각도로 검증받은 것에는 정전에 비견할 만한 것이 드물기 때문이다. 즉 경제적 효용적 측면에서 보더라도 정전의 이해는 필수적이게 된다.

심미적 가치척도의 역사적 변형에도 불구하고 이론적 탐구의 궁극적 목표는 견지된다

이제 우리는 미학적인 것에 대한 전통적 관념주의적 이해로부터 벗어나야 한다. 그래서 정전이 일구어온 성취에 주목

하면서도(첫째), 그러나 개별 작품의 가치를 더 이상 예술사적 정전에 의지하는 것이 아니라, 또 규범미학의 공식기준에 따르는 것이 아니라(둘째), 오늘의 현실에서 각자의 생활과 취향과 개성에 따라(셋째), 자기가 속한 공동체의 이성적 방향을 생각하면서(넷째), 한 사람의 세계시민으로 느끼고 생각하고 판단할 수 있어야 한다(다섯째).

정상적인 것의 기준을 의심할 뿐만 아니라 비정상적인 것의 정상적 가능성에 대해서도 성찰할 수 있어야 하고, 편안하고 조화로운 이미지뿐만 아니라 불편하고 기이하며 충격적인 요소의 긍정성에 대해서도 우리는 우리의 감수성을 열어두어야 한다. 말하자면 규범위반적이고 정전교정적인 시각이 필요하다. 그럼으로써 더 넓고 깊은 삶에 다가갈 수 있기 때문이다. 이것이 내가 생각하는 '심미적 현대성'의 기본원칙이다.

심미적 경험 II

Manifesto for Life Aesthetic

예술의 자기형성술

라파엘로 산치오(Raffaello Sanzio), 〈아테네 학당〉(1510), 바티칸 미술관
이 학당에서 아나크레온은 시를 짓고, 피타고라스는 논증하며, 자연과학자 유클리드와 프톨레메우스는
컴파스와 지구의(地球儀)를 들고 있다. 그림 중앙에는 명상에 잠긴 미켈란젤로가 있고, 그 뒤 계단에는 한
노인이 쉬고 있다. 더 뒤쪽 정중앙에는 말년의 다빈치 모습을 한 플라톤과 손을 내뻗은 아리스토텔레스
가 대화하고 있다. 모든 장면은 가장 뒤쪽의 궁륭 아래에 선 이 두 철학자 쪽으로 수렴된다. 지혜와 미를
고귀한 인간성 속에서 합치려 한 것은 르네상스 휴머니즘의 주된 이념이었다.

플라톤   아리스토텔레스

앞에서 나는 최근의 자본주의 비판과 정의론 그리고 시민사회론과 관련하여 '관리(술)'를 말하였고, 경제발전에는 자유의 발전이 전제한다는 아마르티야 센의 생각도 언급했다. 그러면서 이 자유의 확장에는 심미적 교육이 깊게 관련되어 있음을 말했다. 이런 논의가 철학적 근거를 발견하게 되는 경우는 여럿 되지만, 적어도 현대에서 가장 철저하게 성찰되는 예는 미셸 푸코(M. Foucault)에 와서 이뤄지지 않나 여겨진다.

푸코는 담론분석과 권력진단과 주체구성으로 이어지는 일련의 논의에서 주체의 자기형성과 그 심미적 성격에 대한 생각들을 펼친다. 그러나 자기연마를 통해 주체를 구성하고 자기를 형성해가는 주제는, 그가 분석하는 근거가 고대 그리스 로마의 철학인 만큼, 소크라테스와 플라톤 이후의 철학, 특히 플라톤 이후 스토아학파와 견유주의학파 그리고 에피쿠로스학파에 이르기까지[11] 광범위하게 나타난다. 그리고, 더 흥미로운 점은 바로 이것인데, 뉘앙스와 강조점의 차이에도 한국의 전통문헌, 이를테면 공재(恭齋) 윤두서(尹斗緖)의 행장(行狀)에서도 그런 생각들이 어느 정도 들어 있다는 사실이다. 이 행장에 대한 논평은 그의 유명한 자화상에 대한 나의 관심 때문에 촉발된 것이다.

푸코든, 플라톤과 아리스토텔레스와 그 이후의 철학자든, 아니면 윤두서의 경우이든, 이들과 관련하여 알아보려는 사안은 크게 두 가지다. 첫째, 주체구성/자기형성의 방법(주체구성이 어떻게 일어나는가)이고, 둘째, 그 방법의 심미적 성격, 다시 말해 '주체구성의 방법이 어떻게 심미적으로 이뤄지는가'다. 우선 푸코의 경우를 보자.

---

11 이것은 시기적으로 대략 헬레니즘 시대와 초기 로마제정 시대에 해당한다. 헬레니즘 시대는, 이것도 논자에 따라 여러 구분이 있지만, 알렉산더 대왕의 즉위와 원정이 있던 기원전 336년부터 마지막 헬레니즘 왕국이던 이집트가 멸망하는 기원전 30/31년까지 대략 300여 년을 일컫는다(이 시기는 《성경》의 《신약》과 《구약》 사이에 놓인 시기와 거의 겹친다. 즉 이 기간 동안에 유일신이었던 야훼가 보편적 신으로서의 예수로의 '형질변화'가 일어나고, 이 형질변화는 그리스 문명의 보편화인 헬레니즘 시기에 상응하는 것이다.) 초기 로마제정 시대는 율리우스 옥타비아누스의 통치(기원전 27년)부터 마르쿠스 아우렐리우스(기원후 121~180)의 통치로 대표되는 안토니우스 왕조의 종말(기원후 192년)까지다. 역사가에 따라 헬레니즘의 영향이 컸던 로마제정 시대까지 헬레니즘 시대라고 부르기도 한다. 여기에서 푸코가 주목하는 것은 기원전 300년(플라톤의 《알키비아데스 1, 2》이후)부터 기원후 200년까지 약 500년간의 지적 사상적 경향이다. 이 시기에 그가 주로 분석하는 여러 철학자의 글이 나온다.

푸코, 자기로 되돌아가기 _____ 1장

모든 배려 중에서 첫 번째 배려는 자기자신에 대한 배려라네. 하지만 내면의 목소리는, 우리가 타인을 희생하여 우리의 행복을 추구한다면 우리는 나쁜 짓을 하는 것이라고 몇 번이나 우리에게 말해주는가!

_ 루소, 《에밀》(1762)

푸코는 인간의 사유와 인식이란 말해지고 발화(發話)된 언술형식(담론/discourse)에 나타나 있고, 그래서 담론에 담긴 권력의 미시물리학을 고고학적으로 파헤치면 진리가 드러난다고 여겼다. 나아가 진리에 기대어 주체가 자신을 변화시키며 구성해갈 때 권력에 저항할 수 있다고 믿었던 것으로 보인다. 여기에서 나타나듯이, 지식과 권력과 주체는 분리될 수 없이 서로 얽혀 있다. 이때 핵심은 아무래도 담론실천의 여러 형식들에 대한 그의 초기 논의나 권력의 여러 표명형식에 대한 중기의 분석이 아니라, 개인이 주체로 구성되는 방식이나 주체의 자기관계에 대한 말기의 논의들이다. 흔히 '실존미학(l'esthétique de l'existence)' 혹은 '실존의 기술(technique de l'existence)'이라고 불리는 이 같은 논의는 특히 《성의 역사 2: 쾌락의 활용》(1984)과 《성의 역사 3: 자기배려》(1984)에 자세히 언

> 담론에 담긴 권력의 미시물리학에 대한 고고학적 성찰과 분석을 통한 진리의 파악

미셸 푸코(M. Foucault, 1926~1984)
진리에 대한 지속적 관심 속에서,
자기에 대해서나 타인에 대한 그리고 사물에 대한 자신의 관계를,
자기 삶의 양식을 만들어가고 고안해내는 것은,
그리하여 자신을 자기 행동의 윤리적 주체로 변형시켜가는 것은
푸코에게 지적 실천의 확실한 방법이었다.
그는 주체의 자기변형적 과정을 '심미적'이라고 여겼다.

급되어 있다.

그 가운데서도《자기배려》의 3장인 〈자기연마(cultivation of the self)〉에는 자기형성과 주체구성의 실존미학적 구상을 이루는 푸코의 주된 생각들이 요약적 형태로 들어 있다. 또 1981~1982년 콜레주 드 프랑스에서의 강의를 묶은《주체의 해석학》은 이 실존미학적 구상을 확장하고 심화시킨 내용으로 볼 수 있다.

이 글에서의 논의를 푸코 말년의 미학적 관심 – '실존미학'이나 '실존의 기술'로 제한한다고 해도, 그에 대한 비판적 재구성은 간단하지 않다. 그것은 대상의 시기나 주제, 개념과 내용에 있어 다양하게 펼쳐지기 때문이다. 우선 시기적으로 보면, 그것은 철학의 탄생기인 기원전 5세기 이후부터 기독교 금욕주의로 넘어가는 이행기인 기원후 4~5세기에 이르는 철학적 저작을 대상으로 한다. 개념적으로는 '자기배려(epimeleia heautou/le souci de soi)'나 '주체화(subjectivation)', '절제(askêsis)', '진리(parrhêsia)', '에토스(êthos)', '자기기술(technē tou biou/la technique de soi)', '자기인식(gnôthi seauton)', '자기실천(pratique de soi)', '자기와의 관계(rapport à soi)'와 같은 술어를 규정하는 일이고, 내용적으로 보면 고대 그리스 로마의 성윤리에서 기본적으로 출발하지만 연애술과 가정관리술 그리고 국가통치술(도시국가와 타국의 관계) 문제도 포함한다. 또 주제적으로 그것은 주체의 자기지배나 자기자신과의 관계(엘리트 귀족계급으로서의 개인)에 대한 성격 규명의 형태를 띠지만, 이런 규명에는 주체와 진리의 상호연관성이라는 문제가 들어 있다. 더 심각하게 보

면, 그것은 푸코적 맥락 안에서 주체의 역사와 계보학이라는
문제, 말하자면 진리담론의 근대적 형성사 문제와 연결된다.

이 시기적 개념적 주제론적 복잡성에도 불구하고, 푸코의
실존미학적 사고가 요약될 수 없는 것은 아니다. 그러나 중요
한 것은 단순한 요약이 아니라, 이 일련의 논의에 들어 있는
주체구성/자기형성의 결정적인 의미다. 심미적 주체구성 혹
은 자기형성의 심미적 차원이 갖는 특징은 다음과 같이 세 가
지로 정리될 수 있지 않나 나는 생각한다.

자기전향 – 자기인식에서 자기배려로

우선 짚고 넘어가야 할 것은 두 개념, 자기인식(gnôthi seau-
ton)과 자기배려(epimeleia heautou/le souci de soi)의 관계다. 흔
히 서양철학사를 시작할 때, 맨 처음 나오는 것이 소크라테스
의 '너 자신을 알라(gnôthi seauton)'라는 말이다. 그러나 푸코
는 이 말 대신에 자기배려라는 말을 강조한다. 왜 그런가?

델포이 신전은 그리스 생활의 중심부에 있는 것이었다. 이
신전의 돌에는 '너 자신을 알라'라는 말이 새겨져 있었다.
'너 자신을 알라'는 자기인식을 뜻한다. 그것은 인간이란 자
기인식을 하는 존재라는 뜻이고, 당시 사람들은 인간과 그 대
상(사물), 주체와 진실의 문제를 중시했다는 뜻이다. 그래서
철학의 일은 인간의 인식적 특성과 한계를 명확히 규정하려
는 시도로 간주된다. 우리의 논의에서 중요한 것은 이 같은
관점 아래에서 주체는 고정적이고 불변하는 존재, 즉 비역사
적 존재로 이해된다는 사실이다. 그러니까 인간이 어떻게 변

할 것인가의 문제―자기변모의 가능성이라는 문제보다는 대상의 본질적 성격과 인식의 실체적 내용이 중시된 것이다.

이러한 인식론 중심적이고 비역사적인 주체이해가 고대철학을 지배했다. 나아가 고대철학의 이 실체주의적 대상이해는 지금까지 서구철학의 전통을 지배해왔다고 볼 수 있다. 여기에서 자기수련적이고 자기실천적 함의를 지닌 자기배려의 개념은 철학과 과학의 영역에서 추방되는데, 이렇게 추방시킨 대표적 철학자가 데카르트라고 푸코는 적는다.[12] 이처럼 되면 자기를 정립하거나 설정하기 위해 주체가 갖는 실천적 절차는 누락되기 때문이다. 이 누락을 푸코는 문제시한다.

그렇다고 자기인식이 고대 그리스 로마 시대에 없었다거나, 자기인식이 갖는 중대성을 푸코가 전혀 외면한 것은 물론 아니다. 그는 여러 군데서 자기인식과 자기배려의 문제가 나란히 혹은 뒤섞인 채 서구정신사를 규정해왔다고 적고 있다.

인식론 중심의 비역사적인 주체이해와 같은 고대철학의 '실체주의적 대상이해'는 서구철학의 전통을 지배해왔다

"데카르트는 자기수련적, 자기실천적 함의를 지닌 자기배려의 개념을 철학과 과학의 영역에서 추방시켰다" (푸코)

---

12 그러나 데카르트의 성찰이 자기를 의심하면서 '의식'하는 주체이고, 그래서 주체가 근본적으로 자기인식적 주체라고 해도, 푸코가 말하는 것처럼 여기에 자기변형적 실존의 기술이 없다고 말하기는 어렵다. 데카르트적 주체도 성찰 속에서 자기를 정립해가는 자기쇄신적 주체이기 때문이다. 그 점에서 푸코가 말한 '데카르트적 순간'―데카르트 이후 근대철학은 자기인식을 강조한 반면에 자기배려적 계기의 문제를 망각하고 소외시켰다는 언급은, 나의 판단으로는, 비판할 만해 보인다. (Michel Foucault, *The Hermeneutics of the Subject, Lectures at the Collège de France 1981~82*, New York, 2005, p. 68; 미셸 푸코, 《주체의 해석학》, 심세광 역, 동문선, 2007년. 이 번역도 부분적으로 고쳤다.) 푸코의 주체해석학에서의 근본 의도는 '자기배려의 복권 혹은 재활성화'라고 할 수 있다. 중요한 것은 자기인식이냐 자기배려냐의 양자택일적 문제가 아니라, 주체가 절제와 연마의 실존적 기술을 통해 스스로 얼마나 변해갈 수 있는지, 그래서 어떻게 윤리적 주체로 진실에 다가갈 수 있는가를 고찰하는 일일 것이다.

단지 '너 자신을 알라'라는 표현은, 지금까지의 철학사에서 해석되어온 것처럼, 절대적으로 중요한 것이 아니라 다른 술어와의 상호작용 속에서 병존해왔고, 더 넓게 보면 오히려 자기배려의 한 부분에 속해왔다는 것이다. "'너 자신을 알라'는 여러 중요한 텍스트에서 분명하고도 반복적으로 자기배려의 일반적 틀 안에서, 즉 결과들의 하나이자 여러 형식들의 하나로서, 또는 일종의 구체적으로 한정된 일반적 규칙의 특수한 적용으로서" 나타나고, 이 일반적 규칙이란 "너는 너 자신에게 주의해야 하고, 너 자신을 잊지 말고, 너 자신을 돌봐야 한다"는 것이다.[13]

자기돌봄과 자기수련의 규칙 자기돌봄과 자기수련의 규칙은 소크라테스의 시대에만 나타나는 것이 아니라, 그 이전의 여러 실천형식들을 통합하고 포섭하면서 기원전 5세기부터 기원후 4~5세기에 이르기까지 거의 1000년 이상 지속된다. 그래서 그리스 로마 시대의 철학사상뿐만 아니라 기독교의 신앙생활과 신조에까지 광범위하게 관통한다. 그 1000년 가운데 푸코가 주목한 것은 기원후 1~2세기다. 자기배려는 "그리스와 헬레니즘 그리고 로마 문화의 전반에 걸쳐 철학적 태도를 기술하는 하나의 근본적 원리"였고, 이 원리 아래 행한 실천들은 "서구의 문화와 철학, 도덕 그리고 정신(sprituality/영성)의 역사에서 아주 기나긴 운명을 가지게 되는 실천들"이었다.[14] 이것은 자기자신으로 **자기자신으로 되돌아가기 - 자기로의 전환** 되돌아가기 - '자기로의 전환(epistrephein pros heauton/convertere ad se)'

13 Michel Foucault, *The Hermeneutics of the Subject*, p. 4f.
14 Ibid., p. 8, p. 11.

심미적 경험 Ⅱ _ 예술의 자기형성술

으로 불려진다.

자기자신으로의 전환/전향/회귀란 우선 외부로 놓인 주체의 관심과 시선을 돌려 자기에게 향하는 것을 뜻한다. 그것은 자신에게 주의를 돌려 자기의 무지를 깨닫고, 이미 배운 것을 상기하면서(anamnêsis) 자신의 본질과 진실된 존재로 돌아가는 것이다. 그러나 플라톤의 자기전향(epistrophê)과 그 이후 철학자의 자기전향(convertere ad se) 사이에는 차이가 있다. 또 여기에서 보듯이, 표기도 다르다. 플라톤의 자기전향에서는 지식/인식이 중요한 반면, 플라톤 이후 철학자들(에픽테토스나 마르쿠스 아우렐리우스, 플로티노스나 세네카 등)의 자기전향에서는 "연습(exercise)과 실천(practice) 그리고 훈련(training)"이, 말하자면 "지식보다는 절제(askêsis)가 훨씬 더 핵심적인 요소"다.[15]

플라톤에게 있어 지식과 인식이 중요한 반면 플라톤 이후 철학자들에게는 연습과 실천과 훈련 즉 절제가 중요했다

자기전향의 개념은 그 뒤 기독교 금욕주의에 이르면 개종(改宗)의 형태를 띤다. 그리하여 기독교적 개종에서 중대한 역할을 하는 것은 더 이상 플라톤적 의미의 상기(anamnêsis)나 소크라테스적 자기인식이 아니라, 또 수련적 실천적 자기변형적 의미가 아니라, 자기포기다. 종교적 구원은 무엇보다도 자기포기를 전제하는 까닭이다. 자기를 버리지 않으면 신의 빛을 볼 수 없고, 자기를 잊지 않으면 신적 진실로 나아갈 수 없다. 모든 것을 신에 맡겨야 하고, 그 때문에 종교에서 개인의 개인성이나 주체성 그리고 정체성은 빛과 진실 그리고

자기를 버리지 않으면 신의 빛을 볼 수 없고, 자기를 잊지 않으면 신적 진실로 나아갈 수 없다

---

15 Ibid., p. 210.

구원을 위해 희생된다. 이제 신과의 특권적 관계는 오직 기독교에만 주어진다. 이런 생각들이 15세기까지 서구의 기독교 문화와 그 신비주의를 지배한다.

이것을 푸코는 역사상 나타나는 세 가지의 자기실천적 모델―'플라톤적 모델'과 '헬레니즘적 모델' 그리고 '기독교적 모델'이라는 개념으로 다시 설명한다. "내가 '플라톤적'이라고 부르는 모델은 상기(recollection)를 중심으로 돌고, '헬레니즘적' 모델은 자기에 대한 관계의 자기종국화(self-finalization)로 향하며, '기독교적' 모델은 자기주해(self-exegesis)와 자기포기로 향한다."[16] 풀어 쓰면 이렇게 될 것이다.

플라톤적 모델에서 중시되는 것이 자기자신으로 돌아가―이 점에서 여기에는 자기전회적 계기가 들어 있다―자기를 인식하면서 절대적이고 진실된 존재를 상기하는 일이라면―그래서 플라톤적 모델은 '존재상기의 모델'로도 불린다―, 기독교적 모델에서는 신앙을 위해 자기를 포기하고 금욕적 실천을 강조하고―그런 점에서 자기수련이 중시된다―성경의 해석에 치중한다. 이에 반해 헬레니즘적 모델에서 자기실천은 플라톤적 모델과 다르게 자기인식에 함몰되지도 않고, 수련을 강조하지만 성서적 진실을 내세우면서 자기를 죽이는 기독교적 모델과도 다르다. 전통적 상기모델과 성서주해의 모델이 기독교의 초기 역사 동안 줄곧 서로 대립했다면, 헬레니즘적 모델은 자기인식이나 자기포기에 빠지지 않고

① 자기를 인식하면서 절대적이고 진실된 존재를 상기하는 플라톤적 모델
② 성서적 진실 앞에 자기자신을 죽이는 기독교 신비주의 모델
③ 자기인식과 자기포기를 포함하면서도 그것을 넘어서는, 수련과 절제를 통한 자기실천의 헬레니즘 모델

---

16 Ibid., p. 258.

심미적 경험 Ⅱ＿예술의 자기형성술

자기배려/자기수련의 독자성을 유지하면서 자기를 실천의 궁극적 목적으로 삼는다. 자기전향의 이 같은 주제는 근대의 초창기에 이르러, 더 구체적으로 말하면 사상사/지성사적으로 보면 몽테뉴에 이르러, 다시 주목받는다. 몽테뉴의 저작은 고대 그리스 로마의 자기윤리와 자기미학을 복원시키려는 하나의 시도라고 볼 수 있기 때문이다.

그러나 푸코는 헬레니즘 시기의 자기실천에 깃든 한계 또한 잊지 않는다. 그런 기율은 사회정치적으로 가장 부유하고 특권을 부여받은 자들의 여유에서 나오기 때문이다. 그들은 자기돌봄을 위해 토지경작을 노예들에게 맡겨야 했고, 그들의 자기배려 역시, 플라톤의 《알키비아데스 1, 2》(스승 소크라테스와 제자 알키비아데스의 대화를 기록한 글. 서양철학사에서 '자기배려'의 의미가 최초로 나타나는 저작으로 평가받는다)에 나오듯이, 자기를 향하는 것만큼이나 타자들(도시국가 내의 주민)을 통치하기 위한 것이었다. 그러나 적어도 《알키비아데스 1, 2》 이후, 그러니까 기원전 300년에서 기원후 1~2세기에 이르기까지 자기실천은 보편적 정언명령이 된다.[17]

푸코는 절제적 자기훈련을 겨냥하는 이 같은 전환을 서구

---

17 여기에서도 푸코는 플라톤적 모델과 헬레니즘적 모델 사이에 나타나는 세 가지 변화에 주목한다. 첫째, 자기배려의 원칙이 신분이나 지위에 관계없이 모든 사람에게, 적어도 최하위의 계급과 노예를 제외하고, 광범위하게 주어진다는 것. 둘째, 도시국가에서 자기배려는 타인을 통치하기 위해서가 아니라 자기를 다스리기 위해 시도된다는 것(소크라테스에게서 가르침을 받던 알키비아데스의 목적은 바로 이것이었다). 셋째, 자기인식적 요소가 해체/완화되면서 수련을 통한 자기교정과 자기비판이라는 더 넓은 맥락 속으로 편입된다는 것이다. Ibid., p. 83f.

사가 경험한 실존적 기술 가운데 가장 중요한 사건의 하나로 여긴다. 그래서 이렇게 적는다. "우리는 물론 우리자신을 우리자신에게 적용시켜야 합니다. 즉 우리를 둘러싼 모든 것으로부터 벗어나야 합니다. 우리는 우리자신의 일부가 아님에도 불구하고, 우리의 주의를 끌고 우리를 부지런하게 하며, 우리의 열정을 일으키는 모든 것으로부터 벗어나야 합니다. 우리는 자기로 돌아가기 위해 이것에서 벗어나야 합니다. 우리의 주의와 눈, 마음 그리고 궁극적으로 우리의 모든 존재는 평생을 통해 자아로 향해야 합니다. 우리는 우리자신으로부터 우리를 벗어나게 하는 모든 것에서 벗어나 우리자신을 우리의 자아로 향하도록 해야 합니다."[18] 이 같은 자기전향의 의미는 단순히 '주체의 계보학'이나 '실존의 기술'이라는 철학사적 사상사적 측면에서만 중요한 것이 아니라, 온갖 광고와 선전, 유행과 외관에 휩쓸린 채 자기를 잃고 살아가는 오늘날의 시대에서도, 아니 지금이야말로 더없이 갈급한 전언이지 않는가 여겨진다.

자기전향/자기수련/자기배려의 현실적 의의는, 이것이 자기수련을 통해 주체의 부단한 변화를 꾀한다는 점에서, 새로운 주체화의 방식을 고민하는 일이다. 나아가 이 고민에는 주체와 진리의 관계를 역사적으로 재구성하는 푸코의 철학적 문제제기가 들어 있다. 그렇게 보면, 주체의 자발적 변형 가능성을 고민하는 것은 그 자체로 철학의 문제제기를 실천하

---

18 Ibid., p. 206f.

심미적 경험 Ⅱ __ 예술의 자기형성술

는 하나의 실존양식이기도 하다.

 이런 일련의 논의에 깔린 바탕은, 그리고 이것은 내 글에서의 문제의식과 관련하여 다시 강조하고 싶은 점이기도 한데, 주체의 변화 가능성에 대한 푸코의 어떤 생각이다. 즉 인간이란 그 자체로 고정불변의 존재가 아니라 노력한다면 끊임없이 변할 수 있는 존재라는 사실이다. 고정적이고 불변적인 것이 아니라, 자기실천 속에서, 자기가 자기에 대해 갖는 관계의 방식에 따라, 이 방식으로서의 실존적 기술의 내용에 따라, 얼마든지 그는 더 나아질 수 있다는 점이다.[19] 푸코의 이 문제의식은 그 자체로 매우 도전적이다.

 주체에 대한 이 같은 전복적 이해를 통해 푸코는 '주체화의 상이한 방식들에 대한 역사'를 쓰고자 했다. 그가 '실존의 테크닉'을 말하고, '주체의 윤리적 구축'을 강조하며, '주체성의 계보학'을 탐색하고자 하는 것도 이 점에서 이해할 수 있다. 윤리적 주체란, 그의 맥락에서 보자면, '변할 수 있는 주체'와 다르지 않기 때문이다. 주체는, 스스로 변하고자 노력할 때, 이미 윤리적인 것이다.

주체의 자발적 변형 (변화) 가능성에 대한 검토 — 푸코의 '실존의 테크닉'과 '주체의 윤리적 구축'과 '주체성의 계보학'에 대한 탐색과 강조

---

19 이런 관점에서 보면, 여기에서 말해지는 주체는 '대문자'가 아니라 '소문자'에 가깝다. 되풀이하건대 필자의 관심은 이 소문자 주체의 심미적 변형 가능성이다. 여기에 대해 나는 20세기 한국소설의 전체 흐름을 '자발성과 자율성 그리고 자기형성성'이라는 열쇠어 아래, 독일의 교양이념과 아도르노 미학 그리고 푸코의 윤리적 주체개념에 기대어 통시적으로 다룬 적이 있다. 문광훈, 《한국현대소설과 근대적 자아의식》, 아카넷, 2010년, 특히 230쪽 이하 〈소문자 주체의 미시양식화〉 참조.

주체의 '자기관계방식'

이 논의 맥락 가운데, 또 내가 염두에 두는 주체구성/자기형성의 심미적 방법과 관련하여 출발점이 될 수 있는 개념은 무엇일까? 그것은 자기배려 혹은 자기연마(cultivation of the self) 혹은 자기수련이라고 할 수 있다. 어떻게 불리든, 그것은 자기를 돌보는 일이다. 자기배려를 자기자신에 대한 관심이라고 할 때, 이 같은 관심에도 여러 차원이 있다.

푸코적 의미의 자기관심은 한 개인의 독특성에 절대적 가치를 부여하는 현실격리적 태도일 수도 있고, 가족관계나 가정에서의 행동과 같은 사생활에 대한 가치부여일 수도 있다. 혹은 초기 기독교의 어떤 움직임처럼 금욕주의적이거나 은거주의의 형태를 취할 수도 있다. 거기에는 "'자기를 돌보기', '자기로 되돌아가기', '자기 속에 은거하기', '자기에서 즐거움을 발견하기', '오직 자기 안에서만 기쁨을 추구하기', '자기와 더불어 지내기', '자기자신과 친구가 되기', '성채 속에 있는 것처럼 자기 속에 있기', '자기에 전념하기', '자기를 존경하기'" 등 여러 뜻이 내포되어 있다.[20] 이 자기배려의 실천을 통해 푸코가 강조하는 핵심적 내용은 "자기자신에 대한 관계의 강화(an intensification of the relation to oneself)"이고, 이 강화된 관계를 통해 "사람은 자기자신을 자기행동의 주체로서 구성하게 된다"는 점이다.[21]

어떻게 살아갈 것인가? 어떻게 일하고 어떻게 쉴 것인가?

---

20 Michel Foucault, *The Hermeneutics of the Subject*, p. 12.

어떻게 먹고 자고 입고 사람들과 만나는가? 이것이 구체적 실존의 구체적 실천내용이다. 그러므로 주체가 갖는 자기와의 관계란 실존의 이 같은 실천내용을 어떻게 수련하고 연습하여 채우고 조직할 것인가의 문제와 같다. 그것은 자기가 자기에게 행하는 노력이고, 이 노력을 통해 자기를 변화시키고 재발견하는 일이다.

왜 자기배려가 중요한가? 고대 그리스 로마 시대에도 오늘날처럼 성적 문란함과 부도덕한 풍습을 막기 위해 쾌락의 문제나 쾌락활용의 문제, 부부간의 의무나 결혼의 의미, 쾌락이 영혼에 미치는 영향 같은 주제들이 다양하게 논의되었다. 흥미로운 사실은 기원후 첫 200여 년 동안의 여러 철학자나 의사들이 도덕의 타락을 걱정하고 성적 풍습이 엄격해질 필요성에 대해 언급하고는 있지만, 그렇다고 어떤 입법화나 공권력의 개입을 그들이 요구하진 않았다는 점이다. 즉 일률적으로 강제할 수 있는 법적 조처나 제도적 징벌을 구하기보다는 각 개인이 자기에게 기울여야 할 주의(注意)와 제어를 말하고, 이 주의와 제어를 위한 절제의 기율을 강조한 것이다. 바로 이 점에 푸코는 착안한다. "윤리가 그 자체로서 법률적인 것이나 권위적 체계 그리고 규율 구조와는 그 어떤 관련성도 갖지 않은, 하나의 매우 강력한 실존의 구조라는 생각. 이 모든 것은 매우 흥미롭다."[22]

---

21 Michel Foucault, *The Care of the Self*, in) *The History of Sexuality V. 3*, New York, 1986, p. 41. ; 미셸 푸코, 《성의 역사 3 - 자기배려》, 이혜숙/이영목 역, 나남출판, 2010년 57쪽, 번역은 부분적으로 고쳤다.

이 점에서 《주체의 해석학》을 편찬한 그로(F. Gros)는 푸코의 말년 텍스트를 특징짓는 "내재성, 용의주도 그리고 거리의 윤리"를 읽어내면서[23], 이 같은 윤리적 면모는 보들레르(C. Baudelaire)의 독특한 댄디즘이나 바타유(G. Bataille)의 위반적 시학과는 분명하게 구분되는 요소라고 설득력 있게 해석한다. 그러면서 이렇게 쓴다. "푸코가 고대의 사유에서 발견하는 것은 어떤 질서를 자기 삶 속으로 집어넣는 생각, 말하자면 초월적 가치에 의해 지탱되지도 않고, 사회적 규범에 의해 외적으로 조건지워지지 않는 어떤 내재적 질서(an immanent order)의 생각이다… 자기를 윤리적으로 만드는 일(the ethical fashioning of the self)은 무엇보다 다음과 같은 것을 뜻한다. 그것은 실존적으로 죽을 수밖에 없는 질료인 한 사람의 실존을 그 내적 정합성으로 지탱되는 질서의 구축을 위한 자리로 만드는 것이다… 이 윤리는 연습과 규칙성과 작업을 요구한다. 그러나 여기에는 익명의 강제효과가 없어야 한다. 훈련은 민법이나 종교적 규율에서 오는 것이 아니다… 그것은 모든 사람에 부과되는 의무사항이 아니라, 실존의 개인적 선택사항이다."[24]

자기실천에 대한 푸코의 이러한 생각들이나, 이 철학자의

자기실천이란 초월적 가치나 사회적 규범 등의 외적으로 강제된 조건에 의해서가 아니라 스스로의 내재적 질서의 요청에 따라 자기자신을 윤리적으로 만드는 일

---

22 Michel Foucault, "On the Genealogy of Ethics: An Overview of Work in Process", in) *Ethics. Subjectivity and Truth*, New York: The New Press, 1997, p. 260.

23 Frédéric Gros, *Course Context*, in) Michel Foucault, *The Hermeneutics of the Subject*. p. 530.

24 Ibid., p. 530f.

사유에 대한 그로의 지적은 참으로 중대한 것으로 보인다. 그것은 사회적으로 강제되는 법률체계나 억압적으로 작용하는 도덕적 규범과는 다른 삶—이들 '외적 가치체계나 규범에 의존하지 않고도 윤리적일 수 있는 삶의 길'이 있을 수 있음을 뜻하는 것이기 때문이다. 혹은 선험적 가치를 끌어들이거나 초월적 형이상학적 가치에 기대지 않고서도, 말하자면 매일 매일의 일상적 삶에 충실하고 지금 살아 있는 현존적 기쁨을 누리는 가운데, 적어도 그 주체가 자기변형을 위한 실천을 부단히 행하는 한, 올바를 수 있는 방식이 삶 속에는 있다는 사실을 보여주기 때문이다. 그래서 그로는 적는다. "진정한 초월성은 자아의 내재적이고 집중된 완성에 있다."[25] 이것을 나는 '내재적 초월의 길' 혹은 '현존적 초월의 방식'이라고 부르고 싶다.

주체의 추구에서 결정적인 것은 자기와의 관계를 얼마나 독립적이고 자발적인 선택 아래 두느냐는 것이고, 다름 아닌 이 자발적 자기추구를 어떻게 최종목적화하는가 하는 문제다. 나아가 자발적 독립적 자기관계를 어떻게 부단히 변형시키도록 노력할 것인가의 문제다.

여기에서 푸코의 시야는 더 넓은, 그래서 더 먼 곳으로 나아간다. 그는 법과 법의 역사가 가진 한계를 문제시한다. "내가 보여주고자 하는 것은 법 자체는 하나의 삽화이자 일시적 형식으로서, 주체가 자기에게 행하는 실천의 테크닉이자 테

외적 가치체계나 규범에 의존하지 않고도 윤리적일 수 있는 삶의 길―내재적 초월의 길 혹은 현존적 초월의 방식

---

25 Ibid., p. 533.

크놀로지라는 일반적 역사의 일부라는 것이다. 이 테크닉과 테크놀로지는 법의 형식으로부터 독립되어 있고 법보다 우선적이다. 근본적으로 법은 자기에 관한 주체의 테크놀로지에 있을 수 있는 여러 양상들 가운데 하나일 뿐이다. 혹은 더 정확히 말하여, 법은 우리가 오늘날 알고 있는 서구적 주체가 형성되어온 기나긴 역사 과정의 여러 양상 가운데 하나일 뿐이다."[26] 이 대목에서 나는 푸코 사유의 명민성을 다시 확인한다. 그는 고대 그리스 로마의 텍스트를, 기존의 여러 해석을 참조하는 가운데(첫째), 단순히 이 같은 인용이나 전거(典據)에 머무는 것이 아니라, 자기의 문제의식과 관심에 따라 전혀 다르게 재구성하면서(둘째), 자기배려의 윤리성이나 정치성에 대한 생각에서 나타나듯이, 또 법해석에서 드러나듯이, 독자적 사유를 펼쳐나간다(셋째).

이러한 구절들은 일종의 사유의 편성술(orchestration)을 통해 자기사유의 주권성을 실행해 보이는 하나의 탁월한 사례가 아닐 수 없다. 철학의 존재근거가 비판에 있다면, 이 비판은 궁극적으로 '사유의 주권성'을 실행하는 데 있을 것이기 때문이다. 이 점에서 푸코의 사유는 비판철학의 모범적 사례다.

절제란 무엇보다 쾌락의 활용에서의 자발적 제한이다. 이 제한은 외적으로 부과되는 금지조항의 형태를 띠는 것이 아니라 주체가 자기에게 행사하는 자발적 원칙이다. 그래서 이 기술은 권력의 집단적 문제라기보다는 삶의 개별적 문제—

절제란 쾌락의 활용에서의 자발적 제한이며 주체가 자기자신에게 행사하는 자발적 원칙이다

---

26 Michel Foucault, *The Hermeneutics of the Subject*, p. 112.

심미적 경험 II __예술의 자기형성술

자아가 다루는 개인적 문제이고, 따라서 개인의 윤리적 기술의 문제로 이해될 수 있다. 그것은 '내가 내 자신을 내 행위의 주체로서 어떻게 정립할 것인가'라는 문제다. 이 자기관계에 타인과의 관계나 정치사회적 실천의 문제가 겹쳐 있음은 물론이다. 왜냐하면 에피멜레이아(epimeleia/배려)가 사랑하는 연인과의 관계에서 행해지면 '연애술'이 되고, 집에서 가계 살림을 꾸리면서 가족을 보살피면 가정관리술이 되며, 국가에서 신하를 보살피고 타자를 지배하면 군주의 통치술이 되고, 부상자나 환자를 보살피면 의사의 치료술이 되기 때문이다. 더 소박하게 말하면, 그것은 아침에 일어나 그날 할 일을 생각하고 저녁에 잠자리에 들기 전에 하루 일을 돌이켜보는 것이 될 수도 있다. 다양하고 번잡한 활동에서 물러나 지나간 시간을 회고하거나, 자기와 대면하면서 욕망을 누르고, 독서를 통해 전례(典禮)를 익히거나 초탈적 삶 속에서 이성의 원칙을 성찰하는 것도 자기를 돌보는 삶의 실존적 기술인 것이다.

다시 한 번 강조되어야 할 사실은, 자기배려에 여러 차원과 요소가 있는 채로, 여전히 배려와 수련의 대상은, 적어도 궁극적 대상은 신체가 아니라 영혼이라는 점이다. 그러니까 부지런한 가장(家長)이 가족을 돌보고 재산을 관리하는 것도 외관상의 자기배려일 뿐이다. 왜냐하면 이때의 배려 대상은 그가 소유한 바(부나 재산)이지 자기자신은 아니기 때문이다. 마찬가지로 의사가 환자를 진단하고 약을 처방하는 것은 신체를 돌보는 것이지 자기를 돌보는 것이 아니다. 그런 점에서 가장이나 의사가 주의하는 것은 참된 돌봄의 대상은 아니다. 진실한 돌봄은 육체적 물질적 가시적 차원을 넘어서야 한다. 그러나 이 말은 신체적 활력이나 건강을 외면하라거나, 물질적 토대나 경험이 무가치하다는 것은 결코 아니다.

신체적 장애나 불편도 체액이나 체질의 균형이 깨지는 데서 생겨난다는 사실은 잘 알려져 있다. 병도 일종의 과도함—적절하지 못한 데서 발생하고, 이 신체적 부적절의 장애 상태에서는 정신이나 감정도 혼란스러워진다. 질병이 신체적 장애를 나타낸다면, 이 장애란 신체의 장애이면서 동시에 정신/마음/영혼의 장애이고, 더 넓게 보면 과도함 혹은 부적절함 혹은 불균형의 표현이다. 토하거나 소화불량일 때, 정신이 온전할 리 없지 않은가? 그렇듯이 마음도 열병을 앓고, 정신도 몸살을 앓는 것이다. 이것을 푸코는 '육체와 영혼의 질병이 소통한다'고 표현한다. "…육체의 병과 영혼의 병은 서로 소통할 수 있고, 자신의 고통을 교환할 수 있다. 영혼의 나쁜 습성들이 신체적 비참을 일으키는 반면에, 육체의 무절제는 영혼의 약점을 드러내고 지속시킨다.… 육체가 영혼을 지배하지 않기를 바란다면 영혼을 잘 바로잡아야 하고, 우리가 자기를 완전히 제어하고자 한다면 육체를 바로잡아야 한다.…"[27]

결국 육체와 정신은 서로 반향한다. 몸이 아플 때 영혼이 온전할 리 없고, 정신이 병들 때 신체가 이상 없기 어렵다. 그

> 영혼의 나쁜 습성들이 육체의 비참을 일으키며 육체의 무절제가 영혼의 약점을 드러내고 지속시킨다. 육체가 영혼을 지배하지 않기를 바란다면 영혼을 바로잡아야 하고, 우리가 자신을 제어하고자 한다면 육체를 바로잡아야 한다

---

27 Michel Foucault, *The Care of the Self*, p. 56.

런 점에서 철학과 의학은 만난다. 우리는 '배가 아프다' 혹은 '어깨가 쑤신다'처럼, '영혼이 뼈다' 혹은 '정신에 종기가 나다'라고 말할 수 있다. 마찬가지로 '몸의 병원'처럼 '영혼의 진료소'를 생각할 수도 있다. 온전하지 않은 정신은 온전하지 않은 육체만큼이나 병리적이다. 그래서 병든 정신의 소유자는 아픈 몸을 가진 사람처럼 환자가 되어 분별력을 잃는다. 만용을 용기로 착각하거나, 비겁을 신중성으로 오인하는 것도 그 때문이다.

그렇다면 철학과 의학의 공동 목표는 무엇일까? 철학적 실천이나 의학적 진료는 '치유'라는 똑같은 목적을 갖고 있다. 그래서 이 목적은 육체와 정신의 균형이라고 말할 수 있다. 이 균형 속에서 신체적 건강함과 영혼적 온전함은 일치한다. 영혼의 제어와 신체적 단련은 결코 분리된 것이 아닌 것이다. 그러므로 자기배려와 자기연마는 영육의 균형을 지향한다.

자기배려가 재산이나 명예 그리고 지위를 넘어 영혼을 향해야 한다는 사실은 소크라테스와 알키비아데스의 관계에서 잘 예시된다. 알키비아데스의 추종자들은 그의 육체적 아름다움을 칭송하지만, 알키비아데스가 나이가 들자 그를 버린다. 이에 반해 소크라테스가 돌보는 것은 알키비아데스의 영혼이지 그의 육체가 아니다. 그래서 그는 알키비아데스의 육체적 아름다움이 사라졌을 때도 '떠나가는 자(Abgehende)'가 아니라 그의 '곁에 남는 자(Bleibende)'가 되고 싶다고 말한다. "영혼을 사랑하는 사람은, 그 영혼이 더 나은 것을 향해 나아가는 한, 떠나가지 않기" 때문이다.[28] 여기에서 결정적인 것

몸이 아플 때 영혼 또한 아픈 것이며 영혼이 병들 때 몸 또한 병들기 쉬운 것이다

은 자기배려의 실존적 기술이다. 실존의 자기형성술은 기독교가 신앙의 보편적 기초를 세우기 전에 고대의 그리스 로마 이교도가 보여준 자아의 기술이고, 이 기술은 '자기의 욕망과 쾌락을 어떻게 다룰 것인가'에 대한 것이다.

그러므로 무게중심은 여전히 자기가 하는 활동이고, 이 활동에서 갖는 주체의 자기위치이며, 이 위치에서 주체가 자기와 맺는 관계의 성격이다. 왜 주체의 관계가 중요한가? 이 관계에서 행해지는 주체의 주체화가 왜 중요한가? 그것은 진리 때문이다. 주체의 주체화에는 주체가 자기를 주체화하려는 영혼의, 진실을 향한 이성적 노력이 있기 때문이다.

주체에 대한 이 같은 강조 때문에 푸코는 이런저런 의혹과 비판에 시달린다. 그런 관점은 공적 정치적 마당으로부터의 단절을 통해 그가 개인적 영역으로 퇴각한 것처럼 보이게 할 수도 있기 때문이다. 푸코의 자기전환에 그런 면이 전혀 없다고 말할 순 없다. 거기에는 자기인식과 자기인식에서 이뤄지는 자기와의 내밀한 만남, 그리고 이 만남을 위한 명상이 들어 있다. 또 다른 측면에서 보면, 자기전향에 양생법이나 자기관리의 기술이 의미론적으로 겹치고 있고, 특히 자기관리술은, 요즘 유행하는 웰빙산업에서 보듯이, 이런저런 심리치료나 이른바 '영성체험'으로 오용될 위험성이 있다. 그러나 푸코의 문제의식이 단순히 생활상의 위로적 방편이나 편의주의와 같은 것은 아니다. 그것은 내면세계로의 퇴행이나 잠

---

28 Platon, *Alkibiades I*, a. a. O., S. 623ff. (131d)

행이라기보다는 오히려 자기조직과 자기제어 그리고 자기형성을 통해 더 나은 상태로 자기를 만들어가는 점을 강조하고, 이 같은 만듦은 그 자체로 사회적 관계나 실천적 개입을 분명하게 내포한다. 그래서 그는 거듭 적는다. "자기에 대해 행하는 작업과 타인과의 소통은 서로 연계되어 있다."[29] 이 좋은 예가 소크라테스다. 그는 자기배려의 거장이었다. 그는 길에서나 체력단련장(gymnásion)에서나 모든 이들과 즐겨 어울렸지만, 용감한 전사(戰士)보다 술을 많이 마셔도 취하지 않는 쾌활한 인물이기도 했다.

소크라테스-자기 배려와 자기수련의 거장

자기수련에 내포된 개인적 사회적 의미는 더 일반적인 관점에서도 이해할 수 있다. 개인은, 정도의 차이는 있겠지만, 고대 그리스 로마 시대에서도 크게 다르지는 않게, 말하자면 혈연과 지연, 물질적 토대, 후원과 우애의 관계망 속에 자리했다. 그렇다는 것은 대화와 명상, 노트와 독서와 교제, 어울림과 홀로 지냄, 묵상, 검토, 조언, 편지 쓰기, 운동 등의 자기수련적 실천에 사회적 실천이 겹쳐 있다는 점이다. 이것은 성적 쾌락 같은 지극히 개인적인 차원에 우정이나 우애의 상호 인간적 차원이 겹쳐 있는 것과 같다. 동성애가 널리 퍼져 있었던, 그래서 사랑과 우정과 보살핌과 후원이 뒤섞여 있었던 고대 시절에는 아마도 더욱 그랬을 것이다.

그리하여 주체는, 자기형성과 자기변형을 잊지 않는 한, 개인적 실존에서와 마찬가지로 사회적 관계에서도 이성적 존

---

29 Michel Foucault, *The Care of the Self*, p. 51.

재로 살아갈 수 있다. 자기수련은 깊은 의미에서 사회적 관계의 강화인 것이다. 이런 점에서 자기수련적 실존의 기술에는, 비록 그것이 정치적 영향력을 의도하거나 전제하는 것은 아니지만, 정치적 함의가 없는 것이 결코 아니다. 오히려 권력에의 저항은 주체의 자기관계를 어떻게 구성하느냐에 달려 있다. 아니 주체가 자신에 대해 갖는 관계방식 외에 어떻게 다르게 정치적 저항의 길을 모색할 수 있는가? 그것은 모든 저항의 가장 근본적인 출발점이라고 할 수도 있다. 그래서인가, 푸코도 어느 한 대목에서 이렇게 쓰고 있다. "…사람이 자기자신에 대해 갖는 관계 이외의 어떤 다른 곳에 정치적 권력에 대한 저항의 최초 혹은 최종적 지점은 없다."[30]

푸코가 서구 주체성의 역사를 재해석하면서 지식체계와 권력장치에 대한 연구로부터 《성의 역사》에 대한 연구로 옮아간 것은 이 성담론에 나타난 욕망과 금기, 그리고 쾌락과 쾌락의 관리에 나타난 주체의 실존적 기술들(자기인식/자기배려/자기절제/자기변형)이 어떻게 정치윤리적으로 작동하는가를 살펴보기 위해서였다. 그는 실존의 자기변형술 속에 주체를 출현시키는 정치윤리적 요소가 이미 들어 있다고 본 것이다. 단지 자기기술적 요소는, 앞서 데카르트와 관련하여 보았듯이, 서구 근대의 주체성 논의에서 오랫동안 담론기술(지식)과 지배기술(정치)에 가려지거나 예속되어 있었을 뿐이다. 그러나 주체의 진실성 탐구에서 정치는 결코 배제되지 않으며, 윤리적

---

30 Michel Foucault, *The Hermeneutics of the Subject*, p. 252.

인 것을 위해 정치적인 것이 포기될 수도 없다.

자기연마로서의 형성노력은 말할 것도 없이 여러 실천을 전제한다. 주체는 이런저런 실천을 통해 자기를 부단히 "변화시키고(change) 정화하며(purify) 변형하고(transform) 변모시키는(transfigure)" 것이다.[31] 그리고 이런 노력은 '책임을 지기 위한' 것이고, 이 책임을 통해 자기를 구제하기 위한 것이다. 왜냐하면 자신을 돌보는 가운데 우리는 스스로 행복할 수 있고, 나는 스스로 기쁘기 때문이다. 이렇게 돌볼 때, 우리는 우리자신의 영혼에 닿아 있기 때문이다. 철학이란 바로 영혼을 돌보는 이런 일과 다를 수 없다. 그렇다면 영혼을 돌보는 철학의 시간이 곧 행복의 시간이고, 이 행복 속에서 우리는 '영적으로 자라나는' 것이다. 남녀노소를 불문하고 모두 철학을, 그것도 평생, 해야 한다고 에피쿠로스가 말한 것은 그 때문인지도 모른다. "'어떻게 살아가느냐를 배우면서 당신의 평생을 보내라'는 것은 세네카가 즐겨 인용하던 아포리즘이었고, 이 글은 사람들의 생활을 일종의 항구적 훈련으로 변형시키라고 권했던" 것이다.[32] 그리고 보면 자기자신이란 인간이 평생에 걸쳐 몰두해야 할 가장 중대한 대상이요 주제인 것이다. 앞에서 언급한 자기에 대한 관계의 강화란 바로 이 변형적 노력의 총체다.

소크라테스가 제자와의 대화에서 힘을 쏟아야 하는 것으로

영혼을 돌보는 철학의 시간이 행복의 시간이고, 이 행복 속에서 우리는 '영적으로 자라나는' 것이다

---

31 Ibid., p. 11.

32 Michel Foucault, *The Care of the Self*, p. 48f.

소크라테스에게 자기연마란 하나의 추상적 교의나 규약이 아닌 살면서 숙고하고 발전시키며 완성해가는 태도이자 처신 방식

강조한 것이 부와 명예가 아니라 자기와 그 영혼이었던 것도 그 때문이었을 것이다. 그에게 자기연마의 원리란 하나의 추상적 교의 혹은 규약으로 기능하는 것이 아니라, 살아가면서 숙고하고 발전시키며 완성해가는 태도이자 처신 방식으로 자리했다. 그것은 그의 생활방식에 깊게 스며들어 있었다. 그러면서 이 절제의 기율은 타인과의 관계에서, 또 교제나 소통을 통해 사회적 실천으로 전환되었고, 이 실천 속에서 다시 그의 지식과 인식의 바른 형성에 기여했다. 제도란 이런 인식 체계가 하나의 관습으로 뿌리내린 형태다. (에토스의 원래 뜻도 생활에 뿌리내린 관습형태를 말한다.) 소크라테스는 이 자기배려의 기율을 아테네인들에게 전하는 것이 자기임무라고 여겼고─왜냐하면 신이 그렇게 하도록 자신을 보냈기 때문에─, 따라서 사형을 당했을 때도 자기는 잃을 것이 없지만 아테네인들은 그의 죽음으로 무거운 상실감을 가질 것이라고 말했다.

소크라테스가 《알키비아데스 1, 2》에서 청년 알키비아데스에게 말하는 것도 친분과 가족과 부를 이용하는 것이 아니라 영혼을 돌보라는 것이었다. 알키비아데스는 아테네 명문가의 아들이었고, 당시 아테네와 그리스를 지배하던 페리클레스는 바로 그의 후원자였다. 알키비아데스는 용모가 수려하여 수많은 흠모자가 따라다녔지만, 자기의 이 아름다움에 만족치 않고 자기의 재능으로 공동체에 봉사하려 했다. 그래서 그의 신분적 특권은 정치적 활동에서 타인에 대한 실제적 통치로 전환되어야 했고, 이 전환을 위해 스스로 네 가지 덕(지혜와 정의와 용기와 절제)을 함양하는 것이 필요하다고 여겼다.

알키비아데스(기원전 450~404)
알키비아데스는 당대의 유명한 정치가이자 장군이었다.
그는 젊은 시절 무례하고 거만했으나 소크라테스를 만난 후, 그를 따르고 그의 철학과 삶의 방식에 열중했다고 전해진다.

그는 소크라테스와의 만남 속에서, 이 만남에서 이뤄지는 자기배려와 자기연마의 실존적 교육을 통해 아테네의 운명을 흔쾌히 짊어지려 했던 것이다.

'배려의 배려', 현존적 초월

앞에서 보았듯이, 자기배려 혹은 자기연마에서 그 대상은 영혼이다. 여기에서 네 개의 주요 개념이 나온다. 첫째 주체로서의 영혼이고, 둘째 배려의 배려이며, 셋째 참된 지식의 전제로서의 신성함이고, 넷째 즐김 혹은 즐거움이다.

첫째, 주체로서의 영혼 혹은 영혼의 주체성에 대해 알아보자. 자기배려 혹은 자기연마의 대상을 영혼이라고 할 때, 이 영혼이란 어떤 것인가? 자기를 찾기 위해 배려해야 할 것으로 플라톤이 생각한 것은, 푸코에 의하면, "영혼-실체(l'âme-substance/soul-substance)"가 아니라 "영혼-주체(l'âme-sujet/soul-subject)"다.[33] "영혼-실체"란 영혼을 '신체에 갇힌 실체'로 간주한다. 이렇게 되면, 주체에는 더 이상의 교정이 불가능하다. 그것은 그 자체로 실체이기 때문이다. 이에 반해 "영혼-주체"란 영혼을 '하나의 주체'로 이해한다. 그렇다는 것은 주체가 자기와의 관계에서, 또 타자와의 관계에서, 나아가 일반적 의미의 행동에 있어 스스로 일정한 태도를 취하고 이 태도를 고쳐갈 수 있다는 뜻이다. 여기에는 주체의 성찰적 반성적 이성적 능력이 어느 정도 전제되어 있다.

---

33 Michel Foucault, *The Hermeneutics of the Subject*, p. 57.

'주체가 된다'는 것은 말의 엄격한 의미에서 자기행위의 반성적 주체가 되고, 타자와의 관계에서 성찰적 주체가 되며, 그리하여 자기태도의 이성적 주체가 된다는 뜻이다. 이성의 도움 없이 주체가 바르게 되기 어렵기 때문이다. 그러므로 영혼을 배려한다는 것은 영혼의 주체성—주체로서의 영혼을 배려한다는 뜻이다. 이것을 소크라테스와 알키비아데스의 관계에 적용해보면, 자기배려의 더 구체적인 의미가 도출된다.

앞서 보았듯이, 소크라테스는 알키비아데스의 육체가 아니라 영혼을 돌본다. 이 영혼을 돌보면서 그는 알키비아데스가 자신의 육체와 적성과 능력을 적극적으로 사용하도록 권유하고 자극하며 격려한다. 그러니까 영혼의 배려란 타자가 자기의 능력과 적성과 인격을 주체적으로 사용하도록 배려하는 일이다. 즉 행위주체로서의 영혼의 돌봄이다. 이것을 푸코는 다음과 같이 서술한다. "더 정확히 말하여, 소크라테스는 알키비아데스가 자기에 대해 염려하는 방식을 배려한다(care about)."[34]

자기를 염려한다(concern)는 것은 자기자신에 '관계'하고 '참여'하며 자신의 일에 '종사'한다는 것을 뜻한다. 그것은 가장(家長)이나 의사와는 다르게 재산이나 육체를 돌보는 것이 아니라 영혼을 돌보며, 이 영혼의 주체성을 돌본다는 의미다. 영혼의 주체성이란 개체가 자신의 적성과 능력을 능동적으로 사용하는 능력에 있다면, 이 능력의 돌봄이 곧 영혼의

'주체가 된다'는 것은 ① 자기행위의 반성적 주체 ② 타자와의 관계에서 성찰적 주체 ③ 자기태도의 이성적 주체가 된다는 뜻이다

---

34 Ibid., p. 58.

돌봄이다. 그러니까 돌봄은 정확하게 말해 주체가 자기 스스로를 잘 돌보도록 이 주체를 돌보는 것이고, 따라서 돌봄 자체라기보다는 '돌봄의 돌봄'이고 '배려의 배려'가 된다. 그러므로 영혼의 배려란 배려의 배려인 것이다. 푸코는 이 배려의 배려에서 스승과 제자의 모범적 관계를 읽는다. "스승은 자기에 대한 주체의 돌봄을 돌보는 사람이고, 자기 제자에 대한 사랑 속에서 제자가 자기를 돌보는 일을 돌보는 가능성을 사랑하는 자다."[35]

"스승은 제자에 대한 사랑 속에서 제자가 자기를 돌보는 일을 돌보는 가능성을 사랑한다"
(푸코)

제자가 스스로 하나의 주체로서 자기를 돌봐야 한다면, 이 제자의 자기돌봄을 돌보는 일이 곧 스승의 의무가 된다. 마찬가지로 참된 영혼은 이 돌봄의 돌봄, 배려의 배려다. 즉 타자(상대)가 스스로를 돌보는 것을 주체가 돌봐주는 일이다. 혹은 주체는 스스로 자기를 돌보는 가운데 타인으로 하여금 그 자신을 돌보게 한다. 이것이 두 번째―배려의 배려가 갖는 의미다.

그렇다면 배려의 배려는 지상적 차원에 머무는가, 아니면 천상적 차원으로 이어지는가? 그래서 신성함의 영역으로 나아가는가? 《알키비아데스 1, 2》에는 이런 구절이 나온다. "참된(필자 첨가) 거울이 눈에 비치는 것보다 더 선명하고 더 순수하고 더 밝다고 한다면, 신 역시 우리 영혼의 가장 고귀한 것보다 더 순수하고 더 밝은 것이다.… 그래서 신을 들여다본다면 우리는 가장 뛰어난 거울을 이용하는 것이 되고, 인간적

---

35 Ibid., p. 59.

인 것들 가운데 영혼의 미덕을 들여다본다면 우리자신 자체를 가장 잘 보고 인식할 수 있다."(133c)

여기에서 드러나는 것은 참된 인식과 신 혹은 신성의 관계다. 인식이라는 것은, 적어도 그 인식이 옳은 것이 되려면, 신과 신성을 파악해야 한다. 사유(to phronein/thought)나 지식(to eidenai/knowledge)은 신성을 파악하는 영혼의 기제다. 영혼은 사유와 지식을 보장하는 신성한 영역을 향해 나아감으로써 자기자신을 볼 수 있고, 이때의 영역이란 다름 아닌 신성한 것이다. 그러니까 신성 없이 참된 인식도 없고, 바른 사유나 지식도 생겨나기 어렵다. 기묘한 것은 참된 인식에 신성이 깃들어 있듯이, 자기도 배어 있다는 점이다. 참된 인식은 신성을 거쳐 자기로 돌아가기 때문이다. 그래서 푸코는 쓴다. "사유와 지식의 원리는 신성한 요소다. 그러므로 자기를 보기 위해 사람은 신성한 요소 속에서 자기를 응시해야 한다. 자기를 보기 위해 신성을 알아야 한다."[36] 그러니까 영혼을 돌보는 것뿐만 아니라 영혼을 돌보며 신성을 인식하지 않으면, 우리의 앎이란 그르칠 수 있다.

신성의 인식은 결국 자기를 응시하는 데로 돌아와야 한다. 무엇보다 주체의 살아 있는 여기, 지금 이 순간의 삶이 중요하기 때문이다. 마찬가지로 자기를 알기 위해 우리는 신성성을 인식하는 데로 나아가야 한다. 신성함의 인식에서 영혼은 지혜롭게 되기 때문이다. 여기에서 함축되어 있는 것은 신성

> 사유나 지식은 신성을 파악하는 영혼의 기제다

> 신성의 인식은 결국 자기를 응시하는 데로 돌아와야 한다

---

36 Ibid., p. 71.

이 자기 밖에 있으면서 자기 안에도 있다는 사실이다. 나는 앞에서 '내재적 초월의 길' 혹은 '초월적 현존의 방식'을 말한 바 있지만, 우리는 진실의 추구 속에서 자기 안의 신성함과 자기 밖 세계의 신성함으로 다가가는 것이다. 진실을 추구하는 길에서 개체의 신성과 세계의 신성은 분리될 수 없다. 이것이 세 번째─참된 지식의 전제조건으로서의 신성성을 인식하는 일이다.

주체가 자신을 배려하고 스스로를 연마해갈 때 ① 주체로서의 영혼 ② 배려의 배려 ③ 참된 지식의 전제로서의 신성 등이 차례로 일어난다

앞에서 말한 세 가지─주체로서의 영혼, 배려의 배려, 그리고 참된 지식의 전제로서의 신성은 주체가 자기를 배려할 때, 그래서 이 배려를 통해 스스로 연마해갈 때, 연달아 일어난다. 그것은 무엇보다 더 나은 상태로 '나아가는' 것이다. 그러니만큼 이성적 절차를 밟는 것이고, 주체의 이성성을 강화하는 과정이기도 하다. 그러나 그것은, 기독교 신학에서 행하듯이, 해석학적 독해나 기원에 대한 의미론적 탐색과는 다르다. "자신의 표상(재현)을 부단히 감시하거나 동전의 진위 여부를 검사하듯이 표시를 확인하는 것은(그 뒤에 기독교 정신에서 행하듯이) 자신을 드러내는 생각의 깊은 기원을 조사하는 것도 아니고, 가시적 표상 뒤에 숨은 의미를 해독하려는 것도 아니다. 그것은 재현된 것과 자기 사이의 관계를 검토함으로써 주체의 자유롭고도 이성적인 선택에 달려 있는 것만을 자기와의 관계에서 받아들이기 위해서다."[37]

그러니까 고대 그리스 로마에서의 자기전향에서 강조되는

---

37 Michel Foucault, *The Care of the Self*, p. 64.

심미적 경험 Ⅱ_예술의 자기형성술

것은, 플라톤의 경우에서처럼 자기인식도 아니고, 기독교 정신이 그러하듯이 죄의식이나 양심의 가책의 일깨움도 아니다. 그것은 검토와 확인, 구분과 선별(diakrisis)의 작업을 통해, 마치 환전인(money-changer)이 동전의 위조 여부를 검사하듯이—이것은 푸코의 유명한 비유다—[38], 대상과 표현/재현/표상의 관계를 대조함으로써 자기의 "자유롭고도 이성적인 선택"을 행하려는 데 있다. 그리하여 자기검토는 주체가 자기와의 관계를 이성적으로 조직하는 데 기여하는 것이다. 왜냐하면 반성적 검토 없이 그 어떤 삶도 살만한 것이 되기 어렵기 때문이다. 주체는 검토/반성/성찰의 실존적 기술을 통해 자기를 온전히 제어할 수 있고, 운명과 우연의 지배로부터 벗어나 가난과 질병, 불안과 공포 앞에서도 동요되지 않는 평정의 상태를 누릴 수 있다. 이것이 절제의 윤리다.

반성적 검토 없이는 그 어떤 삶도 살만한 것이 되기 어렵다

그러므로 자기실천이란 대외적 활동과 대립되는 것이 아니다. 그것은 사회정치적 실천의 일부요 시민적 활동의 출발점이다. 자기에 대한 주의와 자기로부터의 거리 유지, 그리고 이 거리 유지에서 행해지는 변형의 자세는 그 자체로 윤리적이고 정치적이다. 자기에 대한 주체의 독립적 관계와 이 관계 아래 행해지는 개인적 실천은 정치사회적 활동이라는 큰 틀 안에서 이뤄지는 실존의 필요불가결한 윤리활동인 것이다. 진리는 실존의 자발적 선택 아래 행동하는 가운데 이 선택의 결과에 흔쾌히 책임지는 데서 얻어진다. 이 같은 활동의 중심

---

38 문광훈, 〈'환전인처럼': 매 순간의 자기경계〉,《한국 현대소설과 근대적 자아의식》, 아카넷, 2010년, 778쪽 이하 참조.

에는 주체의 초연하고 무심한 마음이 있다. 초연한 마음을 통해 그는 자기와 거리를 유지하고, 이 거리감에서 현존적 기쁨을 향유한다. 이것이 실존에 실현되는 로고스(logos), 즉 삶의 이성이다. 삶의 이성 가운데 진리는 마침내 주체의 소유가 된다.

그러나 이 모든 언급보다 더 중요할 수 있는 사항이 있다. 그것은 이 모든 것이 즐거운 상태 속에서 이뤄져야 한다는 원칙이다. 어떤 규율이나 의무로서가 아니라, 스스로 행하고 이 행함을 즐기는 가운데 절제의 윤리가 자리해야 한다는 것이다. 주체의 윤리성은 주체의 "자아에 대한 관계가 어떤 지배뿐만 아니라 욕망도 없고 동요도 없는 즐김의 형태를 띠는 경험으로까지 확대되어야" 한다.[39] 이때 주체는 대상을 제어하면서 이 제어를 스스로 즐기게 되는 것이다. 즉 즐김과 절제는 고양된 주체 속에서 하나로 만나고, 이 고양된 주체의 이름이 곧 윤리적 주체다. 참된 의미의 주체는 절제하되 기쁨을 잃지 않고, 스스로 즐기는 가운데 동요하지 않는 자다. 이것이 아마도 실존적 자기연마의 최종 상태가 될 것이다.

그리하여 자기연마의 목표는 결국 사유의 부동성(不動性, immobility of thought)이라고 말할 수 있다. 이 부동성은 더 넓은 의미에서 자연의 부동성을 닮아 있다고 말해야 할지도 모른다. 왜냐하면 자연의 궁극적 이름은 움직임이라기보다는 정적(靜寂)에 가까울 것이기 때문이다. 이 부동성을 푸코는,

초연한 마음을 통하여 자기와의 거리를 유지하고 이 거리감에서 현존적 기쁨을 향유한다

모든 것은 즐거운 상태 속에서 이뤄져야 한다

자기연마의 목표는 부동성(不動性)이며 이 부동성은 자연의 부동성을 닮아 있다

---

39 Michel Foucault, *The Care of the Self*, p. 68.

심미적 경험 Ⅱ＿예술의 자기형성술

스토아주의의 용어를 빌려, 어떤 동요에도 흔들리지 않는 "안전(securitas)"과 "평정(tranquillitas)"으로 설명한 바 있다.[40] 안전이 외적 동요에 흔들리지 않는 상태라면, 평정은 내적 동요에 흔들리지 않는 상태다. 헬레니즘 시대와 로마 시대의 많은 철학자들은 자기기술을 다양하게 구사하면서 이 같은 안전과 평정의 경지에 도달하고자 했다. 이 안전과 평정 아래 사람은 외적 유혹을 물리치고 고통을 인내하면서 주변의 사건을 초연하게 대할 수 있었다. 우리는 기쁨을 잃지 않고 절제하는 법을 배워야 하듯이, 스스로 즐기는 가운데 자기지배력을 유지하는 방식을 익혀야 한다.

이 자기절제의 거장이, 앞서 언급했듯이, 바로 소크라테스다. 그는 무엇보다 윤리적 주체로 자리하기 때문이다. 그는, 《향연》에 나타나듯이, 밤낮을 꼼짝하지 않고 명상하거나 눈 위를 맨발로 걸어다니기도 한다. 또 알키비아데스 옆에 누워서도 욕망을 절제하는 모습을 보여준다. 그는 이 부동적 사유의 상태—마음의 영원한 평정(perpetua tranquillitas)에서 비로소 행복이 얻어진다고 여겼기 때문이다. 철학적 삶의 완성도 어쩌면 사유의 부동성 혹은 평정의 마음 상태에서 오는지도 모른다.

부동성은 외적 동요에 흔들리지 않는 안전과 내적 동요에 흔들리지 않는 평정으로 설명된다

---

40 Michel Foucault, *The Hermeneutics of the Subject*, p. 50.

덧붙임 ____ 권력과 주체와 진실과 자유와 예술

앞서 지적했듯이, 푸코의 주체구성이라는 주제에도 지식이나 권력의 문제가 휘발된 것은 아니다. 여기에는 주체와 진실, 자기기술과 자율, 윤리와 자유 그리고 정치 같은 여러 문제들이 겹쳐 있다. 내가 염두에 둔 예술과 심미적 잠재력, 반성과 성찰력 같은 개념도 그 옆에 자리한다. 그 어떤 주제든 여기에서 생각해보려는 것은 '자유로운 주체는 어떻게 윤리적으로 자신을 구성하는가'라는 물음이다. 이 복잡한 문제를 최대한으로 간결하게 스케치해보자. '권력', '주체'와 '진실', '자유' 그리고 '예술'이라는 다섯 개의 술어는 그렇게 요약된 핵심개념이다.

권력

먼저 권력의 문제다. 모든 담론 혹은 지식에는 권력이 작용한다. 주체는 권력이 지배하고 유포하는 인식의 내용을 통해 만들어진다. 그래서 진리란 단순히 사고의 선험적 형식을 띠는 것이 아니라 이 권력에 직간접적으로 종속된다. 어떤 것이 '진리'가 되는 이유는 이 진리가 생겨나는 사회정치적 틀/제도/조건하에서이고, 이때의 권력관계가 이것을 '진리인 것으로 허용'하기 때문이다.

여기에서 보듯 푸코적 의미의 권력은 단순히 행동을 금지하고 억압하고 부정하는 절대적 권력만 뜻하지 않는다. 그것은 일정한 행동을 허용하고 생산하기도 한다. 권력은 푸코적 의미에서 오직 주체 '사이에서' 작동한다. (그 점에서 탈중심적이다.) 그것은 그 자체로 있는 것이 아니라 '일정한 관계 속에서' 자리한다. 나아가 타자도 권력의 상호작용에서 행동의 주체로 인정받는다. (그 점에서 생산적이다.) 이에 반해 폭력은 사람의 몸/육체에 영향을 미쳐서, 그것을 부수거나 파괴하거나 강제한다. 따라서 폭력의 의미는 부정적이다. 폭력도 관계를 야기하지만, 여기에는 주체를 인정하고 보존하는 권력의 생산적 계기가 누락되어 있기 때문이다. 이런 식으로 푸코는 권력과 폭력을 구분한다.

푸코적 의미에서 권력이란 개인과 집단 사이에서만 일어나는 것이 아니라 개인과 개인 사이에서도 일어나고, 이 개인의 일정한 행동에 결부된다. 개인의 행동방식은 타인에게 일정하게 영향을 미치기 때문이다. 권력은 타인에게 직접 영향을 주기보다는, 정확히 말해 타인의 행동에 작용하는 어떤 방식에 가깝다. 그래서 권력의 마당에서는 크고 작은 작용과 반작용의 복잡미묘한 영향관계가 일어나는 것이다. '진리'라고 얘기되는 것은 이런 복잡미묘한 권력관계 속에서 잠시 혹은 우발적으로 허용된 것에 불과하다.

주체와 진실

권력에도 주체와 공동체(polis), 개체와 전체, 자유와 행복과 욕망과 지배와 진실과 주권성 등 여러 개념이 얽혀 있다. 권력과 주체의 욕망과 자유의 상호 관련성 문제는 착잡하기 그지없다. 모든 욕구에 따르는 것이 충동이요 방종이라면, 이 욕구와 충동은 적절하게 제어되어야 한다. 그러나 그것은 가능한가? 주체도, 마치 진리가 그러한 것처럼, 권력의 지배기술 아래 놓여 있기 때문이다.

자기성찰도 권력형식에 의해 규정된다. 하지만 주체의 개입 여지가 없는 것은 아니다. 주체도 정치와 권력의 영향을 받지만, 이런 상황에서도 주체는, 자기를 미지의 영역으로 던질 수 있는 한, 그래서 스스로 변화하며 변형시켜가는 한, 자유롭고도 책임 있는 존재가 될 수 있다. 그것은 주체가 자기를 제어하고 돌보는 데 있다. 권력에의 대항은 주체의 이런 참여─자기제어와 자기변형의 실행으로 가능하다. 그러니까 욕망의 제어, 나아가 권력에의 저항은 주체의 자기지배를 전제하는 것이다. 그러나 주체의 자기지배는 외부로부터 강제되는 것이 아니라 스스로 행해지는 것이어야 한다. 이것을 푸코는 다음과 같이 표현한다. "진리란, 주체의 존재를 내기(play)에 거는 대가 속에서만, 주체에게 주어진다."[41]

권력과 주체의 욕망과 자유의 상호 관련성

권력에의 저항은 주체의 자기지배를 전제하는 것이며, 주체의 자기지배는 외부로부터 강제되는 것이 아니라 스스로 행해지는 것이어야 한다

주체가 자기자신을 '내기에 건다(bring into play)'는 것은 자기를 던진다는 것이고, 이렇게 던지며 자기를 시험하고 검토하면서 변형해간다는 뜻이다. 그렇다는 것은 다른 각도에서 보면, "말하는 사람의 현존이 그가 실제로 말하는 것에서 정말로 감지되어야 한다"는 뜻이고, "그가 말하는 것의 진실이 스스로 행동하는 방식이나 실제로 사는 방식으로 확증되어야 한다"는 뜻이다.[42] 여기에서 말과 행동의 조화, 즉 말하는 주체와 행하는 주체 사이의 일치(adoequatio)가 나온다. 진실(parrhêsia)을 보증하는 것은 이 일치다. 말과 행동의 일치가 주체의 진실을 보장한다.

말과 행동의 일치가 주체의 진실을 보장한다

진실은 주체가 진실을 그저 말하는 데 있는 것이 아니라, 그 진실을 '사는 데' 있다. 진실의 모범을 보여주지 않는다면, 진실의 교육은 없는 것이나 마찬가지다. 그러므로 가르침보다 더 바람직한 것은 가르침대로 사는 것이다. 삶의 살아가는 방식이 그 어떤 가르침보다 교육적이기 때문이다. 이 같은 진실은, 고대 텍스트에 대한 푸코의 주해에 따르면, 말과 행동이 어긋나지 않는, 그래서 영혼과 신체가 합쳐진 수련을 뜻한다. 영혼과 신체가 일치하는 것은 자기제어의 수련에서 온다. 안드레이아(andreia)가 외적 고통과 힘을 견뎌낼 수 있는 능력이라면, 소프로수네(sôphrosunê)는 내적 동요를 파악하고 제어하는 능력이다. 이 능력을 통해 성적 절제뿐만 아니라 여

진실은 그 진실을 '사는 데' 있다

---

41 Ibid., p. 15.
42 Ibid., p. 405f.

하한의 신체적 제어—배고픔과 추위와 갈증과 굶주림을 견뎌
내고, 나아가 영혼의 평정 같은 정신적 제어를 행할 수 있다.

스토아주의자들은 실제로 사나흘 동안 일부러 맨바닥에서
자고 최소한으로 먹으며 거친 옷을 입고 살았다. 또 이렇게
사는 데 익숙해지도록 그들은 제자를 가르쳤다고 전해진다.
어떤 가르침을 단순히 외우고 배우는 데 그치는 것이 아니라,
나날의 생활에서, 마치 투창 던지기를 연습하듯이, 반복적이
고 규칙적으로 훈련하도록 권고했다. 부나 명예나 신분에 대
한 무관심과 초연함은 그런 훈련의 끝에서나 얻어질 수 있었
다. 이 초연함이 바로 삶의 형식(forma vitae)이자 기술이었다.
그것은 실존의 기술을 익힌다는 것, 이 기술로 자기를 만들어
가는 것, 그래서 자신을 독립적이고 윤리적인 인간으로 변형
시켜간다는 뜻이었다. 그러니까 주체가 자기와의 최상의 관
계를 유지하고, 이 최상의 관계를 유지하기 위해 노력한다는
것 자체가 주체의 윤리와 진실성을 보장한 것이다. "우리는
자기자신에 대한 가능한 최고의 관계를 확립하기 위해 살아
야 한다."[43]

진리를 실체주의적으로 또 본질주의적으로 파악할 수 없다
는 것은 현대에 와서 대부분 동의하는 사실이 되었다. 진리는
상황에 따라, 그리고 경험자나 관찰자 혹은 진술자에 따라 얼
마든지 변할 수 있고, 또 다르게 기술될 수 있다. 그렇다면 진
리의 문제에서 핵심은 대상만큼이나 주체가 된다. 말하자면

부나 명예나 신분에
대한 무관심과 초연
함은 나날의 생활에
서 반복적으로 훈련
된 삶의 형식이자
기술이다

---

43 Ibid., p. 448.

심미적 경험 II __예술의 자기형성술

대상의 성격이 어떻고 어떻게 나타나느냐 이상으로, 이 대상에 대한 주체의 태도와 관점과 접근법이 중요하다. 그리하여 결정적인 것은 진리 자체가 아니라, 이 진리에 접근하는 주체의 자기변화의 가능성과 그 변화의 방법이다. 주체의 자기자신에 대한 관계의 수준 혹은 이 관계의 엄격성 내지 자발성이 주체의 삶의 진실성을 실현시켜주었던 것이다.

결정적인 것은 진리 자체가 아니라 이 진리에 접근하는 주체의 자기변화의 가능성과 그 방법이다

자기배려와 자기연마에 대한 푸코의 문제의식은 이런 점에서 혁신적이지 않을 수 없다. 그는 주체가 진리에 접근하는 데 필요한 자기변화의 기술과 그 방법에 질의했기 때문이다. 철학에서도 궁극적 문제는 철학 자체가 아니라 실천이다. 자기배려의 문제가 곧 주체와 진리의 관계에 대한 문제인 것도 그런 이유에서다. 그런 점에서 주체의 자기구성적 실천은 정치와 긴장관계를 이룬다.

자유

주체의 자기관계에서 행해지는 절제의 훈련으로부터 자유는 자라난다. 그것은 느낌의 상태가 아니라 생각의 상태이고, 생각에 따른 자발적 행동의 상태다. 감각과 사유로부터 행동으로의 주권적 전환이 주체의 자유다.

이때 주체는 욕망 가운데서도 욕망에 굴복하는 노예로서가 아니라 이 욕망을 제어하는 시민으로서, 그래서 자유의 인간으로서 살아갈 수 있다. 그는 더 이상 충동과 본능에 휘둘리는 것이 아니라 자기를 독자적으로 조율한다. 행복은 자기에 대한 주체의 이 독립적 관계로부터 생겨난다. 이 행복은 개인

욕망에 굴복하는 노예가 아닌 욕망을 자발적으로 제어하는 시민

적 행복이면서 공적 행복에 이어져 있다. 주체는 자기욕구의 자발적 제어를 통해 타인의 욕구를 존중하고, 이 타자적 존중 속에서 사회적 욕구의 형성에 참여하기 때문이다. 참다운 의미의 행복은 이렇게 공적으로 확대된 행복에 있다. 그리하여 개인의 자유는, 그것이 자발적 책임 아래 행사되는 한, 공동체 전체의 질서를 위해 필요하다. 이때 그것은 타인의 자유도 장려한다. 제어되지 못한 자유란 노예의 자유일 뿐만 아니라 자기자신의 노예화다.

그러므로 자유롭다는 것은 쾌락에 굴복하지 않는다는 것, 자신의 충동과 욕망에 전적으로 봉사하지 않는다는 뜻이다. 하지만 그것은 욕망을 없애라는 뜻이 아니다. 또 욕망에 충실하지 말라는 뜻도 아니다. 오히려 그것은 욕망의 적절한 내용과 형식에 대한 능동적 개입의 가능성에 관한 것이다. 적극적으로 말하면, 욕망의 능동적 조율을 통해 자기 삶에 일정한 형식(forma)을 부여하는 일이고, 이 형식 부여 속에서 "자기 삶을 마치 하나의 작품—아름답고 훌륭한 작품처럼 만든다"는 것을 뜻한다.[44] 이것이 바로 삶의 기술(tekhnê tou biou/an art of living)이다. 이것은 니체의 예술철학이 희구한 궁극적 목표이기도 했다.

그러나 자기의 삶을 주체가 원하는 바에 따라 자유와 선택권을 가지고, 마치 하나의 예술작품이 되도록, 아름답게 만드는 것은 쉬운 일이 아니다. 그것은 지극히 어렵다. 그것은 신

자유롭다는 것은 쾌락에 굴복하지 않는다는 것, 자신의 충동과 욕망에 전적으로 봉사하지 않는다는 뜻이다

삶의 기술이란 요약하면, 욕망의 능동적 조율을 통하여 자신의 삶에 일정한 형식을 부여하는 일이며, 이 형식 부여 속에서 스스로의 삶을 하나의 작품으로 만드는 것을 뜻한다

---

44 Ibid., p. 424.

중하게 선택하고 결정해야 하고, 이 선택과 결정의 자유에 스스로 책임을 지는 것이며, 무엇보다 이 자유의 책임 속에서 자신을 끊임없이 단련하는 일이기 때문이다. 더 현실적으로 그것은 쾌락에 순응하면서 이 쾌락의 경계선을 반성적으로 살펴본다는 뜻이고, 반성 속에서 행동의 타당성과 깊이 그리고 그 지속성을 고려한다는 뜻이다. 지속성 있는 행동의 실천만이 신뢰와 인정을 줄 수 있기 때문이다. 행복은 이 같은 지속적 신뢰와 인정의 축적으로부터 생겨난다. 비주체적 관계─내가 나일 수 없는 관계에서 주체는 주체로 신뢰받지 못한다. 그래서 노예이자 신민(臣民)으로 남는다. 내가 노예로 남을 때, 나와 교류하는 타인은 자유로운 존재인가? 타인도 자유로운 주체로 인정받기 어렵다. 그리하여 절제를 잃은 공동체 전체는 비주체들의 부자유한 공간이 된다.

부자유한 공동체는 노예들의 공동체다. 노예의 공동체에서는 그 누구도 자유로울 수 없다. 주체는, 그가 자기자신에 대해 복종적 관계에 있지 않을 때, 그래서 자신에 대해 주권적 자기제어와 자기조직의 능동적 관계 아래 있을 때, 비로소 자유로울 수 있다. 인간의 자유는 쾌락과 충동에 대한 주체의 관계에서 그가 얼마나 주권적일 수 있는가에 달려 있는 것이다.

인류의 역사란 어쩌면 진실을 실천하기 위한 '주체의 주체화 역사'인지도 모른다. 앞에서 지적했듯이, 진리란 대상 자체의 속성이라기보다는 대상의 속성에 대한 주체의 자각의 문제이고, 이렇게 자각하기 위한 주체의 노력의 문제이기도

인류의 역사란 진실을 실천하기 위한 '주체의 주체화' 역사인지도 모른다

하다. 그렇다면 진리는 그 자체로 충만된 형태로 주어지는 것이 아니라 주체의 부단한 자기변형적 노력 아래서만 조금씩 구축되는 종류의 것이고, 이렇게 구축되는 진리에 주체는 조금 더 가까이 다가간다. 이렇게 부단한 변형적 노력 속에서 접근해갈 때, 그는 스스로 자유로운 주체로 자부할 수 있고, 타자도 또 하나의 자유로운 주체로 인정할 수 있다. 주체와 타자의 이 상호관계는, 거듭 말하여, 권력의 메커니즘 아래 자리한다. 그리하여 주체는 권력작용의 한 결과이면서 바로 이 권력작용 속에서 자유를 힘겹게 획득해간다. 그러므로 주체의 변형 없이 지식과 인식은 올바르게 정립될 수 없다. 또 바른 삶도 영위되기 어렵다. 그 점에서 자기형성과 주체구성의 문제, 즉 '진리에 접근하기 위해 주체가 실존의 기술을 어떻게 사용해야 하는가'라는 문제는 모든 개인의 항구적 과제가 될 만하다.

우리는 주체의 자발적인 자기제어력에 기대어 권력의 부당성에 대해 저항할 수 있다

더 나아가자. 쾌락에 대한 주체의 주권적 능력이 자발적 자기제어력이라면, 이 능력에 기대어 우리는 권력의 부당성에 대해서도 이의를 제기할 수 있다. 주체의 자기제어력은 곧 저항의 능력이기 때문이다. 주체는 자기욕망을 통어할 수 있을 때, 권력에도 거스를 수 있다. 이때 권력이란 정확히 모든 권력이 아니라 권력의 '어떤 면'이다. 권력과 자유가 상호 배제적 관계가 아닌 상호보완적 투쟁적 관계에 있다고 말한 것은 이런 맥락에서다. 이 저항에서 담론/지식/인식의 독단성과 주객의 불균형관계도 점차 교정될 수 있다. 푸코가 기원전 4세기의 고대 그리스 텍스트를 재해석하면서 정초하려

고 한 실존미학에서의 주된 문제의식도, 그것이 실제로 문헌 실증적으로 또 논리절차적으로 얼마나 설득력 있는지 따로 물어봐야 하지만―여기에 대해서는 고전문헌 연구자들 사이에 이런저런 비판이 많다―, 크게 보면 이 균형 잡힌 주객관계를 지향한다고 할 수 있다.

권력이야말로 무엇이 어떤 시기에 진리로 수용되는지를 결정한다면, 푸코적 맥락에서 진리와 결부되는 것은 근엄한 원칙이나 기준이 아니라 '놀이'다. 즉 주체는 진리놀이의 규칙에 복속된다. 그러면서 이 규칙을 해명하고 이 규칙의 권력성에 저항하는 성찰적 존재로 자기를 경험한다. 그러니까 주체는 편재화된 권력의 영향 아래에서 이 영향에도 불구하고 이 권력에 저항한다. 주체의 자유는 전제된 권력의 조건 없이 생각할 수 없다. 그렇듯이 자유는 그야말로 권력에의 저항적 가능성 속에서 조금씩 탐색될 수 있다. 자유는 주체의 제어 아래 행사된다.

이런 식으로 푸코는 자유의 가능성을 상호작용적 권력개념을 통해 사유했다. 여기에서 개인의 자유와 사회의 책임은 자연스럽게 연결되어 있다. 그것은, 나의 언어로 풀어 쓰자면, '저항이라는 정치적 과제에 미학이, 또 심미적 경험이 어떻게 관계하는가'가 된다.

예술

거듭 강조하여 내가 주목하는 것은 주체가 자기와의 관계에서 자기를 만들어가는 자기형성의 자발적 경로이고, 이 경로에서 다름 아닌 예술이 행하는 어떤 의미 있는 역할이다. 자기형성과 자기변화에 예술이 어떻게 기능하고, 심미적인 것의 어떤 에너지가 작동하며, 이 자기형성의 복잡미묘한 과정에서 심미적 잠재력은 어떻게 자리하는가가 이 글에서의 주된 관심이다.

예술의 경험에서 주체는 자기를 자발적이고도 유쾌하게 만들어간다는 점에서, 그 경험은 자기형성적이다. 이 형성적 성격은 작품을 만드는 예술적 주체뿐만 아니라 만들어진 작품을 감상하는 수용적 주체(독자/관객/청중)에게도 해당한다. 그러나 예술적 주체가 개별적이고 예외적인 개인인 반면, 독자/청중은 다수의 개인, 즉 대중이라는 점에서 좀 더 일반적인 범주라고 할 수 있다. 또 '예술적 생산과 심미적 수용'이란 말에서 보듯이, '예술(적)'에서는 예술가의 창작적 생산적 형상화 과정이 강조되고, '심미(적)'에서는 수용자의 감성적 지각적 이해적 해석 과정이 중시된다. 그런 점에서 수용의 형성 과정은 엄격하게 말해 '예술적' 과정이라기보다는 예술에 대한 경험적 체험적 과정, 즉 심미적 과정에 가깝다. 내가 계속 생각해보려는 것은 이 심미적 과정에서의 교양형성적 시민교육적 의미 과정이다. 주체의 이 자기형성적 교양교육적 시민화 과정을 다루는 것이 '심미적 문화의미론'이다.

주체의 자기형성적 교양교육적 시민화 과정

심미적 형성의 과정은 푸코의 여러 언급들 가운데서, 특히 권력의 작동방식보다는 주체가 권력에 대항하면서 갖는 진실과의 관계에서 잘 드러난다. 왜냐하면 주체는 자유 속에서 자기의 자아세계를 적극적으로 구성해가는 까닭이다. 자유란 줄이면 다름 아닌 자기의 적극적 구성 과정이요 변형 과정 아닌가? 이 자기의 구성과 변형에서 자유는 마침내 실행된다. 푸코가 주제화한 이 문제의식들은 그가 분석하는 대상인 고대 그리스 로마의 철학적 저작들, 특히 플라톤의 《알키비아데스 1, 2》 이후 기독교가 득세하는 헬레니즘 시기의 여러 저작에서 광범위하게 나타난다. 마르쿠스 아우렐리우스, 세네카, 에피쿠로스, 에픽테토스 등은 그 대표적 저자다. 그러나 이 사례는 플라톤의 몇 가지 저작에서 이미 나타난다.

2장 _____ 플라톤, 영혼이 아름답게 하라

지금까지 우리는 주체구성/자기형성의 문제를 푸코에 기대어 생각해보았다. 다음에는 푸코가 의지한 플라톤의 몇몇 저작들을 직접 해석함으로써 이 글의 문제의식을 더 구체화시켜보고자 한다. 여기에서 던지는 물음은 이렇다. 주체/자아는 어떻게 자기를 만드는가? 주체의 이 자기관계는 타자에 대해 어떻게 자리하는가? 이때 그의 자유는 어떻게 행해지는가? 그리고 자유 속에서 주체는 어떻게 진리로 다가가는가? 진리로 향한 이 길은 주체가 아름다움을 육화하는 윤리적 길이다.

플라톤의 철학이 몇 가지 개념으로 요약될 수 없다는 사실은 확연하다. 그것은 개인과 국가, 선과 악, 덕행과 지혜, 독단과 허상, 진리와 언어 그리고 철학과 법과 이념과 의미와 윤리학, 존재론과 자연론 등 다양한 주제를 포괄한다. 물론 개별 주제에 대한 그의 사유세계가, 근현대철학에서 확인할 수 있듯이, 그렇게 체계적으로 분류되거나 정밀하게 사용된다고 말하기 어렵다. 주요 개념들은 많은 경우 얽혀 있고, 어떤 진술은 가파르게 진행되거나 때로 논리적 비약도 서슴지 않는다. 그래서 일목요연한 개념지형도를 그리기가 쉽지 않다.

그러나 《알키비아데스 1, 2》에서 거론되는 여러 내용의 핵심에는, 그 대상이 어떤 것이어도, 결국에는 자기 앎의 아름다움이 있지 않나 여겨진다. 그런 점에서 그것은 자기형성적 주제와 연결될 수 있다.

자기 앎의 아름다움

《알키비아데스 1, 2》는 스승 소크라테스와 제자 알키비아데스의 대화를 기록한 글이다. 기원전 450년에 출생한 알키비아데스는 후견인 페리클레스의 집에서 성장하여 18세 무렵에 소크라테스를 만난다. 이 만남 이후 그는 소크라테스를 따르면서 그의 철학에서 가르침을 얻는다. 이들 대화의 출발점은 '너 자신을 알라'라는 말이다. 이것은, 잘 알려져 있듯이, 델피 신전에 새겨진 말로서 소크라테스 철학의 핵심에 해당한다.

문제는 자기의 앎이 어떻게 돌봄(epimeleia/관심/주의/노력/배려/탐구)과 이어지는가, 여기에 나타난 자아의 기술과 자아의 자기조직술은 어떠한가라는 점이다. 이 주제에 관한 한, 플라톤의 구상은 아래의 다섯 명제로 포괄될 수 있지 않나 여겨진다.

> 자신을 안다는 것과 자신을 돌본다는 것의 상호 이어짐

플라톤(기원전 427~347)

자기를 통해 영혼을 사랑하고, 이 영혼 속에서 이데아의 불멸적 삶을 그는 2400여 년 전에 꿈꾸었다.
몸에서 영혼으로, 영혼에서 불멸로 나아가는 것을 그는 '에로스의 사다리'라고 불렀다.

첫째, 자기를 아는 것은 타인을 아는 것이다.

'자기를 안다'는 것은 무슨 뜻인가? 이것을 정확히 짚고 넘어가야 한다. 아래의 글은 자기를 안다는 것의 상호주관적 사회적 역학관계를 가장 선명하게 보여주는 대목으로 보인다.

소크라테스: 그렇지만 자신의 것을 모르는 사람은 다른 사람들의 것도 마찬가지로 모르리라고 보네.

알키비아데스: 어떻게 그렇지 않겠어요?

소크라테스: 다른 사람의 것을 모른다면, 그는 국가의 일도 모를 걸세.

알키비아데스: 물론 모를 겁니다.

소크라테스: 그와 같은 사람은 정치가가 못 되겠지?

알키비아데스: 왜 아니겠습니까?

소크라테스: 가장(家長)조차 되지 못하겠지?

알키비아데스: 아마 못 될 겁니다.

소크라테스: 그는 자기가 무엇을 행하는지도 결코 알지 못할 걸세.

알키비아데스: 물론 모르겠지요.

소크라테스: 알지 못하는 사람은 잘못하지 않겠는가?

알키비아데스: 물론입니다.

소크라테스: 잘못을 저지르면, 그는 자기에게나 공적으로나 나쁜 일을 하지 않겠나?

알키비아데스: 왜 아니겠습니까?

소크라테스: 나쁜 일을 한다면, 그는 그 일로 비참해지겠지?

알키비아데스: 아주 비참해지겠지요. (133e-134a)

여기에서 두 사람은 자기를 안다는 것의 개인적 사회적 차원에 대한 자신들의 견해를 평이한 언어로 나누고 있다. 하지만 이 같은 진술의 절차는, 소크라테스의 말이 주도하는 일방성을 띠긴 하지만, 엄격한 논리의 단계를 밟는다. 그래서 다른 곳에서와는 다르게 논의의 점진적 심화 과정을 확인할 수 있다.

논리의 절차는 이렇다. 자기를 모르는 사람은 다른 사람의 경우도 모른다. 그런 그가 나라의 일을 알 수 있는가? 그러기는 어렵다. 그는 자기가 무엇을 하는지 모르기 때문이다. 그런 사람에게 잘못은 예정되어 있다. 그래서 사적 영역에서뿐만 아니라 공적 영역에서의 비참은 불가피하다. 그가 한 국가의 정치가는커녕 집안의 가장(家長)도 될 수 없는 것은 이런 이유에서다.

그러니까 자기를 안다는 것은 자기가 알고 있다는 사실을 아는 것 이전에 무엇보다 자기가 모르고 있다는 사실을 먼저 아는 것이다. 무지에의 이 같은 자각이 삶의 방황을 줄여준다. 그래서 소크라테스는 이렇게 말한다. "자네가 그걸 알지 못한다는 것을 알고 있는 한에서는 헤매지 않겠지?" (117d) 이 방황 없는 삶은 자기뿐만 아니라 타인도 관계된 미래의 비참을 없애준다. 그러므로 자기를 안다는 것은 자기의 앎 자체가 아니라, 무엇보다 그 모름을 자각하는 가운데 이 무지가 유발할 수도 있는 공동의 폐해를 예방해준다. 그리고 이 같은 예방에는, 바로 이것이 중요한데, 이미 타자적 운명에 대한 주체의 참여가 들어 있다.

심미적 경험 Ⅱ __ 예술의 자기형성술

레비나스(E. Levinas)가, 주체는 타자를 통해 신을 만나고, 그래서 이 타자와의 만남은 단순히 신과의 관계에 그치는 것이 아니라 책임과 긍휼의 관계라고 말한 바 있지만, 자기에 대한 이러한 앎에, 적어도 그것이 제대로 된 것이라면, 타자에의 앎, 나아가 타자에의 공감과 관용과 이해와 책임이 겹쳐 있다는 것은 분명해 보인다. 자기에 대한 앎은, 적어도 그것이 거짓되지 않다면, 타자에의 사랑까지 포함하는 것이다. 이때 타자는 나의 일부에 지나지 않는다. 그리고 이 타자사랑의 바탕은 다시 자기자신에 대한 사랑이기도 하다. 인류에 대한 사랑이란 우리자신의 내부에 있는 정의에 대한 사랑과 다르지 않다고 루소도 쓰지 않았던가?

"주체는 타자를 통하여 신을 만난다"
(레비나스)

타자사랑의 바탕은 다시 자기자신에 대한 사랑이다. 인류에 대한 사랑 또한 우리 내부에 있는 정의에 대한 사랑이다

둘째, 자기를 아는 것은 자기 영혼을 사랑하는 것이다.

자기를 안다는 것은, 앞에서 보았듯이, 주체를 넘어 외적 사회적으로 확장되는 무엇이다. 그렇다면 그것은 내적으로 어떻게 심화되는가? 여기에 영혼의 개념이 있다. 다음 대화를 읽어보자.

소크라테스: …자네의 육체를 사랑하는 자는, 이 육체가 시들면, 떠나지 않겠나?

알키비아데스: 물론입니다.

소크라테스: 그러나 영혼을 사랑하는 사람은, 그 영혼이 더 나은 것을 추구하는 한, 떠나지 않겠지?

알키비아데스: 아마도 그럴 것입니다.

소크라테스: 그렇다면 나는 떠나는 사람이 아니라, 자네의 육체가 시들어서 다른 사람이 떠나간 후에도 남아 있는 사람이라네.

알키비아데스: 잘하시는 겁니다, 오 소크라테스 선생님. 그러니 떠나지 마세요!

소크라테스: 그러니 참으로 아름답도록 노력하게나. (131c-d)

위의 대화에서 소크라테스가 궁극적으로 되길 바라는 것은 곁에 "남아 있는 사람(Bleibende)"이다. 그는 "다른 사람이 떠나더라도 곁에 남는 사람"이 되고 싶어 한다. 이것은 영혼을 사랑할 때에야 가능하다. 영혼을 사랑한다는 것은 육체를 사랑하는 것과는 다르다. 또 부나 명예를 사랑하는 것과도 다르고, 친분과 가족과 부를 이용하는 것과도 다르다. 육체는, 마치 부나 명예가 변색되어가듯이, "시들기" 때문이다. 가시적이고 외양적인 것에 마음이 기울 때, 우리는 사랑하는 자의 곁에 남을 수 없는 것이다. 그래서 사람들은 대체로 떠나간다.

마음이 변하고 변덕스러우며 허세에 차 있을 때, 어떻게 우리가 그전처럼 남을 수 있겠는가? 변하지 않을 수 없다. 그러나 영혼을 사랑하는 사람은 "더 나은 것을 추구하는" 사람이고, 부단히 연마하는 사람이다. 그래서 그는 진리에 조금 더 다가갈 수 있다. 진리에 다가가 영혼을 사랑할 수 있다.

이 영혼을 사랑하는 사람은, 설령 사랑하는 사람의 육체가 시들어도 그 곁에 남는다. "영혼을 위대하게 만든다는 것은 모든 틀로부터, 영혼을 에워싸고 고정시키며 한정하는 이 모든 조직으로부터 해방시키는 것이며, 그래서 해방을 통해 그

영혼을 사랑하는 사람은 '더 나은 것을 추구하는' 사람이고, 부단히 스스로를 연마하는 사람이다

심미적 경험 Ⅱ __ 예술의 자기형성술

진실한 본질과 진실한 목적지를 발견하게 하는 것이며, 이 목적지란 세계의 보편적 이성(the general reason of world)에 대한 완벽한 등가물을 뜻한다."[45] 이 논평은 푸코가 스토아학파, 그 가운데서도 마르쿠스 아우렐리우스의 저작을 재해석하면서 자기전향/자기배려/주체구성의 문제를 논의할 때 나오는 말이지만, 자기배려의 문제가 크게 보면 플라톤의 《알키비아데스 1, 2》에서 시작하기 때문에, 또 주체구성/자기형성이라는 주제는 이 글이 갖는 주된 문제의식인 한에서, 이 같은 주제에도 어느 정도 적용될 수 있다고 나는 판단한다.

위대한 영혼(megalophrosunê)이란 자기를 제한하는 틀과 테두리를 벗어나 사물의 속성과 세계의 본질을 직시하는 자다. 그러나 이 본질은 그 어떤 모호한 비의(秘義)나 신비에 관계하는 것이 아니라 바로 이성과 이어져 있다. 왜냐하면 바른 영혼은 모든 주변으로부터 벗어나 사안의 성격을 끊임없이 검토하고, 사물의 이름을 그 본질에 비추어 비교하면서, 그것이 무엇에서 나와서 무엇으로 돌아가는지, 또 무엇으로 이뤄지고 어떤 현실적 가치를 갖는지 끊임없이 묻기 때문이다. 아우렐리우스가 요구했던 하나의 원칙 – "선명하게, 본질 그대로의 방식으로, 적나라하게, 전반적으로, 그 모든 측면에서 보는 것(see it distinctly, as it is in essence, naked, whole, and it all its aspects)"은 그 자체로 위대한 영혼의 이성적 최고원리가 되는 것이다.[46]

위대한 영혼은 이성과 이어져 있다

---

45 Michel Foucault, *The Hermeneutics of the Subject*, p. 296.

이 보편적 이성에 닿아 있을 때, 영혼은 그 나름으로 고요한 평정의 상태에 이미 들어서 있다고 말할 수 있을지도 모른다. 왜냐하면 그것은 사물의 본성에 닿아 있고, 세계의 필연성을 감지하고 있기 때문이다. "각각의 사물을 개별적으로 (diêrêmenôs, 분석적으로/제각각으로) 그리고 전체적으로(kai holikôs, 그 전체성 속에서) 고려함으로써 영혼은 그 순간 평정의 주권적 무심함 그리고 신적 이성에의 완벽한 등가물을 얻는다."[47] 이 인용문은 조금 더 풀어 쓸 필요가 있다. 이것은 위대한 영혼이란 대상을 개별적으로 보면서 동시에 그 전체성을 잊지 않는다는 것이고, 이렇게 개별적 전체성에 닿아 있을 때 그 영혼은 평정한 상태에 있다는 뜻이다. 그러니 절대적 무심함이란 평정에 다름 아니다. 평정심은 "신적 이성에 대한 완벽한 등가물", 즉 신적 이성과 이어져 있기 때문이다. 그러니까 제대로 된 영혼 혹은 영혼의 위대성에서는 무심함과 평정 그리고 이성이 하나로 만나는 것이다. 바로 이것이 대상에 대한 객관적인 인식을 보장한다.

그러므로 우리는 이렇게 말할 수 있다. 자기를 아는 것의 깊은 의미가 자기 영혼을 사랑하는 것이라면, 이때의 영혼이란 단순히 오묘하고 심원한 정신상태가 아니라 초연하고 평정한 마음이고, 이 평정한 마음은 다름 아닌 객관성의 정신—보편적 이성의 정신에서 나온다. 그러니까 자기를 안다

---

46 Ibid., p. 294.
47 Ibid., p. 296f.

는 것의 참된 뜻은 평정한 마음과 보편적 이성의 태도를 익히는 것이다. 그것은 대상의 개별성과 전체성을 동시에 파악함으로써 객관성의 정신을 배우는 것이고, 사실을 보이는 대로 파악함으로써 적나라한 전체성 속에서 그 사실에 다가서려는 마음이기 때문이다. 이 자세는 과학의 정신이고 사실성의 기율과 다르지 않다. 위대한 영혼은 보편적 이성을 추구한다. 그래서 그것은 사물을 재발견하려 하고 삶의 전체와 만나려 하며, 세계의 필연적 질서가 무엇인지 묻는 것이다. 또 이렇게 물을 수 있을 때, 우리의 영혼은 말의 참된 의미에서 마침내 '아름다울 수 있다'.

따라서 우리가 해야 할 것은 "영혼이 최대한 아름다울 수 있도록 분발하"는 일이다. 즉 대상을 개별적이면서 전체적으로 파악하고, 초연한 마음을 유지하며 보편적 이성에 다가가도록 노력하는 일이다. 이렇게 분발하는 데는 절제가 필요하다. 진리에 도달하기 위해 주체가 자신을 변형시켜야 한다면, 주체의 이 자기변형에 필요한 것이 서구정신사(영성, spirituality)의 두 가지 주된 형식으로서 "에로스(erōs)"와 "절제(askêsis)"라고 푸코가 쓴 것은 그 때문이었을 것이다.[48] (플라톤 철학에서 성(sexuality)이 생물학적 욕구에 속한다면, 에로스는 '사랑의 신'으로서 아름다움을 추구하는 심리적 문화적 욕망이자 에너지다.) 그리하여 영혼의 쇄신은 자기 앞의 목표다. 영혼을 부단히 쇄신할 수 있다면, 그것은 그 자체로 아름다운 일이다.

---

48 Ibid., p. 16.

셋째, 자기영혼을 사랑하는 것은 아름답다.

앞서 언급했듯이, 아름다운 것은 자기를 떠나 있지 않다. 그러나 이때의 자기란 육체를 가진 자기가 아니다. 인간은 손과 팔과 다리와 머리 같은 신체와 이 신체 이상의 어떤 것 ─ 영혼을 포함한다. 신체나 돈이 자기에게 속한 것인 반면, 영혼은 바로 그 자신이라고 할 수 있기 때문이다. (이것이 플라톤의 심신이원론이라면, 그 설명은, 오늘의 시각에서 보면, 그리 정치하게 구조화되었다고 말하기 어렵다.)

이 영혼이, 이미 지적했듯이, 사물의 객관성이나 초연함과 평정 그리고 신적 보편적 이성에 닿아 있다. 인간은 영혼을 온전하게 만들면서 자신을 고양시켜간다. 그리하여 영혼을 돌보는 것은 그 자체로 아름다움의 조건이 되는 것이다. 다시 플라톤에 귀 기울여보자.

> 소크라테스: 그러나 잘사는 자들은 행복하지 않겠는가?
>
> 알키비아데스: 왜 아니겠습니까?…
>
> 소크라테스: 그들이 좋은 것을 소유하는 것은 잘 그리고 아름답게 살기 때문 아닌가?
>
> 알키비아데스: 예…
>
> 소크라테스: 그러면 잘사는 것이 아름다운 것 아니겠나?
>
> 알키비아데스: 예… 적어도 저는 올바르게 행하는 모든 자는 필연적으로 아름다운 것도 행한다고 믿습니다. (116b-c)

위에서 보듯이, 결국 '잘' 행한다는 것은 선하게 행하는 것이고, 선하게 행하는 것은 아름다운 것이다. 거꾸로 하나의 행동이 아름답다면, 그 행동은 그 자체로 선한 것이다. 그러므로 행복은 실천적 선과 감각적 미의 결합에 대한 표현이 된다.

이렇게 행하는 것이 거짓되기는 어렵다. 따라서 그것은 옳은 일이 된다. 즉 진실하다. 정의(正義)는 여기에서 나온다. 이 대목에서 우리는 진(정의)과 선(행동)과 미(감각)가 하나로 만나는 것을 보고, 이렇게 만날 때 행복이 더해짐을 확인한다. 그러니까 선한 행동이 선하게 행동한 사람을 행복하게 만들고, 선한 실천은 선하게 행한 사람을 아름답게 만든다. 그리하여 아름다움의 느낌은 행위의 올바름에서 '필연적으로' 나오게 되는 것이다. 그래서 플라톤은 이렇게 적고 있다. "올바르게 행하는 모든 자는 필연적으로 아름다운 것도 행한다…" 이 필연성이란 진선미의 결합이 그만큼 자연스럽고 불가피하며 당연하다는 사실을 보여준다. 당연하게 행해진 올바름과 선함 그리고 아름다움, 그것이야말로 깊은 의미의 행복감을 보장하는 것이다.

조금 다른 각도에서, 그러니까 자기돌봄의 관점에서 진과 선과 미의 관계를 살펴볼 수도 있다. 자기돌봄이란 자기자신을 돌보는 것이면서 동시에 자기에게 속한 것(to kath' hauton)을 돌보는 것이기 때문이다. (128a) 자기에게 속한 것이란 성품(ēthos)이다. 에토스란 개인의 윤리이면서 사회적 관습이기도 하다. 그래서 에토스를 돌볼 때, 우리는 윤리 속에서, 이 윤리에 의지하여 개인적 차원으로부터 사회적 차원으로 나아간다. 이때 개인적 정의와 사회적 정의는 분리되는 것이 아

하나로 만나는 진-선-미

"올바르게 행하는 모든 이는 필연적으로 아름다운 것을 행한다" (플라톤)

니라 서로 이어진다. 그래서 다음과 같은 대화가 나온다.

> 소크라테스: 각자가 자기의 일을 한다면, 그들은 옳게 행하는 것
> 인가, 옳지 못한 것을 행하는 건가?
> 알키비아데스: 옳은 것입니다. 어떻게 아니겠어요? (127c)

중요한 것은 '옳은' 돌봄이며 자기돌봄보다 타자로 열린 자기돌봄의 가능성이다

자기를 정의롭게 돌보는 것이 곧 폴리스 전체의 공동체적 정의로 나아가는 바탕이 된다. 그러므로 중요한 것은 모든 돌봄이 아니라, '옳은' 돌봄이다. 그렇듯이 자기돌봄 그 자체가 중요한 것이 아니라, 더 엄격하게 말하면, 타자로 열린 자기돌봄의 가능성이 중요하다. 옳은 돌봄은 인간에게 속하는 전체—육체만이 아니라 무엇보다 영혼을 돌보는 것이고, 자기에게 속하는 모든 것을 돌보되 자기자신을 우선 돌보는 것이다.

그리하여 옳은 돌봄은 단순한 신체단련술을 넘어선다. 육체만 돌보는 사람은 돈을 보살피는 사람과 같기 때문이다. 몸만 돌보는 것은 참된 의미에서 자신을 돌보는 것이 아니다. 육체를 돌보면서도 이 육체에 깃든 영혼적인 것에 유의할 때, 그래서 외양적이고 가시적이며 변덕스럽고도 일시적인 차원을 넘어서고자 할 때, 우리는 비로소 진정한 자기돌봄에 이르게 된다. 아마도 이렇게 돌봐지는 자기란 자아의 가장 내밀하고 핵심적인 것, 즉 영혼이 될 것이다. 혹은 이 영혼의 한쪽이 될 것이다. 그러니까 올바른 자기돌봄이란 결코 영혼을 위대하게 만드는 일과 다를 수 없다. 자기를 돌보는 것은 위대한

영혼을 돌보는 일—사물의 속성을 묻고 그 본질을 재발견하며, 이렇게 대상의 더 넓고 깊은 객관성으로 나아가는 가운데 주체의 초연함과 마음의 평정을 유지하는 일과 이어진다.

이런 맥락에서 보면 사랑의 관계는 근본적으로 타자적 관계다. 그것은 나에 대한 앎으로부터 타인에 대한 앎으로 나아가고, 이 타자성에 대한 지향 속에서 아직 밝혀지지 않은 것—여기에 있으나 아직 감지되지 못하거나, 여기에 아예 도래하지 않은 모든 것을 예감하고 상기하고 성찰하는 행위다. 사랑의 관계는 사실적인 것 가운데 가능한 것을 준비하고, 현재적인 것 속에서 미래적인 것과의 관계를 반성하는 타자적 행위다.

그리하여 자기돌봄이란 말의 바른 의미에서 보편적 이성에 다가가고 신적 섭리를 깨우치는 일로 나아간다. 객관적 기율의 훈련이야말로 자기를 다독이고 키우며 더 낫게 하는 권장할 만한 자아의 기술인 것이다. 결국 자아의 진정한 자기기술은 신적 보편적 이성으로 나아가는 데 있다. 그것이 깊은 의미에서 아름다운 영혼이다. 우리는 '얕은 영혼'과 '깊은 영혼'을 구분할 수 있다.

그리하여 자기돌봄이란 보편적 이성에 다가가고 신적 섭리를 깨우치는 일로 나아간다

넷째, 영혼을 사랑하는 자는 진선미를 돌본다.

이미 적었듯이, 올바른 것과 아름다운 것, 좋은 것과 이로운 것은 서로 깊게 얽혀 있다. 그렇듯이 해로운 것과 올바르지 않은 것, 추한 것과 나쁜 것은 한무리로 어울린다. 이 점에서 보면, 대상이 지나치게 이원법적으로 구분되는 것처럼 보

이기도 한다. 그러나 반드시 그런 것은 아니다. 아름다운 것 중의 어떤 것은 나쁠 수도 있고, 추한 것들이 좋게 보일 수도 있다고 얘기된다. (115a) 이러한 변덕은, 우리가 가시적이고 물질적이며 육체적인 차원에만 매여 있을 때, 더 심해진다. 그래서 몸이나 돈, 명예나 지위만 돌볼 때, 그것이 참된 의미의 자기돌봄이 못 되는 것도 그 때문이다. 그것은 영혼의 사랑에 이르지 못한다. 그래서 진선미의 안에 머물기도 어렵게 된다.

영혼을 사랑한다는 것은 영원을 사랑한 다는 것이고 영원을 돌본다는 뜻이다

　　그러므로 영혼을 사랑한다는 것은 영원을 사랑한다는 것이고 영원을 돌본다는 뜻이다. 영원이란 불멸의 영역이고, 그래서 신적이다. 위대한 영혼은, 앞서 보았듯이, 신적 진리 그리고 보편적 이성에 닿아 있다. 영혼을 위대하게 만든다는 것은 주체가 대상을 위에서 내려다보면서 동시에 밑에서도 보고, 앞에서도 보고 뒤에서도 보며, 나아가 대상의 심장부로 파고드는 일이다. 즉 사물을 개별적 독자성 아래 파악하면서도 그 전체적 특성을 놓치지 않는다는 뜻이다. 이렇게 할 때, 주체는 사물의 부풀려진 외관을 벗겨내면서 그 숨겨진 속성을 재발견한다. 이때쯤 세계의 테두리는 좀 더 넓고 깊은 가능성 속에서 잠시 그려질 것이다. 자유나 평등 혹은 정의 같은 보편주의적 원칙도 이 확대된 가능성 속에서 보다 온전한 모습으로 파악되지 않을까? 이렇게 파악된 테두리, 이 테두리로서의 전체 사물은 세계의 보편적 이성에 닿아 있을 것이다. 적어도 그것은 신적 이성의 가장자리에 닿아 있다고 말해도 좋을 것이다.

보편적 이성이 신적 섭리와 다른 것이 아니라면, 주체는 보편이성에 다가가려는 움직임 혹은 에너지가 될 것이고, 영혼은 이 주체를 규율하는 정신이 될 것이다. 주체는 자기 앞에 나타나는 대상을 면밀하게 검토하면서 진리를 추구하고, 이 진리추구 속에서 외적 조건으로부터의 독립을 확립하고자 한다. 자유란 이런 독립의 실존적 상태를 지칭하고, 평정과 초연함은 그 심리적 상태를 일컫는다. 독립적 주체는 세계의 필연적 질서─보편적 이성을 따르면서 자기와 이 자기가 갖는 세계와의 관계를 부단히 변형해갈 수 있다. 행복이란 이때 경험되는 주체의 자기변형적 기쁨 외에 다른 것이 아니다. 주체의 행복은 주체가 세계에 대해 갖는 자기관계의 변형을 체험하는 데서 오는 기쁨이다. 주체는, 세계와의 관계방식을 변화시킬 수 있을 때, 비로소 행복해진다. 세계관계의 변화 속에서 주체는 신적 이성으로 다가갈 수 있기 때문이다.

보편적 이성이 신적 섭리와 다른 것이 아니라면, 주체는 보편이성에 다가가려는 움직임이 될 것이고 영혼은 이 주체를 규율하는 정신이 될 것이다

영원성을 돌볼 수 있을 때, 우리는 그 자체로 아름다울 수 있다. 그리고 이 아름다움에는 참됨과 선함이 어느 정도 들어 있다. 그래서 개별적 개인적 아름다움은 전체적 일반적 아름다움과 이어진다. 그러므로 우리는 개인의 아름다움을 통해 사회의 전체적 아름다움을 생각할 수 있다. 혹은 아름다움을 통해 개인은 사회로 나아간다. "우리가 개인이면서 동시에 종(種)으로서 향유하는 것은 오직 아름다움뿐"이라고 실러가 썼던 것은 이런 이유에서인지도 모른다.[49] 미의 경험이야말

미의 경험이야말로 사회를 통합시킨다

---

[49] Friedrich Schiller, *Über die ästhetische Erziehung des Menschen in einer Reihe von Briefen*, in) F. Schiller Werke in 3 Bde, Bd. II, München 1976, S. 519.

프리드리히 실러(F. Schiller, 1759~1805)

200년 전 실러 시대에도 "이익은 모든 세력이 부역하고 모든 재능이 숭상하
는 시대의 위대한 우상"이었다. 그의 예술론은 이 같은 삶의 분열—계몽적 진
보낙관주의의 폐해에 대한 인문적 반응이었다. 인간은 오직 미를 통해 자유에
이를 수 있다.

로 사회를 통합시키는 것이다.

미의 경험에서 우리는 인식의 기쁨을 얻고, 이 기쁨은 개인적 차원을 넘어 공적 사회적 차원으로 나아간다. 미의 인식적 주체는 개인적 존재이면서 종적 존재인 까닭이다. 그리하여 타자도 이제 주체의 일부에 지나지 않는다. 아름다움의 주체는 느끼면서 동시에 사고하는 가운데 '종적 주체' 혹은 '보편적 개인'으로 자리한다. 아름다움은 세계 전체를 기쁘게 하는 것이다.

이 아름다움의 기쁨 속에서 우리는 아마도 더 온전한 인간 그리고 더 온전한 세계와 이어질 것이다. 그래서 각 주체는 '국가'나 '민족'보다는 '인류'를 더 즐겁게 생각하고, '국민'보다는 '시민'으로서 더 기꺼이 행동하며, 이 시민에서 나아가 지구 위의 '동료 인간'으로서 함께 어울려 살아가고자 노력할 것이다. 또 그럴 수 있다면, 이때의 진선미 범주는 이미 이전보다 더 확대되어 있을 것이다. 영원성이란 이렇듯 진선미로부터 자라난다. 이렇게 영원성이 자라나도록 애쓰는 것이 곧 영혼을 돌보는 일이다. 이 돌봄의 자기기술이 아니라면 우리는 누구도 능가할 수 없다. (124b) 거꾸로 말하면, 영혼을 돌보는 가운데 우리는 전체의 진실─신적 불멸의 항구적 진실을 구현할 수 있다. 그리하여 영혼의 조직술이란 진선미의 형성기술이다.

영혼의 조직술은 진선미의 형성기술이다

한 걸음 더 나아가자. 영혼의 조직술이 진선미의 형성기술이라고 할 때, 여기에는 이질적이고 상호모순된 차원들이 여러 층위에서 겹쳐져 있다. 주체가 자기영혼을 진실하고 온당하게 만들고자 할 때, 거기에는 인간관계적 상호주체적 사회적 차원이 들어 있다. 또 영혼을 선하게 만들고자 할 때, 거기에는 윤리적 실천적 차원도 들어 있다. 주체가 영혼을 아름답게 만들고자 하는 데는 감각적이고 심미적이며 개인적이고 형상적인 차원이 작동하기 때문이다. 그리고 이 모든 것이 어우러져 하나의 이상적 상태―위대한 영혼의 보편적 이성이 구현된다.

이 보편이성에서 주체는 초연하고 평정한 가운데 자유롭고 독립적으로 자기를 만들어간다. 그러니까 바람직한 영혼의 조형술에는 개인적이고 사회적이며 감각적이고 정신적이며 실존적이고 윤리적인 요소들이 혼용되어 있는 것이다. 이것이 이른바 삶의 기술(the art of living/hê biôtikê)이고 실존의 변형술이다.

다섯째, 절제야말로 자기 앎이다.

플라톤적 맥락에서 자기를 안다는 것은 자기분수를 안다는 것이고, 그것은 무엇보다 분별과 절제(emphrona te kai sophrona)를 갖고 있다는 표시다. 자기 앎이야말로 절제(sōphrosynē/Besonnenheit)다. (131b/133c)[50] 절제란 사적 영역과 아울러 공적 영역에서 두루 사용되는 덕목의 하나다. 왜냐하면 절제란 도덕적 행동을 위한 전제조건이기 때문이다.

플라톤은 알려져 있듯이, 완전한 인간이 되기 위해서는, 또

---

50 Platon, *Alkibiades 1*, a. a. O., S. 621, 629.

심미적 경험 II _ 예술의 자기형성술

이 인간들로 이뤄지는 이상적 정치체제가 되기 위해서는 네 가지 덕목(지혜, 정의, 절제, 용기)이 필요하다고 보았다. 지혜(sophia)란 숙고하는 것이고, 정의란 진실을 말하는 것이며, 절제란 어떤 욕구/쾌락에도 지배받지 않는 것이고, 용기란 노예처럼 겁먹지 않는 것이다. 그러면서 절제는,《알키비아데스 1, 2》를 번역한 해석자에 의하면, 욕구에 대해서뿐만 아니라 그 밖의 덕성에서도 필요한 훌륭함이라고 말해진다.[51] 나아가 지혜가,《향연》에서 말하는 대로, "가장 아름다운 것에 속한다"면, "이 아름다움을 사랑하는 것이 에로스(eros/사랑)이고", 그래서 "에로스는 필연적으로 지혜를 사랑하는 것, 말하자면 철학적일(philosophisch) 수밖에 없다".[52]

여기에서 핵심은 절제라는 미덕이다. 그러니만치 절제의 의미론적 내포를 정확히 파악할 필요가 있다. 이 용어에는 사실 여러 가지 함의가 들어 있다. 그것은 독일어로 대개 'Besonnenheit(사려 깊음/신중함)'으로 번역되는데, 이 Besonneneheit는 'besinnen(심사숙고하다/신중하게 고려하다)'에서 나왔다. 중요

51 플라톤,《알키비아데스 1, 2》, 김주일/정준영 역, 이제이북스, 2007년, 182쪽.
52 Platon, *Das Gastmahl*, 3 Bd. in) Platon, Werke in 8 Bde. Hrsg. c. Gunther Eigler, Darmstadt 1974, S. 321. (204b); 플라톤,《향연》, 강철웅 역, 이제이북스, 2010년, 129쪽 이하 행수를 본문 안에 표기. 이런 논의를 더 진척시키면, 에로스란 단순히 지혜만 사랑하는 것이 아닐 것이다. 완전한 존재와 이상적인 공동체에 네 가지 덕이 필요하다면, 이 네 가지 덕을 아끼고 돌보는 일이 곧 에로스일 것이다. 실제로 플라톤은 이보다 앞에서 "온전함에 대한 욕망과 추구"의 이름이 에로스라고도 말한다. (《향연》, 196c). 그러니까 여기에서 사랑이란 쾌락과 욕망을 지배하는 절제력의 다른 이름이기도 하다. 사랑이란 모든 덕을 돌보는 절제의 힘이다.

한 사실은, 소프로시네(sōphrosynē)가 '절제'라고 번역되기도 하지만, 여기에 이성적 성찰작용이 들어간다는 점이다. 그런 점에서 소프로시네는 아스케시스(askêsis)와 상통한다. 아스케시스도 흔히 절제로 번역되지만, 더 정확하게 그것은 '수련'이나 '실천'에 가깝다. 수련이 자기를 절제하는 데 있는 것인 만큼, 그것은 욕망과 충동을 제어하는 금욕적 행위이기도 하다.

흔히 지식을 이론적 지식(epistemê theôrêtikê)과 실천적 지식(epistemê praktikê)으로 나눌 때, 이론적 지식에서의 인식에 관계된 것이 마테시스(mathêsis)라고 한다면, 아스케시스는 실천적 지식의 획득을 위해 행하는 훈련을 뜻한다. 그러니까 아스케시스란 단순히 이론과학으로 그치는 게 아니라, 그래서 어떤 원칙을 받아들이는 것으로 그치는 게 아니라, 이 원칙에 따라 행동할 수 있도록 노력하는 것이고, 지식을 생활에 적용하기 위해 힘쓰는 것이다. 절제/수련/금욕은, 푸코가 《주체의 해석학》에서 정확하게 규정하듯이, "자기에 의한, 자기에게 행하는 자기자신의 실천"이고, 그래서 "진리의 실천"이 된다.[53]

절제란 주체가 자기의 지식을 자기자신에게 적용하는 수련행위의 일부다. 그래서 그것은 주체와 실천의 관계에 대한 문제가 되고, 주체와 진리의 상호관계에 대한 문제가 된다. 그런데 이 관계란, 이것이 푸코의 논평에서 흥미로운 점인데,

"절제/수련/금욕은 '자기에 의한, 자기에게 행하는 자기자신의 실천'이며 '진리의 실천'이다"
(푸코)

---

53 Michel Foucault, *The Hermeneutics of the Subject*, p. 317.

심미적 경험 II _ 예술의 자기형성술

근대인이 주체를 법질서에 예속시킴으로써 이뤄지는 반면에, "그리스 로마인들은 '진리의 실천으로 그리고 이 실천을 통해 주체를 구축하는 일을 자기에 대한 최종적 목표로' 삼았다"는 것이고, 이 주체구축이란 "자기에 대한 충만하고 완전하며 완벽하고 자기충족적인 관계의 형성이며, 따라서 이 자기관계는 사람이 자기에게 취하는 행복인 자기변형(self-trans-figuration)을 만들어낼 수 있다"는 사실이다.[54] 그러니까 주체는 자기에 대한 자기의 관계를 고정된 것이 아니라 '변할 수 있는 것'으로 파악하고, 그래서 자기를 부단히 구축하는 가운데 진리에 다가서게 된다. 그는 법과 같은 외적 규율에 기대는 것이 아니라, 자발적으로 자기를 축조해감으로써 진리와의 관계를 능동적으로 만들어간다. 관계의 바로 이 같은 능동성과 자발성이 그에게 행복감을 준다. 그리고 이 행복감을 위해 그가 하는 것이 다름 아닌 수련이고 연마요 절제이고 금욕이다.

> 주체와 실천이 가지는 관계의 능동성과 자발성은 행복감을 준다

자기자신에 대한 앎이 절제에서 온다면, 그것은 깊게 사고하고 신중하게 행동하는 일이다. 깊은 사고와 신중한 행동은 주의(注意)하고 유의하는 데 있다. 그렇다면 그것은 돌봄의 행위이기도 하다. 이 돌봄에서 분별력도 생긴다. "… 우리가 우리자신도 '알지' 못하고 절제 있는 것도 아니라면, 무엇이 우리에게 좋고 또 무엇이 나쁜 것인지 우리가 어떻게 알 수 있겠는가?"(133c) 결국 자기를 안다는 것은 분별력을 기른다

> 자기자신에 대한 앎이 절제에서 온다면 그것은 깊게 사고하고 신중하게 행동하는 일이 된다

---

54 Ibid., p. 319f.

는 것이고, 진위와 선악에 대한 분별력을 갖기 위해 자기를 제어한다는 뜻이며, 이 자기제어란 주체의 자기관계를 변형 가능한 것으로 파악한다는 뜻이다. 그리하여 주체는 적극적 자기구축 속에서 로고스를 에토스로 변형시킨다. 절제와 수련이란, 그것이 소프로시네로 불리건 아스케시스로 불리건, 로고스의 에토스화에 다름 아닌 것이다. 이것이 실존적 변형술이다.

그러므로 주체변형의 제어/분별력은 개인적 차원에서뿐만 아니라 사회적 국가적 차원에서도 중요하다. 그래서 소크라테스는 자신과 나라에 갖추어야 할 것이 "권력(Macht)과 힘(Gewalt)이 아니라 정의와 절제"라고 말한다. (134c) 절제하지 않으면 만족할 줄 모르고, 자족을 모르면 아무것이나 낚아채려 한다. 그래서 돈이나 권력에 사로잡힌다. 이런 사람이 아름다움을 낳을 수 있는가? 그러기 어렵다. 무절제한 사람은 추악해진다. 그는 영혼이 빈약한 사람이기 때문이다. 절제 없는 사람은 영혼보다 몸을 아끼고, 지혜에 전념하는 것이 아니라 어리석음에 휘둘리는 까닭이다.

분별력 있는 절제 속에서 자기를 안다면, 자기연마 속에서 자신을 알고자 한다면, 우리는 우리의 신체뿐만 아니라 영혼을 키우고 있을 것이다. 이렇게 영혼을 키우면서 더 나은 것—더 진실되고 더 선하며 더 아름다운 것으로 우리는 나아갈 수 있다.

이것을 지금의 생활에 적용시키면 어떻게 될까? 현대인이 근본적으로 '소비하는 자'라면, 우리는 절제의 실천으로서

구매 거부를 행할 수 있는가? 즉 절제 속에서 우리는 '정치적 소비자'로 행동할 수 있는가? 불매행위는 장소적으로나 시간적으로 제한될 수 없다. 또 우리가 거부한다고 해서, 기업이나 재벌이 구매자를 처벌하거나 해고할 순 없다. 구매자는 노동자와는 달리 그들의 구성원이 아니기 때문이다. 이런 맥락에서 소비자운동이나 소비거부운동은, 우리가 현실에서 경험하듯이, 세계시민적 위치를 체험하는 하나의 좋은 계기가 될 수 있다. 절제는 저항적 실천성을 갖는 것이다.

절제 속에서 추구되는 보다 나은 상태의 최종적 선은 무엇일까. 그것은 아마도 신 혹은 신적인 것이 될 것이다. 이 신적인 것 속에서 정의는, 말하자면 개인적 타당성(양심)뿐만 아니라 사회적 정당성(정의)도 실현되어 있을 것이다. 그래서 플라톤도 이렇게 썼다. "정의롭게 행동하고 절제 있는 태도를 가지면, 자네도 나라도 신들의 마음에 들게 행동하게 될 걸세."(134d) 그러므로 자기에 대한 앎은 절제와 분별에 기대어 영혼의 배려로 나아간다. 자기 앎은 신적인 데로 진전하는 것이다. 또 그렇게 되도록 영혼을 돌보는 것은 진선미의 상태이고 철학의 지향이다. 이렇게 한다면, 우리는 영원성의 한 끝자락을 만졌다고 할 수 있을까. 혹은 불멸의 가장자리에 한 발을 잠시, 자신도 모르게, 내디뎠다고 말할 수 있을까. 아니 그렇게 말해도 좋은 것일까.

지금까지의 논의를 다음과 같이 요약할 수 있을 것이다.
첫째, 선하게 행하는 것이 바른 것이다.

둘째, 선하고 바른 것이 아름답다.

셋째, 아름다움이 행복을 가져다준다.

우리는 선하고 바른 가운데 스스로 아름다울 수 있다. 왜냐하면 그것은 이미 나의 올바름을 넘어 너와 우리의 올바름에 닿아 있기 때문이다. 그래서 아름다운 것이다. 참된 아름다움은 개인적 올바름과 사회적 올바름이 만날 때, 서로 만나서 이 둘이 하나가 될 때, 비로소 얻어진다. 이렇게 얻어진 아름다움은 그 자체로 닫힌 행복이 아니라 열린 행복, 즉 공적 행복이다. 고귀한 정신(ein edler Geist)이란 자기만 자유로운 데 만족하는 것이 아니라 자기 주변의 다른 모든 것을 자유롭게 만든다고 실러는 썼다. 참된 아름다움은 이념(일반성)만으로서의 자유가 아니라, 또 자기자신(개별성)만의 자유가 아니라, 자기의 개별적 자유가 보편적으로 구현된 확대된 자유이고, 이 확대된 자유는 개별적 현상 속에서의 보편적 이념을 구현한다.

심미적 자유란 감각의 상태에 머무는 것이 아니라 사유이자 행동으로 전환된 상태다. 그래서 그것은 나 속에서 나를 넘어선 차원─공적으로 확장된 형태를 띤다. 그리하여 공적으로 행복한 사회의 구성원은 이미 개별적으로도 건전할 것이다. 개체적 존재는 확장된 행복 아래 일반적 존재와 하나로 만난다. 그래서 그것은 "경탄할 만한 길"이 된다.

심미적 자유란 감각의 상태에 머무는 것이 아니라 사유와 행동으로 전환된 상태다

"경탄할 만한 길"

개인의 행복과 사회적 행복이 일치하는 상태─개인적 삶의 영위가 곧바로 사회적 합리성을 키우는 그런 길이 인간의 삶에 없는 것일까? 그에 대한 더 구체적인 설명이 없을까? 이것은 플라톤의 《편지들》, 그 가운데 진품으로 널리 인정받는 〈일곱 번째 편지〉에 잘 나타나지 않는가 나는 생각한다.[55] 이것은 앞의 논의를 다시 한 번, 그러나 조금 다른 각도에서 해명하는 글이 될 것이다.

개인의 행복과 사회적 행복이 일치하는 삶의 길

1) 나는 여러분에게 조언하고 싶습니다.… 우선 스스로 가능한 한 넓게 힘을 가질 수 있도록, 그래서 믿을 만한 친구와 동지들을 얻을 수 있도록 매일의 삶을 살아가도록 조언하고 싶습니다. (331d-e)

2) 만일 그가 이제 경청할 줄 알고 진정 지혜를 사랑하며 (philosophisch), 신적으로 은총받아 일을 잘 처리하고 이 일에 적합한 사람이라면, 그는 어떤 경탄스런 길로 들어서 이젠 자기 힘을 모아야 한다고 믿을 것입니다. 왜냐하면 그가 다르게 살 수 없기 때문입니다. 그런 다음 그는 그 길에서 자기 힘을 인도자의 힘과 합쳐 계속 이어가, 결국 그 모든 것을 완수하거나 인도자 없이 자기 스스로 그 길을 지시할 수 있는 능력을 얻게 될 것입니다. (340c)

---

55 Platon, *Briefe*, 5Bd. in) Platon, Werke in 8 Bde. Hrsg. c. Gunther Eigler, Darmstadt 1981 ; 플라톤, 《편지들》, 강철웅/김주일/이정호 역, 이제이북스, 2009년. 이하 본문 안에 행 번호를 표기. 원문에 없는 쉼표를 넣었고, 독어판을 참고하여 번역을 부분적으로 고쳤다.

3) 그가 자기의 일상생활을 좋은 방식에 따라 꾸려가거나, 혹은 전달된 물음에서 조언자를 잘 따르는 것처럼 보인다면, 나는 기꺼이 그에게 조언합니다. 단지 내가 쉬려고 일처리를 하진 않습니다. 그러나 누군가 내게 전혀 조언을 구하지 않거나, 조언해도 결코 받아들이지 않는 게 분명하다면, 나는 그 사람에게 자청해서 조언하진 않습니다. 나는 누구도 강제로 힘을 써서, 그가 내 아들일지라도, 조언하지 않을 것입니다. 그러나 노예에게는, 그가 원하지 않아도, 힘써서 조언할 것입니다. 하지만 아버지나 어머니에 대해서는, 아파서 정신이 온전치 않다고 해도, 강제로 조언하는 것은 불경스럽다고 난 생각합니다. (331b-c)

인용한 구절의 주된 내용을 순서대로 적자면 이렇게 될 것이다. 이 내용은 줄이자면 '경탄할 만한 삶의 길이란 무엇인가?'쯤 된다.

첫째, 경탄할 만한 삶의 길이란 무엇인가?

둘째, 그것은 "스스로 가능한 한 힘을 가질 수 있도록 하"는 것이다. 그래서 "매일의 삶을 살아가도록" 애쓰는 데 있다. 제 길을 가지 못한다면, 《시경》 삼백 편 공부가 무슨 소용일 것인가? 고려 말의 문장가인 이규보도 900년 전에 이미 이렇게 썼다.

셋째, 스스로 자기주인이 된다는 것은 "독립해서 스스로 자신을 인도할 수 있는 능력을 갖추"게 된다는 뜻이다.

넷째, 삶의 자기인도야말로 지혜이고, "지혜를 사랑"하는 일이다.

다섯째, 주의해야 할 사실은, 이것이 아무리 지혜의 '좋은' 길이라고 해도 강제하지 않는다는 점이다. "나는 그 누구도 강제로 힘을 써서, 그가 내 아들일지라도, 조언하지 않을 것"이다. 선한 것에는 강제가 없기 때문이다. 모든 인위적인 것은 바람직하지 않다.

플라톤은 상대에 따라, 그가 노예인지 부모인지 아니면 자식인지에 따라, 다르게 조언한다. 그러나 이 말은 그가 눈치를 보거나 비위를 맞춘다는 뜻이 아니다. "단지 내가 쉬려고 일처리를 하진 않습니다." (그는 비위 맞추어 부모를 섬기는 것을 불경스럽다고 여겼다. (331c)) 조언이 필요한 사람에게 조언하고, 조언해도 부질없는 경우라면 조언하지 않는다. 또 필요한 조언도, 그 어떤 경우에서라도, 그것이 설령 옳다고 해도, 결코 강요하지 않는다. 이 같은 원칙을 그는 갖고 있다. 그러나 반대로 조언이 반드시 필요한 경우라면, 노예의 경우에서 보듯이, 그는 회피하지 않는다. 그러므로 플라톤이 견지하는 하나의 큰 원칙은 행동의 비강제성이자 자율성이라고 할 수 있다. 이 말은 상대의 선택적 자유를 존중한다는 뜻이고, 교육적 효과의 자연적 발생을 믿는다는 뜻이다. 이것은 당사자 자신의 무간섭주의를 의미한다. 사실 이것은 미숙한 청년이던 알키비아데스를 올바른 철학의 길로 인도하려는 《알키비아데스 1, 2》 전체의 권유적 청유적 성격에서 이미 확인되는 것이다.

그러나 이 지혜로운 길이 참으로 어려운 일임을 플라톤은 잘 알고 있었던 듯하다. 왜냐하면 그것은 영혼불사의 길이고 철학의 길이기 때문이다. 그래서 다음과 같이 썼을 것이다.

"큰 잘못이나 부정의를 저지르는 것보다 그것을 당하는 편이 더 작은 부끄러움이라고 간주해야 합니다. 탐욕스럽고 영혼이 빈약한 사람은 이런 말을 듣지 않을 것이고, 설령 듣는다고 해도, 그는 비웃을 수 있겠지요. 그는 마치 짐승처럼 먹거나 마실 수 있다고 생각하는 데서는 모두, 그리고 부당하게도 아프로디테라고 불리는 천박하고 품위 없는 쾌락을 충족시켜주리라고 여겨지는 곳에서는 어디서나, 아무런 부끄럼 없이 낚아챌 것입니다."(335b) 그러니 자리를 돌보지 않는 사람, 자기를 알려고 하지 않는 사람, 일상의 삶을 주인으로서 살려고 하지 않는 사람은 "짐승과도 같은" 사람이고, 영혼이 빈약한 사람이다. 그는 "자기들에게 만족을 가져다주는 것이라 생각되면, 그 어떤 것도 아무런 부끄럼 없이 모조리 낚아채려" 하기 때문이다.

경탄할 만한 삶을 살 수 있을까 하는 질문은 '지혜를 사랑할 수 있을까' 혹은 '스스로 주인되는 삶을 살아갈 수 있을까' 하는 물음과 같다

우리는 경탄할 만한 삶을 살 수 있을까? 그렇게 살아 삶의 놀라움을 체현할 수 있을까? 경탄할 만한 삶을 살 수 있을까라는 물음은 '지혜를 사랑할 수 있을까?', 혹은 '스스로 주인되는 삶을 살아갈 수 있을까?'라는 물음과 다르지 않다. 아니다. 적극적으로 말하자. 경탄할 만한 삶을 살 수 있는가라는 물음은 '영혼의 쇄신을 더해갈 수 있을까?'라는 물음과 같다.

과연 우리는 영혼을 부단히 돌보아서 더 선하고 더 정의로우며 더 아름다운 삶을 살아갈 수 있는가? 왜냐하면 영혼의 분발이야말로 더 행복한 삶으로 가는 경탄할 만한 길이기 때문이다. 그리고 그 길은 그 자체로 아름답다. 그런데 이 아름

심미적 경험 Ⅱ __예술의 자기형성술

다움에는 몇 가지 단계가 있다. 그래서 '사다리' 비유가 나온다.

아름다움의 사다리

이 놀라운 길에 대한 설명은 매우 중요하다. 왜냐하면 그것이 플라톤 철학의 한 핵심이면서, 내가 이 글에서 생각하려는 자아의 형성술과 관련하여, 의미 있는 성찰 자료가 되기 때문이다. 그것은 또 앞서 언급했던 소크라테스와 알키비아데스 사이의 대화를 다시 고찰, 요약하는 일이기도 하다. 이제 플라톤 사유의 최고 비의(秘儀)로 일컬어지는 '에로스(사랑)의 사다리론'을 들여다보자.

첫째, 몸의 사랑에서 신의 사랑까지

여기에서 사랑은 여러 단계를 거친다. (209e-212a)

① 사랑의 첫 단계는 특정한 몸의 아름다움을 사랑하는 것이다.

② 둘째 단계의 사랑은 개별적 몸의 아름다움이 다른 개체의 몸에도 있다는 것, 그래서 아름다움이란 어느 몸에나 있는 것이라는 점을 깨닫는 일이다. 그것은 아름다운 몸의 일반에 대한 사랑이다.

③ 셋째 단계의 사랑은 더 이상 몸의 차원에 머물지 않는다. 그것은 몸의 차원을 지나 영혼의 아름다움으로 옮아가고, 그래서 영혼적 미를 추구한다. 이 사랑은 몸의 아름다움만이 아니라 행실과 법의 아름다움을 추구한다.

④ 넷째 단계의 사랑은 행동이 아니라 앎의 아름다움을 추구한다. 그래서 아름다움을 배우는 공부―아름다운 배움이 시작되는 것이다. 이때부터 아름다움은 추상화되고 일반화되면서 더 넓어진다. 말하자면 아름다움의 바다로 들어서는 것이다. 이 아름다움의 바다에서 우리는 아름다움 자체를 사랑하게 된다. 아름다움 이외의 것이 아니라 아름다움 속에서, 바로 이 아름다움으로 세상의 전체를 사랑하게 되는 것이다. 이 드넓고 깊은 미에 비하면 그 이전의 아름다움에 머물러 있는 것은 "나쁘고 편협한(schlecht und kleingeistig)" 것이다. (210d)[56] 그것은 특정한 방식으로 제한되어 있기 때문이다.

하나의 아름다움에 흡족하여 이를 종자(從者)처럼 떠받드는 것은 바람직하지 않다. 한정된 것은 아름답지 못한 까닭이다. 미는 한정되지 않은 드넓은 곳에서 하나로 만난다. 그것은 불변하고 영속적이며 단일하고 신적이다. 이런 설명 뒤에 플라톤은 이렇게 다시 요약한다.

> 단계적으로 (마치 사다리를 이용하는 것처럼: 역자 첨가) 그는 하나에서부터 둘로, 둘에서부터 모든 아름다운 형태로, 그리고 아름다운 형태로부터 아름다운 행실(Sitten)과 행동으로, 그리고 아름다운 행실로부터 아름다운 앎으로, 그래서 결국 이 앎으로부터 다름 아닌 저 아름다운 것 자체에 대한 앎인 인식에 도달하게 됩니다.

---

56 Platon, *Das Gastmahl*, a. a. O., S. 347.

심미적 경험 Ⅱ __ 예술의 자기형성술

그렇게 되면 그는 마침내 아름다움 자체를 알게 됩니다.

그리고 삶의 바로 이 자리에서, 친애하는 소크라테스… 만약 그런 곳이 있다면, 아름다움 자체를 바라보는 이곳에서 비로소 살만한 가치가 있을 것입니다. 당신이 그걸 쳐다본다면, 당신은 이것을 값비싼 도구나 보석 혹은 아름다운 소년이나 젊은이와 비교하진 않을 겁니다. (211d)

이 드넓어진 사랑—아름다움의 바다에서 우리는 오직 아름다움 그 자체를 사랑하게 된다. 말하자면 어떤 사람이나 장소에 구애되거나, 외양이나 관계나 관점이나 시간에 의해 휘둘리지 않는 상태에 이른다. 그 불변의 상태에서 보편적 미는 자리한다. 이 불변적 상태에서 우리는 보편적 미와 만난다. 이 미는 절대적이고 영원하다. 그래서 죽지 않는다. 그 점에서 그것은 신적 불멸성의 구현이기도 하다. 아름다움의 바다

지금까지의 논의에서 드러나듯이, 참된 에로스의 관계는 타자성과의 관계다. 진실한 에로스는 자기 속에서 자기를 넘어 타자로 나아갈 때, 그래서 이미 있는 것들 위에서 아직 있지 않은 것들과 관계하고, 알려진 것을 넘어 알려지지 않은 것들에 이르며, 현존 속에서 그 초월을 지향하는 데 있다. 그것은 근본적으로 하나의 움직임—기존의 질서를 고수하는 것이 아니라 그와는 다른 질서를 갈망하는 선의의 움직임이다. (이 움직임을 내재성으로부터 초월로의 무상적(無償的) 이동, 혹은 존재론으로부터 윤리학으로의 성스러운 이동으로 파악한 철학자는 레비나스였다. 이 움직임은 여하한의 이해관계를 떠나 있기에 '무상적'이고, 그 때문

에 사랑과 관용의 토대로서 '성스러울' 수 있다고 그는 생각했다.)

참된 아름다움은 타자에의 무상적 지향 속에서 불멸한다. 이 불멸의 아름다움과 만날 때, 사람의 삶은 "비로소 살만한 가치가 있"게 된다. 인간의 삶이 살만한 것은, 그것이 단순히 이 신적 불멸을 나타내기 때문이 아니라, 여하한의 보상을 넘어서는 헌신이 그 삶에 담겨 있기 때문이다. 인간의 삶은, 그것이 타자적 헌신으로 나아갈 때, 마침내 아름다울 수 있다. 플라톤적 에로스의 궁극적 목표는 신적 아름다움의 차원으로 나아가지만, 그리고 그의 이데아란 이 신적 차원에 다름 아니지만, 우리는 에로스의 움직임을 땅 위에서, 현세적으로, 그리고 타자와의 관계 속에서 재정립할 필요가 있다.

둘째, 참된 사랑은 불사(不死)에 대한 사랑

에로스의 사다리론이 낮은 사랑에서 높은 사랑에 이르는 일정한 단계를 보여준다면, 다음의 글은 에로스의 역할을 보여준다. 그것은 두 가지 점을 강조한다. 첫째, 무엇인가 낳는다는 것이고, 둘째, 불사의 것과 관계한다는 것이다.

'왜냐하면, 오. 소크라테스여, 사랑은, 당신이 생각하는 것처럼, 아름다운 것에 대한 일이 아니네.'

'그렇다면 무엇에 대한 겁니까?'

'아름다운 것 속에서 출산하고 생산하는 일에 대한 것이라네.'

'그럴지도 모르지요.' 내가 말했다.

'분명히 그렇네.' 그가 말했다.

심미적 경험 II __예술의 자기형성술

'그럼 사랑이 왜 낳음에 대한 것일까요?'

'낳음은 죽을 수 있는 자에게 곧 영원한 것이고 불사적(不死的)
인 것이기 때문이네.… 따라서 이 이야기에 따르면 사랑은 필연적
으로 불사성(不死性)으로 나아간다네.' (206e-207a)

플라톤의 사랑은 무엇인가 낳는다. 혹은 낳게 한다. 그것은
무엇인가를 낳아 여기 이 자리에 있게 한다. 그렇다고 그것이
아무것이나 낳는 것은 아니다. 그것은 어떤 의미 있는 것, 있
음으로써 좋은 역할과 기능을 할 수 있는 대상을 있게 한다.
그 좋은 대상이란, 그의 맥락에서 보면, 지혜로운 것이다.

그러므로 플라톤의 사랑은 지혜로운 것을 이 자리에 있게
한다. 그렇다는 것은, 사랑이 아무렇게나 행해지는 것이 아
니라 일정하게 제어되고 제한됨을 뜻한다. 즉 플라톤의 사랑
은 제어된 사랑이다. 쾌락과 욕망은 사랑에 의해 적절하게 제
어되면서 비로소 온전한 형태를 띤다. 사랑은 절제를 통해 제
자신의 올바른 모습을 얻는다. 이 온전한 욕망 혹은 제어된
쾌락이 참된 사랑인 것이다. 이 사랑 속에서 우리는 스스로
아름다움을 낳으면서 다른 사람 역시 이 아름다움을 낳도록
유도한다. 오직 사랑만 그렇다. 오직 참된 사랑만이 스스로
아름다운 가운데 타인을 아름답게 한다.

이렇듯이 플라톤의 사랑은 여러 단계를 거듭하면서 가장
낮은 차원에서부터 가장 높은 차원에까지 걸쳐 있다. 가장 낮
은 차원이 개별적 몸의 사랑이라면, 가장 높은 차원은 신과
불사(不死)와 영원과 영혼에 대한 사랑이다. 사랑은 아름다움

을 낳고, 이 아름다운 것을 통해 우리는 불사와 불멸을 꿈꾸는 것이다. 참된 사랑은 불멸에 대한 사랑인 것이다. 그리고 불멸이기에 그것은 또 아름다울 수 있다.

지금까지의 논의를 나는 이렇게 정리하고 싶다.

플라톤의 에로스론은 네 가지 특징을 지닌다.

첫째, 사랑에는 단계가 있다. 혹은 사랑은 절차적으로 구성된다. 혹은 사랑은 되돌아가는 것이 아니라 나아가는 것이고, 멈춰 있는 것이 아니라 전진하는 것이다.

둘째, 사랑은 무엇인가를 낳는다. 사랑은 무엇보다 아름다움을 낳는다.

셋째, 사랑은 보이는 어떤 물건이나 사람의 육체에만 해당하지 않는다. 참된 사랑은 보이지 않는 것─영혼의 자식을 사랑하는 것이다. 분별이나 지혜, 절제나 정의는 이런 자식들의 몇 가지 이름이다. 영혼에 대한 사랑은 신적 사랑으로 나아간다. 그것은 드넓은 사랑이고, 사랑의 바다이고, 나아가 바다 같은 넓은 지혜를 사랑하는 것이다. 그래서 이 사랑 속에서 우리는 인간 사이의 평화와 바다의 잔잔함 그리고 바람의 안식을 얻을 수 있고, 근심 속에서도 잠들 수 있는 것이다. 불멸에 대한 사랑이야말로 참된 사랑이고 신적 사랑인 것이다.

넷째, 그렇듯이 불멸에 대한 사랑 속에서 우리는 참된 아름다움을 산출한다. 또 참된 미를 산출할 때, 우리는 이미 지혜롭다고 할 수 있을 것이다.

그러나 더 중요한 사실은, 이 사랑의 기술이 곧 자기를 다독이는 자기돌봄의 한 기술이라는 사실이다. 이러한 사실은, 소크라테스가 제자 디오티마로 하여금 에로스의 도움을 받아 불사로 나아가길 권유한다는 점에서, 《향연》의 근본적 문제의식과 어긋나지 않는다. 즉 《향연》의 에로스론은 《알키비아데스 1, 2》에서 논의되는 자기앎/자기돌봄의 의미론적 맥락 아래서도 이해될 수 있다. 그리고 그 중심에는, 다시 한 번 확인하건대, 자기돌봄을 통한 삶의 형성술이 있다. 이 점은 강조되어야 한다. 결국 사랑의 사다리를 타고 올라가는 것, 그래서 아름다움을 낳고 불사와 불멸의 사랑을 꿈꾸는 것은 사랑의 능력과 용기를 배우기 위해서다. 왜 배우는 것인가? 그것은 자기를 돌보기 위해서다. 더 정확히 말하여, 자기사랑이 타자와의 관계에서 출발점이 되기 때문이다. 그렇다면 에로스란 결국 제3자에 대한 공감과 책임을 익히기 위한 자기돌봄의 사랑법이다.

아름다움은 이렇게 주체가 돌보고 사랑해야 할 대상이다. 그것은 주체가 단순히 자신의 이기(利己)를 위해서가 아니라, 자기의 타자적 심화와 확대를 위해 다독거려야 할 대상인 것이다. 영혼이 불멸하길 원한다면, 우리는 자기자신을 돌보듯이 아름다움의 사다리를 타고 올라가야 하고, 에로스의 움직이는 관계항, 이 사랑의 변증법을 성찰해야 한다.

그러므로 사랑한다는 것은 아름다움을 배우고 아름다움을 돌보며 아름다움을 낳는 것이다. 사랑할 때, 사랑하고 있을 때, 우리는 깊은 의미에서 아름다움에 의지하여 자기의 현존

플라톤이 말한 이 모든 사랑의 기술은 곧 자기자신을 다독이는 자기돌봄의 기술이다

사랑한다는 것은 아름다움을 배우고 아름다움을 돌보며 아름다움을 낳는 것

적 미래적 삶을 돌보고 키우며 변화시킨다. 거꾸로 아름다움을 돌볼 때, 우리는 자기의 삶을 타자적 조건 속에서 사랑하는 것이다. 그래서 플라톤은 "인간에게 삶이 살 가치가 있는 건" "아름다움 바로 그것 자체를 바라보면서 살 때"라고 썼는지도 모른다.

참된 사랑은 불멸에의 사랑이다. 아니 사랑 자체가 아니라 이 사랑을 향한, 이 사랑 속에서 부단히 행해지는 불멸에의 초월적 움직임이다. 이 사랑은 아름답고 성스러우며, 바로 그 때문에 사랑 속에서 우리는 세계의 전체와 공감할 수 있다. 이 전체 세계와의 아무것도 바라지 않는 공감과 헌신, 바로 여기에 깊은 행복은 자리한다. 사랑은 아름다운 삶의 행복한 조직술이다. 혹은 아름다움은 삶을 사랑하는 즐거운 기술이다.

아리스토텔레스, 성격과 습관의 실천문제 3장

앞에서 나는 푸코와 관련하여 '자기배려'의 방식이 어떻게 나타나는지, 그리고 플라톤과 관련하여 자기에 대한 앎이 어떻게 타인에 대한 앎과 이어지고, 영혼에 대한 사랑을 통해 진선미 속에서 마침내 어떻게 신적 불멸에 대한 사랑으로 이어지는지 살펴보았다.

푸코에게 자기배려의 방식이 '자기자신에 대한 주체의 관계를 어떻게 버무려내는가'에 달려 있다면, 플라톤에게 사랑의 방식은 단순히 자기자신에 머무는 것이 아니라 타인에 이어져 있고, 타인에의 사랑은 자기의 영혼까지 사랑하는 일로 나아가고, 이 영혼의 사랑 속에서 신과 불사(不死)에 대한 사랑으로까지 연결된다는 것을─이것이 바로 '에로스의 사다리다'─살펴보았다. 플라톤적 사랑은, 다시 푸코적 맥락에서 보면, '배려의 배려'를 통한 현존의 초월과 비슷하다고 할 수 있다. 배려의 배려 속에서 주체는 자기와의 관계를 변형시키는 가운데 자기를 넘어 세계의 전체로 나아가기 때문이다. 그리고 이 모두는, 그것이 플라톤적 불멸에의 사랑이건 푸코적 배려의 배려이건, 자기를 키우는 가운데 좀 더 높은 진선미의 상태로 나아가는 자기형성의 방식이라는 점에서, 서로 만난다.

그렇다면 이러한 자기형성은 인간의 어디에서 만들어지는가? 그것은 감각에서인가, 이성에서인가? 아니면 이 둘이 합쳐진 것으로서의 마음에서인가? 어떻게 살아가는 것이 주체의 바른 형성적 삶일 수 있는가? 이 물음은, 우리가 아리스토텔레스의《니코마코스 윤리학》을 참조할 때, 좀 더 생생하게 답변될 수 있지 않나 여겨진다. 왜냐하면 아리스토텔레스에게 형성은 무엇보다 '선의 실천'에, 더 구체적으로 말하여 '성격(character)의 배양'에 있기 때문이다. 이때 성격(ethikos)은 감각과 이성을 아우르는 것으로서의 '윤리적 품성'을 뜻한다. 그는 선을 규범적 차원에서보다는─이런 면도 없지 않지만─, 개별적 차원에서 어떻게 행할 수 있는가라는 관점 아래 탐색한다. '도덕적 덕(moral virtue)' 혹은 '성격적 덕'의 문제는 이렇게 해서 나온다.

선의 이 지극히 일상적인 방식을 몇 가지로 요약할 수는 없는가? 그래서 앞서 푸코나 플라톤과 관련하여 언급한 자기형성의 방법을 더 구체적으로 모색할 수 없는가? 아리스토텔레스의《니코마코스 윤리학》은 말할 것도 없이 정치학과 윤리학, 수사학과 논리학, 형이상학과 자연철학 그리고 정신의 문

아리스토텔레스에게 자기형성은 '선의 실천'에, 더 구체적으로는 '성격의 배양'에 있다

아리스토텔레스(기원전 384~322)
'각자가 선을 바라는 것은 무엇보다 자기자신을 위한 일' 이라고 아리스토텔레스는 썼다.
그는 놀랍도록 실질적으로 또 정밀하게 사고한 사람이다.
선은 타인을 위한 것이면서 궁극적으로는 자기 삶의 평화를 위한 것이다.

제에 이르기까지 광범위한 주제를 담고 있지만, 이 글에서 나는 '선의 실천'이라는 한 가지 주제에만 집중하려 한다. 더 정확히 말하여, '선하기 위해 성격은 어떻게 개선되어야 하는가'라는 문제에 초점을 맞추려 한다.[57] 왜냐하면 '성격의 개선'이야말로 인간 변화에서의 핵심이고, 예술적 심미적 경험의 주된 잠재력이며, 나아가 인문학의 한 궁극적 존재의의에 닿아 있기 때문이다.

그러나 선과 성격의 문제에 집중한다고 해도 아리스토텔레스 윤리학에 대한 전체 스케치는 필요하다. 그것이 1절 〈선의 실천〉이다. 2절에서는 성격의 문제를 '도덕적 덕'과의 관련성 아래 면밀하게 살펴볼 것이다. 이런 논의를 토대로 3절에서는 선하기 위해 취할 수 있는 가장 구체적이고 일상적인 행동방식을 다섯 가지로 적어보았다. 4절은 이 같은 행동을 다른 누구가 아닌 '나'로부터 시작하고, 이 즐거운 선행 속에서 관조를 통해 스스로 행복해보자는 논의이다. 그리고 5절은 결론이다.

---

57 얼마 전에 나는 아리스토텔레스의 《니코마코스 윤리학》에 들어 있는 몇 가지 생각을, 고야의 판화 연작 《변덕》을 해석하면서 '성격의 진전'이라는 관점 아래, 해석한 일이 있다. (문광훈, 〈예술경험과 '좋은' 삶－고야, 나, 아리스토텔레스〉, 네이버 문화강좌 2014년 3월 22일 발표, http://openlectures. naver.com에 강연 원고와 동영상 있음.) 왜냐하면 심미적 경험은 성격의 비강제적 자발적 개선을 통해 삶을 고양시켜주기 때문이다.

선의 실천

우리가 탐구하는 이유는 덕이 무엇인지 알기 위해서가 아니라,
선해지기 위해서다.

_ 아리스토텔레스, 《니코마코스 윤리학》(2권 2장)

아리스토텔레스의 《니코마코스 윤리학》은, 잘 알려져 있듯
이, 그의 《정치학》과 따로 있는 것이 아니라 그 일부로 자리
한다. 그의 《정치학》이 좋은 공동체 혹은 국가란 어떻게 가능
한가를 다룬 것이라면, 그의 윤리학은 이 좋은 국가를 위해
개인은 어떻게 행동할 것인가를 다룬 것이다. 정치학이든 윤
리학이든, 두 저작은 모두 '좋은 공동체와 좋은 개인은 어떻
게 가능한가'라는 동일한 목적을 추구한다. 그러는 한 좋은
개인을 위한 '선'의 윤리적 실천은 공동체/사회라는 정치적
조건에 제약된다. 윤리학의 논의는, 적어도 이것이 《니코마
코스 윤리학》에 대한 해석인 한, 정치적 배경과 공동체적 틀
을 동시에 고려해야 한다는 것을 뜻한다.

이 점을 염두에 두면서도 나는 동시에 아리스토텔레스 윤
리학의 미시적 세부─성격과 실천과 습관의 문제에 집중하
려 한다. 말하자면 '지적 덕(intellectual virtue)'이 아니라, '도덕
적 덕'이 어떻게 가능한가가 내 논의의 중심에 있다. 하지만
아리스토텔레스 윤리학의 전체 지형도 알아야 한다. 이 지형
은 내가 보기에 '선'과 '행복' 그리고 '중용'이라는 세 가지
개념으로 파악될 수 있지 않나 여겨진다.

지적인 덕이 아니라
도덕적인 덕이 어떻
게 가능한가

(1) '이룰 수 있는' 선 - 정치의 목표

아리스토텔레스는《니코마코스 윤리학》의 1권 1장의 첫 문장을 다음과 같이 시작한다. "모든 기술과 모든 탐구, 그리고 모든 행동과 선택은 어떤 선(good)을 겨냥하는 것으로 여겨진다. 이런 이유에서 선은 모든 것이 겨냥하는 것으로 옳게 선언되어 왔다."[58] 그리고 이 선이 무엇이고 무엇의 대상인지 규정하는 것이 정치학이라고 언급한다. 그러니까 정치학은 인간적 선의 과학이요 학문인 것이다. 이 점에서 정치학은 아리스토텔레스에게 윤리학과 기능적으로 겹친다고 볼 수 있다.

그런데 아리스토텔레스가 설정한 정치학의 목표는 단순히 선이 무엇인지, 선의 대상이 어느 것이어야 하는지에 머무르지 않는다. 만약 그렇다면 그의 정치학 이해는 개념적 논증적 차원에 머무르게 된다. 그는 이보다 훨씬 실제적이다. 정치학은 선의 개념적 규정이 아니라 그 실현 – '달성하고 획득하고 이룰 수 있는(attainable)' 선의 문제를 더 중시하기 때문이다.

아리스토텔레스에게 정치학의 목적은 "지식이 아니라 행동"이다. (1095a 6) 그러니까 아리스토텔레스는 개념적 허구적 추상적 선이 아니라, 실행할 수 있고 획득할 수 있으며 실천할 수 있는 선을 희구했다. 이 선은 '기능(function)' 속에 있다고 그는 보았다. (1097b 26) 나아가 선을 개인적으로 실현하는

---

58 Aristotle, David Ross(trans.), *The Nicomachean Ethics*, Oxford Univ. Press, 2009, p. 3, 1194a 1~3; 아리스토텔레스,《니코마코스 윤리학》, 최명관 역, 서광사, 1984년. 이하 행 번호는 본문 안에 표기. 번역문은 부분적으로 고쳤다.

것도 가치 있는 일이지만, "한 국가(a nation)나 도시국가를 위해 추구하는 것은 더 훌륭하고 더 신적(godlike)이다"라고 그는 말한다.(1094b 9~10) 그러니까 아리스토텔레스 윤리학은 선의 추구에서 개인적 차원을 무시하진 않지만, 그러나 그는 개인보다는 국가 공동체를 더 중시한 것이다.

(2) 행복의 자기충족성

모든 지식과 행동이 선을 추구한다면, 또 정치학이 겨냥하는 것도 선이라고 한다면, 선이란 무엇인가? 여기에 대한 대답은 한 가지로 수렴되는 것으로 보인다. 즉 모든 행동과 지식의 목표는 '행복'이라는 것이다. 행복은 "행동으로 달성할 수 있는 모든 선 가운데 최고의 것"이다.(1095a) 그렇다면 행복은 무엇인가?

행복에도 여러 가지가 있다. 사람들은 대체로 '잘 먹고 잘 사는 것'을 행복으로 여긴다. 또 어떤 사람들은, 흔히 그러하듯이, 돈이나 명예, 권력이나 쾌락을 행복이라 여기기도 한다. 그래서 병든 자들은 건강을 행복으로 여기고, 가난한 자들은 부를 행복으로 여긴다. 이런 면도 분명 중요할 것이다. 아리스토텔레스는 좋은 집안에 태어나거나 좋은 자식을 두거나 준수한 외모를 가진 것에도 행복의 요소가 있음을 인정한다. 그가 '덕 있는 인간'을 상정할 때, 이때의 '인간'이란 모든 인간이 아니라, 훌륭한 가문에서 훌륭한 교육을 받은, 그 때문에 생계 걱정을 하지 않아도 되는 '시민계급의 성년 남자'를 뜻했다. 타고난 운명이나 신의 섭리는 그 당시 대다

수 사람들에게 그랬듯이, 그에게도 사소한 점이 결코 아니었다.

그런데 아리스토텔레스가 파악한 행복은 무엇보다 그 자체로 선택되는 것이다. 그는 이렇게 쓴다. "행복은 어떤 최종적이고 자족적인 것이며, 그 때문에 행동의 목적이다."(1097b 20~21) "행복에는 어떤 것도 결여되어 있지 않고, 그것은 자기충족적이다.(1176b 5) 행복은 다른 목적이 아니라 그 자체로 좋아서, 그 자체로 흡족해서 행해지는 것이다. 행복의 이런 자족성은, 명예가 정치적 생활의 목적이 되고, 쾌락이 향락적 삶의 목표가 된다는 점에서, 다르다. 그러니까 행복은 행복 그 자체를 위해 존재한다. 이러한 사실은, 행복이 선의 궁극적인 형태인 만큼, 선에도 해당한다. 참다운 선은 자족적인 것이다. 그러나 이때의 '자족적'이란, 이 점이 중요한데, 자폐적이란 뜻이 아니다.

궁극적 선은 자족적인 것으로 여겨진다. 여기에서 자족적이라는 것은 한 개인에게, 즉 고립된 삶을 사는 사람에게 충분하다는 뜻이 아니다. 그것은 부모와 아이들과 아내에게도, 그리고 일반적으로 그의 친구들이나 동료 시민들에게도 충분하다는 것을 뜻한다. 인간은 정치적 존재(zoon politikon)로 태어났기 때문이다. (1097b 8~11)

그러니까 아리스토텔레스에게 '자족성'이란 개별적으로 고립된 폐쇄성을 뜻하지 않는다. 그것은 어떤 개별자와 이 개별자가 관계하는 여러 타자에게, 예를 들어 "부모나 아이들과 아내" 그리고 "그의 친구들이나 동료 시민들"이 보여주듯이, 열려 있다. 그러는 한 그것은 사회적이고 정치적이라고 할 수 있다. 이 점에서 우리는 '자족적인 것의 사회성'을 말할 수 있다.

참된 행복은 자족적이면서 동시에 사회적이다. 참된 선도 그렇다. 선은 그 자체로 자족적이면서 사회적이다. 행복한 자는 외부로부터 무엇인가를 요구하지 않고 그 자체로 즐기므로, 선한 일은 그에게 선한 것이 되고 즐거운 것이 된다. 그에 반해 대부분의 사람들은 특정 쾌락을 목적으로 추구하기에 이 쾌락은 다른 쾌락들과 상치될 수 있다. 그래서 그 자체로 즐거운 일이 되기 어렵다. 하지만 선한 일을 하는 자에게 "행복은 세상에서 가장 좋고 고귀하며 가장 즐거운 일"이다. (1099a 24-25) 그러니만큼 행복은 "인간들 가운데서도 가장 신과 유사한 존재"에게 일어난다. (1101b 25)

참된 행복은 자족적이면서 동시에 사회적이다

(3) 중용 – '이름 없는' 균형

아리스토텔레스의 덕은, 거두절미하면, '중용(mesotēs/meson/mean)'에서 온다. 중용이란 무엇인가? 중용을 위한 행동의 기준은 무엇인가? 메소테스(중용)는, 로스(D. Ross)의 해설에 기대면, "적합하고(appropriate) 적절한(propotionate) 것과 밀접하게 관련되어 있다."[59] 즉 '형편과 처지 혹은 사안과 경

---

59 Lesley Brown, Explanatory Notes, in) Aristotle, *The Nicomachean Ethics*, ibid., p. 213.

우에 따라' 이뤄져야 한다. 이것은 그가 개별적 사안을 중시한다는 사실을 뜻한다. 그렇다는 것은, 플라톤이 《공화국》에서 선의 기초로서, 나아가 만물의 기초로서 '이데아'나 '형상'을 설정하듯이, 또 칸트가 의무론적 도덕규범을 설정할 때 그러하듯이, 어떤 보편적 선을 상정하지 않는다는 것이다. 그는 그때그때 상황의 구체적 처지를 중시하는 것이다.

선 개념에서의 개별적 상황에 대한 아리스토텔레스의 강조는, 분노와 관련한 어떤 대목을 떠올리면, 분명하게 이해할 수 있다. 그는 우리가 화를 낼 때, 화낼 일이나 때, 사람과 시간에 있어서의 '적당함'을 권유한다. (1125b 32~34) 이것은, '절제'라는 덕목과 관련하여 다시 해석해보면, "적당하게 그리고 마땅히 해야 하는 대로, 욕구하는"것이고, 그래서 "다른 즐거운 일이 이러한 목적에 방해가 되지 않고 고귀한 것에 대립하지 않으며, 그의 중용을 넘어서지 않도록" 하는 일이다. (1119a 17~19) 또 다른 예를 들어보자. 지나치게 많이 운동해도 몸에 해롭지만, 운동하지 않아도 건강에는 좋지 않다. 적절한 운동은 그래서 건강의 중용이 된다. 마찬가지로 많이 먹거나 아예 먹지 않아도 건강을 해치기 때문에 적당한 식사는 건강의 덕목이 된다. 중용을 지킨다는 것은 지나치게 많은 것이나 지나치게 모자라는 것을 삼가서 과도와 부족 사이에 균형을 취하는 일이다. 하지만 이러한 정의가 꼭 설득력 있는 것은 아니다. 과도와 부족의 중간을 취한다고 해서 모든 게 꼭 좋지는 않기 때문이다. (도덕적 가치가 성향이나 혹은 욕구 같은 비이성적 요소에 의존하는 것이 아니라 '의무'에 따라 행해져야 한다고 칸

심미적 경험 II __예술의 자기형성술

트가 말한 것은 이런 모호함 때문이었을 것이다.)

아리스토텔레스가 중용에는 명칭이 없다고 적은 이유도 개별적 상황이 지닌 고유한 무게 때문이지 않았나 싶다. "중용에는 이름이 없기 때문에, 극단적인 것들은, 마치 그것이 아무것도 행해지지 않아 비어 있는 것처럼 그 자리를 차지하려고 싸우는 것으로 보인다. 하지만 과도와 부족이 있으므로 중간의 것도 있다." (1125b 18~19) 중용이 비어 있는 것이라면, 이 빈 자리는 무엇일까? 그러나 여기에 아무것도 없는 것은 아니다. 아리스토텔레스가 지적하듯이, "극단적인 것들이… 그 자리를 차지하려고 싸우고" 있는 한, 중용에는 갈등이 있다. 그러니까 중용의 빈 자리는 전적인 무 혹은 공허가 아니라, 상충하는 두 힘(혹은 여러 힘들) 사이의 일정한 그리고 잠정적인 균형에 가깝다. 중용을 구성하는 두 힘이란 무엇인가?

"중용에는 명칭이 없다" (아리스토텔레스)

나는 이 두 힘이 '이치(reason)'와 '활동(activity)'이 아닌가 생각한다. 중용에는 한편으로 이치가 있다. 혹은 이치를 '본성(nature)'이라고 불러도 좋을 것이다. 아리스토텔레스는 본성을 설명하기 위해 '돌'을 끌어들인다. 돌은, 그가 성격을 설명할 때 드러나듯이(2권 1장), '본성적으로' 아래로 움직인다. 중력의 법칙 때문이다. 중용을 유지하는 것도, 마치 돌이 아래로 떨어지듯이, 저절로 되게 할 필요가 있다는 것이다. 이 본성은 아리스토텔레스적 맥락에서는 '본능'이 아니라 당위적 이성적 원리에 가깝다. 이것은 더 간단히 말해 "이치에 따라 사는(live according to reason)" 것이다. (1119b 15) 본성에 따른 삶은 이치에 따른 삶이다. 그러면서 이 이성은 처음부터

이치(reason) 혹은 본성(nature)과 활동 (activity)

본성에 따른 삶은 이치에 따른 삶이다

정해져 있는 것이 아니라 행동으로 입증되어야 한다. 행동이 성격의 상태를 결정하기 때문이다. "옳은 행위를 함으로써 우리는 옳게 되고, 절제 있는 행위를 함으로서 절제하며, 용감한 행위를 함으로써 용감하게 된다."(1103b 1~2)

그러므로 아리스토텔레스의 중용이란 정태적 조화의 상태가 아니라, 대립되는 힘의 긴장과 그 경쟁 속에서 유지되는 일시적 균형상태다. 이 균형은 언제든 무너질 수 있고, 이 긴장은 어느 때고 폭발할 수도 있다. 아리스토텔레스적 중용이란 정적 균형이 아니라, 갈등의 에너지로 가득 찬 역동적 균형인 것이다. 그리하여 우리는 역동적 균형의 빈 자리를 염두에 둔 채로 분수에 따르되 고귀함에 거스르지 않아야 하고, 갈구해야 할 것을 갈구하되 그때그때의 처지와 형편을 잊지 않아야 한다. 그러면서 행동 속에서 자신의 진실을 검토해야 한다.

아리스토텔레스적 중용은 정적 균형이 아닌, 갈등의 에너지로 가득 찬 역동적 균형이다

성격이란 무엇인가?

아리스토텔레스 윤리학의 전체 풍경을 스케치했으니, 이제 그 세부에 집중하려 한다. 이 세부란 무엇인가? 그것은 한마디로 '성격'의 문제다. 더 넓게 말하면, 성격과 연관된 '품성과 습관과 행동과 태도'의 문제다. 중용의 원칙은 어떻게 견지될 수 있는가라는 물음은 곧 성격은 어떻게 되어야 하고, 품성은 어떻게 길러져야 하는가라는 물음과 다르지 않다. 그리하여 내 글의 문제의식은 '어떻게 좋은 습관을 만들 것인가', 혹은 '어떻게 도덕적 행동적 품성을 배양할 것인가'에 있다.

성격이 곧 좋은 품성이라면, 이 품성은 선천적으로 타고나는 것이 아니라, 또 후천적으로 갑작스레 주어지는 것이 아니라, 오랜 시일에 걸쳐 몸에 배어들어야 한다. 그래서 '습관'이 되어 행동 속에 절로 나타나야 한다. 이 성격의 문제는 사실 푸코와 관련하여 언급했던 '자기돌봄'이나, 플라톤이《향연》에서 언급한 '아름다움(Eros)의 사다리'론과 곧바로 이어진다. 왜냐하면 푸코적 자기돌봄이건, 플라톤의 에로스 단계이건, 이 모두는 삶의 고양을 위한 영육의 부단한 연마라는 하나의 점으로 수렴되기 때문이다. 단지 아리스토텔레스에게 선의 이 실천성은 그의 철학이 지닌 현실주의적 성격 때문에 더 구체적으로 서술되어 있다고 할 수 있다.

좋은 품성은 오랜 시일에 걸쳐 몸에 배어들어야 하는 것

아리스토텔레스는 이렇게 쓴다. "성격적 덕은 습관의 결과로서 나온다. 이 때문에 윤리/도덕(ēthikē)이라는 말은 에토스(ethos/습관)라는 말을 약간 고쳐 만든 것이다." (1103a 16~17) 그것은 삶의 태도다. 태도란 행동이면서 이 행동에 깃든 가치이기도 하다. 그래서 그것은 바른 행동이 되고 윤리적 실천이된다. 선한 행동은 이렇게 해서 나온다.

삶의 고양을 위한 몸과 마음의 부단한 연마

(1) 성격 개선은 선택의 문제

감정(pathos/passion)은, 우리가 욕망이나 분노, 질투와 기쁨의 감정에서 겪듯이, 반드시 스스로 원해서 갖는 것이 아니다. 그런 면도 있지만, 그보다는 '저절로 갖게 되는' 종류의 것이다. 예를 들어 두려움이나 불안을 느끼는 것은 '선택해서'가 아니다. 그것은 인간이라면 누구나가 가지고 있고, 또

겪는 것이다. 그래서 어쩔 수 없이, 말 그대로 '수동적으로 (passive)' 받아들인다. 그리하여 감정은 선택이 아닌 본능적 사항이다. 이에 반해 화를 참고 욕망을 억제하는 것은 각자에게 달려 있다. 그것은 그때그때 마음에 따라, 즉 정념과의 관계에서 주체가 어떻게 처신하느냐에 따라 다르게 나타날 수 있기 때문이다. 그리하여, 다른 한편 감정의 문제는 선택과 제어의 문제다.

아리스토텔레스가 설명하듯이, 공포와 관련하여 지나치게 두려워하면 겁쟁이가 되고, 지나치게 태연하면 무모한 이가 된다. 그러니까 용기는 겁 많은 자의 나약함과 무모한 자의 만용 사이에 있다. 그렇듯이 쾌락에서 지나치면 방탕이 되고, 모자라면 무감각이 된다. 따라서 절제는 방종과 무감각의 중용이다. 그렇듯이 돈의 씀씀이에서 지나치면 '방종' 혹은 '사치'가 되고, 모자라면 '인색'이 된다. 그 중간은 '호탕함/너그러움(liberality)'이 될 것이다. 또 명예에서 지나치면 '허영'이 되지만, 모자라면 '비굴함'이 될 것이다. 그 중간은? 아마도 '긍지'나 '자부심'이 될 것이다. 마찬가지로 분노에서 지나치면 '성미가 급한 자'가 될 것이고, 모자라면 '생각 없는 자'가 될 것이다. 분노와 무심함의 중간은 아마 온화함이 될 것이다.

그러므로 중용은 우리 스스로 '선택(prohairesis)'하는 것이고, 이 선택에는 '이성'이 작용한다. (프로하이레시스란 엄격하게 말하여 '합리적 선택'을 뜻한다.) 그래서 아리스토텔레스는 이렇게 적었다. "덕은 선택과 관련된 성격의 어떤 상태"이고, "우리

심미적 경험 II _ 예술의 자기형성술

와 관계되어 있는 중용이며", "이성에 의해 결정되는" 까닭에
이 "이성으로 실천적 지혜의 인간은 선택을 결정하게 된다."
(1106b 36~1107a 3)

덕의 문제에서 아리스토텔레스가 '선택'과 '이성에 의한
결정'을 강조한 것은 그만큼 덕의 주체가 지닌 자발성을 중시 덕의 주체가 지닌
자발성
했기 때문일 것이다. 인간의 삶은 자발적 선택에 따른 결과이
고, 바로 그 때문에 주체는 그 선택에 책임을 져야 한다. 아리
스토텔레스는《에우데모스 윤리학》에서 이렇게 적었다. "실
제로 우리 모두는 각자 스스로 자발적으로 그리고 자신의 선
택에 따라 행하는 것들에 책임을 지고, 비자발적으로 행하는
것들에 책임을 지지 않는 데 동의한다."[60] 그리하여 고귀한
삶은 "우연"이나 "자연"에 의해서가 아니라, "애써서 얻을 수 고귀한 삶은 "우연"
이나 "자연"에 의해
서가 아니라 "애써
서 얻을 수 있는
것"이다
있는 것"이다.[61] (푸코가《주체의 해석학》에서 되풀이하여 강조하는 것은
주체의 바로 이 자기형성적 노력이었다. 이것은 푸코의 말년 사상인 '실존
미학'의 핵심이 된다.) 중용이 고매한 가운데 아름다운 삶을 추구
하는 것이라면, 이 삶은 저절로 오는 것이 아니라 자발적 선
택과 자기책임의 기율 아래 획득되는 것이다.

---

60 Aristotle, *The Eudemian Ethics*, translated by Anthony Kenny, Oxford
Univ. Press, 2011, p. 24, 1223a, 16~18 ; 아리스토텔레스, 《에우데모스 윤
리학》, 송유레 역, 한길사, 2012년, 83쪽. 번역은 부분적으로 고쳤다.

61 원문을 번역하면 이렇다. "만약 고귀한 삶이 우연이나 자연(physis)의 과정
에서 나오는 무엇이라면, 그것은 많은 이들에게는 아무런 희망도 없을 것이
다. 고귀한 삶은 애써서(di' epimeleias) 얻을 수 있는 것도 아니고, 그것의
획득이 그들 자신에게 달린 것(to ep' autois)도 아닐 것이기 때문이다."
Aristotle, *The Eudemian Ethics*, ibid., 1215a 12~15 ; 《에우데모스 윤리
학》, 43쪽.

그렇다면 이 선택은 어떻게 이뤄지는가? 아리스토텔레스는 "올바른 때에, 올바른 대상과 관련하여, 올바른 사람들을 향하여, 올바른 동기에서, 그리고 올바른 방식으로 그것들(감정들: 필자 첨가)을 느끼는 것이 중간적이며 동시에 최선이며, 이것이 덕의 특성이다"라고 적는다. (1106b 20~23: 1109a 27~28) 그러니까 만나는 사람이나 그 대상이 적절해야 하고, 그 행동의 시기와 동기와 방법이 알맞아야 한다. 즉 '이치에 어긋나지 않아야' 한다. 그러면서 이 모든 행동은, 선이 그 자체를 위해 존재하는 것이니만큼, 자족적이어야 한다. 그리하여 너무 많은 것을 밖으로 내세워서도 안 되고, 자기의 정당성을 과도하게 자임해서도 안 된다. 정념의 이러한 균형상태를 견지할 때, 우리는 비굴함과 파렴치, 질투와 시기, 거만과 타락 같은 악덕을 피할 수 있다. 그래서 선하게 될 수 있다.

정념의 균형상태를 견지할 때 우리는 선하게 될 수 있다

그러나 이 상태를 유지한다는 것은 쉽지 않다. 모두가 분노할 때 분노를 억누르고, 누구나 날뛸 때 차분함을 견지하며, 누구나 탐할 때 탐욕을 절제하는 것은 얼마나 버거운 것인가? 그것은 이성에 힘입어 더 바른 것을 선택해야 한다는 뜻이고, 선택한다는 것은 선택되지 않는 것은 버려야 한다는 뜻이다. 그리고 이렇게 선택한 것을 믿고 견뎌야 하며, 이 선택한 것을 바탕으로 선택하지 못한 뭇의 이유까지 책임져야 한다. "선은 드물고, 그래서 칭찬할 만하며 고귀하다." (1109a 29)

(2) 자기가 누구인지 무엇을 하는지 알아야 한다

앞에서 우리는 성격적 덕이 선택의 문제이며, 이 선택은 바

른 성격에서 온다는 점을 살펴보았다. 그렇다면 우리는 스스로 하는 선택의 내용에 대해서, 그 대상과 방식에 대해 정확하게 알아야 한다. 하지만 그런 경우는 드물다. 악덕이 생기는 것은 그 때문이다. "모든 악한 사람은 그가 무엇을 해야 하고, 무엇을 삼가야 하는지 알지 못한다. 이런 종류의 잘못 때문에 그는 부당하고 일반적으로 악하게 된다."(1110b 28~30)

악덕은 무엇보다도 자기 하는 일의 대상과 목적 그리고 상황에 대한 무지에서 생겨난다. 하는 일의 성격과 그 대상 그리고 조건을 정확히 알고 있다면, 우리는 그 일을 바르게 행할 수 있다. 그래서 선택도 바를 수 있다. 이때 과도함과 모자람의 중용을 견지할 가능성은 크다. 바른 선택은 그 자체로 바른 성격을 드러내는 것이다. 예를 들어 올바르게 선택한다면, 이 선택은 지나치게 흥분하거나 지나치게 냉담함 사이에서 적절한 균형을 유지할 것이다. 분노하는 행동에서 바른 선택이 어려운 것도 그 때문이다. 그리하여 "어쨌거나 선택은", 아리스토텔레스가 정확히 지적했듯이, "자기의 힘이 미칠 수 있는 것에 대한 숙고된 욕구"이기 때문에(1113a 10), "이성과 사유를 포함한다."(1112a 17)

그리하여 인간의 과오는 많은 경우 지나치거나 모자라는 데서 온다고 할 수 있다. 과잉과 부족은 무엇보다 쾌락과 고통에서의 부족이다. 따라서 쾌락과 고통에서 적절성을 유지하면, 우리는 선할 수 있다. 또 사실상 그런 균형을 유지할 수도 있다. 덕이나 악은 우리자신의 힘에 달려 있기 때문이다. 지나치게 욕망하고 지나치게 감정적인 것은 바른 성품이 안

과오는 많은 경우 지나치거나 모자라는 데서 온다

되었다는 뜻이고, 그래서 훈련과 배움이 필요하다는 뜻이다. 그러므로 선은 이성적 갈망의 목표고 절제된 태도의 목적이다.

(3) 훈련과 배움

흥미롭게도 아리스토텔레스는 행복이 신의 섭리 때문에 생기는지, 아니면 학습이나 습관으로 얻어지는 것인지 물으면서 행복을 신의 섭리로 돌리기보다는, 그것이 "아주 널리 공유되는 것이기에" 비록 "가장 신적인 것"이긴 하지만, "덕의 결과로, 배움과 훈련의 어떤 과정으로", 그리고 "어떤 종류의 연구와 마음 씀(care)으로 얻어질 수 있다"고 적는다. (1099b 15~16, 20)

이런 점에서 보면, 아리스토텔레스는 행복을 특권층의 전유물로 보지도 않았고, 또 신적 은총의 산물로 간주하지도 않았다. 행복은 우연이 아니라, 또 신의 개입에 의해서가 아니라, "아주 일반적으로 공유되는 것"이라는 말에서 나타나듯이, 자발적 노력에 의해 얻어진다는 것이다. 그리고 이 노력은, 삶이 무수한 변화나 우연으로 차 있는 한, 그래서 가장 순조롭던 사람도 노년에 이르러 엄청난 불행에 빠질 수 있는한, 일정 기간이 아니라 일평생 이뤄져야 한다. 정치학의 목표도 여기에 있다. "정치학은 시민이 일정한 성격을 가지도록, 말하자면 선하여 고귀한 행동을 할 수 있도록 모든 노력을 기울이는 데 있다." (1099b 30~32)

위 인용문에는 주목해야 할 중요한 대목이 들어 있다. 바로 성격의 의미다. '인성(personality/인격)' 이론에서 보면, 성격(character)은 흔히 '선천적으로 타고난 것'인데 반해 인성은 교육에 의해 '후천적으로 획득되는 것'이라는 뜻을 갖는다. 그러나 두 요소가 반드시 구분될 수 있는 것은 아니다. 성격은 '기질' 혹은 '성향'이라는 말로 옮겨지는 데서 나타나듯이, 어느 정도 타고난 것이면서도 동시에 배워서 익히는 것이기도 하다. 그리하여 선천적 요소와 후천적 요소, 타고난 기질과 학습적 요소는 성격 개념에서 착잡하게 얽혀 있다. 아리스토텔레스적 맥락에서 '성격을 갖는다'는 것은 앞서 보았듯이 "선하여 고귀한 행동을 할 수 있게 되는"이라는 뜻이다. 그렇게 되기 위해서는, 이것도 고대 사상에서는 특이한 것인데, 행운이나 운명이 아니라, 또 신의 은총이 아니라, 당사자 자신의 노력이 요구된다는 것이다.

행운이나 운명, 그리고 신의 은총이 아니라 당사자 자신의 노력으로 만들어지는 성격

아리스토텔레스는 잘 알려져 있듯이, 인간의 '덕(virtue/arete)'을 '지적 덕(intellectual virtue)'과 '성격적 덕(ēthikai aretai/moral virtue)'[62]으로 나눈 바 있지만—이 말은, 그의 시대만

---

62 Lesley Brown, Explanatory Notes, in) Aristotle, *The Nicomachean Ethics*, ibid, p. 211f. '덕(virtue)'의 그리스 원어는 '아레테(ρετη/arete)'로 '탁월성' 혹은 '우수성'을 뜻한다. '지성적 덕'이 이성이나 진리와 관련된다면, 도덕적 덕은 비이성적이고 욕망적인 부분과 관련되고 후천적으로 습득되는 것으로 이해된다. 참고로 Moral virtue는 흔히 '도덕적 덕'으로 해석되고 있지만, 이렇게 번역할 경우 '도덕적'과 '덕'의 뜻이 겹쳐 있음으로 인해 의미가 불분명하다. 이런 이유에서 도덕적 덕은, 그것이 쾌락이나 고통 같은 본능적인 사항과 관계하는 성격(character)을 대상으로 한다는 점에서, '성격적 덕'으로 좀 더 분명하게 번역되기도 한다. (Lesley Brown, Introduction, ibid, p. xiii.) 그러므로 인간의 선이란 성격적 우수성을 어떻게 보여주는가에 달려 있다고 할 수 있다.

해도 '아레테'를 말할 때는 지적 면과 도덕적 면을 모두 포함했는데, 그 이후에 와서 지적 요소는 점차 사라지게 되었음을 뜻한다. 이것은 오늘날 덕을 주로 윤리적 측면에서 다루는 사실에서도 나타난다—. 앞서 언급한 '성격'은 도덕적 성격적 덕에 속한다. '지혜'나 '이해(력)'가 지적 덕에 속한다면, 성격이나 성품은 도덕적 우수성의 특성이다.

그렇다면 성격은 어떻게 생겨나는가? 아니 우리는 성격을 어떻게 만들 수 있는가? 바로 여기에 관여하는 것이 실천적 지혜(phronēsis)다. 학문적 인식(episteme)이 보편적이고 필연적 대상에 대한 논증작업이라면, 실천적 지혜는 개별적 대상과 관련된다. 실천적 지혜는 옳고 고귀하고 선한 일을 하는 데 필요하기 때문이다. 따라서 그것은 우리의 몸과 관계된 지혜이고 행동에 관계되는 지혜다. 이 실천적 지혜에 힘입어 우리는 건전한 성격이 생겨나도록 애쓸 수 있다.

실천적 지혜(프로네시스, phronēsis)

(4) 전(全) 인격적 변화

윤리적 행동은 마음의 다짐에서 오지만, 좀 더 들어가자면 이런 다짐 이전에 습관에서 온다. 그것은 즉각적 효과로 나타나는 것이 아니라 오랜 시간에 걸쳐 연마되고 습득되고 내면화된 성향의 결과로 자리한다. 성격은 이렇듯이 오랜 시간에 걸쳐 만들어진 개인의 성향이자 기질이라고 할 수 있다. 아리스토텔레스는 용기라는 덕목과 관련하여 이렇게 적는다. "그것은 틀림없이 준비로부터 생겨나기보다는 성격의 상태로부터 나오는 것이기 때문이다. 예측된 행위는 계산과 이성으로

선택할 수 있지만, 갑작스런 일은 성격의 상태와 일치해야 하는 까닭이다."(1117a 19~22)

성격이 이 성격을 가진 사람의 몸에 배어 있는 품성이라면, 성격을 사랑한다는 것은 그 성격을 가진 사람 자신을 사랑하는 것이다. 성격은 누군가가 가진 여러 성향들 가운데 한 가지가 아니라, 이런 여러 성향들이 모여 만든 그 사람 자신이고, 따라서 그 사람의 전체다. 사람의 전체를 사랑한다면, 그 사람이 살아 있는 한 그에 대한 사랑은 계속될 것이다. 아리스토텔레스가 적고 있듯이, "성격에 대한 사랑은, 그것이 자기의존적(self-dependent)이기에, 지속한다."(1164a 12~13) 그러므로 사람의 전체에 대한 사랑은 성격에 대한 사랑에서 온다. 성격이 긍정적으로 발현될 때, 그것은 인격이 될 것이고, 이 인격에서 우러나온 행동은 윤리적으로 될 것이다. 이 같은 윤리적 행동이 선하리라는 것은 자명하다. 따라서 성격의 형성이란 선한 인간의 전모를 형성하는 일이다. 그래서 성격은 윤리적 행동의 바탕으로서 지극히 중요하다.

> 성격이 긍정적으로 발현될 때 그것은 인격이 된다. 이 인격에서 우러나온 행동은 윤리적으로 될 것이다

하지만 선의 실천은 지극히 어렵다. 그것은, 지금까지 보았듯이, 이런저런 세평(世評)에 휘둘리지 않아야 하고, 이윤과 쾌락과 권력을 겨냥해선 안 되기 때문이다. 이 세속적 가치를 완전히 무시할 순 없지만, 가능한 한 그것과 거리를 두면서 자족적이어야 하기 때문이다. 이것을 의식했던 것일까? 아리스토텔레스는《니코마코스 윤리학》의 1권에서 이렇게 적었다.

모든 것을 스스로 깨우치는 사람은 더할 나위 없이 최고요, 다른

사람이 조언할 때 귀 기울이는 사람은 훌륭하다. 그러나 남의 지혜에 깨우치지도 않고, 귀 기울이지도 않는 이는 아무런 쓸모없는 사람이다. (1095b 10~13)

경청은 일상적 선의 모범사례

스스로 이치를 깨우치는 사람은 "더할 나위 없이 훌륭하"지만, 그저 주변 사람들의 말에 귀 기울이는 것으로도 "훌륭한" 일이다. 이렇게 쓴 것을 보면, 아리스토텔레스는 경청하는 것을 일상적 선의 모범사례로 보았던 것 같다. "모든 것을 스스로 깨우치는" 것은 더할 나위 없이 바람직한 것이지만, 이것은 사람으로서 쉽게 도달하기는 어려운 수준이다. 그리하여 그의 현실적인 바람은 소극적인 차원—"남의 지혜에 깨우치지도 않고, 귀 기울이지도 않는" 상태는 피해야 하지 않는가에 있지 않았나 싶다.

하지만 그럼에도 아리스토텔레스가 어떤 고귀한 삶의 수준을 염원하지 않은 것은 아니었을 것이다. 이 고귀한 삶은 그가 '메갈로프시키아(megalopsychia/magnanimity)'라고 불렀던

위대한 영혼은 넓고 깊은 마음이며, 이 마음은 성격의 고귀함과 선함으로부터 온다

상태였다. 그것은 '위대한 영혼'이란 뜻이다. 더 간단히 말하여, '넓고 깊은 마음'이다.[63] 이 마음은 무엇보다 "성격의 고귀함과 선함(nobility and goodness of character)"에서 온다. (1124a 4)

'성격의 고귀함과 선함'이란 칼로카가티아(kalokagathia)를 번역한 것이다. '칼론(kalon/미)'과 '아가톤(agathon/선)'으로 이루어진 칼로카가티아에서 '칼로스(kalos)'는, 정확하게 말하

---

63 Aristotle, David Ross(trans.), *The Nicomachean Ethics*, ibid., Explanatory Notes, p. 224.

심미적 경험 Ⅱ _ 예술의 자기형성술

면, 미학적 아름다움뿐 아니라 도덕적 아름다움을 뜻한다. (아가톤을 '선'이라고 할 때, 이 선은 그리스적 의미에서 지금보다 훨씬 넓은 뜻을 내포한다. 그래서 건강과 부와 명예 같은 '좋은 것'은 모두 포함한다.) 도덕적 아름다움은 고귀함이다. 그것은 성격에서의 고귀함, 즉 고매함을 뜻한다. 그러니까 아리스토텔레스에게 아름다움이란 성격의 고귀한 아름다움이고, 이 아름다운 성격은 마음과 영혼의 아름다움에서 온다. 선한 행동은 고귀한 마음, 고매한 영혼의 소산인 것이다. 아니 고귀함을 선택하는 일 자체가 선한 일이다. (1169a 32)

칼로스(kalos)는 미학적 아름다움뿐 아니라 도덕적 아름다움을 뜻한다

다섯 가지 실천방식

지금까지의 논의를 정리하면 이렇다.

아리스토텔레스적 윤리의 목표가 '중용'이라면, 이 중용에는 이름이 없다. 그것은 비어 있는 듯 보이지만, 그렇다고 완전한 공허는 아니다. 그것은 차라리 팽팽한 긴장으로 차 있다. 거기에서는 과도와 부족 사이에 가치의 상호충돌이 일어나기 때문이다. 그리하여 아리스토텔레스적 중용은 정태적 균형이 아니라 역동적 균형을 이룬다. ① 따라서 이 사이의 균형은 자동적으로 얻어지는 것이 아니라, 주체가 적극적으로 개입해서 이뤄내야 한다. 그것은 '선택'하고 '노력'하여 '획득'해야 할 대상이다. ② 그러기 위해서 무엇보다 자기가 누구인지, 또 자기가 하는 일이 무엇인지 알아야 한다. ③ '훈련과 배움'은 이런 이유에서 필요하다. ④ 지속적 훈련 속에서 우리는 선을 제대로 실천할 수 있다. 올바른 성격은 이 실

아리스토텔레스의 중용은 정태적 균형이 아니라 역동적 균형을 이룬다

천에서 조금씩 쌓여간다.

그러나 다른 한편으로 성격이 이미 구비되어 있다면, 선은 자연스럽게 행해지게 될 것이다. 그렇다면 필요한 것은 이 성격을 구비할 수 있는 가장 기본적이고 일상적인 선의 실천적 사례를 확인하는 일이다. 그래서 우선 실행하는 일이다. 이 사례를 나는 성격적 덕에서 '용기(courage)'와 '절제(temperance)', '후함(liberality)', '자부심(pride)', '온화(good temper)'와 관련하여 다섯 가지만 다루려 한다. 그 이유는 첫째, 이 다섯 덕목 속에 아리스토텔레스 윤리학의 핵심이 있다고 여기기 때문이다. 둘째, 이 다섯 덕목은 마음만 먹는다면 우리가 지금 당장에라도 실행할 수 있는 종류이기 때문이다.

(1) 긍지 있는 사람은 선하다
아리스토텔레스는 이렇게 쓰고 있다.

긍지 있는 사람은, 그가 그럴 만한 가장 자격 있는 사람이기에, 최고로 선한 사람임에 틀림없다. 보다 선한 사람은 언제나 더 자격 있는 사람이고, 최고로 선한 사람은 최고로 그럴 만한 자격 있는 사람이기 때문이다. 그러므로 참으로 긍지 있는 사람은 반드시 선하다. 그리하여 모든 덕에 있어서의 위대성은 긍지 있는 사람의 특징인 것으로 보인다. (1123b 28~30)

아리스토텔레스는 '선해야 한다'고 말하는 것이 아니라, 선한 것을 긍지 있고 자존심 있는 모든 사람들의 특징으로 파악한다. 긍지를 가지고 사는 사람이라면, 그의 관심은 단순히 세속적인 칭찬이나 비난에 휘둘리지 않고, 그 자신이 중요하다고 생각하는 일을 하며 살 것이기 때문이다. 그에 비해 선하지 않은 사람은 다른 사람들의 말이나 풍문에 맞춰 산다. 그러니까 대부분의 사람은 보이는 그럴듯함에 따라 그럴듯하게 살아간다. 이것은 마치 용감하지 않은 사람이 용감하게 보이고자 행동하는 것과 같을지도 모른다.

하지만 긍지 있는 사람은 세평보다는 명예를 생각하고, 세속적 가치보다 더 높은 가치를 추구한다. 그래서 어떤 이데아를 염원한다. 선은 이런 드높은 긍지─자기자신에 대한 존귀감에서 저절로 우러나오는 덕성이다. 아리스토텔레스는 고귀한 일을 위해 행동하는 사람이 용감한 사람이라고 여겼다.

> 선은 자기자신에 대한 존귀감에서 저절로 우러나오는 덕성이다

(2) 무턱대고 칭찬하지 않는다. 무턱대고 나쁘게도 말하지 않는다. 그렇듯이 적에 대해서도 나쁘게 말하지 않는다.

칭찬과 비난에 대한 아리스토텔레스의 언급은 상당히 생생하다. 그것은 그 자신이 이런 일을 오랫동안 관찰하고 생각하지 않았더라면 쓸 수 없을 만큼 실감 있는 내용을 담고 있지 않나 여겨진다. 그래서 조금 길지만 그대로 인용해보고자 한다.

> 그(긍지 있는 사람)는 (쉽게) 칭찬하지 않는다. 그에게는 어떤 것도 대단하지 않기 때문이다. 그는 안 좋은 일을 마음에 담지 않는다. 길게 기억하는 것은, 특히 안 좋은 일에 대해 그러는 것은 자존

심 있는 사람의 일이 아니기 때문이다. 오히려 그는 그런 일은 눈감아준다. 그는 소문을 좋아하지도 않는다. 그는 자기에 대해서나 남에 대해서도 잘 말하지 않는다. 왜냐하면 그는 자기가 칭찬받거나 남이 욕먹는 일에 신경 쓰지 않기 때문이다. 그는 쉽게 칭찬하지도 않는다. 같은 이유로 악덕을, 심지어 적에 대해서도, 어떤 도도함에서가 아니라면, 말하지 않는다. 필연적이거나 사소한 문제에 관해서 그가 탄식하거나 부탁을 청하는 일은 누구보다도 적다…. 그는 이익 많고 유용한 것보다는 이득 없지만 아름다운 것을 간직하려는 사람이다. 이것이 그 자체에 만족하는 성격에 더 적당한 일이기 때문이다. (1125a 3~13)

위의 인용문에서 거론된 선한 행동의 예는 매우 구체적이다. 그것은 자기와 타인의 칭찬과 비난에 대한 것이다. 선한 사람은 자존심 있는 사람이기에 다른 사람의 칭찬이나 비난에 일희일비하지 않는다. 이 무덤덤한 태도는 적에 대해서도 다르지 않다. 그는 사람들의 일반적 평가에 무덤덤하고, 세속적 가치기준으로부터 거리를 둔다.

세상 사람들의 흔한 평가나 세속적 기준으로부터 거리를 둔다는 것은 대상을, 그 대상이 사람이든 사물이든, 있는 그대로 파악하려 애쓴다는 것이고, 적극적으로는 조금 더 고귀한 가치에 헌신한다는 뜻이다. 그는 알고 있는 지식만 말하고 할 수 있는 행동만 행하지 그 이상의 것을, 마치 그것이 자기자신의 것인 양, 내보이지 않는다. 그래서 이런 말이 나온다. "그는 이익 많고 유용한 것보다는 이득 없지만 아름다운 것

선한 사람은 자존심 있는 사람이기에 다른 사람의 칭찬이나 비난에 일희일비하지 않는다. 이 무덤덤한 태도는 적에 대해서도 다르지 않다

심미적 경험 II _ 예술의 자기형성술

을 간직하려는 사람이다. 이것이 그 자체에 만족하는 성격에 더 적당한 일이기 때문이다." 결국 선한 자의 자긍심은 선한 일에 자족적이기에 가능하다. 스스로 행복해하지 않는 선은 선하지 않다.

(3) 적당한 때 적당한 정도로 화낸다

노여움에 대한 아리스토텔레스의 관점은 인간적이다. 그는 화내는 일 자체가 아니라─그렇다는 것은 화내지 않을 수 없는 인간의 성정과 그 현실을 어느 정도 인정하고 있다는 뜻이다─, 차라리 화내는 일의 정도와 방법, 때와 대상을 고민하기 때문이다.

당연히 화내어야 할 일에 대해, 그리고 화내어야 할 사람에 대해, 나아가 반드시 화내어야 할 때, 또 적당한 시간 동안 화내는 사람은 칭찬받는다. … 온화한 사람은 쉽게 마음이 흔들리지 않고, 감정에 좌우되지도 않는다. 단지 이성이 명하는 바에 따라, 그런 일에 적당한 방식과 적당한 시간 동안 화를 낸다. (1125b, 32~34)

잘못된 일에 대해 화내는 사람은, 그것도 바른 것보다 더 많이 그리고 오래 화내는 사람은, 그래서 복수하거나 벌줄 때까지 분노를 가라앉히지 못하는 사람은 '나쁜 성질(bad tempered)'의 사람이라고 불린다. (p. 74, 1126a, 26~29)

이 점에서 보면, 아리스토텔레스는 '도덕주의자'는 아니었

> "당연히 화내어야 할 일에 대해, 사람에 대해 그리고 그 때에, 적당한 시간 동안 화내는 사람은 칭찬받는다"(아리스토텔레스)

던 것 같다. 그는 도덕의 문제가 도덕적 강령으로 해결될 수 있다고 여기지도 않았기 때문이다. 그는 또 인간이 화내지 않고 살아갈 수 있다고 보지도 않았다. 그가 말하는 '좋은 성미(praotes/good temper)'는 화를 내지 않는 것이 아니라, 또 반대로 무감각한 것이 아니라, '노여움(orgilotes)'과 '태평무사(aorgesia)' 사이에 자리한다. 이 균형 속에서 온화함을 추구하는 사람이다.

균형 속에서 온화함을 추구하는 사람

그러므로 인간은, 자명한 말이지만, 화내게 되어 있다. 그 정도로 그의 덕은 취약하고, 그의 선은 무기력하다. 그러면서 그는 이러한 분노가 사안의 개선에 아무런 도움이 되지 않는다는 것도 알고, 현실의 많은 것을 오히려 파괴한다는 것도 안다. 분노와 태평무사 사이에 난 중용의 법─온화함의 길은 그래서 필요하다. 좋은 성미에서 드높은 삶의 고귀한 지평이 열리기 때문이다.

(4) 기대하지 않고 도와준다

아리스토텔레스는 적고 있다.

> 아무것도, 거의 아무것도 요구하지 않고 기꺼이 도와주는 것은, 그래서 높은 지위와 행운을 누리는 사람에게는 위엄 있게 대하지만, 평범한 계층(middle class)의 사람들에게는 겸손한 태도를 취하는 것은 긍지 있는 사람의 표시이다. (1124b 17~19)

사람은 선을 잘 행하지 않으며, 행한다고 해도 대개는 보상이나 대가를 바란다. 혹은 자기에게 이득이 되거나 쓸모 있다고 판단할 때, 선은 주로 행해진다. 그러나 이러한 선은 엄격한 의미에서 선이 아니다. 그것은 그 자체로 행해지기보다는 일정한 목적과 의도 아래 행해지기 때문이다.

하지만 그렇다고 해도 모든 일에서, 또 언제나 그리고 누구에게나 선하기는 어렵다. 아마도 가능하다면, 그것은 극소수의 성자(聖者)에게나 더러 확인할 수 있을 것이다. 어쩌면 그 때문에 아리스토텔레스는 '때'와 '장소', '대상'과 '경우', 그리고 '정도'와 '동기'에서의 적절함을 말했는지도 모른다. 여기에서 강조되는 것은 무상적 실천이다. 늘 그리고 모두를 도와주기는 어렵지만, 만약 도움을 준다면 아무런 보상이나 대가도 바라지 않고 도와주는 것이다. 참된 선은 무상적 실천이 **선의 무상적 실천** 다. 그래서 그것은 "고귀하다". "보상에 대한 생각 없이 다른 사람에게 잘하는 것은 고귀하다."(1162b 36~37) 고귀한 사람이라면, 그는 분명 '훌륭한 감정(nice feeling)'을 가졌을 것이다. "훌륭한 감정을 가진 사람이라면, 그는 잘해줌으로써 남에게 복수한다."(1162b 11~12) 이것은 놀라운 일이다. 선에는 이런 놀라운 삶의 길이 있다.

그러므로 선은, 적어도 그것이 진실한 것이라면, 아무것도 바라지 않고, 아무것도 기억하지 않으며, 아무것도 기대하지 않는다. 선한 자는 선한 행위만 원하기 때문이다. 선한 자에게는 선행 자체가 목표이기 때문이다. 그리하여 무상적 실천은 어떤 헌신이고, 이 헌신이란 고결함에 대한 전적 투신(投身)이다. 그래서 그것은 경건하고도 성스런 실천이 된다. 참으로 선한 자가 어떤 종교적 차원에 이르는 것은 그 때문일 것이다.

(5) 천천히 걷고 차분하게 말하며 어조가 고르다

이것 역시 일상적 태도 혹은 자세에 대한 언급이다. 그러니만큼 선의 생생한 덕목이지 않을 수 없다. 아리스토텔레스는 이렇게 적는다.

> "느린 걸음과 깊은 목소리, 고저 없는 말씨는 긍지 있는 사람에게 적절한 것이다" (아리스토텔레스)

느린 걸음과 깊은 목소리 그리고 고저 없는 말씨는 긍지 있는 사람에게 적절한 것으로 생각된다. 어떤 일도 그리 심각하게 여기지 않는 사람은 서두르지 않으며, 어떤 일도 대단하다고 생각지 않는 사람은 흥분하는 일이 없기 때문이다. 그에 반해 날카로운 목소리와 빠른 걸음걸이는 서두름과 흥분의 결과다. (1125a 13~17)

살다보면 우리는 물론 서두르거나 흥분하지 않을 수 없다. '성급'이 '기분(temper)'과 이어지면 노여움이 된다. 앞의 세 번째 실천방식에서 보았듯이, 아리스토텔레스는 화내는 것 자체를 질타하지 않았다. 그가 강조한 것은 "적당한 정도로, 적합한 때에 적당한 시간 동안" 화내는 일이었다. 즉 분노에 대한 적절한 제어였다. 화를 내지 않는 것은 바람직한 일이지만, 그것은 인간에게, 인간의 현실에서 바라기는 어렵다는 사실을 그는 분명 알고 있었기 때문일 것이다.

하지만 걸핏하면 화를 내거나 무슨 일이든 노여워한다면, 그것은 문제적이지 않을 수 없다. 또는 너무 빨리 혹은 너무

오래 감정을 '터뜨리는' 것도 삼가야 한다. 감정의 이러한 제어는 오랜 수련과 배움 속에서 얻어질 수 있다. 실존적 체험 속에서 스스로 깨우칠 수 있다면, 그것은 더 좋을 것이다. 그리하여 평상심의 유지가 몸에 배어든다면, 그래서 생활습관의 하나로 되어 있다면, 그것은 아마도 그의 목소리나 걸음걸이 그리고 말투에서 조만간 우러나올 것이다. 그런 사람이라면 시도 때도 없이 화를 내거나, 성급하게 감정을 표출하는 일을 저어할 것이다.

그리하여 마침내 절제 있는 자의 목소리는 차분할 것이고, 어조에는 높낮이의 큰 격차가 없을 것이며, 걸음걸이는 서두름이 없을 것이다. 그리고 이 조용한 걸음과 차분한 음성 그리고 고른 말씨는 온화한 품성을 증거하는 일이 될 것이다. '성격'은 이 품성에서 나올 것이고, 이 품성에 깃들어 있을 것이다. 인격은 이런 품성의 윤리적 인간화 형태일 것이다.

조용한 걸음과 차분한 음성, 고른 말씨는 온화한 품성을 증거하는 일이다

성격 – 품성 – 인격
다시 정리해보자.

아리스토텔레스 윤리학은 한마디로 행복에 대한 탐구다. 그것은 인간에게 행복이 무엇이고, 이 행복은 어떻게 얻을 수 있는가를 다룬다. 이것을 설명하기 위해 그는 여러 요소를 끌어들인다. 여기에서 핵심은 '도덕적 덕/성격적 덕'과 '지성적 덕'이라는 개념이다. 성격적 덕이 개개인의 감성을 다루고, 그래서 본능이나 욕구 같은 주제를 다룬다면, 지성적 덕은 일반적 필연적 진리를 다루고, 그 때문에 이론적 지식이나 추론

아리스토텔레스 윤리학은 행복에 대한 탐구

적 이성 혹은 실천적 지혜를 논의한다. 어떤 대상이건 주된 물음은 그러나 '어떻게 인간이 선한 행동으로 행복하게 살 것인가'라는 것이다. 이 행복한 삶은 절로 주어지는 것이 아니라, 각자가 절제나 용기 혹은 온화 같은 전통적 덕성을 어떻게 '배양하는가'에 달려 있다. 배우고 돌보고 연습하는 사람만이 행복한 사람이기 때문이다.

하지만 이러한 윤리학적 전체 기획에서 허술하거나 엉성하게 보이는 부분도 있다. 인간의 덕은 성격적 면과 지성적 면으로만 나눠질 수 있는가? 이런 물음은, 이를테면 '선한 일은 덕이 있을 때만 가능한가? 아니면 덕 없어도 선할 수 있는가?'라는 물음과도 이어진다. 그렇듯이 우리는 또 물을 수 있다. 악할 때만 인간은 나쁜 행동을 하는가? 반드시 그런 것은 아니다. 화가 나서 행동할 때 이 행동은 자진해서 일어난 것이지만, 그래서 비난받거나 칭찬받을 수 있지만, 그렇다고 꼭 '선택한' 것이라고 보긴 어렵다. 또 덕 있는 행동을 하는 것은 '고귀하기' 때문이라고 아리스토텔레스가 적을 때, 이 고귀함이란 무엇인가? 고귀함에 대한 그의 생각은 더 이상 나아가지 않는다.

좀 더 심각한 결함은, 자주 지적되듯이, 아리스토텔레스가 노예계급을 아무런 의심 없이 받아들였고, 여성에게는 낮은 지위만 허용했다는 사실일 것이다. 그가 '덕 있는 사람'이라고 쓸 때 이 사람이란 '남자'이고, 이 남자는 좋은 집안에서 태어나 잘 교육받은, 그래서 아무런 생계 걱정을 하지 않아도 되는 남자 시민을 지칭했다. 노예나 아이나 여성은 선하고 고결한 활동을 할 수 있는 사회적 여건이 당시에는 주어지지 않았다. 행복은 그의 맥락에서는 시민계급 이상의 성년 남자로 매우 협소하게 제한되어 있었던 것이다. 그런 의미에서 그의 윤리학은 결정적 한계를 지닌다.

그러나 이런 한계에도 아리스토텔레스의 《니코마코스 윤리학》에는 비판적으로 재구성할 만한 통찰적인 사항들이 많아 보인다. 이전에 나는 그의 윤리학에 대해 쓰면서 그 핵심이 '성격'의 문제에 놓여 있다고 파악하고 중요한 대목을 지적했노라고 스스로 뿌듯하게 여긴 적이 있지만, 이번에 다시 꼼꼼히 읽으면서 적지 않은 사실을 이전에 간과했다는 점도 깨닫게 되었다. 그러면서 새로 눈에 띈 몇몇 사실은 흥미로웠다.

예를 들어 아리스토텔레스가 왜 선을 '선' 자체가 아니라 '인간적인 선(the human good)'의 차원에서 탐색했는지, '지성적 덕'도 중시하지만 이보다는 '성격적 덕'을 더 강조하면서 이 성격적 덕에서 왜 그가 '선택'과 '자진성(voluntariness)', '숙고(deliberation)'와 '실천적 지혜'를 중시했는지, 또 윤리학에서 왜 '즐거움(쾌락)'의 문제를 외면하지 않았는지, 그리고 그는 왜 도덕이론에서 단순히 '선한 행동의 기준'을 제시하는 것으로 만족한 것이 아니라 그것이 궁극적으로 '행복의 탐구'여야 한다고 여겼는지, 그래서 행복을 '탁월한 의미의 이성적 활동'으로 여기고, 나아가 관조를 가장 자족적이고 행복한 인간활동으로 파악했는지…. 이러한 이해방식은 그 나름으로 깊은 이유를 가진 것으로 여겨진다. 그것은 모두 주체의 결정과 자발적 의지를 강조하고, 지금 여기에서의 현실적 의미를 묻고 있기 때문일 것이다. 그러면서 그것은, '관조'에 대한 논의에서 드러나듯이, 조용하고 자족적인 탐구 속에서 초월적 신적 지평으로 열려 있는 것이기도 하다.

관조적인 삶이야말로 가장 행복한 삶이라는 생각은 얼마나 매력적인가? 가장 이성적인 것이야말로 가장 신적이라는 생각은 얼마나 놀라운 것인가?

관조적인 삶이야말로 가장 행복한 삶이라는 생각은 얼마나 매력적인가? 가장 이성적인 것이야말로 가장 신적이라는 생각은 얼마나 놀라운 것인가? 선은 어떤 다른 목적을 위해서가 아니라 그 자체로 행해져야 하고, 이치에 따른 활동 속에 드러나야 한다. 이성에 따른 삶이야말로 가장 좋고 즐거운 삶이며, 따라서 행복한 삶이다. 이 점에서 보면, 선의 활동에는, 또 성격적 덕의 개선에는 이성적 요소가 분명 들어 있다. (윤리적 삶에 자리하는 이성의 역할에 대한 강조는 아리스토텔레스와 칸트에게 공통적으로 나타난다.) 이것은, 앞에서 다루었듯이, 성격적 덕에 '숙고'나 '선택' 같은 요소가 들어 있다는 사실과 이어진다. 숙고하고 선택하는 일 자체가 꼼꼼히 따지는 이성적 활동이기 때문이다.

아리스토텔레스는 활동이 가능성보다 더 중요하고, 실현형식이 잠재형식보다 뛰어난 것으로 보았다. 성격적 덕을 갖기 위해 우리가 부단히 연습한다면, 그리고 이렇게 연습하기를 즐긴다면, 이 성격이 버릇처럼 육화될 것이라고 그는 생각했다. 그가 선에 대해 그저 '읽고 가르치기'보다는 '연습해서 습관화하는' 것을 더 중시한 이유도 그 때문일 것이다. 이 행동과 관련된 이성의 활동이 실천적 지혜. 실천적 지혜로 선한 행동을 연습한다면, 그래서 선함이 습관처럼 되어 있다면,

실천적 지혜란 행동과 관련된 이성의 활동이다

우리는 이미 선한 인간으로 살아가는 것이다. 그것은 즐거운 일이다. 즐거움 자체가 선이지는 않으나, 최고의 삶은 필연적으로 가장 즐거운 것이어야 한다고 그는 보았다.

그렇다면 남은 문제는 하나다. 즉 성격은 어떻게 생겨나는가? 우리는 성격을 어떻게 제대로 만들 수 있는가? 이것은 나날의 생활에서 실행해야 할 미시적 실천의 문제다. 즉 미시생활적 실천이다. 이렇게 실천하면서 우리는 건전한 성격이, 그래서 바른 품성이 '생겨나도록' 애쓸 수 있다.

(1) '나'로부터 – 미시적 생활실천

참된 논의란 단순히 지식으로서 배울 것이 아니라 생활 속에서 실행되어야 한다. 논의는 실천이라는 관점 아래 파악할 때, 가장 쓸모 있다고 아리스토텔레스는 보았다. 그의 철학 전체가 현실주의적이고 경험론적이며 실용적인 이유도 그 때문일 것이고, 감각과 사고, 현실과 이데아 사이에 자리하는 플라톤적 단절이 그에게 보이지 않는 것도 비슷한 맥락 안에 있을 것이다. 이 실천적 관심은, 전기적 사실에서 나타나듯이, 그의 아버지가 왕의 시의(侍醫)였고, 그가 장차 의사가 될 생각을 가지고 있었다는 데서도 어느 정도 확인할 수 있다. 생물학에 대한 관심도 여기에 닿아 있을 것이다.

구체적이고 현실적이며 경험적인 차원은 아리스토텔레스의 윤리학을 이해할 때도 적용될 것이다. 그의 윤리학적 구상의 핵심이 선에 있다면, 이 선은 개념적 논증적 논의의 대상이 아니라 '자발적 주체의 생활적 실천'에 있기 때문이다.[64]

구체적이고 현실적이며 경험적인 차원의 사유

앞서 인용했듯이, "우리가 탐구하는 것은 덕이 무엇인지 알기 위해서가 아니라 선하게 되기 위해서다"라고 그는 분명하게(1103b 27~28) 적지 않았던가? 그렇다면 그 출발로 무엇이 좋을까?

거듭 강조하여, 아리스토텔레스 윤리학에서 미시적 생활실천은 결정적으로 중요하고, 그래서 실천적 지혜가 학문적 인식보다 중요하다. 하지만 그렇다고 해도 이 개별적 선은 정치적 정의나 이를 위한 입법활동이라는 전체 틀 안에서 움직이는 것이다. 그는 이렇게 적는다. "그러나 아마도 자기자신의 선이란 가계 살림이나, 국가(정부)의 형태를 떠나 존재할 수 없을 것이다."(1142a 8~9) 그리하여 어떻게 개인이 이성적 원칙 아래 행동해야 올바른 공동체가 될 수 있는지, 이때 개인은 어떤 방식으로 선하게 행동할 수 있는지, 이 선행을 위해 성격은 어떻게 되어야 하는지를 그는 탐색한다. 이 대목에서 우리는, 마치 개인적 선의 공동체적 조건을 생각하듯이, 공동체적 선의 바탕으로서의 개별적 행동의 선을 말할 수 있다.

공동체적 선의 바탕인 개별적 선이란 무엇인가? 그것은 다른 식으로 말해 각 개인이 지닌 '성격의 사회적 정치적 의미'다. 《니코마코스 윤리학》의 9권 4장은 바로 이 점을 지적하는

공동체적 선의 바탕인 개별적 선이란 무엇인가? 그것은 각 개인이 지닌 '성격의 사회적 정치적 의미'다

---

64 이것을 레슬리 브라운은, '탈이해관계(disinterestedness)'나 '편들지 않음(impartiality)'을 중시하는 칸트와 결과주의론자들(Consequentialists)의 윤리학과 대조하여, 행위자 중심의, 말하자면 "결코 협소할 만큼 이기주의적이진 않으나" 분명 자아중심적인(ego-centred)" 아리스토텔레스적 접근법이라고 설득력 있게 논평한다. Lesley Brown, Introduction, ibid., p. xix.

심미적 경험 II __예술의 자기형성술

문장으로 시작된다. "이웃에 대한 친구 같은 관계와, 이런 우정이 규정되는 표시들은 자기자신에 대한 그 사람의 관계에서 나온 것으로 보인다."(1166a 1~3) 그러니까 우정이란 내가 한 친구에게 주는 것이면서 동시에 내 자신에게 주는 호의의 감정이다. 타자와의 좋은 관계도, 아리스토텔레스가 보기에는, 자기와의 좋은 관계에서 시작하는 것이다. 선의의 자기연관성을 그는 이렇게 적는다.

그(선한 자: 필자 첨가)는 그의 모든 영혼과 비슷한 것을 욕구한다. 그러므로 그는 자기를 위하여 선한 것, 그리고 선하게 보이는 것을 욕구한다. … 각자는 스스로 선한 것을 원한다. 이와 다르게 그가 먼저 어떤 다른 사람이 되어야 한다면, 그 누구도 온 세상을 소유하는 일조차 선택하지 않는다. … 그런 사람은 자신과 더불어 살기를 원한다. … 그의 마음은 관조(觀照)할 거리를 많이 가진다. 그래서 그는 다른 누구보다 더 자기자신과 더불어 슬퍼하고 기뻐한다. (1166a 14~15; 20~21; 24~25; 27~28)

앞에서 나는 '행복의 자기충족성'을 논의했지만, 위 인용문에서는 선의 자기충족성이 세밀하게 서술되어 있다. 이것은 다시 한 번 더 강조될 만해 보인다. 왜냐하면 이 같은 관점은, 흔히 그러하듯이, 선의 필요성을 외적 차원에서 논의하는 경우보다 훨씬 소박하고 진실해 보이기 때문이다.

행복의 자기충족성과 선의 자기충족성

마음이 악한 사람들은, 아리스토텔레스가 보기에, "그들의 영혼이 싸움으로 찢겨져 있어서", "자기자신과 더불어 기뻐

"마음이 악한 사람들은, 그들의 영혼이 싸움으로 찢겨져 있어서, 자기자신과 더불어 기뻐하거나 슬퍼하지 못한다"
(아리스토텔레스)

하거나 슬퍼하지 못한다." "그는 자신 안에 사랑할 만한 아무것도 가지지 않기 때문이고, 자기자신에 대해 그 어떤 사랑의 감정도 가지지 못하기" 때문이다. 그런 이유로 "악한 사람들은 나날을 보낼 사람들을 구하면서 자신은 회피한다. (1166a 17~19; 14~15) 이와 다르게 선한 자는 자기 속에서 선한 것을 갈구하므로 자기자신과 즐겨 지낸다. 그는 자기 속에서 스스로 기뻐하고 슬퍼하기에서 그만큼 자족적이기 때문이다. 선의 동력이 외부적으로 구해지기보다는 내면적으로 작동하는 것이다. 이것은 중요한 지적이지 않을 수 없다.

선이 사회정치적 정의감이나 도덕적 사명감 아래 행해지는 것으로 이해될 때, 이 도덕은 도덕주의적 성격을 갖는다. 도덕이란, 그것이 밖으로, 입으로, 사회적으로 강조될수록, 더 비도덕적일 가능성이 높다. 그것은, 지금의 한국사회에서 흔히 보듯이, 도덕 자체의 본래 모습이 아니라 이데올로기적으로 비틀린 형태를 띠기 때문이다. 그러나 도덕이 회자되는 사회의 도덕은 비도덕적이다. 도덕율이 언제나 도덕적인 것은 결코 아니다. 아리스토텔레스 윤리학이, 그 가운데서도 선의 실천이 소박하게 보이는 것은 선이 다른 누구가 아니라 바로 나/자기/개인으로부터 시작한다는 점에 있고, 이 선의 실천이 도덕적 명제나 사회적 규범을 위해서가 아니라, '자기에게 좋기 때문에' 이뤄져야 한다고 말해지기 때문이다. 그러면서 선의 이러한 자기유용성은 이웃에게도 유용한 것으로 이해된다. (1169a 12~13)

아리스토텔레스는 선의 개인적 차원에 주목했지만, 그렇다

도덕이 회자되는 사회의 도덕은 비도덕적이다

심미적 경험 II __ 예술의 자기형성술

고 그것을 절대시한 것은 아니었다. 그는 자기를 사랑하는 자의 선을 강조하면서도 그 부정적 함의도 분명하게 의식하고 있다. (9권 8장) 그리하여 그는 단순히 '자기를 사랑하라'고 말한 것이 아니라, 자기가 더 "정당하고 절제 있게, 또는 덕과 일치하여 행동"한다면, 그래서 "일반적으로 고귀한 것을 스스로 얻으려고 늘 애쓴다면"(1168b 26~28), 나쁜 의미에서의 '자기를 사랑하는 자'로 불리지 않을 것이라고 지적한다.

(2) 관조 – 불멸 – 행복

선의 실천과 관련하여 꼭 첨가해야 할 사항이 관조(contemplation)라는 덕성이다. 관조란 '조용한 마음으로 대상을 살펴보고 그 변하지 않는 참모습을 헤아린다'는 뜻이다. 아리스토텔레스 철학에서 관조란 정사(政事)나 군무(軍務) 같은 바쁜 활동이 아니라, 진리를 탐구하는 이성적 활동이다. 그래서 그것은 철학적 행위를 지칭한다.

> 그러므로 인간과 비교하여 이성이 신적이라면, 이성에 따른 삶은 인간적 삶에 비해 신적이다. 그러나 우리는, 우리가 인간이므로 인간적인 일을 생각하라고, 또 죽게 될 운명이니 유한한 것을 생각하라고 권고하는 사람을 따를 것이 아니라, 오히려 할 수 있는 데까지 우리자신을 불멸로 만들고, 그래서 우리 속에 깃든 최고의 것에 일치하여 살도록 모든 노력을 쏟아야 한다. … 그러므로 각각의 것에 적절한 것이 자연적으로 가장 좋고 가장 즐거운 것이다. 이성에 따른 삶이 가장 좋고 즐겁다. 이성은 다른 어떤 것보다 인간의 것이기

때문이다. 이런 삶이 가장 행복한 삶이다. (1177b 30~35; 1178a 5~9)

관조는 즐거운 진리 탐구이며 '자족적' 이다

관조에 이르러 우리는 선의 가장 높은 단계에 도달하는 것으로 보인다. 관조는 이성의 활동이고, 그래서 정치나 국방에서처럼 정신없는 것이 아니라 차분하고 조용한 가운데 이뤄지는 즐거운 진리탐구인 까닭이다. 그래서 '자족적'이다. 이 자기충족적 요소는, 앞서 보았듯이, 선과 행복의 가장 뚜렷한 특징이다. 이 이성은 아리스토텔레스적 맥락에서 '신적 (divine)'이다. 조용하게 주변을 돌아보는 가운데 사물의 참된 모습—불멸의 차원으로 나아가기 때문이다. 그래서 관조의 삶은 가장 행복한 삶이다.

아리스토텔레스의 맥락에서 보면, 관조의 활동에 참여하지 않고는 그 누구도 행복할 수 없다. 관조 없이 우리는 신적 차원에 이를 수 없다. 관조 속에서 인간은 불멸적인 것의 가장 자리에 이른다. 행복한 자의 활동은 그 자체로 자기충족적이기에, 그의 삶에는 관조할 대상으로 넘쳐난다.

행복하면 할수록 더 많이 관조하게 되고, 더 많이 관조하면 할수록 더욱 자족적이게 된다

행복하면 할수록 사람은 더 많이 관조하게 되고, 더 많이 관조하면 할수록 그는 더욱 자족적이다. 그리하여 신적 관조는, 신적 관조를 통한 행복의 향유는 외부의 도움 없이도 가능하다.

하지만 사람이 행복해지려면 많은 물건이나 대단한 것이 필요하다고 생각해선 안 된다. … 자족과 행동은 과도함을 포함하지 않고, 그래서 우리는 땅과 바다를 지배하지 않고도 고귀한 행동을 할 수

심미적 경험 II _ 예술의 자기형성술

있다. 심지어 몇 안 되는 이점으로도 사람은 덕 있게 행동할 수 있다. 이것은 아주 명백하다. 아무런 권세 없는 사람도 전제군주 못지않게, 아니 더 가치 있는 행동을 하는 것으로 여겨진다.… 덕에 일치하여 행동하는 사람의 삶은 행복할 것이다.…그래서 행복한 사람이란 부자도 아니고 전제군주도 아니라고 아낙사고라스(Anaxagoras)는 생각했던 것 같다. 그는 이렇게 말했기 때문이다. 행복한 사람은 그가 대부분의 사람들에게 이상하게 여겨진다고 해도 놀라지 않을 것이라고. 왜냐하면 대부분 사람들은 외적인 것으로 다른 사람을 판단하고, 외적인 것이 그들이 지각하는 모든 것이기 때문이다. (1179a 1~17)

덕성 있는 삶을 살기란 어렵다. 덕의 실천으로서 선한 행동을 하는 것도 쉽지 않다. 그러나 그것이 꼭 불가능한 것은 아니다. 아리스토텔레스가 적고 있듯이, "우리는 땅과 바다를 지배하지 않고도 고귀한 행동을 할 수 있다. 심지어 몇 안 되는 이점으로도 사람은 덕 있게 행동할 수 있다." 그리고 이것은 "아주 명백한" 일이다.

이 '평범한' 선의 실천에는 무엇이 필요한가? 이때 필요한 것은 중용이다. 중용은 소박하게는 '적절함'이다. 그것은 과도와 부족 사이의 균형을 유지하는 일이다. 이 균형 속에서 우리는 선해질 수 있고, 이 균형적 선으로 고귀함을 실천할 수 있다. 이것이 관조적 삶이고, 신적 차원으로 나아가는 이성적 삶이다. 그러니까 이성의 삶은 죽을 수밖에 없는 유한한 인간이 노력을 통해 자신 속의 덕성을 일깨움으로써 유한한

고귀함을 실천할 수 있는 균형적 선, 신적 차원으로 나아가는 이성적 삶

유한한 삶에서 무한한 것을 만들어가는 놀라운 과정─이성의 삶

삶에서 무한한 것을 만들어가는 놀라운 과정이다. 아리스토텔레스는 이렇게 적었다. "자신의 이성을 연습하고 가꾸는 사람은 정신의 최고 상태에 있고, 신에게 가장 사랑받는 사람인 것으로 보인다."(1179a, 23~24)

고귀함을 위한 연습

그들은 가축처럼 땅과 식탁 쪽으로 등을 구부린 채, 바닥을 쳐다보며 먹어대다가 풀밭에서 교미한다네. 그러고는 이런 것들을 더 많이 차지하려고 쇠로 된 뿔과 발굽으로 지치지도 않고 차고 떠밀며 서로 죽인다네.

_ 플라톤, 《국가》

고귀한 것은 영속한다.

_ 아리스토텔레스, 《니코마코스 윤리학》

무엇이 남았는가?

아리스토텔레스 윤리학의 핵심에 선의 문제가 있다면, 이 선은 읽고 배움으로써가 아니라 행함으로써 우리자신의 것이 될 수 있다. 선의 실천은 '그들에게 말해지는 것'이 아니라 '우리가 행하는 것'이고, '우리' 이전에 '내'가 기꺼이 하는 일이다. 이 자발적 선에는 자기충족적인, 그래서 즐거운 요소가 들어 있다. 왜냐하면 인간은 긍지를 가지는 한 자기를 드높이고자 하고, 이 자긍심에는 고귀함에 대한 욕구가 있기 때문이다. 고귀함이란 신적 불멸에의 열망 외에 다른 것이 아니다. 이것은 참된 사랑을 불사(不死)에 대한 사랑으로 본 플라톤의 생각과 이어질 것이다. 이것을 9개의 문장으로 만들면 아래와 같다.

① 선에는 자기사랑이 있다.
② 선한 자에게는 선한 무엇이 들어 있다.
③ 선한 자는 행복하다.
④ 땅과 하늘을 지배하지 않아도 우리는 행복할 수 있다.
⑤ 선한 자는 즐겨 관조한다.
⑥ 관조 속에서 우리는 신적 지평으로 나아간다.
⑦ 불멸에의 노력이야말로 고결한 태도다.
⑧ 선한 자는 고결함을 사랑한다.
⑨ 선한 자는 이성을 단련시킨다.

결국 선은 어디에서 오는가? 그것은 '본성'에서 올 수도 있고, '교육'이나 '습관' 혹은 '신적 배려'에서 올 수도 있다. 하지만 아리스토텔레스는 그것이 궁극적으로 "이성을 연습하고 배양하는(exercise and cultivate his reason)"데 있다고 보았다. "…다만 배우는 자의 영혼이 우선 고귀한 기쁨과 고귀한 증오에 대한 습관의 방법을 단련시키지 않으면 안 된다."(1179b 24~25) 선은 이성의 부단한 연습에 있다. 그렇듯이 행복도 이성의 훈련에 있다. 이 훈련을 통해 우리는 유한하고 덧없는 인간의 삶을 넘어 무한한 신의 초월적 차원으로 나아간다. 선이란 신적 고결성을 향한 즐거운 실천이다.

고귀한 기쁨과 고귀한 증오에 대한 습관의 방법

선이란 신적 고결성을 향한 즐거운 실천이다

플라톤은 《국가》의 마지막(581c)에서 인간을 세 종류로, 즉

"이익(재산)을 탐하는 자"와 "승리(명예)를 탐하는 자", 그리고 "지혜를 사랑하는 자"로 구분하면서[65], 이 가운데 지혜를 사랑하는 자를 가장 높게 보았다. 세 가지 일에는 저마다의 즐거움이 있고, 그래서 그것들은 그 나름으로 필요하지만, 이 둘의 즐거움은 그러나 진리를 탐구하는 이성적 활동의 즐거움에 비할 바가 아니라고 그는 여겼다. 불변의 진리야말로 변덕스럽고 믿기 힘든 삶에서 좀 더 '순수하게 실재하는' 것이고, 그래서 좀 더 의지할 수 있는 영원불멸하는 삶에 가깝기 때문이다.

돈과 명예도 물론 필요하다. 더 넓게 보면, 물질과 승리를 위한 경쟁도 중요하다. 그러면서 이 모든 세속적인 사항의 어쩔 수 없는 제약에 대한 인식도 요구된다. 선은 이 모순된 두 경계선, 말하자면 물질적 조건에 대한 생활적 요청과 물질적 제약을 넘어서는 고결함에 대한 서로 상반되는 요청 사이에서 착잡하게도 모호하게 그어진다.

그리하여 우리는 오늘의 삶에서 쉽게 초월적 갈망이나 신적 지평을 말하기 어렵다. 그러나 지금의 삶이, 플라톤이 말하듯이, "가축처럼 땅과 식탁 쪽으로 등을 구부린 채, 바닥을 처다보며 먹어대다가 풀밭에서 교미"하면서 그저 "더 많이 차지하려고 쇠로 된 뿔과 발굽으로 지치지도 않고 차고 떠밀며 서로 죽이는" 것이 되어서도 곤란하다. (586 a~b) 이

---

65 Platon, Der Staat(Politeia), übers. v. F. Schleiermacher, Bd. 4, hrsg. v. Gunther Eigler, Darmstadt 1971, S. 757; 플라톤, 《국가》, 천병희 역, 숲, 2013년, 513쪽 이하.

것은 오늘의 삶이 삶다워지고, 우리의 생활이 더 이상 짐승스럽게 되지 않기 위해 가질 수 있는 최소한의 요청이다. 선은 나날의 생존에서 우리가 견지해야 할 최소한의 윤리적 요청이다. 성격의 형성, 바른 품성의 계발은 최소한으로 실행할 수 있는 인간됨의 노력이다. 그러면서 그것은 생존의 절박함을 떠나 스스로 행복해질 수 있는 즐거운 일이고, 더 나아가 신적 고결함과 불멸의 무한성으로 열리는 성스런 일이기도 하다.

우리의 생활이 더 이상 짐승스럽게 되지 않기 위해 가질 수 있는 최소한의 요청

그러나 이 최소한의 요청도 한가하게 여겨지는 것이 현재의 생활이다. 구체에서 추상으로, 유한에서 무한으로, 인간적 차원에서 신적 차원으로 이어져 있는 이 선의 스펙트럼을 일상에서 그 테두리로 의식하며 실행할 수 있는 더 간단한 덕목들은 없는가? 나는 앞절에서 다룬 5가지 실천방식을 다르게 적어본다.

구체에서 추상으로 유한에서 무한으로 인간적 차원에서 신적 차원으로 이어져 있는 선(善)의 스펙트럼

① **스스로 귀하게 여기자.** 자기를 귀하게 여긴다면 무턱대고 행동할 수 없기 때문이다. 긍지 있는 인간이 선하다고 하지 않았던가?

② **무턱대고 칭찬하지 말자.** 냉정해지는 것은, 그래서 자기에게나 타인에게 과장 없는 말을 하는 것은 모든 정직성의 출발이다.

③ **적당한 때 적당한 정도로 화내자.** 화내는 때와 정도를 가린다는 것은 이미 자기의 감정을 제어한다는 뜻이다.

④ **기대 없이 도와주자.** 늘 도움을 줄 수는 없다. 하지만 도

와준다면, 이렇게 도와준다는 혹은 도와주었다는 사실을 잊어버리자. 기대 없는 선행이 진짜 선행이므로.

⑤ 걸음걸이는 천천히, 목소리는 차분하게. 말과 어조와 목소리와 걸음에서 선을 위한 노력은 이미 시작된다.

이 다섯 항목에서 한두 가지 혹은 두세 가지를 실천한다고 해도 우리는 얼마만큼 '성격적으로 나아갔다'고 말할 수 있을 것이다. 그것이 몸에 배어 있다면, 우리는 '습관'을 말해도 좋을 것이고, 그것이 버릇이 된다면 스스로 윤리적이라고 말할 수 있을 것이다. 그래서 결국 '성격의 진전'을 말해도 좋을 것이다. 이것이야말로 바른 품성의 배양법이다.

좋은 품성이 차곡차곡 쌓인다면, 그 사람의 인격은 자라날 것이다. 이렇게 날로 자라난다면, 우리는 자신을 돌보고 자기를 키워가고 있다고 할 수 있을 것이다. 이 같은 성장은 곧 삶의 영육적 성장이 될 것이다. 영육의 성장이란 바른 의미의 자기형성과 다르지 않다. 우리는 자신의 영육을 돌보고 키우면서 신성에 참여하고, 이 신성의 체험 속에서 마침내 참으로 깊은 의미에서 행복할 수 있다. 돌봄 속에서 주체가 자기와의 관계를 점차 고양시켜가는 푸코의 방식이건, 자기에 대한 사랑 속에서 타자에의 사랑을 지나 이데아적 불사에의 사랑으로 나아가는 플라톤의 방식이건, 혹은, 지금껏 보았듯이, 선의 생활적 실천 속에서 긍지 있는 인간이 되길 희구하는 아리스토텔레스의 방식이건, 이 모두는, 그것이 '자기의 삶을 만들어간다'는 점에서, 서로 다르지 않다.

심미적 경험 Ⅱ __예술의 자기형성술

철학적 탐구가 영육의 성장을 이성적 차원에서 사고실험으로 도모하는 것이라면, 예술의 경험은 감각적 차원에서 감성의 세련화를 통해 그것을 시도한다. 그리하여 심미적 경험은 가장 독립적인 방식으로 영육의 성장을 꾀하는 한 방식이다.

심미적 경험은 가장 독립적인 방식으로 영육의 성장을 꾀하는 한 방식이다

공재의 궤적

"자유를 행사하는 자기배려의 길" (푸코)

"진선미를 향하여 절제를 행하는 자기돌봄의 길" (플라톤)

"일상의 평범 속에서 넓고 큰 영혼을 갖는 선의 길" (아리스토텔레스)

자기관리의 길은, 푸코 식으로 말하면 권력 아래에서 자유를 구하고 자유를 행사하는 자기배려의 길이고, 플라톤 식으로 말하면 자기의 앎을 바탕으로 영혼을 사랑하고 진선미를 돌보며 절제를 행하는 자기돌봄의 길이며, 아리스토텔레스 식으로는 평범한 일상 가운데서도 실천되는, 넓고 큰 정신 즉 위대한 영혼을 갖는 선의 길이다. 이 셋은, 내 글의 문제의식으로 풀이하자면, 그 어느 것이나 자기형성의 일로 수렴된다. 흥미로운 것은 이 같은 생각이 1600년대 말에서 1700년대 초의 조선에 살았던 화가이자 당대의 지식인이었던 공재 윤두서의 삶에서도 확인된다는 사실이다.

윤두서에게서 자기형성적 실천은 어떻게 나타나는가?

(1) 몸으로 앎을 익히다

공재 윤두서는 경애에 살면서 이치를 궁구하는(居敬窮理) 가운데 '자기지킴(自守)'의 길을 걷고자 했다. 이러한 면모는 그의 아들 윤덕희(尹德熙)가 작성한 〈공재공행장(恭齋公行狀)〉에 잘 나타난다.[66]

거경궁리(居敬窮理) 가운데 '자기지킴(自守)'의 길

> 반드시 먼저 《소학(小學)》을 배우게 했고, 많이 읽어 외운 다음 다른 경서를 배우게 했다. 공부하는 동안 걸음걸이, 대답하는 법, 기거(起居)하는 법, 절하는 법 등을 아침저녁으로 배워 익히게 했다. 부형(父兄)을 모시고 있을 때는 의관을 단정하게 하도록 하고, 무릎을 꿇고 앉아 있으며, 감히 떠들거나 장난하지 못하게 했다. 새벽에 일어나면 세수하고 나서 부모님께 문안을 드리게 했고, 저녁에 잘 때도 이와 같이 행동하게 했다. 내기하는 도구는 감히 모으지 못하게 했고, 시정배가 하는 상스런 말을 감히 하지 못하게 했다. 과거를 공부하고 싶지 않은 사람을 억지로 시키지 않았다. 그러므로 공의 자제들은 말씨와 행동을 보면 누구인가 묻지 않아도 뉘 집 자제인지 알 수 있었다. 도(道)에 어긋나는 바르지 못한 말은 아울러 배척했다. 운명, 관상 등은 묻지 않을 뿐만 아니라 말하지도 않으셨다. 무당들이 기도하는 술(術)은 더욱 엄격히 금지했다.

위에서 언급되고 있는 것은, 크게 말하여 유학에서의 이상적 인간상이지만, 작게는 《소학》이 담고 있는 일상의 가르침

---

66 윤덕희, 〈공재공행장〉, 《해남윤씨문헌(海南尹氏文獻)》, 권16: 이내옥, 《공재 윤두서》, 시공사, 2003년, 373~385쪽.

이다. 그 특징은 이 같은 훈계가 단순한 가르침으로 끝나는 것이 아니라, 생활 속에서 반복학습을 통해 일평생 실천해야 함을 강조하는 데 있다. 공재 윤두서는 증조부 윤선도 때부터 내려오는 이 가훈을 스스로 열심히 실행했을 뿐만 아니라 자식들에게도 대대로 엄격히 준수하게 했다고 전해진다.

생활 속에서의 반복 학습을 통한 일평생의 실천

그 가훈의 내용은 "걸음걸이"나 "대답하는 법", "기거(起居)하는 법"이나 "절하는 법" 등, "아침저녁으로 배워 익히는" 것의 구체적 항목들이다. 또 집에서 "의관을 단정하게 하도록 하고, 무릎을 꿇고 앉아 있으며, 감히 떠들거나 장난하지" 않는 일이다. 그렇듯이 "새벽에 일어나 세수하고 나서 부모님께 문안을 드리고", 저녁에도 이처럼 하는 것이다. 그는 내기나 상스런 말을 하는 것도 금했다. 이런 유학자적 엄격성은 학습해야 할 하나의 규칙으로서 자리했을 뿐만 아니라, 무엇보다 몸으로 익혀야 할 생활의 실천적 기율로 작용했고, 마음가짐이자 태도로 체화되어야 했다. 더 중요한 것은 이 기율이 결코 "강제되지 않았다(亦不强之)"는 사실이다.

결코 "강제되지 않은" 기율

기율의 비강제성, 다른 식으로 말하여 행동의 자율성은 소크라테스적 문답법의 특징이었고, 《알키비아데스 1, 2》에서 확인할 수 있듯이, 이 소크라테스의 문답법을 기록한 플라톤의 생각이기도 했다. 더 넓게 보면, 그것은 자기돌봄을 강조하는 푸코의 자아기술이며 아리스토텔레스의 일상 속에서의 자기변형술이기도 하다. 말하자면 그것은 실천으로서의 학문이고, 생활 속에 녹아든 지식이며, 몸으로 육화된 앎이다. 공재도 유학자로서 절제와 극기의 덕목을 내면화했다. 그래

기율의 비강제성, 즉 행동의 자율성은 실천으로서의 학문이고 생활 속에 녹아든 지식이며 몸으로 육화된 앎이다

서 한겨울에도 홑옷을 입었고, 소식(小食)에 만족하며, 즐기
던 술도 아버지의 권유가 있자 끊어버리기도 했다. 그의 글
읽기가 공허하지 않게 된 이유도 이 자발적 절제의 기율과 그
수련에 있을 것이다. 아들이 남긴 〈행장〉에도 그에 대한 증언
이 담겨 있다.

공은 제가(諸家)의 서적을 연구하되, 다만 문자만 강구하여 귀로
듣고 입으로 말하는 천박한 학문의 자료로 삼는 데 그치지 않았다.
반드시 정확히 연구조사하여 옛사람이 세운 말뜻을 파악함으로써
자기 몸으로 체득하고 실사(實事)에 비추어 증험했다. 그러므로 배
운 바는 모두 실득이 있었다.

공재 학문의 바탕은 정밀하게 조사하고 연구하여 밝히는
것(精究研覈)이었다. 그리고 몸으로 익히고 그 일을 증거하는
것(軆之身而驗之事)이었다. 그러니 그것은 공허한 추상놀음—
"귀로 듣고 입으로 말하는 천박한 학문의 자료(口耳之資)"가
되지 않았다.

공재 윤두서가 밖으로 어른을 공경하고 친지를 사랑하면서
도, 안으로 자기를 속이지 않은 것은 나날의 생활에 뿌리박은
이 같은 기율의 실천성 덕분일 것이다. 실천적 기율이 요구하
는 내면적 절제를 통해 그는 그러나, 그의 초상화가 보여주듯
이, 세상사의 세속적 차원을 넘어 더 넓은 정당성의 지평으로
나아가는 면모를 보여준다. 그 넓은 지평이란 유가적 이상이
실현되는, 혹은 세속적 실천원리로서의 유가적 이상을 넘어

서는 초월적 형이상학적 의미의 영역이 될 것이다.

(2) 염정자수(恬靜自守)

이 세상에 무심한 사람보다 누가 더 자유로울 수 있겠습니까?

_ 토마스 아 켐피스, 《그리스도를 본받아》(1426년경)

학문이 생활과 어울리고 배우는 지식이 몸에 붙어 있다면, 그의 공부는 부질없지 않을 것이다. 오히려 그 배움은 나날이 발전할 것이다. 그리고 이렇게 발전하는 가운데 지식과 인식과 학문과 언어는 생생하고 정확한 내용을 띠게 될 것이다. 이 배움의 내용이 배우는 자의 생활에서 행동으로 연결되는 것은 자연스럽다. 지식은, 그것이 나날의 일상적 원칙으로 작용할 때, 비로소 의미 있게 된다. 이런 면모는 다음 구절에서 실감나게 서술되어 있다.

1) 어진 사람을 좋아하고 선을 즐거하는 마음은 청소년 시절부터 이미 그랬다(好賢樂善之心 自少時已然). 아무리 미천한 사람일지라도 한 가지 예능이 취할 만하면 반드시 사랑하고 아끼며 다정하게 대했다. 이 때문에 귀인(貴人), 천민(賤民), 현자(賢者), 우자(愚者)가 모두 좋아했다.… 식견이 얄팍한 사람들이 비방할지라도 공은 마음에 두지 않았다.… 남들이 경홀(輕忽)히 여기는 사람이라도 취하고, 여러 사람이 추천하고 장려하는(推獎) 사람이라도 취하지 않았다.

2) 혼인을 취하는 도는 귀세(貴勢)를 흠모하지 않고 빈부를 따지지 않았다. 오직 그 집안의 가법과 성품과 행실(家法性行)이 어떤지만 보아 선택했다.

3) 의복은 따뜻하고 두터운 것을 좋아하지 않고, 입는 것은 아주 얇은 홑옷이었다. 비록 겨울 혹한이라고 해도 침실에 병풍을 치지 않고, 출입할 때는 털옷을 입지 않았다. 음식은 기름지고 맛있는 것을 취하지 않고 담박(淡泊)한 것을 좋아했고, 아침저녁 두 끼니 외에는 봄여름이라도 점심을 먹지 않았다. 젊을 때는 주량(酒量)이 대단하여, 큰 잔을 연속으로 마셔도 주기(酒氣)가 들지 않았다. 그러나 전부공(典簿公, 공재의 양아버지 윤이석(尹爾錫): 필자 첨가)이 일찍이 공에게 술을 경계하도록 권유한 뒤에는 입에도 대지 않으셨다. 만년에 술을 마시더라도 몸에 맞게 마실 뿐, 취해본 일은 없었다.

4) 공은 교유를 즐겨하지 않으셨다(然公不喜交遊). 조용히 들어앉아 자수하며 지냈다. 문상이나 문병(問病) 외에는 밖에 나가지 않았고, 손님이 방문해오는 때도 손에서 서책을 떼지 않았다.

5) 충헌공(忠憲公, 공재의 증조부 고산 윤선도: 필자 첨가)이 고충직도(孤忠直道)로써 하니 당시 사람의 미움을 받았다. 그러므로 후세 자손이 선대(先代)를 위하여 드러내기도 어렵게 되었다. 그러나 공은 마음속에 맞고 안 맞음이 없어 동인(東人)이니 서인(西人)이니 하는 말을 입 밖에 내지 않았다. 또한 자신을 굽혀 남을 따라 세상

에 아첨하지 않았다.

6) 평소에는 나이가 가장 어리고 천한 종이라도 일찍이 이놈저놈하고 부르는 일이 없었고, 반드시 이름을 불렀다. 혹 노비 중에 잘못을 저지르는 경우가 있어도 함부로 꾸짖지 않았으니, 한마디의 가르침이 형벌보다 엄했다. 간혹 도저히 용서할 수 없는 경우에 비록 무거운 형벌을 주더라도 사람들은 공에게 원한을 품지 않았다. 공은 젊을 때부터 연로할 때까지 아무리 급하고 졸지에 일을 당해도 말씀을 빨리 하거나 서두르는 빛이 없었다. 말씀할 때나 웃을 때나, 혹은 해학을 하실 경우에도 집안이 떠나갈 정도로 큰 소리를 하시는 일이 없었다. 공은 밖으로 나타난 용모와 말씨가 중후하고 존엄하여, 자연히 사람으로 하여금 존경의 염(念)이 일게 했다.

1)이 사람과의 관계에서 귀천과 서열을 두지 않는 것, 그래서 편견에 따라 사람을 대하지 않는 것을 나타낸다면, 2)에서는 집안을 맺을 때의 어떤 원칙을 말하고 있다. 둘 다 세속적 흐름과는 대비된다. 그에 반해 3)은 옷차림이나 잠자리, 식사와 음주 같은 생활상의 개인적 습관을 알려준다. 공재는 기름지고 맛있는 것보다는 "담박(淡泊)한 것"을 좋아했고, 가을겨울은 물론 봄여름에도 하루 두 끼의 조촐한 식사를 했다고 전해진다. 주량 또한 과도하지 않았다. 이런 절제된 면모는 4)에서 더 분명하게 나타난다. 말하자면 "자기자신을 지키는(自守)" 모습이다. "공은 교유를 즐겨하지 않으셨다. 조용히 들어앉아 자수하면서 지냈다."

"담담하고 고요하게 자기자신을 지키는 것(恬靜自守)", 이것은 자기를 돌보고 키우며 성찰하면서 변형시키는 일 아닌가? 그것은 자기를 아는 가운데 자기영혼의 밀도를 더하고, 이렇게 영혼을 사랑하면서 내일을 준비하는 것이다. "문상이나 문병(問病) 외에는 밖에 나가지 않았고, 손님이 방문해오는 때도 손에서 서책을 떼지 않았다." 공재는 한편으로 자기를 지키면서도 다른 한편으로 끊임없이 자신을 연마한다. 그것은 절제의 표현이고, 이 절제는 그 자체로 아름다움을 '낳는' 것이다. 즉 진선미를 키우는 것이다. 바로 그 때문에 그는 이런저런 무리에 따르지 않았고, 그 어떤 파벌이나 정파(政派)에 자신을 소속시킴으로써 다른 무리를 비난하거나 질타하지 않았다. "그러나 공은 마음속에 맞고 안 맞음이 없어 동인(東人)이니 서인(西人)이니 하는 말을 입 밖에 내지 않았다. 또한 자신을 굽혀 남을 따라 세상에 아첨하지 않았다."

공재의 이 꼿꼿함과 정의감(正義感)은 그가 물려받은 가산이 많아 유복했던 데서 나온 일종의 심리적 여유라고 말할 수 있을지도 모른다. 삶의 어디에서나 특권적 요소는, 물질적이든 신분적이든 권력적이든 간에, 분명히 있다. 실제로 해남 윤씨 가문이 조선에서도 손꼽을 만한 경제력을 가졌다는 것은 잘 알려져 있다. 여기에는 몇 가지 주된 요인, 이를테면 양자관계가 유지되면서 종손 중심으로 재산이 꾸준히 상속되었다는 점이 작용한다. 그렇게 모인 경제력의 규모는, 시기마

67 이내옥, 《공재 윤두서》, 205쪽과 34쪽.

담담하고 고요하게 자기자신을 지키는 것(염정자수, 恬靜自守)

삶의 어디에서나 특권적 요소는, 물질적이든 신분적이든 권력적이든 간에, 분명히 있다

다 차이는 있지만, 대체로 노비가 500~600명이고 전답이 1000~2300 두락에 이르렀다고 전해진다.[67] 그래서 주위 사람들은 공재의 유복한 가산을 부러워하기도 했다. 하지만 그는 이 가산을, 그 당시에도 있었고 오늘날에는 더없이 극성이 듯이, 불리려고 하지 않았다. 전답(田畓)을 사들이거나 토지 산출을 재생산에 투입하기보다는 제사를 봉안하고 빈객(賓客)을 접대하며 살림이 어려운 일가(一家)친지를 돌보는 데 그는 썼던 것이다. 그래서 자신은 청빈하고 검약한 삶을 살았다.

분수를 아는 공재의 이런 삶은 어떤 기분에서 행해진 일시적인 것이 아니었다. 그는 1697년 무렵 양부인 전부공의 3년상을 치른 후, 양부모 숙인(淑人) 심씨(沈氏)가 받아오라고 말한 빚 채권을, 이 빚진 사람들이 너무 가난하여 갚을 수 없다는 것을 알고, 모두 불태웠다고 전해진다. 또 1713년에는 가산이 기울어 남쪽 해남으로 거처를 옮겼고, 어느 해에는 해일로 각 고을의 곡식이 떠내려가고 들판은 황톳물로 차게 되자, 집안 소유의 산에서 나무를 벌채하도록 사람들에게 일렀고, 그래서 수백 호 주민들이 굶어죽지 않고 살아남을 수 있었다고 기록되어 있다.

힘 있고 지위 높은 사람에 대한 저항보다 더 어려운 것은 힘없고 지위 낮은 사람을 업신여기지 않는 일일지도 모른다. 아마도 그것이 더 실천하기 힘들 것이다. 더 강한 자에게는 굽신거리지 않지만 더 약한 자에게는 너그러워지는 일, 어쩌면 이것이야말로 인간윤리의, 적어도 일상적 차원에서는,

부유했음에도 불구하고 스스로는 청빈과 검약의 삶을 선택했다

더 강한 자에게 굽신거리지 않으며 더 약한 자에게 너그러워지는 일

심미적 경험 II __ 예술의 자기형성술

'전부'라고 말할 수도 있다. 이런 점을 공재는 잘 보여준다. "평소에는 나이가 가장 어리고 천한 종이라도 일찍이 이놈 저놈 하고 부르는 일이 없었고, 반드시 이름을 불렀다. 혹 노비 중에 잘못을 저지르는 경우가 있어도 함부로 꾸짖지 않았으니, 한마디의 가르침이 형벌보다 엄했다." 평소 행동이 이와 같았기에 급하고 곤궁한 경우가 있으면, 입고 있던 옷이라도 벗어주길 그는 마다하지 않았을 것이다. 그는 재산을 일부러 불리지도 않았고, 또 반대로 재산이 줄어 가세가 기울어져 갈 때도 태연자약할 수 있었을 것이다. 말하자면 그는 가계적 특권을 오용하거나 경제적 혜택을 악용한 것이 아니라, 절제의 기율 아래 그 혜택을 선하고 유용한 데로 전환시켰던 것이다. 마치 그리스 로마의 귀족청년들이, 《알키비아데스 1, 2》에 나오듯이, 자신의 신분적 특권을 타자들에 대한 올바른 통치의 기술로 변형시켰듯이.

공재의 이 같은 자아기술은 어떻게 요약될 수 있을까? 나는 그것이 두 개의 사자성어—"정구연핵(精究研覈)"과 "염정자수(恬靜自守)"라는 말로 포괄될 수 있다고 생각한다. 그것은 정밀하게 궁구하여 사물의 뜻을 밝히는 일이고, 고요한 가운데 자기를 지키는 일이다.

사물에 대한 정밀한 탐구가 공재의 학문원칙이라면, 고요 속에서의 자기고수는 그의 생활원칙이었다. 정구연핵과 염정자수를 통해 옛사람의 말뜻을 오늘의 것으로 삼으면서 자기 앎을 공고하게 만들고, 이렇게 실행된 앎에서 귀세(貴勢)나 부귀에 휘둘리는 것이 아니라 개인의 행실과 집안의 법도

사물에 대한 정밀한 탐구가 공재의 학문원칙이라면, 고요 속에서의 자기고수는 그의 생활원칙이었다

(家法性行)를 바로잡을 수 있다. 그것이 파벌을 일삼지 않으면서도 자기 뜻을 지키고, 사람에게 너그러우면서도 세상에 아첨하지 않는 일이다. 그리하여 공재의 염정자수란 푸코 식으로 자기와의 관계를 돌보고, 플라톤 식으로 영혼을 사랑하면서 신으로 나아가는 일과 통하는 것이다.

공재의 〈자화상〉

오직 나 자신과 대화하고, 내면을 깊이 살피면서, 내 자신을 점점 더 알려지게 하고, 내 자신과 더 친숙하게 만들어보자. 나는 사유하는 것이다.

_ 데카르트, 《성찰》(1641)

푸코와 플라톤과 아리스토텔레스를 지나, 그리고 공재의 〈행장〉까지 논평한 후 이 조선시대 선비의 〈자화상〉에 이르면, 이제 우리의 관심은 이론적 철학적 차원으로부터 예술적 심미경험적 미학적 차원으로 옮아가게 된다. 자기배려/자기돌봄/자기형성의 문제가 더 이상 논리적 차원에서가 아니라, 예술작품과의 구체적 경험 속에서 어떻게 일어나는가가 논의의 핵심이 되는 것이다.

예술이란 무엇인가? 예술은 왜 있는 것인가?

이 물음에 대해 우리는 여러 가지로 대답할 수 있다. 그리고 이 대답은 각각의 장르마다 조금씩 다르게 차이를 보일 수 있다. 또 방법론적으로도, 그것이 작품 내재적이건 사회역사적이건, 구조주의적이건 심리학적이건, 혹은 유물론적이건 정신주의 방법이건, 기호학적이건 해체주의적이건, 다양하게 논의될 수 있다. 그러나 예술의 장르가 어떻고, 그 작품에 대한 접근방식이 무엇이든 간에, 예술의 지향은 결국 하나의 지점으로 수렴된다. 그 지점이란 삶이다. 그것은 오늘의 삶—오늘을 사는 나와 우리 모두의 삶이다. 예술이, 그것을 감상하는 나와 우리의 지금 삶을 쇄신시키는 데로 이어지지 못한다면, 대체 무엇을 위해 있을 것인가?

예술이 지금 나와 우리의 삶을 쇄신하는 데로 이어지지 못한다면, 대체 무엇을 위해 있을 것인가

(1) 감각의 변형

나는 다시 삶을 떠올리고, 이 삶을 살아가는 인간과, 이 인간이 놓인 현실과, 이 현실의 경로로서의 역사를 떠올린다. 그러면서 이 역사의 가장 생생하고 절절한 단위로서의 생활—나날의 일상과 이 일상으로서의 하루하루를 생각한다. 하루가 역사적 시간의 현존형식이라면, 나란 인간 종의 개별적 현존형식이다. 내가 만들어가는 하루, 이 하루의 살림살이, 이 세상살이에서의 생업(生業)이 결정적이다. 나와 하루 그리고 생업의 성격은 삶을 생각하거나 인간 전체를 떠올리거나 역사를 그릴 때도 핵심사안이 된다. 예술은 바로 이 점을 다루고 묘사하고 성찰하고 표현하며 반성한다.

삶이든 인간이든 현실이든 세계든, 이 모든 것은 어떤 마당에서 일어나고, 이 마당은 그 주변조건에 의해 테두리져 있다. 즉 한계가 있다. 그러면서 이렇게 일어나는 가운데 이 마당에 속한 여러 요소들이 화학반응을 일으킴으로써 어떤 질적 도약—변증법적 갱신을 도모한다. 이 갱신이 있기에 하나

의 것은 다른 것과 만나고, 이 다른 것은 또 다른 것과 이어진다. 그렇듯이 나는 너와 만나고, 그들은 우리에게로 다가온다. 감각이 이성과 뒤섞이고 정신이 감성과 충돌하며, 주체가 타자와 교류하듯이 개체와 전체는, 나와 세계의 관계처럼 회통(會通)하길 그치지 않는다. 이렇게 교차하는 가운데 동질성과 이질성은 보다 높은 수준에서 또 하나의 다른 동질성으로 전환되면서 그 밖의 이질적 영역을 포용하게 되는 것이다. 중요한 것은 이 회통의 효과이고, 교차의 메커니즘이다.

교차의 상호작용에는 '변형적 계기'가 들어 있다

이질적인 것 사이에서 이뤄지는 다양한 종류의 만남과 교차, 이 교차가 갖는 효과는 무엇일까? 나는 이 교차의 상호작용에 어떤 '변형적 계기(transformative moment)'가 들어 있다고 생각한다. 그것은, 예술의 느낌에서 시작되는 것이라면, 무엇보다 감각의 변형이 된다. 그것은 감각적 정서적 변형이자 변용(transformation/transfiguration)이다. 그러니까 형태와 형용(形容)에서의 질적 전환이다. 비유적으로 말하면, 그것은 뱀이 허물을 벗고 새로운 모습으로 태어나거나, 봄이 되면 새 나이테가 더해지면서 나무의 체적이 더 크고 더 넓게 되는 것과 같을지도 모른다. 영적 차원에서 보면, 그것은 종교에서 말하는 개심(改心)의 체험에 유사하다고 할 수 있을까. 종류가 어떠하건, 그것은 질적 전환이고, 이 전환 속에서 이전과는 다른 속성들을 발생시킨다. 이 속성은, 그것은 살아 있는 인간에게 일어나는 한, '실존적으로' 생겨나는 것이다. 그러므로 심미적 변형은 실존적 전환의 쇄신경험이고, 이 쇄신경험의 사건이다.

심미적 변형은 실존적 전환의 쇄신경험이며 쇄신경험의 사건이다 예술의 실존적 변형에서, 앞서 언급했듯이, 이질적이거나 모순적인 다양한 요소들이 만난다. 주체는 실존적 변형을 통해 자기를 새로 만들어간다. 이 변형은 이중적이다. 그것은 '주체 스스로 변형하면서' 동시에 '타자를 변형하게 하는' 종류의 두 가지 사건이기 때문이다. 그러니까 주체변형적이면서 타자변형적인 상호작용의 계기가 삶과 인간과 현실의 사건 속에 잠재되어 있다고 나는 생각한다. 단지 예술은 이 변형적 계기를 그 어떤 활동에서보다 더 적극적이고도 본격적으로 활성화한다. 예술의 창작이 변형에의 욕구에서 나오듯이, 그렇게 창작된 독자의 작품감상 역시 변형에의 갈망에서 오기 때문이다. 우리는 지금 현실과는 뭔가 다른 것을 꿈꾸기 때문에 시를 읽고 그림을 보며 음악을 감상하지 않는가? 보다 나은 인간과 더 이성적인 질서에 대한 열망이 없다면, 왜 예술을 할 것이고, 왜 그 작품을 감상할 것인가?

다시 짚고 넘어가야 할 사실은 이 심미적 에너지의 활성화가 어떻게 이뤄지는가라는 문제다. 왜냐하면 예술의 활성화 방식은 다른 학문이나 문화 분야의 그것과는 다르기 때문이다. 예술은, 이미 지적했듯이, 개개인의 구체적 사연에 주목하고 생생한 감각과 세부적 경험을 중시한다. 예술의 언어는 비강제적이고 자발적이며, 비유나 은유에서 보듯이, 에둘러 말하는 간접적 진술법을 선호한다. 그러니만치 사회과학적 언어처럼 현상의 분석과 진단에 자족하지 않고, 철학처럼 개념규정적이거나 논증적인 데 머물러 있지도 않다. 또 자연과학처럼 사실을 중시하지만, 그렇다고 사실의 실험과 검증이 목표가 되는 것도 아니다. 예술의 언어는 구체와 개별 속에서 이 개체적 차원을 넘어 전체적 차원으로 나아간다. 미학을 하나의 독립적 학문분과로 정립했던 바움가르텐(Baumgarten)이 '심미적 진리(veritas aesthetica)'가 '논리적 진리(veritas logica)'를 보완할 수 있다고 여겼던 것도 이런 맥락에서다.

예술에 기대어 우리는 새롭게 느끼는 법을 배운다

　　예술에 기대어 우리는 새롭게 느끼는 법을 배운다. 이 느낌은 그러나 단지 느낌의 문제로 끝나지 않는다. 어떤 새 느낌은 새 생각을 유발할 뿐만 아니라, 이 느낌/감성 속에 의식/정신이 이미 작용한다. 감각의 문제가 1차적으로는 신경생리학적 사안이면서 동시에, 적어도 어떤 지점에 이르면, 이 신경세포적 대뇌피질적 물리적 차원으로만 환원될 수 없고, 그러는 한 그것은 가장 신체적이고 물리적인 사안에서도 어떤 지능유사적 의식적 요소가 개입되어 있다는 뜻이 된다.[68] 그렇다면 감각의 새로움은 사고의 새로움을 예비하고 선취한다고 말할 수 있다. 거꾸로 새 사고는 새 감각을 야기하는 데

---

68 이것은 최근 들어 활발히 논의되는 신경생리학적 연구나 뇌과학에서 자주 지적되는 사항이다. 즉 뇌진화에서 낮은 기능(변연계)과 높은 기능(대뇌피질)은 순차적으로 전개되는 것이 아니라, 상호관련성 아래 '어떤 항상적 균형과 조절(homeostatic balance and regulation) 아래' 전개되고, 따라서 이 균형 아래 전개되는 생존과 생명의 기나긴 역사에서 이성이란 감성 없이 불가능하다는 것이다. 그러니까 감성과 이성에 관한 한, 환원주의적 이분법은 부정확할 뿐만 아니라 사실상 불가능하다. 감성과 이성, 뇌의 생리학적 과정과 인식적 과정 사이에는 매우 밀접한 평행관계가 자리하기 때문이다. 따라서 하나의 당위적 요청으로서가 아니라 '사실로서의 감성적 의식구조' 혹은 '의식/이성의 감성적 토대'를 우리는 그야말로 본격적으로 논의할 필요가 있다. 여기에 대해서는 문광훈, 〈심미적 감성에 대하여〉,《감성연구》 4집, 전남대 호남학연구원, 2012년, 31~71쪽 참조.

로 다시 돌아간다. 그리하여 예술의 경험에서는 느낌과 생각, 감각과 사고의 선순환을 통해 감성적 확대와 사유의 갱신이 일어나는 것이다.

감각과 사유의 변형은 말할 것도 없이 직접적 해명이나 설명을 통해서가 아니라, 예술언어의 표현과 묘사와 기록을 통해 이뤄진다. 예술의 언어는 '이 작품이 어떻다', '그 주제가 무엇이다'라고 설명하거나 직접 안내하지 않는다. 그것은 언제나 '넌지시' 그리고 '에둘러' 표현한다. 예술의 언어는 '반쯤 드러내고 반쯤 숨기는' 언어인 것이다. 그리하여 예술작품에서는 어느 정도 무엇이 말해지면서 이렇게 말해지는 것만큼이나 침묵한다. 흔히 예술작품이 '의미론적 다면체'라고 일컬어지는 것은 그런 이유에서다. 심미적 경험은 이 경계— 표현과 침묵, 드러남과 숨음 사이에 일어난다. 그렇다는 것은 그만큼 감상자가 작품의 숨은 뜻을 적극적으로 읽어내야 한다는 뜻이기도 하다. 이때 감상자의 수용능력—심미적 감수성과 이해력과 해석력은 결정적이다. 이 가운데 출발점은 어디까지나 감수성/감각/감성/정서의 힘이다. 미학의 많은 문제가 감성/정서/감각이란 주제를 둘러싸고 다뤄지고, 감수성의 교육과 배양을 목표로 하는 것은 이 때문이다.

예술의 감상자는 이 경계 위에 서서 드러난 의미와 숨은 의미 사이를 오가면서 느낌과 생각을 재조정하고, 감성과 이성을 상호충돌시키면서 의미의 전체에 다가서고자 애쓴다. 그리고 이렇게 애쓰는 사이에, 작품이 표현과 침묵 사이에 놓여 있듯이, 자기도 감각과 사유를 변증법적으로 교차시킨다. 그

예술의 언어는 '반쯤 드러내고 반쯤 숨기는' 언어다

러니까 수용자의 심미적 경험 자체가 작품에 구현된 다면체적 의미—감성과 이성의 혼용을, 마치 반향판처럼, 되울리면서 추경험하게 되는 것이다. 예술경험이 감성과 이성의 상호작용을 장려하고, 이 상호작용에서 일어나는 심성의 질적 전환을 '자발적이고 비강제적으로 활성화시켜 준다'는 것은 이런 뜻에서다.

심미적 경험에서 획득되는 풍성한 감각과 깊은 사유는 '자유'를 향하여 있다

그렇다면 새로운 감각과 새로운 사고는 어디로 나아가는가? 심미적 경험에서 획득되는 풍성한 감각과 깊은 사유는 무엇을 위한 것인가? 그것은, 간단히, 그리고 궁극적으로는, 아마 '자유'라고 말할 수 있을지도 모른다. 시를 읽고 음악을 듣고 그림을 보면서 갖는 기쁨, 그 끝에는, 종국적으로 보면, 자유의 느낌이 있지 않나 여겨진다. 예술 속에서 우리는 전적으로 자유롭고 완벽하게 존재할 수 있기 때문이다. 아니, 그렇게 자유롭고 완벽하게 존재할 수 있다고 느끼게 된다. 이 완벽한 자유는 아마도 심미적 경험이 경험의 주체를 일체의 이해관계나 눈앞의 진위에 결부시키는 행위로부터 벗어나는

심미적 경험은 주체의 자유롭고 완벽한 존재방식을 가능하게 한다

데서 올 것이다. 예술의 자유는 일체의 결박과 구속으로부터 떠나 있는 데 있다. 그리하여 심미적 경험은 주체의 자유롭고 완벽한 존재방식을 가능하게 한다.

예술은 사물의 전체성을 전혀 새롭게 경험케 하는 것이다

우리는 예술 속에서 대상을 있는 그대로, 벌거벗은 원래의 원형적 모습으로 온전하게 바라볼 수 있다. 예술은 사물의 전체성을 전혀 새롭게 경험케 하는 것이다. 그래서 그 경험 속에서 우리는 사물의 본성과 세계의 원리에 다가선다. 그러면서 주체는 자기를 완전히 떠나지는 않는다. 즉 자기 속에서

자기를 넘어선다. 이것을 우리는 '내재적 초월'이라고 할 수 있을까? 심미적 경험은 지금 여기에서 이 여기를 넘어서는 것 — 말의 바른 의미에서 삶의 내재적 초월을 가능하게 한다.

하나의 느낌을 통해 나는 또 다른 느낌으로 나아가고, 하나의 생각 안에서 다른 생각을 갖는다. 그리고 이 느낌과 생각은 내 속에서 내 주변을 잠시 돌아보게 한다. 내가 세상을 돌아보는 만큼 세상은 잠시 더 커지고, 이렇게 커진 세상은 내 일부가 된다. 내가 가진 느낌에 거짓이 없다면, 이 거짓 없는 느낌에는 거짓 없는 생각도 들어 있고, 이 거짓 없는 느낌의 생각에는 세상의 진실 몇 조각도 묻어 있다. 내가 보는 세상의 진실은 이렇게 보는 내 속의 어떤 진실을 담고 있는 것이다. 그리하여 진실을 확인하고 이 진실의 지평을 넓혀가는 심미적 만남에 어떤 윤리적 차원이 들어가 있다. 나는 그렇게 생각한다. 그리고 이 윤리적 차원이 예술경험의 질적 도약과 의미론적 갱신을 가능하게 한다고 나는 여긴다.

이것을 나는 공재 윤두서의 〈자화상〉에서도 확인하곤 한다.

(2) '불운을 연습하라' – 공재의 눈빛

공재의 〈자화상〉을 나는 오랫동안 명상해왔다. 어떤 일을 마치고 돌아와 책상에 앉을 때나 그렇게 앉으며 노트북을 켤 때, 글을 쓰다가 문장이 막히거나 단락을 구분하며 생각의 전환이 필요하다고 문득 느낄 때, 혹은 연이어 솟구치는 생각들의 광풍 속에서 살아 있는 의식과 이 의식의 요동치는 움직임에 나를 맡긴 채 그 궤적을 기록해갈 때, 이 기록을 실행하는 글자판과, 이 자판이 만들어내는 문자 하나하나를 확인하면서 표현의 열기를 실존적 탈각(脫殼)을 위한 어떤 통과의례처럼 겪은 후 잠시 숨을 돌릴 때, 나는 이 그림을 쳐다본다.

아무런 장식도 없이, 머리에 쓴 탕건(宕巾) 외에는 아무런 장식도 배경도 없이 얼굴만 나타나 있는 그림. 그것은 공재가 그린 자기자신의 모습이다. 자기 그림으로서의 자화상. 여기에는 두 가지가 있다. 흔히 윤두서의 〈자화상〉으로 소개되는 작품과, 이 작품이 이 형태로 표구되기 전에 몸체 부분이 버드나무 숯(柳炭)으로 간략히 스케치된 〈자화상〉 사진이 그것이다. 이 사진은 조선총독부 조선사편수회가 1937년에 발간한 《조선사료집진속(朝鮮史料輯眞續)》 3집에 게재되어 있다. 책의 도판에서 비교하면, 선명도는 뒤의 것이 더 좋아 보인다.

공재가 머리에 쓴 것은 건(巾)이다. 건은 어떤 행사나 의례 때 쓰는 모자(帽)나 관(冠)이나 삿갓(笠) 같은 것이 아니다. 건은 평상시에 쓰는 것이다. 그래서 거기에는 장식이 없다. 그렇듯이 공재의 모습은 일체의 수식과 미화를 배제한다. 코밑의 팔자수염과 옆으로 뻗친 구레나룻 그리고 등나무 줄기처럼 굴곡을 이루며 아래로 내려뜨린 턱수염. 입은 꽉 다물고 있고, 두 눈은 부릅뜬 채 정면을 주시하고 있다. 뭉툭한 코, 치켜진 눈썹 그리고 두툼한 입술. 눈에는 쌍꺼풀이 반쯤 져 있고, 눈 밑으로는 세상살이의 고단함을 드러내듯 희미한 그늘이 가느다랗게 져 있다. 귀는 생략되어 있고, 목도 숨겨져 있으며, 어깨의 선도 드러나지 않는다. 두 눈과 코 그리고 입을 중심으로 왼편과 오른편이 뚜렷한 대칭을 이루고 있고, 이

윤두서(尹斗緒, 1668~1715), 〈자화상〉(18세기 초), 국보 240호, 해남종가 소장
나는 세계를 응시한다.
나의 미진(未盡)을 추스르면서 삶의 불운, 세상의 불의와 대결한다.
나는 탐구하며 나아갈 것이다.

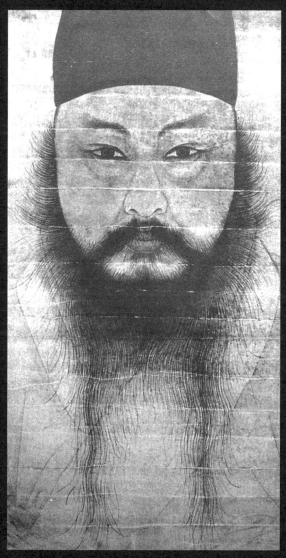

〈조선사료집진속〉 3집에 수록된 윤두서의 〈자화상〉

런 구도상의 엄밀성은 엄숙한 분위기와 근엄한 표정에 잘 어울리는 듯하다. 이 같은 조응의 최종적 표현은 눈빛에 있을 것이다.

눈빛. 정면(正面)을 응시하는 공재의 시선.

공재는 눈을 부릅뜨고 있고, 이렇게 뜬 눈으로 정면을 바라보고 있다. 이 정면은 무엇의 정면인가? 그것은 현실의 정면이고 세상의 정면이다. 세상을 이루는 소음과 소란의 정면이다. 그것은 이 세상의 현실에서 움직이는 인간들의 실상이다. 공재는 인간이 만드는 소음과 이 소음으로 인한 세상의 환란을 직시하려 했다. 현실은 불운과 미진(未盡)과 어리석음으로 가득 차 있었기 때문이다.

공재에게 크고 작은 불행은 그치지 않았다. 15세 때 전주 이씨와 혼인하여 18세 때 큰아들 덕희를 낳았지만, 22세 때 (1689년) 부인은 세상을 떠나고 만다. 27세 때인 1694년에는 양부(養父)인 전부공(典簿公)이 세상을 떠나 그는 3년 동안 상복을 입어야 했다. 또 1697년은 셋째 형 윤종서가 당쟁에 휘말려 거제도로 유배되던 해였다. 그 이듬해 형은 세상을 떠나고 만다. 공재가 30살이 되던 해에는 큰형 윤창서가 서인에게 모함을 받았고, 공재도 혐의를 받았지만 곧 풀려난다. 그 후 2년 뒤 생부 지암공(支菴公)이 별세하고, 39세 되던 해에는 가까이 지내던 이잠(李潛)이 역적으로 몰려 죽는다. 43세 때는 또 다른 지기였던 심득경도 세상을 떠난다. 모친이 별세한 것은 그 2년 후였고, 그다음 해 가계가 어려워진 공재는 식솔을 끌고 해남으로 낙향한다.

공재는 인간이 만드는 소음과 이 소음으로 인한 세상의 환란을 직시한다. 현실은 불운과 미진 (未盡)과 어리석음으로 가득 차 있다

공재의 생애사는 불
운과 모함과 시기와
음모의 연속이었다.
그는 당쟁이 가장
치열하던 숙종 때
살았고, 그의 집안
자체가 남인의 핵심
이었다

이렇듯 공재의 생애사는 불운과 모함과 시기와 음모의 연
속이었다. 그는 당쟁이 가장 치열하던 숙종 때 살았고, 그의
집안 자체가 남인(南人)의 핵심이었다. 그래서 경기도의 남인
이던 성호(星湖) 이익(李瀷) 집안과 가까이 지내기도 했다. 그
는 이익의 둘째 형인 이잠이나 셋째 형인 이서(李漵)와는 지
기(知己)로 지내면서 두 집안의 대소사를 함께 의논하며 살았
다. 특히 이서는 자연을 좋아하고 도연명을 숭상했으며, 공재
처럼 벼슬길로 나아가진 않았으나 평생 학문에 정진했다. 이
것은 초야에 묻혀 살았지만 자부심 강했던 형 이잠이 상소 끝
에 매 맞아 죽자, 이익이 출세의 뜻을 접고 학문에 전념한 것
과 다르지 않다. 이잠이 동생을 줄곧 가르친 까닭이다. 이서
는 공재보다 여섯 살 아래였지만, 마음이 서로 통해 공재는
이서에게 자기 아이들을 보내 배우게 했다고 전해진다.

　이렇게 공재는 남인들과 즐겨 만났다. 하지만 그렇다고 서
인들과 친교하지 않은 것도 아니었다. 당시 남인과 서인의 교
류는 사회적으로 지탄의 대상이 되었지만, 공재는 크게 개의
치 않았다고 전해진다. 그는, 〈행장〉에 적혀 있듯이, 마음에
맞고 맞지 않음에 구애되지 않았고, 서인이니 남인이니 하는
말을 입에 담지 않았다. 비록 당파 사이에 반목과 갈등이 심
하고 자기 집안사람들이 서인의 공격으로 벼슬길도 대대로
막혔지만, 그래서 서인에 대한 남인의 원한과 피해의식은 실
로 뿌리 깊은 것이었지만, 그는 그 차별에 초연하고자 했다.

　서인이 득세한 현실에서 남인인 공재에게는 그러나 몰락의
길만 예정되어 있었다. 그는 거듭되는 모함과 시기와 질시로

결국 과거공부를 접어야 했다. 이것은 당시의 문사계층에게 사대부가 되지 못한다는 것을 뜻했고, 남자로서 뜻을 펴지 못한다는 것을 의미했다. 세 아이를 남기고 아내는 일찍감치 떠나갔고, 자기를 알아주던 몇몇 친구들도 역적으로 몰리거나 모진 운명 때문에 하나둘씩 세상을 차례로 떠나갈 때, 그의 마음은 어떠했을까? 친형들도 유배 가거나 세상을 떠나거나 누명을 써야 했다. 생부와 생모의 삶도 다르지 않았다. 그가 선택할 수 있었던 길은 과연 어떤 것이었을까? 그런 생존의 길이 있기나 했던 것일까? 이 벼슬, 이 현실, 이 관직 외에 과연 어디에서 유교적 이상을 구하고, 자신의 수신제가는 어떻게 이루어야 했을 것인가? 이 같은 물음을 그는 아마도 자기 자신에게 묻고 또 물었을 것이다. 그것은 사회정치적 소외와 이상의 괴리에 대응하는 삶의 방책을 강구하는 일과 다르지 않다. 왕충(王充)이 쓴 글의 한 제목은 바로 〈비핍(備乏)〉—'어려움에 대비하는' 것이었다.

공재는 30세를 전후로 이미 벼슬길을 포기한다. 험난한 세월이었다. 고개를 들면 세상 떠난 젊은 아내가 눈에 밟혔고, 모함받거나 당옥(黨獄)에 연루된 형들이 떠올랐다. 당쟁에 휘말려 관직길이 막혔던 수많은 선조들도 생각났고, 그 가운데는 박해 때문에 20여 년이나 유배를 당했던 증조부 윤선도도 있었다. 또 왕에게 목숨 걸고 상소하다가 결국 세상을 떠나야 했던 순정한 벗들은 얼마나 그리웠던가? 이 모든 부당함, 이 모든 어이없음은 과연 무엇이고, 삶의 이 모든 불평등과 불의는 도대체 어떻게 된 것인가? 나는 이것을 이겨낼 수 있는가? 아니 '이겨내는 것'이 아니라, 그 사이를 '헤쳐 나아가기'라도 할 수 있는가? 불운과 환난 속에서, 그러나 이 환난에 짓눌리지 않은 채, 내가 배운 것을 버리지 않고, 믿음과 도리를 견지하면서, 나는 나아갈 수 있는가? 그리하여 이 삶의 비루하고 졸렬하며 상스러운 테두리를 넘어 더 넓은 곳 ─ 색(色)과 설(說)과 론(論)으로 찢겨지지 않은 세상, 쟁(爭)과 투(鬪)가 없어도 되는 세상으로 들어설 수 있는가?

공재는 더욱 자기공부에 몰두하였다. 고대(古代)의 전적(典籍) 읽기와 그림 그리기에 힘쓰면서 그는 다른 한편으로 가족과 친지와 가난한 이웃을 돌보았다. 이런 정신의 긴장을 드러내는 데 공재의 〈자화상〉은 적절해 보인다. 불필요한 것은 어떤 것도 허용치 않고, 필요한 것은 최소한으로 갖춘 것. 그리고 이렇게 갖춰진 것은 모두 하나의 지점 ─ 응시하는 눈빛으로 모아진다.

이 눈빛은 무엇을 바라보는가? 알 수 없다. 단지 그 숨은 의미는 이마를 가로지르는 건(巾)과 반듯한 얼굴, 코와 입술의 모양, 팔자(八字)형 수염과 구레나룻의 윤곽과 내리뜨려진 턱수염에서 암시된다. 드러난 것이 둥글음을 지향한다면, 숨겨진 것은 예각적인 것을 지향한다고나 할까? 직진(直進)이 정신의 표현이라면, 원만은 실천의 원리인지도 모른다. 직시(直視)가 성찰의 규칙이라면, 포용은 행동의 원리였을 것이다. 가차 없이 앞으로 나아가는 직선의 정신과 에둘러 그려지는 너그러움의 원, 이 둘이 모여 하나의 삶 ─ 올곧은 생애를 지탱한다. 이렇게 모아진 삶은 현실의 불운에 대응하는, 이

불필요한 어떤 것도 허용치 않고, 필요한 것은 최소한으로 갖춘 것. 그리하여 이렇게 갖춰진 것은 모두 응시하는 눈빛으로 모아진다

직진이 정신의 표현이라면 원만은 실천의 원리인지 모른다. 직시가 성찰의 규칙이라면, 포용은 행동의 원리였을 것이다

심미적 경험 Ⅱ _ 예술의 자기형성술

불운과 맞서 싸워야 할 어떤 것이었다. 나는 '불행들에 대한, 불행에 대비하는, 불행의 수련'을 말했던 푸코를 떠올린다.

푸코가 고대 그리스의 철학을 해석하면서, 특히 헬레니즘 시대 이후 제정 시대까지의 스토아학파 철학서에서 광범위하게 논의된 수련형식인 이른바 '불행들에 대한 사전 숙고(praemeditatio malorum)'가 곧바로 17~18세기 조선의 한 선비에게 적용될 수는 없을 것이다. 또 그들의 자기실천이 초월적 가치나 외적 규범 그리고 법률에 의해 강제되지 않은 실존의 내재적 윤리성을 띠었다고 푸코가 해석할 때, 자기실천의 이 내재적 윤리성이 그대로 공재에게 적용될 수도 없을 것이다. 공재는 근본적으로 유학이라는 당대이념의 틀 안에서 움직였기 때문이다. 그러나 그럼에도 이 고대의 철학자들이, 그가 세네카이든, 아우렐리우스든 아니면 에픽테토스든 간에, 죽음을 명상하고 불행을 미리 숙고함으로써 삶의 불확실성과 불운을 이겨내고자 했듯이, 공재도 분명 어떤 믿음 아래 혹독한 운명과 맞서는 혹독한 자기수련을 실행했을 것이다. 그것은 넓게 말하여 극기(克己)를 통한 내재적 초월의 방식이라고 부를 수 있을지도 모른다.

법적 체계나 외적 규범에 기대기 전에 자기원칙 속에서 이 원칙을 스스로 실행해감으로써 현실의 장애를 이겨내는 방식…. 그것은 불운을 미리 숙고함으로써 이 불운을 예비하고 그에 대비했다는 점에서, 고대철학자들과 공재는 서로 만난다고 말할 수 있을지도 모른다. 아마도 공재의 〈자화상〉은 이미 겪은 불운 속에서 불운의 외면이 아닌, 그 직시를 통해 자

가차 없이 앞으로 나아가는 정신과 에둘러 그려지는 너그러움의 원, 이 둘이 모여 만들어진 하나의 삶

불행에 대한 사전 숙고 혹은 혹독한 자기수련 — 극기를 통한 내재적 초월의 방식

기를 지키고 세상의 파고(波高)를 이겨내는 의지의 표현일 것이다.

이 이겨냄, 이겨냄으로써 넘어섬은 곧 초탈적 생애의지다. 삶을 버리는 것이 아니라 삶 속에서, 이 삶을 살아가면서 삶 너머를 바라보고, 현실을 외면하는 것이 아니라 현실과의 대결 속에서 다른 현실을 꿈꾸는 정신은 곧 진실을 추구하는 학문의 정신이고, 화해를 열망하는 예술의 정신이다. 그리고 그것은 철학의 정신과 다를 것인가? 그렇지 않다. 철학도 이미 알고 있는 것을 정당화하는 데 머무는 것이 아니라 그와 다르게 사유하고, 이 다른 사유 속에서 아직 열리지 않은 삶의 지평, 이 지평 속의 새 의미를 찾아 나선다. 다르게 느끼고 다르게 사유하며 다르게 의미하지 않을 것이라면, 철학도 예술도 학문도 별 의미 없다. 이 다른 감각과 사고와 의미로부터 마침내 진선미는 자라나기 때문이다. 나아가 그것은 이 모든 진선미를 지금 여기의 현존 속에 하나로 묶는 삶의 정신이기도 하다. 이렇게 하나로 묶인 것의 이름이 아마도 어짊(仁)이고 사랑일 것이다. 이 사랑의 의미란 결국 각각의 좁고 미미하고 짧은 생애를 자유롭고도 행복하게, 그리하여 더 밀도 있게 사는 데 있을 것이다.

그러나 굳이 스토아주의자가 아니어도, 또 공재가 아니어도, 우리는 하루가 생애의 마지막 날인 것처럼, 아침이 인생의 유년기라면 정오는 그 성숙기이고 저녁은 그 노년기이듯이, 살아갈 필요는 있다. 혹은 하루의 아침은 인생의 출발이고, 하루의 저녁은 인생의 종결점일 수 있다. 그리하여 하루

다르게 느끼고 다르게 사유하며 다르게 의미함으로써 마침내 진선미는 자라난다

를 마치 한 달처럼 살고 일 년처럼 살다가, 결국 그것이 전 생애인 듯이 보내지 않는다면, 우리는 다가오는 불행을 어떻게 감당할 수 있는가? 이것이 곧 "마지막 날의 수련(the exercise of the last day)"이다.[69]

고개를 내민 채 다음 차례를 기다리는 삶의 불운 앞에서 우리는 이 불운에 어떻게 대항할 것인가? 그 모든 비참과 슬픔을 겪은 공재는 매일매일을, 마치 스토아주의자처럼, 실존의 마지막 날인 것처럼 생각하고, 이 마지막 날의 수련으로 보내며 이겨냈을지도 모른다. 증조부 윤선도 이래 공경과 화락(和樂), 절제와 극기의《소학》이념을 그는 일평생 실천했고, 그 증조부가 후손들에게 그러했듯이, 자기 역시 자손들에게 매일매일 배우고 익히도록 했다. 새벽에 일어나면 부모께 문안하고, 의관을 단정히 하며, 걷는 법, 대답하는 법, 앉는 법, 절하는 법을 늘 가르쳤다. 상스런 말을 하거나 떠들거나 내기하는 것은 금지되었다. 이 모든 유학적 실천윤리는, 시대적 상황과 사회정치적 경제적 역사적 환경 그리고 이데올로기적 조건의 근본적 차이에도 불구하고, 플라톤의《알키비아데스 1, 2》에 나타난 자기구성의 실천법—독서와 글쓰기와 명상과 대화 속에서 자기를 변화시켜가는 실존적 변형의 기술과 다르지 않다. 그것은, 주체가 자기자신과의 관계를 고정된 것이 아닌 무한한 변형 가능성으로 파악하고, 이 관계를 적극적으로 갱신해가려 했다는 점에서, 근본적으로 일치하는 것으로

69 Michel Foucault, *The Hermeneutics of the Subject*, p. 478.

매일매일을 마지막 날의 수련으로 보내며 '고개를 내민 채 차례를 기다리는 불운'을 이겨내는 자세

자기구성의 실천법—독서와 글쓰기와 명상과 대화 속에서 자기를 변화시켜가는 실존적 변형술

봐야 한다.

이 주체의 자기형성에 정치나 권력이 개입하지 않는 것은 아니다. 그것은 시시각각 영향을 미친다. 그러나 주체는 지배 기술에 영향받으면서도, 그래서 그 외적 장치에 자주 예속되고 그 명령에 복종하면서도 실천 속에서 자신의 정체성을 구축해간다. 주체의 자기관계에서 정치나 권력은 별개로 자리하는 것이 아니라, 이 자기관계의 조직방식이 어떤가에 따라, 이 자기관계를 얼마나 능동적이고 독립적으로 만들어가는가에 따라 이미 겹친다. 실존의 자기실천적 방법 속에서 주체와 권력, 윤리적인 것과 정치적인 것은 분리되지 않는 것이다.

그러므로 우리는 이렇게 말할 수 있다. 매일매일을, 마치 그것이 생애의 마지막 날이라도 되는 것처럼, 죽음에 대해 명상하고 다가올 불운을 예비하는 일은 그렇게 행한 사람의 윤리적 완성을 가능하게 했다고. 왜냐하면 이 수련 속에서 그는 매일 매 순간 최선으로 살 것이기 때문이다. 매일 매 순간 그는 자기자신을 최선의 상태에 둘 것이기 때문이다. 그러니까 언제 어느 때라도 죽을 수 있는 최선의 상태에 우리자신을 어떻게 놓는가 하는 것이 관건인 것이다. 그런 실존적 예비 속에서 주체는 자신을 끊임없이 더 나은 상태로 변화시켜가고, 그래서 인식의 주체와 행동의 주체 사이에 어떤 일치 혹은 균형을 기할 수 있다. 이 일치 혹은 균형이란 진실한 것의 증거 외에 다른 것이 아니다. 그래서 "우리는 불행을 연습해야 한다(We must practice misfortune)"고 푸코는 누누이 강조한다.[70]

주체와 진실은 외적으로 부과되는 규율과 명령이 아닌 실

매일매일을, 마치 생애의 마지막 날이라도 되는 것처럼, 죽음에 대해 명상하고 다가올 불운을 예비하는 일은 그렇게 행한 사람의 윤리적 완성을 가능하게 했다

"우리는 불행을 연습해야 한다"(푸코)

존의 자발적 선택으로 올바르게 맺어진다. 주체가 자기와의 관계에서 설정하는 실천적 절차들이 얼마나 납득할 만한가가 주체의 윤리를 구성한다. 이것이 '주체의 주체화(subjecti-vation)'가 갖는 의미다.

우리는 최악의 것을 준비하고 예상하고 명상하는 가운데 닥쳐오는 불행과 오늘의 비참을 견뎌낼 수 있다. 그것은 다름 아닌 지금 하고 있는 일에 최대의 집중을 기하도록 만들기 때문이다. 우리는 지금 이 순간의 일 속에서 이미 사물의 자연적 필연적 질서에 다가가 있다. 사람은 더 나은 자기면모를 구성하고 조직하는 가운데 신적 진실로 나아갈 수 있을 것이다. 그리하여 공재의 눈빛은 내게 이렇게 속삭인다. 불운을 회피하지 마라. 불행을 예비하고 죽음을 명상하라. 그렇다면 너는 네 스스로 변하는 가운데 삶의 진실과 신적 빛의 한가운데 서게 될 것이니. 온갖 감투와 허세, 현우(賢愚)와 귀천(貴賤)의 어리석은 구분을 경계하라. 그리고 이 인위적 구분을 넘어 주어진 그대로의 삶과 주어진 그 이상의 역사를 살도록 노력하라.

세상을 직시하면서도 너그럽고, 운명과 대결하면서도 불운을 감내할 수 있었던 공재의 강인한 초탈적 자세는 서인과 남인을 구분하지 않았던 교유관계에서 이미 확인되는 것이었다. 그는 인간관계의 가능성을 당파적 관점에서가 아니라 그보다 넓고 깊은 관점에서 파악했기 때문이다. 그러나 이 초

세상을 직시하면서도 너그럽고, 운명과 대결하면서도 불운을 감내할 수 있었던 공재의 강인한 초탈적 자세

---

70 Ibid., p. 470.

연한 태도는 그의 대인관(對人觀)에만 적용되겠는가? 그것은, 〈행장〉에 나타나듯이, 토지에서 나온 수확물을 그가 재산증식에 투자하기보다는 제사봉안이나 빈객접대 그리고 자선사업에 썼을 때, 부나 물질에 대한 생각이나 선에 대한 자세에서도 두루 나타나는 것이었다. 초탈적 현실직시의 정신은 공재가 지닌 삶의 태도이자 자세로 그의 생활 속 깊이 녹아들어 있었다. 이것은, 다시 푸코 식으로 말하여, 앎의 주체로서의 자신과 행동의 주체로서의 자신을 공재가 자기 안에서 일치시키고자 했기 때문일 것이다. 진리는 앎과 행동, 인식과 실천 사이의 일치에서 온다. 공재는 앎의 차원과 행동의 차원을 자기 삶에서 하나로 모으고자 했다.

(3) 따르되 합치지 않는

공재는 실제로 생각하는 것을 말하고, 말한 대로 행동하며, 이렇게 행동하는 것의 축적으로서 자기 삶이 영위되길 원했던 것으로 보인다. 그러니까 그는 앎의 주체이자 실천의 주체로서 이 둘의 간극을 허용하지 않았다. 이것은 곧 그가 윤리적 인간이었음을 보여준다. 그의 〈행장〉에서 가장 핵심적인 열쇠어로 뽑은 '염정자수'란 용어도 윤리적 인간으로서의 공재의 생애적 원칙이었을 것이다. 나는 그렇게 해석한다. 이러했기에 그가 세상을 떠났을 때, 이서는 다음과 같이 슬퍼했을 것이다.

공재가 태어날 때, 나는 여섯 살이었다. 나는 약관 때부터 공과 함께 있기를 좋아하고, 추종해 강마(講磨)하기를 40여 년이 되었다. 공은 나의 마음을 믿고 나는 공의 도량을 좋았다. 내가 그것을 아교와 칠이라 말하면 군은 금란(金蘭)이라 일컬었고, 내가 관포(管鮑)라 하면 군은 범장(范張)이라 했다. 마음이 서로 거스르지 않았으나, 구차하게 합해지지도 않았다. 장차 한 마을에서 같이 늙어가길 기대했는데, 뜻하지 않게 가난 때문에 남쪽으로 내려가게 되었다. 머지않아 살아 돌아와 서로 만나자고 했으나 갑자기 세상을 떠나 영원히 헤어지게 되었다. 오호라, 하늘이 날 돕지 않는구나. 어찌 나의 두 번째 자아를 빼앗아 가는가. 어찌 내 몸의 반쪽을 잘라내는가. 오호라, 다시 마음을 만날 친구가 없고, 다시는 마음의 깊은 얘기를 털어놓을 수 없으니, 쓸쓸해서 하늘과 땅 사이에 홀로 외롭고 갈팡질팡하도다.[71]

한 사람의 마음을 알아주는 이는 자기 이외에 드물다. 자기 외에 자기를 알아주는 사람을 만난다면, 이 사람은 그의 분신이 될 만하다. 이서에게 공재는 그런 인물이었던 것으로 보인다. 그러나 서로를 안다는 것이, 위의 〈제문(祭文)〉이 보여주듯이, 반드시 모든 일에서 똑같았음을 뜻하지 않는다. "공은 나의 마음을 믿고 나는 공의 도량을 좇았다(公信我心 我服公量)."라고 할 만큼 두 사람은 서로를 존중했다. 하지만 어떤 면에서는 생각을 달리했고, 이 다름을 또 인정할 줄 알았다. 그래서 이서는 이렇게 쓴 것이다. "마음이 서로 거스르지 않

서로를 안다는 것은 반드시 모든 일에서 똑같았음을 뜻하지 않는다

---

71 이서, 〈제문〉, 《해남윤씨문헌》, 권16; 이내옥, 《공재 윤두서》, 67쪽 재인용.

았으나, 구차하게 합해지지도 않았다(心雖莫逆 亦不苟合)." 말하자면, 친구를 적처럼 보기도 하고, 적을 친구처럼 보기도 하는 것인가. 이것은 더 넓고 깊은 삶의 원칙들—더 공정하고 더 옳은 것을 향해 마음이 열려 있지 않으면 도달하기 어렵다. 바로 그것이 공재의 도량(度量)이었을 것이다. 또 공재의 이 같은 인물됨을 이서 역시 알아보았던 것이다. 그래서 그들은 친구가 되지 않았겠는가? 그러니 이서에게 분신과 같았던 공재와의 작별은 그만큼 더 힘겨웠을 것이다.

위에서 우리는 서인과 즐겨 교류했던 공재에게서 인간관계의 넓고 깊은 가능성을 언급했지만, 이 가능성은 곧 삶의 태도로서 그가 가진 도량의 표현이 될 것이다. 그리고 이 마음의 도량은 여러 가지 측면에서 나타나는 것일 것이다. 그가 그린 산수풍경화에서 그것이 비유적으로 표현되었다면, 풍속화에서는 더 직접적으로 나타난다고 할 것이다. 예를 들어 〈강안산수도〉나 〈겨울서옥도〉를 살펴보자.

어느 그림이나, 계절의 차이는 있지만, 자연과 사람과 집과 나무와 강물과 새가 어울려 살아가는 풍경을 담백한 색과 간결한 선으로 나타내 보인다. 자연의 담백함에는 이 담백함을 바라보는 화가의 정신적 담백함이 깃들어 있다. 그것은 소박하고 고졸한 정신이 자연의 염정성(恬靜性)을 그리는 마음의 표현이다. 그림 속에서 한 사람이, 행낭을 멘 채, 구불구불한 길을 돌아가고 있다. 그는 아마도 거대한 현실에서 자연의 한 점으로 운명과 맞서며 제 길을 가는 공재 자신일지도 모른다. 혹은 크게 말하여, 이 인물의 움직임처럼 하늘 저 멀리 날고

자연의 담백함은 소박하고 고졸한 정신이 자연의 염정성을 그리는 마음의 표현이다

윤두서, 〈강안산수도〉(18세기 초), 《윤씨가보》, 해남종가 소장
1700년대 이 땅의 산하는 이렇게 헐벗었던가?
나무 한 그루, 풀 한 포기가 드문 어느 강의 옆길을 한 사내가 돌아가고 있다.
그때에도 바람은 지금처럼 시원하거나 서늘했을 것이다.

윤두서, 〈겨울서옥도〉(18세기 초), 《윤씨가보》, 해남종가 소장
겨울인데도 이 그림에는 〈강안산수도〉보다 초목이 더 많아 보인다.
강가의 집 한 채.
주인 떠난 집은 물이나 산을 닮는다.

있는 두 마리 새도 공재의 마음이 아닐까?

이 풍경화들에 어떤 운치가 녹아 있다면, 그 운치란 분방함과 풍요의 소산이 아니라 단정과 절제의 표현으로 보인다. 그래서 그 아취는 담담하고 정갈하게 느껴진다. 그렇듯이 외롭게 선 서너 그루 나무와 저 강 너머 언덕과 구릉 그리고 이 구릉 위의 말없는 나무에도 이 모든 사물을 표현한 화가의 맘한 컨이 드러난다. 자연의 세계는 이 세계를 어루만지는 마음의 감각과 정신을 고루 담는다. 그려진 풀 한 포기, 표현된 바위와 울타리와 모래언덕과 비탈은 그 나름으로 화가의 심성을 구현한다. 멀리 있는 산의 희미한 윤곽은, 〈겨울서옥도〉에서 나타나듯이, 희미하고 밋밋한 마음을 그대로 담는다. 그것은 마치 자기자신을 돌아보는 듯하다.

공재의 풍경화에 녹아 있는 운치는, 분방함과 풍요의 소산이 아니라 단정과 절제의 표현이다

공재의 풍속화는 그의 도량을 백성에 대한 관심의 형태로 보여준다고 할 수 있다. 사실 그의 그림에는 나물 캐는 아낙네나 돌 깨는 석공이나 밭 가는 농부 같은 일상적 모습을 담은 작품들이 많다. 〈나물 캐기〉나 〈돌 깨기〉는 매일처럼 일어나는 이 생활의 남루하나 소중한 현실을 잘 보여준다. 그 가운데 〈나물 캐기〉는 봄철 나물을 찾으려고 고개 숙인 한 아낙네와, 그 옆에 서서 고개를 젖힌 채 어깨 너머 뒤편을 돌아보는 아낙네를 실감 있게 그리고 있다. 〈돌 깨기〉에는 앉은 채 징을 잡아주는 한 노인과, 쇠망치를 어깨 뒤편으로 젖히며 내리치는 젊은 석공의 모습을 대비시킨다. 둘 다 사실적인 생활을 잘 보여준다.

나물 캐고 돌을 깨고 낮잠 자고 책을 읽고 짚신 삼고 밭을

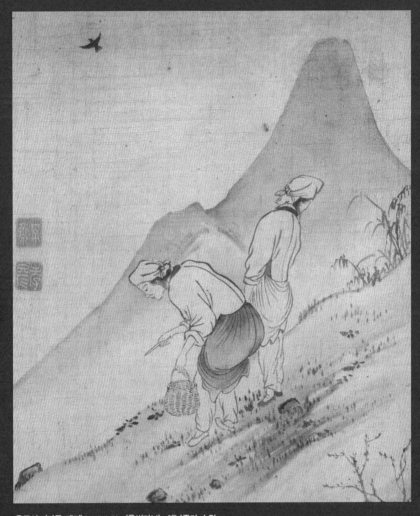

윤두서, 〈나물 캐기〉(18세기 초), 《윤씨가보》, 해남종가 소장
나날의 생계현실. 찾고 캐고 주위를 살피면서 우리네 조상은 하루하루 연명했을 것이다.
느끼고 생각하는 일도, 글쓰기의 학문도 이와 다르지 않다.
저 멀리 산이 둘러 서 있고, 빈 하늘을 새 한 마리 무심하게 날아간다.

갈고 명상하고 길을 걷는 사람의 일과는 그 나름으로 소중하
다. 그리고 이 사람들의 여일한 모습을 자기가 품은 여러 사
물 중의 하나로 품은 자연의 풍광도. 나무 하나하나와 구름의
한 조각과 물결 한 굽이굽이가 그러하듯이, 무언의 뜻을 내포
한다. 아니 자연의 궁극적 뜻은 의미 없음의 의미일 것이다. **자연의 궁극적 뜻은**
의미 없음의 의미다
의미와 의미를 넘어가는 이 모든 것을 공재는 응시하고 기억
하며 그리는 가운데 이 모든 것과 만나고, 이 모든 것을 다시
경험한다. 그리고 이 경험의 대응원칙이 〈자화상〉에는 배어
있다. 나는 다시 공재의 초상화를 쳐다본다.

이제 나는 늙어가네

기력은 쇠하여 흰머리는 늘어나고

불운을 넘으면 또 다른 불운이 찾아들고

작별이 끝나면 또 다른 작별이 시작되는 것인가

시작도 끝도 알 길 없는

이 모진 것들의 아스라한 행렬, 행렬들

슬퍼할 것은 없어

소리 지를 것도, 아쉬워할 것도

한탄하지 않네

나는 응시하네

탄식하지 않네

나는 대결할 것이야

이 자리에서 지금

더 나아가지 않은 채

윤두서, 〈돌 깨기〉(18세기 초), 개인 소장
바위에 정(釘)을 대고 내리치기 직전의 순간이다.
정을 잡은 노인은 돌이 튈까 고개를 모로 돌리고, 젊은 사내는 힘을 모으듯 망치를 뒤로 제치고 있다.
일의 현장이, 옷주름이나 나뭇잎이 보여주듯이, 생생하게 묘사되어 있다.

여기 이대로의 모습으로

세상과 만나고 현실을 만나고 인간과 만나고 권력을 주시하네

비애나 우수, 한탄과 통곡

그것은 내 말이 아니네

온당함

온당한 가치, 온당한 방향, 온당한 방법을 잊을 순 없네

그러나 옳음만으로 부족하네

너그러워야 하네

너그러움에도 그러나 원칙이 있지

더 견고해야 해

하지만 경직되어서도 안 되네

일관되되 유연하고 탄력적이되 여일한 무엇

삶의 태도일 수 있을까, 그것이

그리하여 앎도 옳음도

어짊 안에 녹아들어야 해

인(仁)은 애인(愛人)이라 했던가

사랑은 지위와 귀천, 빈부와 색과 모양을 구분하지 않으니

사람을 넘어 땅과 하늘에 열려 있고

바람과 숲과 나무에 닿아 있으니

이 속에서 난 평정(平靜)하네

평정 속에서 나는 삶을 견디네

삶은 이겨내는 것이 아니라 견뎌내는 것이고

견뎌내며 살아가는 것이네

염정자수, 염정자수

육체가 시들어도

다른 사람들이 떠나가도

나는 네 곁을 지킬 수 있을까

옳고 선하고 영원한 것

나는 아름다운 자가 될 수 있을까

불멸을 기억하는 영혼

평온하고 고요한 가운데

난 나를 지키려 하네

이렇게 지키며

모든 원칙도 버리려 하네

원칙 속에서 원칙을 넘고

결의하는 가운데 이 결의를 잊는 길

그것이 내 싸움의 방법

내가 선택한 나의 세계대결 방식

한탄 대신 나는 싸울 것이네

최고의 적은 나이고

적을 이기는 것은 나를 잃지 않는 데 있네

나란 적을 이기면 최후의 적

세상과 현실과 거짓에도 대응할 수 있으리

나를 지키며 세상과 마주할 수 있으니

이젠 이전 몸과 같지 않아

눈을 다시 부릅뜨네

밀려오는 주변의 소음

나를 속이지 않을 때 세상의 진실과도 만날 수 있으니

하지만 몇 번을 걸러야

슬픔이 더 이상 슬프지 않고

추락한 이 마음 추스릴 수 있는지

아득한 마음

인의(仁義)의 아스라한 가장자리

마땅히 그래야만 할 것들이 그렇지 않을 때

그렇지 않은 것이 이 세상에 득세할 때

이 참람한 현실에서

무엇으로 나는

무엇이 되어 살아가는가

무엇으로 살고 있는가

세월이 간다고 나아지지 않고,

시간이 지난다고 지혜가 쌓이진 않아

이뤄지지 못한 꿈

지켜지지 않는 약속만

새롭게 돌아오네

새로운 것은 갈망의 방식일 뿐

열망의 내용은 지켜지지 못하네

그리하여 다시

삶의 첫 걸음을 내딛네

주시하네 나는

나아가네 나는

나는 응시하면서

나는 나를 넘어서네

이렇게 공재의 눈빛은 내게 말하는 듯하다.

그의 눈빛은 그 눈빛을 바라보는 나를 응시하고 나를 다독이며 위로한다. 그러면서 내 어깨를 두드리고 나를 다시 일으켜 세운다. 운명을 외면하지 말고 불행을 수련하며 사실을 직시하라고. 최악을 준비한다면, 그보다 심한 일은 일어나지 않을 것이라고. 그것이 삶을 견뎌내고 시간을 넘어서는 지혜로운 방책이라고. 이 말을 전하는 그의 목소리는 쓸쓸하다.

운명을 외면하지 말고 불행을 수련하며 사실을 직시하라

공재의 이 같은 정신이 삶에 나타나면 어떤 모습일까? 푸시킨의 소설 《예브게니 오네긴》(1830)에 나오는 한 장면은, 주인공 오네긴이 사랑한 타찌아나의 모습은 그 한 예가 되지 않을까 나는 생각한다.

그녀는 서두르지도 않고

냉담하지도 않고 수다스럽지도 않았다.

좌중을 경멸하는 눈빛도,

성공을 자랑하는 기색도,

거드름 피는 몸짓도,

어설픈 기교도 없었다…

그녀의 모든 것이 조용하고 단순했다.[72]

젊은 시절 타찌아나의 고백을 받아들이지 못했던 시인 오네긴은 수년이 지난 어느 무도회에서 그녀를 우연히 만난다. 그녀는 더 이상 순박하고 소심한 시골 소녀가 아니다. 그녀는 이제 공작부인이 되어 있다. 그녀는 기품 있지만 초연하고, 도도하지만 차분하고, 화려하기보다는 대담하다. 그녀의 이 모습에 오네긴은 다시 사랑의 감정을 느낀다. 그래서 이번에는 그가 먼저 열렬한 구애의 편지를 쓴다. 그러나 둘은 서로의 사랑을 얻지 못한다.

오네긴의 때늦은 구애 앞에서 타찌아나는 이렇게 말한다. "이 모든 가면무도회의 누더기와/모든 광휘와 소음과 악취를 버리고/책장과 황량한 정원이 있는/제 초라한 고향집으로/당신을 제가 처음 뵈었던/그곳으로…"[73] 원래부터 있었고, 그 모든 것이 자라났던 장소로 간다는 것은 무슨 뜻인가? 그것은 거짓과 치장과 허위의식이 없는 곳—자유와 평화와 행복이 자리한 곳으로 돌아간다는 뜻일 것이다. 이 거짓 없고 소박한 곳으로 돌아가기 위해 행동은 "서두르지도 않고, 냉담하지도 않고 수다스럽지도 않아"야 하고, "좌중을 경멸하는 눈빛도, 성공을 자랑하는 기색도, 거드름 피우는 몸짓도, 어설픈 기교도 없어"야 한다. 그래야 "모든 것이 조용하고 단순하"게 진행될 수 있기 때문이다. 타찌아나는 이 조용하고 단순한 삶을, 마치 계수나무가 1년 내내 푸르듯이, 한결같이 살

---

72 알렉산드르 푸시킨, 《예브게니 오네긴》, 석영중 역, 열린책들, 2009년, 242쪽.
73 앞의 책, 265쪽.

아가고자 한다.

타찌아나의 삶은 자연의 담담함을 육화한 삶이다. 그래서 그녀는 세말사의 그 모든 변덕스런 성향들―서두름과 냉담과 수다와 경멸과 자랑과 거드름과 기교를 뛰어넘어 단순 조용하게 살아가는 것이다. 타찌아나의 삶이 공재이념의 생활적 실천적 사례라고 한다면, 박두진의 시 〈자화상〉(1976)에서 아래 표현은 그런 이념의 비유적 현현 방식이라고 해야 할 것이다. 다시 말해 그것은 조용한 삶에 대한 시적 예찬이다.

단순하고 조용한 삶에 대한 시적 예찬

> 돌과 돌들이 굴러가다가 나를 두들기고,
> 모래와 모래가 쓸려가다가 나를 두들기고,
> 물결과 물결이 굽이쳐가다가 나를 두들기고,
>
> 너무도 기나긴 억겁의 세월,
>
> 햇살과 햇살이 나를 두들기고,
> 달빛이 나를 두들기고,
> 깜깜한 밤들이 나를 두들기고,
> 별빛과 별빛이 나를 두들기고

맑은 물이나 마른 나무는, 마치 국화잎이 그러하듯이, 청허한 맛과 깊은 여운을 남긴다. 음식의 맛을 음미하는 데도 시간이 걸리지만, 물의 맛을 음미하는 데는 더 그렇다. 무심무미(無心無味)가 자연의 본성이라면, 염정담원(恬靜淡遠)은 사물

무심무미(無心無味)가 자연의 본성이라면, 염정담원(恬靜淡遠)은 사물의 이치다

의 이치라고 할 수 있다. 그렇다면 신중과 절제는 자연과 사물의 이 청허(淸虛)함에 상응하는 인간의 태도일지도 모른다. 이 신중과 절제로부터 단순하고 조용한 삶도 우러나올 것이다. 그러니만큼 자연의 사물은 그 자체로 사람됨이나 인생살이에 대한 최고의 비유가 아닐 수 없다.

신중과 절제는 이 자연과 사물에 상응하는 인간의 태도다

자연은 무심함 가운데 늘 차갑게 있다. 자연의 사물은, 관심의 경계 밖에서, 처음처럼 한결같이, 돌에 치이고 바람과 물결에 쓸리며 햇살과 별빛에 스치면서, 그저 있는 것이다. 하지만 인간이 마주한 자연은 반드시 그런 것은 아니다. 그것은 여전히 무심하지만, 인간의 느낌 속에서 이 느낌의 숨결을 받아들인다. 그래서 자연에는, 이 자연의 사물과 인간의 정감이 교감하는 순간, 따뜻한 기운이 잠시 퍼진다. 자연은, 이 자연에 사람이 기거한다면, 어디서나 그의 눈에 부딪치고 그 귀에 들리며 그 손 끝에 와닿거나 그 마음에 울리는 까닭이다. 이것을 시인은 '두들긴다'라고 표현했을 것이다.

돌과 모래와 물결과 햇살과 달빛과 밤과 별빛은 우리의 마음을 두드린다. 그것은 자연과 인간, 사물과 자아 사이에 일어나는 감응이자 교감이다. 자연에 감응하는 것은 자연의 이치에 감응한다는 뜻이다. 자연을 안다는 것은 사람의 감각으로 사물의 질서를 깨우친다는 뜻이다. 그리하여 자연을 수련하는 것은 곧 자아를 수련하는 일과 다를 수 없다. 사물의 이치를 깨우쳐가는 길은 주체의 내적 연마 과정인 것이다. 공재의 눈빛에서 내가 본 것도 그와 같은 것이었다.

자연을 안다는 것은 사람의 감각으로 사물의 질서를 깨우친다는 뜻이다

공재의 눈빛이 체념인지 항의인지, 순응인지 분노인지 알

공재의 눈빛

길은 없다. 그림은 말하지 않는다. 단지 나는 삶에 대한 응전의 한 방식으로 그것을 읽는다. 공재의 눈빛은 세상 속에서 나를 수련하고, 나를 수련하면서 세상으로 나아가는 눈빛이다. 그것은 평온하지만 흐트러지지 않고, 응시하지만 압도하지 않는다. 그 시선은 무엇보다 자기를 돌아보는 것이기 때문이다. 자기를 돌아보며 세상으로 나아가기 위한 것이기 때문이다. 타자와 부단히 교류하면서도 자기를 잃지 않고, 자기에게 집중하면서도 이 집중이 현실을 외면하지 않는 하나의 상태, 그것은 어쩌면 이서가 말한, '거스르지 않되 합해지지도 않는' 자립적 독자적 마음일지도 모른다. 그 자립의 정신은 결기(決氣)를 품되 내세우지 않는다.

엄혹한 기율이 있다면, 이 기율은 오직 자기의 엄혹함을 장려하는 데 한정되는, 스스로가 자발적으로 정한 '스스로를 지우는' 정신의 지도규칙이다

  엄혹한 기율이 있다면, 이 기율은 오직 자기의 엄혹함을 장려하는 데 한정되는, 스스로가 자발적으로 정한 정신의 지도규칙이다. 이 규칙은 스스로를 지우는 데서 시작한다. 그것은 그의 내면으로부터 나와 외부의 세상—자연의 사물에 뻗어나간다. 그래서 거기에는 신성함이 묻어 있다. 나는 공재의 초상화에서 신성함을 만난다.

(4) 자유 속의 갱신
이제 나는 공재를 떠난다.

  지금부터 문제가 되는 것은 그 〈자화상〉이 남긴 파장이다. 이제부터는 공재의 〈자화상〉이 아니라 이 〈자화상〉이 내 마음에 남긴 심미적 경험의 파문(波文)이다. 내 마음에 그려진 물결무늬와, 이 무늬를 품은 내가 지금부터 관계하는 세상 사

심미적 경험 II __예술의 자기형성술

람들의 모습이다. 이 글을 읽는 나의 독자들도 이 사람들의
일부가 될 것이다. 그들은 내 글의 물결무늬 몇 개를 언젠가
다가올 날에 그들 가슴에 담을지도 모른다.

심미적 상태에서 인간은 '0'이라고 했다. 왜냐하면 인간은,
칸트 식으로 말하여 '자유로운 놀이(freies Spiel)'를 하기 때문
이다. 그는 심미적으로 꿈꾸면서 여기에서 저기로 나아가듯
이 느낌에서 생각으로 옮아가고, 나에게서 너에게로 넘어가
듯이 생각에서 표현으로 다가간다. 우리에게서 그들에게로
다가가듯이 친숙한 것으로부터 낯선 것으로 옮아간다. 말하
자면 나와 너, 자아와 타자의 경계가 무너지고, 감각과 사유,
사유와 언어의 소통이 일어나는 것이다. 심미적 소통이란, 그
것이 느끼는 주체 안에서 일어나는 한, 이 주체의 갱신이고
교정이며 확대이자 수정이다. 그것은 자유의 표현에 다름 아
니다. 심미적 주체는 말의 바른 의미에서 자유로운 인간인 것
이다. 인간은 오직 아름다움과 '놀' 수 있고, 이렇게 노는 한
그는 오로지 '인간'이 될 수 있다고 했던가? 아름다움과 놀
수 있는 한, 인간은 자유로울 수 있다.

공재의 〈자화상〉에서 나는 내 감각이 새로워짐을 느낀다.
"모든 감각방식에서의 전적인 혁명"이란 "인간성의 고유한
시작"이라고 실러는 《인간의 심미적 교육론》의 27번째 편지
에서 썼다.[74] 나는 내 신선한 감각에서 새로운 세상―새 현실
과 새 세계, 새 인간과 새 사물을 만난다. 이 새로운 것들의
중심에는 새로운 주체가 있다. 새 주체란 '다른 나'다. 혹은
더 정확히 말하여, '다를 수 있는 나의 가능성'이다. 새로운

나는 나의 새로워진
감각, 내 신선한 감
각에서 새 현실과 새
세계, 새 인간과 새
사물을 만난다. 이
새로운 것들의 중심
에는 새로운 주체 ―
다른 나가 있다

감각은 다른 실존의 다른 가능성을 예비하는 것이다.

새로운 느낌으로 나는 나 자신을 돌보고 내 안에서 휴식하며, 이렇게 휴식하면서 자기를 성찰한다. 이 성찰에서 나의 감각은 이미 감성이 아닌 이성의 영역으로 들어서 있다. 나는 새 느낌 아래 자기의 새 이성을 만나고 그 지혜로 나아간다. 이 심미적 경험에서 감각의 개방성과 이성의 에너지는 하나로 만난다. 이렇게 만나며 주체는 최고도의 충일성을 경험한다. 최고도의 현존적 충일성이란 최고도의 독립성에 다름 아니다. 독립성이란 자유의 표현이다. 이 자유의 체험 속에서 현실은 상실되는 것이 아니라 '다시 발견'된다. 현실은 최대의 가능성 아래 새로 경험되는 것이다. 이렇게 경험된 최대의 가능성은 무한성의 곁에 자리하는 것이다. 결국 무한한 현실의 가장자리가 예술경험에서 감지된다. 이렇게 감지되는 세계의 무한성은 다시 나를 돌아보게 한다.

그러므로 자기로 돌아가는 것은 자기에게 함몰되기 위해서가 아니라, 자신으로부터 독립하기 위해서다. 자기를 돌보는 것은 자기와의 대화 속에서 세상의 목소리를 듣고 자연의 사물을 살피며 신의 이성을 헤아리기 위해서다. 이 이성과 타자의 목소리를 통해 주체는 생애의 짧음과 세계의 광대함을 느끼고, 이 짧음 속에서 삶의 어느 것 하나 하찮을 수 없음을 깨닫는다.

자기로의 길은 그대로 하나의 진실한 길―생각하는 대로

감각의 개방성과 이성의 에너지는 이 심미적 경험에서 하나로 만난다

새로이 경험되는 가능성, 감지되는 세계의 무한성은 다시 나를 돌아보게 한다. 자기로 돌아가는 것은 자신으로부터 독립하기 위해서다

---

74 Friedrich Schiller, *Über die ästhetische Erziehung des Menschen in einer Reihe von Briefen*,, a. a. O., S. 515.

심미적 경험 II __예술의 자기형성술

말하고, 말하는 대로 행동하며, 이 행동의 축적으로서의 삶을 살게 한다. 이 삶이란 앎과 행동의 간극을 모르므로 거짓되기 어렵고, 이 간극을 최소화하려고 애쓰기에 거짓되지 않는다. 그는 진실된 삶을 독립적으로 살아가는 것이다. 연습을 통해 자기를 구성하고, 이 자기구축 속에서 진리를 말하는 법을 배우며, 이렇게 말해진 진리가 주체의 존재방식이 되게 하는 것, 그래서 주체의 주체화 자체가 되도록 하는 것… 이것이 아니라면, 이 일을 하는 데 기여하지 못한다면, 예술은 무슨 소용 있는가? 결국 예술경험은 감성과 이성의 부단한 교차를 통해 로고스를 에토스로 변형시키는 데 있다. 몸을 매일 단련시키듯이 우리는 우리의 영혼도 연마시켜야 한다.

　예술은 감각과 이성, 나와 세계, 자아와 자연의 관계, 이 관계방식의 조직화에 기여한다. 그것은 비미적 가치와 미적 가치들이 교류하는 역동적 전체를 이전과 다르게 경험시킨다. 심미적 경험은 삶의 역동적 전체를 실험하고 수련하는 자유의 공간인 것이다. 이성의 계몽만으로 충분치 않다는 것, "정치적인 것에서의 모든 개선은 성격의 고귀화(Veredlung des Charakters)로부터 시작해야 한다"는 것, 그래서 "두뇌로의 길은 심장을 통해 열려야 하며", 그 때문에 나는 "감수능력의 교육(형성)이야말로 시대의 더 절박한 요구"라고 썼던 실러의 테제를 지금도 옹호할 수 있다.[75] 우리는 아름다움을 통해서도 자유로 나아갈 수 있다. 자유가 반드시 정치적인 것만은 아니며, 정의가 반드시 사회적인 것만은 아니다.

　심미적인 것의 가능성 속에서 우리는 자유와 정의와 선의

자유란 가장 깊은
의미에서 정치적 사
회적 자유를 넘어
심미적 자유다. 예
술은 이미 있는 것
이 아니라 있을 수
있는 것의 탐색이기
때문이다

와 진리도 통합적으로 탐색할 수 있다. 자유란 가장 깊은 의
미에서 정치적 사회적 자유를 넘어 심미적 자유다. 왜냐하면
예술의 자유란, 적어도 그것이 진실한 것이라면, 종국적으로
는 삶의 자유이고 삶의 자유여야 하는 까닭이다. 예술은 이미
있는 것이 아니라 있을 수 있는 것의 탐색―무한한 가능성의
탐색작업이기 때문이다. 이 심미적 자유 속에서 우리는 새로
운 균형―더욱 진실하고 더 선하며 더 아름다운 수준의 평정
을 희구한다. 보다 높은 균형의 창출이야말로 성숙한 문화의
과제다.

---

75 Ebd., S. 462.

심미적으로 구성되는 새로운 의미세계란 기존질서 자체가
아니라, 이 질서에 대한 대안으로서의 질서다. 그러니만큼 그
것은 제2의 질서이고, 기존과는 '다른 질서'다. 예술작품이란
어떤 가치 자체가 아니라 가치에 대한 성찰적 가치이고, 이
가치의 체계다. 예술의 질서는 기존의 가치에 대한 성찰을
'호소하는' 자율적 의미구조다.

예술은 제2의 대안적 질서를 상상적으로 기획하고 허구적
으로 형상화하면서 존중할 만한 토대제도(base institution)의
확립에 참여한다. 그 점에서 토대로서의 제도도 심미적 감수
성의 훈련 속에서 마련될 수 있다고 말할 수 있다. 이 제도 속
에서 자유도 보다 높은 수준에서 실현될 것이다. (존 롤스는 이
토대제도가 정당하게 마련되면, 전쟁이나 기아 혹은 억압 같은 인류의 악이
사라질 것이라고 보았다.) 다르게 말하면, '발전'이나 '성장'이란

것도 깊은 의미에서 자유의 확대가능성에 관계할 것이고, 이렇게 확장된 자유의 공간은 거꾸로 발전의 개념을 정상화하는 데 기여할 것이다.

인간은 실현된 현실의 모습일 뿐 아니라 '아직 실현되지 않은 가능성의 존재

이렇게 될 때 인간은 실현된 현실의 모습으로뿐만 아니라 무엇보다 '아직 실현되지 않은 가능성의 존재'로 자리한다. 그러니까 인간과 그 현실 그리고 사회를 이미 구현된 형태 속에서뿐만 아니라 그 가능성의 관점에서, 말하자면 개선과 변화와 보충의 관점에서 파악하는 것이 중요하다. 이것이 문명진화의 참다운 방향이다. 여기에서 정치경제이론과 사회이론, 인간론과 철학적 구상, 시민사회론과 심미적 방법은 서로 무관한 것이 결코 아니다. 오히려 그것은 하나로 만난다고 할 수 있다.

예술은 기존의 질서를 미완결된 결핍의 체계로 파악하고, 부단히 보완하고 개선해야 할 대상으로 이해한다

예술은, 그것이 기성의 질서를, 그 질서가 사회든 현실이든, 또 현실에 대한 인간의 이해이든 간에, 완결된 의미체계로서가 아니라 미완결된 결핍의 의미체계로서 파악하고, 그 때문에 부단히 보완하고 개선해야 할 대상으로 이해한다. 예술은, 그것이 대상을 '허구적 상상적 가상 속에서 미리 보여준다(vor-schein)'는 점에서, 여타의 분과활동과 확연하게 구분된다. 이것이 예술의 현실전복적이면서 미래선취적인 기능이다. 예술의 성찰력은 근본적으로 반성적이고 저항적이기

예술의 성찰력은 근본적으로 반성적이고 저항적이기 때문에 현실전복적이며 미래선취적이다

때문이다. 이것이 심미적인 것의 비판적 잠재력이다. 반성적 저항을 통해 보다 나은 것, 보다 높은 진선미의 질서로 나아가는 것은 예술교육의 방향이자 미학/예술철학의 주된 문제의식이기도 하다.

우리는 심미적 경험에 기대어 삶의 표준을 경제화하는 것이 아니라, 그래서 수치화/계량화/상업화하는 것이 아니라, 인간화하는 데로 나아갈 수 있다. 그렇게 나아간 길의 이름은, 아마도 그 궁극적 이름은 자유가 될 것이다. 삶의 인간화가 겨냥하는 목표를 자유라고 한다면, 이 자유를 실현하는 매체는 예술이고, 이 예술의 방법은 자기형성술이다. 왜냐하면 예술의 심미적 형성력 속에서 자유는 제한되는 것이 아니라 확장되고 심화되기 때문이다. 우리는 심미적 문화기술을 배우고 익힘으로써 보다 넓고 깊은 자유의 영역으로 들어서고, 또 이렇게 들어서는 법을 배운다. 타자성에 대한 개방성은 그 자체로 배제나 억압의 감정, 그리고 여기에서 나오는 무기력의 감정을 줄여준다. 이 점에서 보면, 현 단계 문명사회의 결함은 재화의 부족이 아니라 문화적 심미적 능력의 결여에서 온다고 말할 수 있다. 즉 오늘의 지구현실이 폭력과 갈등으로 차 있는 것은 무엇보다도 정련되지 못한 감각과 사고의 미숙함 탓이다. 그리고 이 미숙함은, 앞서 말했듯이, 심신적 관리술(governance)의 미숙이기도 하다.

정치적 자유나 인권의 실현도, 적어도 궁극적 관점에서 보면, 문화능력의 배양에서 시작될 수 있다. 인간은 바르게 선택하는 것을 부단히 배워야 하고, 이렇게 배울 수 있어야 한다. 우리가 총체적 사회디자인의 새 형식을 입안하려고 한다면, 그래서 지금까지보다 더 높은 사회적 정당성에 도달하려면, 그 시도는 여러 다른 요소와 더불어 심미적 능력의 문화적 기술을 포함해야 할 것이다. 이런 식으로 우리는 '전 지구

우리는 심미적 경험에 기대어 삶의 표준을 경제화, 수치화, 계량화, 상업화하는 것이 아닌 인간화하는 데에로 나아간다. 그 길의 궁극적 이름은 자유다. 이 자유를 실현하는 매체는 예술이며 이 예술의 방법은 자기형성술이다

꼭 포함되어야 할 심미적 능력의 교육적 문화적 기술

적 정의'라는 규범적 이념으로 조금씩 다가갈 수 있을지도 모른다. 이것이 '전 지구적 정의협약(global justice contracts)'의 한 항목이 될 수 있을까?

아마도 전 지구적 정의의 협약에 동의한다면, 우리는 마침내 '책임을 세계화'할 수 있을 것이다. 이 협약 안에서라면 언어와 인종과 나라와 지역과 문화에 따른 유형무형적 차이를 넘어, 매우 착종되고 혼재된 형식으로나마, 스스로 책임지고 서로 유대하는 보편적 공동체의 일원이 되어 있을지도 모른다. 또 이런 자유의 보편적 경험은 다른 영역에서의 발전을 장려하는 것이 될 수도 있다. 경제학자 아마르티야 센의 이론적 중심에는 바로 이 자유의 문제가 있다. 자유가 결여된 나라는 발전하는 데도 장애를 겪는다는 것, 그래서 그 국민들은 정의와 평등의 문제에서도 상호문화적으로 배제된다고 그는 썼다. 그러니까 자유의 발전은 경제적 복지적 성장을 위한 토대이자 전제조건이다. 그리하여 발전을 이루기 위해서는 무엇보다 부자유의 조건을 먼저 제거해야 한다. 발전이란 다른 무엇도 아닌 바로 자유를 통해, 이 자유에 의해 비로소 가능하기 때문이다. 센의 이러한 발전이론은, 그것이 사회적 재화의 생산만 겨냥하거나 1인당 개인소득의 증가만 겨냥하는 통상적 발전이론과는 뚜렷하게 구분된다. 그것은 경제적 물질적 조건의 정신적 문화적 토대를 포함하기 때문이다.

부자유가 모든 부정의(不正義)를 포괄했다고 센이 보았다면, 나는 감각적 사유의 폐쇄성과 그 확정성이야말로 삶의 부당성을 키우는 묘판이 된다고 생각한다. 단순히 성장이론만으로 한 나라가 발전하기 어렵듯이, 정치경제적 디자인만으로 한 공동체가 결코 고양되기 어렵다. 사회적 재화의 증산 이상으로 중요한 것은 삶의 질적 상승(Lebensqualitäts steigerung)이다. 이 질적 상승에는 한 사회의 도덕적 토대와 오랜 문화적 전통이 주된 역할을 한다. 그 가운데서도 개인의 자기실현을 위한 기회는 결정적이다. 주체의 자기실현은 궁극적으로 자유의 훈련 속에서 이뤄진다. 이 자유는 물론 책임을 수반한다.

어떤 일을 자유롭게 행하고 이 자유 속에서 책임을 잊지 않으면서 삶을 질적으로 고양시키는 것은 그 자체로 자신을 만들며 실현해가는 드높은 삶이다. 깊은 의미의 유용성이나 효과란 자유의 가능성과 연결되어 있기 때문이다. 이때의 유용성은 나만의 유용성—개별적 물질적 의미의 유용성을 넘어간다. 이렇게 넘어서는 곳에서 나는 영혼의 고결성을 떠올린다. 푸코적 의미의 주체구성이나 플라톤이 꿈꾸었던 불사의 삶, 아리스토텔레스가 추구한 인격적 실천, 그리고 혹은 공재가 추구한 염정자수도 이 고결한 영혼의 어디쯤에 자리할 것이다.

심미적 경험 Ⅲ

Manifesto for Life Aesthetic

서정적 모음곡

바흐의 칸타타. 언제 들어도 좋은 곡들이고, 하나도 빼놓지 않고 들어야 할 곡들이다.
이 곡들은 우리를 충만함과 조화와 내면의 규율로 이끈다.

_ 스비아토슬라프 리히터(S. Richter), 1970. 12.24

시적 순간이라는 것이 있다. 제임스 조이스가 말한 '에피파니(epiphany)'나 발터 벤야민이 말한 '세속적 계시(profane Erleuchtung)의 순간'이라고 부를 수도 있을 것이다. 원래는 그리스도 탄생 시 동방박사가 찾아가는 데서 보듯이, 그것은 어떤 신적인 것이 출현하는 순간을 뜻하고, 더 넓게는 진리를 깨닫는 한순간을 뜻한다.

그러나 이 같은 신적 계시나 현현(顯現) 혹은 인식론적 각성의 순간을 뜻하는 것이 아니더라도 우리의 삶에는 미묘하고도 불가사의한 전환의 순간이 가끔 있다. 내가 나이면서 내가 아닌 듯한, 그래서 나를 넘어 나 이외의 것으로, 너로 그리고 나의 주변세계로 확장되는 듯한 느낌이랄까. 말하자면 그것은 실존적 고양의 순간이기도 하다. 이 순간은 특별한 계기에서 일어나기도 하면서, 사실은 매일 매순간의 크고 작은 느낌 속에 숨어 있다고 할 수 있다. 그래서 우리가 추측하는 것보다 사실은 더 자주 일어날 수도 있다. 더 드물게 그것은 어떤 생각이나 사람과의 만남 혹은 어떤 장소의 체험에서 비롯될 수도 있다.

나에게 그것은 음악을 듣거나 책을 읽거나 어떤 그림을 쳐다볼 때, 혹은 해질녘 어느 숲속 나무 아래를 걸을 때, 그렇게 걸으며 조금 전 아니면 아주 오래 전에 접했던 것들을 조용히 떠올릴 때, 혹은 그 모든 것들에 둘러싸인 채 조용히 앉아 있을 때, 간간이 일어났던 것 같다. 아니면 누군가를 만나거나

앞 그림 설명

롤란드 사베리(Roeland Savery), 〈오르페우스〉, 영국 런던 내셔널 갤러리

오르페우스는, 회화사의 많은 그림이 보여주듯이, 리라를 켜고 노래하면 인간이나 동물뿐만 아니라 나무와 돌마저 탄복했다고 하는 음악가이고 시인이다. 하지만 그는 죽은 아내를 찾아 지하세계까지 내려갔으나, 돌아올 때까지 돌아보지 말라는 약속을 어겨 아내를 잃고 만다. 그 후 다른 여자들의 원한을 사서 온몸이 찢겨진 채 강물에 내던져진다. 오르페우스가 켠 리라의 화음과 이 화음이 불러일으킨 사물들과의 놀라운 교감에는 다가올 비극―아내의 상실과 자신의 죽음까지 들어 있을까? 예술의 가능성은 그 불가능성과의 싸움에 있다.

어떤 사건을 경험했을 때 일어난 적도 있었다. 그러나 그것은 혼자 있을 때 일어난 경우가 많았다. 그리고 그 순간은 대체로 행복했던 것 같다.

예외 없이 행복했던 순간, 순간들. 그런 순간들이 과연 얼마나 있었던가?

그 순간은 빠르고 소란스런 것보다는 느리고 고요한 것에 가깝다. 또 꽉 찬 상태라기보다는 텅 빈 상태에 더 잘 어울린다고 볼 수 있다. 텅 빈 상태란 전체에 가깝다. 그것은 하나의 속성이면서 이 속성은 여러 다른 속성을 포함한다. 그래서 끔찍하고 비열하고 부당하고 부조리한 것들도 녹아들어 있다. 그러면서 뭐라고 할까, 그것은 시간의 무화작용 때문에 '서정적으로 채색된다'고 할 수 있다. 이 서정적인 것은 좁게는 하나의 정서적 심정적 요소이면서 동시에 여러 이질적 요소들을 포용한 전체적 분위기이고 풍경의 느낌이며, 나아가 자연의 무심한 토대이기도 하다. 이 서정적인 것은 가장 넓은 의미의 '시적인 것'과 통한다. 시적인 것은 삶의 전체, 전체로서의 온전한 삶이 갖는 의미나 이 삶의 우주적 지향과 이어져 있다. 이것이, 다양한 생각과 몇 가지 체험을 기록한 다음의 글들을 '서정적 모음곡'이라는 제목 아래 묶은 이유다.

하나와 전체가 만나 혼용되는 서정시와 같은 순간은 그러나 현실에서 참으로 짧고 드물다. 그리고 쉽게 무너져내린다. 그래서 흔적 없이 떠나가는 것이다. 그렇다고 그런 순간이 없는 것은 결코 아니다. 만약 그런 순간들로 엮어져 있다면, 우리의 삶은 아마 행복할 것이다. '행복하다'고 말해도 좋을 것이다. 그리하여 그 순간은 다시 서정적 모음곡이라고 부를 만하다. 우리 삶이 서정적 모음곡과 같을 수만 있다면. 만약 그럴 수만 있다면, 나는 행복할 터인데. 그리고 너 역시 불행할 순 없으리라. 다음은 그런 기억할 만한 안타까운 순간들의 모음이다.

지금 병들어 누워 있다면, 당신은 무엇을 하겠는가? 아니 2~3일의 시간만 남아 있다면, 당신은 어떻게 그 시간을 보낼 것인가? 나는 산보를 할 것이다. 숲길을 거닐거나 강변을 따라 걷고 싶다. 아니면 음악을 들으며 가끔 창밖을 내다볼 것이다. 어떤 음악인가?

음악도 종류가 많다. 날씨나 내 몸의 상태에 따라 그 곡목은 달라질 것이다. 그렇게 선곡된 것은 그 나름으로 제 개성을 보여줄 것이다. 하지만 내가 묻는 것은 그런 것이 아니다. 당신에게 고작 서너 시간의 여유가 주어졌을 때, 하루 일과를 마감하기 전 한두 시간 정도 거실에 앉아 쉴 수 있을 때, 세상의 소음으로부터 벗어나 당신 자신을 돌아보게 될 때, 이렇게 돌아보는 일만으로 문득 '행복하다'는 느낌이 솟구칠 때, 당신은 무엇을 하겠는가? 내게는, 헤아려보니, 네 개의 목록이 떠오른다.

가장 먼저 손에 잡히는 것은 아마데우스 4중주단이 연주한 브람스의 〈클라리넷 3중주〉(op. 114)와 〈클라리넷 5중주〉(op. 115)다. 삶과 작별하며 브람스가 죽기 전에 작곡했던 곡으로 둘 다 클라리넷이 들어간다. 늘 이 두 곡을 나는 조용한 주말 오후나 피로한 늦은 저녁이나 아니면 다른 평화로운 시간에 지금까지 들어왔던 것 같다.

이런 아름다움은 두 번째 CD─글렌 굴드(G. Gould)가 연주하는 베토벤의 〈피아노 협주곡 4번〉에서도 이어진다. 레너드 번스타인(L. Bernstein)이 지휘하는 뉴욕 필하모닉과의 1961년도 협연 작품. 이 곡은 견고하게 구축된 선율의 세계와, 이 세계를 감지하는 서정적 감수성, 그리고 이 감수성을 드러내는 명징한 표현력이 놀랍도록 잘 배합되어 있다. 선율의 화음을 이토록 광활하게 보여주는 곡이 어디 달리 있을 것이고, 화음의 바다를 이토록 유려하게 연주하는 피아니스트가 또 다르게 있을 것인가? 물론 굴드의 연주가 너무 낭만적이고 도취적인 것으로 들린다면, 그 넘치는 개성이 오히려 자의적으로 여겨진다면, 에밀 길렐스(E. Gilels)나 빌헬름 켐프(W. Kempff)의 보다 견고한 연주를 들어도 좋으리라. 어떻든 이들 제각각은 그 제각각의 모습으로 탁월한 세계를 펼쳐보인다.

하지만 이보다 더 작은 세계는 없을까? 베토벤의 웅장한 화음도 좋지만, 이 화음이 형식적 틀을 벗어난, 그래서 더 자유롭고 편안한, 하지만 그러면서도 군데군데 아름다움이 녹아 있는 그런 곡은? 그것은 아무래도 낭만주의 음악에서 나타난

말년의 브람스,
쓸쓸하면서도 장중하고 과묵한, 그래서 아름다운 사람

그의 〈피아노 협주곡〉 두 곡과 〈현악 6중주〉 두 곡(op. 18, op. 36), 〈피아노 4중주〉 세 곡 그리고 특히 〈교향곡 1번〉. 다 좋다. 그러나 나는 작별의 감정이 녹아 있는 〈피아노 3중주〉(op. 114)와 〈클라리넷 5중주〉(op. 115)를 무엇보다 사랑한다. 작품 114와 작품 115는 58살 되던 해(1891)에 작곡되었다. 6년 후 그는 세상을 떠난다.

말년의 베토벤,
그는 무엇을 생각하면 살았을까? 슈틸러의 그림으로 제작연도 미상

베토벤은, 마치 바흐처럼, 넓고 깊은 바다요 거대한 산이다. 그의 음악은 목록을 하나둘 차곡차곡 점검하면서 천천히 음미할 필요가 있다. 특히 말년에 쓴 5곡의 〈피아노 소나타〉(28~32번)와 6곡의 후기 〈현악 4중주〉(op. 127, op. 130~133, op. 135)를 나는 즐겨 듣는다.

슈베르트,
노엘이 그린 슈베르트 에칭화, 제작연도 미상

슈베르트의 곡에는 그 어느 것이나 아름다운 선율이 곳곳에 들어 있다. 그 가운데 3곡의 〈즉흥곡〉(D. 899, D. 935, D. 946)이나, 〈로자문데〉, 〈죽음과 소녀〉 같은 현악 4중주를 나는 좋아한다. 그러나 어디 그 뿐이겠는가? 누군가를 좋아하면 그의 전부를 사랑하게 된다. 그래서 그가 쓴 곡이면 어떤 것과도 친숙하게 되는 것이다.

다. 그 가운데 최고는 내게 슈베르트의 3개 〈즉흥곡〉(D. 899, D. 935, D. 946)이다. 브렌델(A. Brendel)도 켐프도 좋지만, 라두 루푸(Radu Lupu)의 연주가 더 풍성하게 들린다. 슈베르트의 곡은 대개 그렇듯이, 서정적 선율이 끝없이 이어지며 되풀이된다. 이렇게 되풀이되는 가운데 아름다운 선율이 곳곳에 보석처럼 박혀 있다. 〈악흥의 순간〉이나 현악 4중주 〈로자문데〉도 그 옆에 있다. 이런 선율을 어떻게 피아니스트마다 다르게 해석하여 자기 것으로 만드는지 비교해보는 일도 독특한 재미다.

네 번째 CD는 다시 베토벤이다. 마우리치오 폴리니(M. Pollini)가 연주한 그의 말년 〈피아노 소나타 28번, 29번, 30번, 31번, 32번〉. 물론 리히터(S. Richter)나 길렐스 아니면 미켈란젤리(A. B. Michelangeli)의 연주였다면, 더 좋았을 것이다. 이 곡들은, 특히 30번과 31번 그리고 32번은 듣는 사람으로 하여금 옷깃을 여미게 하고, 자기가 선 자리를 잠시 둘러보게 한다. 이렇게 돌아보며 불협화음도 이 세상을 채우는 더 큰 화음의 일부이고, 일탈도 더 깊은 조화의 구조 안에서 움직이는 것이 아닌가 여기게 한다.

모든 악보 뒤에는 어떤 정신적인 것이 깃들어 있고, 이 정신적인 것을 연주가는 고요하게 빛나는 선율로 변형시킨다. 위대한 음악에는 물질적이고 경험적인 것을 영혼적 차원으로 고양시키는 변형적 계기가 있다. 바로 이 놀라운 변형의 계기 때문에 청중은 해방감을 느낄 것이다. 삶에 음악적 리듬이 있다면, 그것은 세계의 화음에 대응하는 감정의 서정적 리듬이다.

위대한 음악에는 물질적이고 경험적인 것을 영혼적 차원으로 고양시키는 변형적 계기가 있다

슬픈 것은 그리움 때문이다. 그리워하는 것은 행복하지 않기 때문이다. 슬픔이 깊을수록 행복에의 갈망은 오히려 절실해 보인다. 그러나 행복하다면 슬퍼하지 않을 것인가? 그렇지 않다. 행복하면 행복한 대로 그 마음 주변에는 또 다른 우울이 서성거린다. 곳곳에 집 나간 우울이, 길 잃은 우울이 있다.

우리는 행복이 한때의 체험이라는 것, 그것이 강렬했어도 영원할 수 없음을 잘 안다. 행복은 눈 깜박할 사이에 왔다가 사라진다. 그것은 늘 도망 중에 있다. 행복의 이름은 도피다. 아니면 '겨우'나 '고작' 같은 것. 그것은 언제나 손아귀를 벗어나면서 우리를 앓게 한다. 행복이 있다면, 그것은 불행만 지속된다는 것을 깨닫는 짧은 순간 속에서일 것이다. 그래서 행복의 감정은 신뢰하기 어렵다. 현실은 지금의 행복이 사라지길 집요하게 기다리는 것이다.

우리는 행복이 한때의 체험이라는 것, 그것이 강렬했어도 영원할 수 없음을 안다. 행복이 있다면, 그것은 불행만 지속된다는 것을 깨닫는 짧은 순간 속에서다 우울의 감정이 덮쳐올 때, 이런저런 선율이나 이미지가 내게 떠오른다. 베토벤 〈피아노 협주곡 3번〉(op. 37) 라르고 악장이나 〈피아노 협주곡 5번〉(op. 73)의 아다지오 악장 같은 것들. 이런 음악을, 빛과 어둠이 반반씩 뒤섞이는 해질 저녁 무렵이나 새벽녘 날이 밝아올 때 들으면 어떨까? 그지없이 고요하고 평화로워서 그 선율 속에서라면 나는 절로 리듬을 타고, 알지 못하는 어느 신성한 영역으로 들어서는 듯하다. 이럴 때면 인간 생애는 왜 이렇게 불안정하고, 나날의 현실은 왜 이토록 신산스런 것인지, 그리하여 우리의 행복은 왜 그리도 무너지기 쉬운 것인지 탄식하지 않을 수 없다. 인간의 현실은 예술의 현실을 결코 따라갈 수 없는 것이다.

인간의 현실은 예술의 현실을 결코 따라갈 수 없는 것이다

행복에 대한 나의 감정은 이처럼 미심쩍고 취약하다. 그러나 그럴수록 행복에의 갈망이 절절해지기도 한다. 이럴 때 떠오르는 사진이 한 장 있다. 그것은 상허(尙虛) 이태준(李泰俊) 선생의 빛바랜 가족사진이다. 왜 이 이미지가 그리 집요하게 뇌리에 남아 있는 것일까? 인간의 행복을 생각할 때면, 왜 이 사진이 맨 먼저 떠오르는 것일까?

한때의 시정(詩情)

여기 낡은 사진이 한 장 있다. 그것은 작가 이태준이 1942년 성북동 집에서 아내와 2남 3녀의 아이들과 함께 찍은 것이다. 당시 경성부 성북정(町) 248번지에 있던 이곳으로 그는 1933년에 이사했다. 그의 나이 서른 살 때의 일이다. 이 장면은 인간에게 행복이 무엇인지, 행복은 우리 삶에 어떻게 자리

상허 이태준(尙虛 李泰俊, 1904~1960년 초?)의 가족사진

이 가족사진을 볼 때마다, 나는 언제나 착잡하고 안스러운 마음을 갖게 된다.

제각각으로 다른 아이들의 너무도 천진스런 모습과 상허 선생 내외의 흐뭇한 표정은 쉽게 잊혀지지 않는다.

그러나 그 행복은 오래가지 못한다.

우리의 삶을 옥죄이는 것은 무엇인가?

하는지, 그것이 어떻게 왔다가 어떻게 사라지는지를 아마도 가장 잘 보여주는 듯한 이미지가 아닐까 여겨진다.

사진 속의 상허는 39살이었고, 다섯 자식들 가운데 막내인 소현(小賢. 1940년생)을 안고 서 있다. 왼팔로 가슴을 보듬고, 오른손으론 아이 엉덩이를 받치고 선 그의 표정은 환하다. 고개를 약간 기울인 채 그는 밝게 웃으며 정면을 바라보고 있다. 흰칠하고 사람 좋아 보이는 인상. 그의 단편에서 느껴지는 서늘하고도 맑은 향기가 이 표정에도 어려 있다. 아버지 품에 안긴 아이는 고개를 숙이고 어리둥절한 듯 앞을 쳐다보고 있다. 그의 오른쪽으로 이순옥(李順玉) 여사가 다소곳이 서 있고, 그 앞에는 차남 유진(有進. 1936년생)이 호주머니에 손을 넣은 채 웃으며 딴 쪽을 바라보고 있다. 한창 장난기가 발동할 무렵이다. 이 사실을 이미 알고 있다는 듯 어머니는 제지하듯 그의 어깨에 손을 놓고 있다.

엄마 오른쪽으로는 장녀 소명(小明)이 서 있다. 카메라를 쳐다보지만, 아이는 수줍은 듯 입술을 살짝 깨물고 있다. 옆에 선 동생과는 교복도 다르다. 소명이 1931년에 태어났고, 이 사진을 1942년 무렵에 찍었으니, 아마 중학교 1학년쯤 되었을 것이다. 소명의 오른편에 선 차녀 소남(小楠)은 더 부끄러워한다. 어깨를 들썩이며 웃고 있지만, 바로 쳐다볼 용기가 없는 듯 아이는 카메라 밖을 본다. 상허 왼쪽으로 장남 유백(有白)이 서 있다. 1932년생이니 11살 무렵이다. 까까중머리에 반바지를 입고, 아버지와는 반걸음 떨어진 채, 두 손을 뒤로 하고 쑥스러우면서도 의젓한 모습으로 활짝 웃고 있다. 아

심미적 경험 Ⅲ__서정적 모음곡

이들의 이 해맑은 모습을 가슴에 다 담은 듯 상허의 표정은 밝고 너그럽다. 그 아내의 모습도, 크게 내색하진 않지만, 흐뭇해하는 게 역력하다.

가족 뒤로는 화단이 있고, 창호지 문도 보인다. 뜰에는 이런저런 나무들이 서 있고, 꽃도 피어 있다. 5월쯤 아니었을까? 아니면 가을인지도 모른다. 화단과 축대, 집 안으로 들어서는 층계도 보인다. 상허는 수필집《무서록(無序錄)》(1944)에 잘 나타나듯이, 이 화단에서 피어나던 수국과 옥잠화의 넓은 잎사귀를 즐겨 바라보았고, 성큼성큼 커가던 봉선화와 과꽃과 코스모스 몇 떨기에 감탄하기도 했다. 앵두나무와 살구나무와 대추나무도 말없이 자라났다. 어느 해에는 그렇게 심은 파초의 싱그럽고 푸른 그늘 아래 의자를 놓고, 남국의 정조(情調)를 명상하기도 했다. 그러면서 이렇게 썼다. "가슴에 비가 뿌리되 옷은 젖지 않는 그 서늘함. 파초를 가꾸는 이 비를 기다림이 여기 있을 것이다."(〈파초〉) 파초에 빗방울 튕기는 소리를 들으려고 서재 미닫이에 챙 다는 것도 마다한 그였다.

아이들의 표정은 제각각 다르다. 다들 웃고 있지만, 시선이나 몸짓 그리고 자세는 약간씩 다르다. 장남과 차녀처럼 활짝 웃는가 하면, 장녀처럼 수줍어 미소를 머금기도 하고, 막내처럼 이 기념촬영이 끝나면 집 밖으로 뛰쳐나갈 기세를 보이는 경우도 있다. 아니면 이 모든 흥겨운 표정의 순간을 의식하지 못한 채, 그저 어리둥절한 모습으로 앞을 쳐다보는 갓난아기도 있다. 행복이 드러나는 방식도 이처럼 다채로운 것이다.

커가는 것, 그 나름의 방식으로 제각각 자라나는 것, 이것을 매일 바라보고 돌보며 다독이고 감싸주는 일만큼 놀라운 것도 없다. 그러나 이 놀라운 일은 상허가 창작에 전념하기 위해 신문사를 나온 후에 일어난 것이었고, 이 문학적 헌신의 자유는 불안정한 생계라는 대가를 치르고야 가능한 것이었다. 그는 《문장》지의 편집자나 소설의 심사위원으로 활동했지만, 그 수입이 일정할 순 없었다. 더욱이 1940년대 들어와 일제의 문화정책은 점점 가혹해져 작가를 가만히 내버려두지 않았다. 그 또한 여러 문학단체에서 활동했고, 그 가운데는 황군위문작가단도 있었다.

어디에 있어도 검열과 감시를 당했고, 지시와 전달을 받아야 했다. 어떤 식으로든 작가는 식민지 지배체제를 유지하는 데 기여해야 했다. 40살이던 1943년에 그가 강원도 철원의 안협(安峽)으로 낙향하게 된 것도 그 때문이었을 것이다. 이 때의 정황은 몇 년 후 발표된 〈해방전후〉(1946)라는 작품에 잘 표현되어 있다. "철 알기 시작하면서부터 굴욕만으로 살아온 인생 사십, 사랑의 열락도 청춘의 영광도 예술의 명예도 우리에겐 없었다."

하지만 조국의 해방으로 상허의 비극이 끝난 것은 아니었다. 그는 해방 후 문학과 문화에 관련된 단체에서 적극적으로 활동하지만, 오래 가지 않는다. 좌우대립은 격렬했고, 이 같은 노선의 어느 한편에 동참하지 않으면 순식간에 '적'이나 '반동'이 되었다. 곳곳에 강령과 삐라와 구호와 외침이 있었지만, 민족의 생존을 차분하게 검토하고 문학과 문화의 미래를 이성적으로 성찰하는 일은 지극히 어려웠다.

게다가 해방 후에도 서울을 지배하고 조선민족을 명령한 것은 총독부와 일본군이었다. 북쪽에 들어온 소련군이 일본군을 소탕한 것과는 달리, 미군이 남쪽에서 상대하고 돌봐준 것은 조선인이 아니라 일본군이었다. 상해에서 들어온 임시정부도 미숙한 건 마찬가지였다. 이 상황에서 이태준은 1946년에 월북을 결정한다. 소련을 방문하고 《소련기행》(1947)을 출간하고, 북조선 최고인민회의에서 표창장을 받고, 심사위원이나 부위원장 같은 감투를 쓰기도 한다. 하지만 이것도 잠시, 그는 과거의 '구인회(九人會)' 활동으로 추궁받는다. 임화와 김남천과 함께 비판받다가 그는 결국 숙청되고 만다. 1956년 그의 나이 53살 때의 일이다. 그 뒤 함흥의 노동신문사 교정원으로 일하였고, 그 뒤에는 고철을 주우며 생계를 잇다가 세상을 떠났다고 전해진다. 그가 언제 죽었는지 아무도 모른다.

이 사진을 찍었던 무렵 이태준은 어떻게 삶을, 지나간 삶뿐만 아니라 닥쳐올 삶을 굽어보았을까? 이념을 좇아 월북했지만 그 집권체제에 좌절하고 과거를 추궁당하면서 마침내 숙청되었을 때, 그는 어떠했을까? 기사를 교정하다가 또 다시 좌천되어 철 조각을 모으며 살아야 했을 때, 아니 이 일에서도 쫓겨나 협동농장에서 막노동으로 하루하루 목숨을 부지해갈 때, 그에겐 과연 무엇이 남아 있었을까? 그는 "오래 살고 싶다"고 썼는데, "좋은 글을 써보려면 공부도 공부려니와 오래 살아야 될 것 같다. 적어도 천명(天命)을 안다는 50에서부터 60, 70, 100에 이르기까지 그 총명, 고담(枯淡)의 노경(老境) 속에서 오래 살아보고 싶다. 그래서 인생의 깊은 가을을 지나 농익은 능금처럼 인생으로 한번 흠뻑 익어보고 싶은 것이다"라고 썼는데(《조숙(早熟)》), 그렇게 허망하게 그는 떠나간 것이다.

남쪽에 두고 온 아내와 다섯 자식들이 날마다 눈에 선하도록 떠올랐을 것이다. 아마도 문학은 그런 가혹한 일상에서 엄두조차 나지 않았을지도 모른다. 함께 활동했던 친구 박태원이나 이효석과 서른 살 무렵 조직했던 구인회 일이나 《문장》 활동, 그리고 그 많던 작가동맹과 문학건설협의회와 문화예술단은 무엇을 위한 것이었던가? 현실정치에서 이념은 뒤틀리고, 권력 앞에서 믿음은 짓밟히면서 사람들은 죽음과 폭력과 굶주림 때문에 서로 배반했다. 어떤 것도 훼손되지 않은 채 살아남지는 못했다. 문학은 아무것도, 정녕 아무것도 아니었다. 아니 '아무것도 아닌 것'이 아니라, 바로 이 아무것도 아닌 문학 때문에 서로 고통당해야 했다. 문학이라는 망할 것 때문에 인간관계가 옥죄이고, 사람이 눈멀고, 삶이 억압되고, 현실이 병들게 되었다. 문학은 월북 이전의 삶처럼 월북 이후의 삶도 유린한 원흉 같은 것이었다.

도대체 무엇이 덧씌워져 그는 그렇게 선택했던 것일까? 새로운 사회, 더 인간적이고 이성적인 정치질서는 가능할까? 새 정치에 대한 기대와 이 정치로 실현될 더 나은 사회제도에 대한 갈망 때문에 상허는 북으로 갔고 소련을 기행했다. 그때만 해도 그는, 《소련기행》에 썼듯이, "단기(檀紀)가 4천여 년이라는 것을 학문으로 알아보려기보다 자랑거리부터 삼으며, 단군을 신격화시키어 조선민족을 신보(神譜)에 올리려는

어떤 것도 훼손되지 않은 채 살아남지는 못했다. 문학은 아무것도 아니었다. 아니, 바로 이 아무것도 아닌 문학 때문에 서로 고통당해야 했다. 문학 때문에 인간관계가 옥죄이고, 사람이 눈멀고, 삶이 억압되고, 현실이 병들게 되었다

심미적 경험 III_서정적 모음곡

속된 애국심"에 휘둘리지 않았다. 더 나은 자유와 문화의 복리 속에서 자기 역사를 스스로 만들어가는 인간 공동체의 어떤 모델을 확인하고 싶었다. 그러나 현실은 그렇지 못했다. 소련사회에 대한 관찰이나 소비에트 체제에 대한 진단 그리고 레닌과 스탈린에 대한 그의 찬사에는, 당시 지식인의 사회역사적 제약을 이해 못할 바는 아니지만, 부정확하거나 납득하기 힘든 측면이 많다. 선의를 위한 선택이 무지와 몽매의 결과일 수 있다. 현실의 기만을 벗어나려는 노력마저도 기만적일 수 있는 것이 인간의 삶이다. 작가의 이 서투른 현실인식은 식민지 조선의 왜곡된 역사와 무관하지 않을 것이다. 크고 작은 난관에서 연유하는 겹겹의 패착이 식민지 지식인들의 실망과 환멸을 낳았고, 이 비인간적 현실이 결국 문학마저 불신하게 만들었을 것이다.

글을 쓸 수 있기는커녕 먹고살기 위해 나날이 고철조각을 수집하며 살아가야 했을 때, 탄광지대나 협동농장에서 막노동으로 목숨을 부지해갈 때, 상허는 어떠한 심경이었을까? 그토록 부드러우면서도 선비 같은 기개를 지녔고, 강고한 인품 속에서도 섬세했던 그가 아니었던가? 그의 단편소설 곳곳에는 그런 고집과 정신과 맑고 서늘한 향기가 배어 있다. 기품은 그런 맑은 정신과 서늘한 향기에서 나올 것이다. 나는 그렇게 느끼곤 했다.

상허의 행복관은 어떠했을까? 그는 무엇을 '행복하다'고 여겼던 것일까? 이 행복관념에 그의 문학적 지향도 다 들어 있다고 나는 생각한다. 하지만 어디 문학적 지향만 나타나겠

글을 쓸 수 있기는 커녕 나날이 고철조각을 수집하며 살아가야 했을 때, 탄광지대나 협동농장에서 막노동으로 목숨을 부지해갈 때, 상허는 어떠한 심경이었을까?

문학적 신념이 더
인간적인 공동체를,
그 어떤 사람도 모
욕받지 않는 세상을
염원하는 것이라면,
문학적 지향은 곧
정치적 지향이기도
하다

는가? 문학적 신념이 더 인간적인 공동체를, 그래서 그 어떤 사람도 모욕받지 않는 세상을 염원하는 것이라면, 문학적 지향은 곧 정치적 지향이기도 하다. 문학적 노력이 '올바르길' 원한다면, 그것은 그 자체로 윤리적이다. 그리하여 그의 행복 표상에는 정치적 윤리적 함의도 배어 있는 것이다. 그렇다는 것은 문학적인 것이나 정치적인 것 그리고 윤리적인 것은 행복의 범주보다 좁다는 뜻이고, 이 행복의 범주에 하나의 하부 요소로서 포함된다는 뜻이다. 문학과 정치와 윤리도 결국에는 삶의 행복을 위한 것이니까. 언제나 중요한 것은 인간이 가야 할 길에 관한 것이다.

그렇다면 이 모든 것을 포괄하는 것은 무엇일까? 그것은 넓은 의미의 심미의식이 아닐까 한다. 그러니까 나는 이태준의 행복관을 통해 그의 삶을 추동하고 그의 정신을 지탱한 심미의식을 더듬어보려 한다. 이것은 그의 수필에서 가장 명료하게 확인된다.

텅 빈 벽

상허의 수필집 《무서록》은 〈벽〉이라는 글로 시작한다. 첫 문장은 이렇다.

뉘 집에 가든지 좋은 벽면을 가진 방처럼 탐나는 것은 없다. 넓고 멀쩍하고 광선이 간접으로 어리는, 물속처럼 고요한 벽면, 그런 벽면에 낡은 그림 한 폭 걸어놓고 혼자 바라보고 앉아 있는 맛, 더러는 좋은 친구와 함께 바라보며 화제 없는 이야기로 날 어둡는 줄 모르는 맛, 그리고 가끔 다른 그림으로 갈아 걸어보는 맛, 좋은 벽은 얼마나 생활이, 인생이 의지할 수 있는 것일까!

이태준이 좋아하는 것의 하나는 벽이다. 정확히 말하면 벽 자체가 아니라 "좋은 벽면"이다. 어떤 것이 좋은 벽면인가? 그것은 "넓고 멀찍하고 광선이 간접으로 어리는, 물속처럼 고요한 벽면"이다. "넓고 멀찍하고" "고요"하다면, 그 벽면은 채워져 있지 않고 비어 있을 것이다. 그 빈 벽에 그는 "낡은 그림 한 폭 걸어놓고 혼자 바라보"거나 "더러는 좋은 친구와 함께 바라보며 화제 없는 이야기로 날 어둡는 줄 모르는 맛"을 즐기려 한다. 이렇게 걸린 그림은 하나가 아니다. 그것을 그는 "가끔 다른 그림으로 갈아 걸어보"기도 한다. 그런 후 "얼마나 생활이, 인생이 의지할 수 있는 것일까"라고 묻는다.

글 한 편 한 편은 그렇게 고요하고 텅 빈 벽에 걸리는 "낡은 그림"과 같은 것이 아닐까? 이렇게 걸린 그림에 빛은 직접 와닿는 것이 아니라 "간접으로 어리"고, 그래서 "물속처럼 고요"하다. 이 낡은 그림은 조만간 다른 그림으로 바뀐다. 그래서 잠시 왔다 가는 것에 지나지 않는다. 하지만 한때의 이 그림을 상허는 혼자서 또 친구와 함께 감상하며 자기 "생활"과 "인생이" 가끔 "의지할 수 있는 것"이 되길 바란다. 문학이란 그런 그림과 같다. 그려서 걸어두고 감상하며 주체가 의지하는 무엇이다. 그가 병문안 가서 본 "K군"의 병실 벽도 그랬다.

다른 벽면도 그랬다. 한 군데는 문이 하나, 한 군데는 유리창이 하나 있을 뿐, 넓은 벽면들은 모두 여백인 채 사막처럼 비어 있었다. 병상에 누운 환자들은 그 사막 위에 피곤한 시선을 달리고 달리고 하다가는 머무를 곳이 없어 그만 눈을 감아버리곤 하였다.

나는 감방의 벽면이 저러려니 생각되었다. 그리고 더구나 화가인 K군을 위해서 그 사막의 벽면에다 만년필의 잉크라도 한 줄기 뿌려놓고 싶었다.

벽이 그립다.

멀찍하고 은은한 벽면에 장정 낡은 옛 그림이나 한 폭 걸어놓고 그 아래 고요히 앉아보고 싶다. 배광(背光)이 없는 생활일수록 벽이 그리운가 보다.

K군이 누워 있는 병실의 "한 군데는 문이 하나, 한 군데는 유리창이 하나 있을 뿐"이다. 그 외의 "넓은 벽면들은 모두 여백인 채 사막처럼 비어 있었다." 그래서 그 병실 환자들은 "그 사막 위에 피곤한 시선을 달리고 달리고 하다가는 머무를 곳이 없어 그만 눈을 감아버리곤 하였다."

이 병자들의 동작은 예술가의 삶과 다를 바 없다. 왜냐하면 예술가란 사막처럼 황량한 삶을 그리고 짓고 표현하다가 "피곤한 시선"으로 "머무를 곳이 없어 그만 눈을 감아버리"는 존재이기 때문이다. 그래서 상허는 "화가인 K군을 위해서 그 사막의 벽면에다 만년필의 잉크라도 한 줄기 뿌려놓고 싶"은 충동을 느낀다. 예술적 표현의 과정이 "달리고 달리고" 하는 과정인 것이다. 하지만 그는 어디에도 도달하지 못한다. 그래서 결국 "눈을 감아버리"고 만다. 마치 탄광지대에서 혹은 협동농장에서 아무도 모르게 그가 죽어갔듯이.

그렇다면 표현 이전에 존재하는 것—잉크든 색채든 그 어떤 다른 것이든, 이런 재료들로 그려지거나 쓰이는 여백으로서의 벽이란 무엇일까? 사막처럼 비어 있는 그 공간은 무엇일까? 그것은 삶의 바탕이나, 그 토대로서의 세계 전체라고 해야 할 것이다.

그러므로 벽을 생각한다는 것은 삶의 바탕을 생각하는 것이다. 바탕이란 "멀찍하고 은은한 벽면"의 세계. 작자는 이 벽면에 "장정 낡은 옛 그림" "한 폭 걸어놓고 그 아래 고요히 앉아" 감상하기를 바란다. 생활은 뒤에 비치는 빛(背光)조차 허락하지 않고, 그래서 팍팍한 생활일수록 벽이 그리운 까닭이다. 생활이 고단할수록 우리는 텅 빈 벽—아직 그려지지 않은 삶의 여백을, 이 여백의 낯선 가능성을 그리워한다.

생활이 고단할수록 우리는 아직 그려지지 않은 삶의 여백을, 이 여백의 낯선 가능성을 그리워한다

요요적적(寥寥寂寂)

텅 빈 것을 바라는 것은 근원적인 것—아무것도 없는 시원적 상태를 바라는 것과 같다. 고요나 침묵 그리고 어둠은 이 근원상태의 몇 가지 예에 해당한다. 요요적적(寥寥寂寂)한 세계—쓸쓸하고 휑하며 적막한 상태야말로 자연의 본래 모습이다. 이 말없는 세계는 옆에 누군가 있다고 해서, 또 사랑하거나 사랑을 줄 수 있는 사람을 가졌다고 해서, 없거나 없어지는 것이 아니다. 그 고독은 생래적이고 존재론적이며, 따라서 불가피하다. 상허는 《무서록》의 또 다른 수필 〈고독〉에서 쓴다.

고독은 생래적이고 존재론적이며 불가피하다

인생의 외로움은 아내가 없는 데, 아기가 없는 데 그치는 것일까. 아내와 아이가 옆에 있되 멀리 친구를 생각하는 것도 인생의 외로움이요. 오래 그리던 친구를 만났으되 그 친구가 도리어 귀찮음도 인생의 외로움일 것이다.

사람의 고독은 한 겹이 아니다

그러므로 사람의 고독은 한 겹이 아니다. 그것은 여러 겹이고, 여러 층위와 여러 차원을 가진다. 고독의 인간적 차원이 있는가 하면 고독의 사물적 차원이 있고, 고독의 물리적 차원이 있는가 하면 고독의 형이상학적 존재론적 차원이 있다. 인간의 외로움이 사람이나 물건, 친구나 아내나 아이로 충족될 수 없는 것은 그 때문이다.

상허는 9살 때 고아가 되었고, 철나기 전부터 잠잘 곳을 수없이 옮겨다녀야 했다. 오랫동안 그는 낮에는 사환이나 점원으로 일하고, 밤에는 야학으로 생활해야 했다. 고교 친구의 도움으로 일본에 갔지만, 거기서도 사는 것은 역시 어려웠다. 그는 먹고살기 위해 비가 오나 눈이 오나 새벽 신문을 돌리고 우유 구루마를 끌며 발버둥쳤다. 제 한 몸 건사하기 어려운 무능력자로서의 이 개인적 슬픔에 나라 잃은 시대적 집단적 슬픔이 더해졌고, 그 때문에 그는 흰옷 입은 사람들의 무기력한 모습에 절망하곤 했다. 그가 쓴 한 단편소설 〈꽃나무는 심어놓고〉(1933)는 이렇게 끝난다.

그러나 술만 깨면 역시 세상은 견딜 수 없이 슬픈 세상이었다. '경칠 놈의 세상 같으니!' 하고 아무 데나 주저앉아 다리를 뻗고 울고 싶었다.

그런 상허가 어느 한적한 산촌에서 "원시인의 양심과 순박한 눈동자를 그대로 지니고 있는 숫된 아이들을 상대로 그들을 가르치고 나도 공부하고, 이 상업문명과 거의 몰교섭한 그 동리의 행복을 위해서 수공업의 문화를 일으키리라"고 희망한 것은 자연스런 일인지도 모른다.(《실낙원 이야기》(1932)) 인간의 그리움은 충족과 이 충족 너머의 세계를 향한다. 그는 이러한 그리움이 제각각 다르고, 이렇게 다른 채로 그 차이는 존중되어야 한다고 여겼다. 수필 〈고독〉에는 다음과 같은 구절이 있다.

지금 내 옆에는 세 사람이 잔다. 아내와 두 아기다. 그들이 있거니 하고 돌아보니 그들의 숨소리가 인다.

아내의 숨소리, 제일 크다. 아기들의 숨소리, 하나는 들리지도 않는다. 이들의 숨소리는 모두 다르다. 지금 섬돌 위에 놓여 있을 이들의 세 신발이 모두 다른 것과 같이 이들의 숨소리는 모두 한 가지가 아니다. 모두 다른 이 숨소리들을 모두 다를 이들의 발소리들과 같이 지금 모두 저대로 다른 세계를 걸음 걷고 있는 것이다. 이들의 꿈도 그럴 것이다.

이 글을 썼을 때는 셋째 소남이가 태어나기 전이니 1934년 이전이다. 그러니까 상허 나이 스물아홉에서 서른한 살 무렵이다. 그사이 그는 성북동 집으로 이사했다. 그는 늦은 밤 처마 끝에 달린 풍경 소리에 귀 기울이고, 마당에서 우는 풀벌레 소리를 즐겨 듣는다. 그러면서 이 벌레 소리들이 마치 "비처럼 온다"고 적기도 한다. 위의 글을 적은 것도 이런 조용한 순간이었을 것이다.

상허가 느끼기에 아내나 아이들의 숨소리는 제각각이다. 그렇듯이 이들의 신발도 다르고, 발걸음 소리도 서로 다르다. 이 다른 숨소리와 다른 신발 그리고 다른 발걸음은 어떤 다른 세계를 예비한다. "…지금 모두 저대로 다른 세계를 걸음 걷고 있는 것이다." 꿈의 차이는 이 다른 숨소리와 신발과 발걸음에서 온다. 그것은 자명하다. 아무리 같은 집안에서, 같은 부모 아래, 또 같은 이불을 덮고, 같은 집에서, 같은 것을 먹고 자라난다고 해도, 사람은 서로 다르게 살아가도록 되어 있다. 이 근본적 차이는 인간실존의 가장 내밀한 공통기반인 가족 안에서 이미 생겨나기 시작한다. 이 근원적 차이의 쓸쓸함을, 삶에는 그 누구와도 공유하기 힘든 간극이 있고 그 누구에게도 위로받지 못할 절대적 상황이 있다는 사실을 상허는 어쩌면 열네 살 되던 해 어느 봄날에 이미 절감했을지도 모른다. 그때 그는 소학교 졸업식 날 우등상을 받고 일가집에 돌아왔으나—그는 당시 친척집에 고아로 붙어살고 있었다—그 누구에게도 보여줄 수 없어, 죽은 어머니를 떠올리며 울었다고 고백한 적이 있다.

그리하여 외로움-쓸쓸함-고독-차이는 인간 삶에 근원적이다. 고아, 점원, 고학생, 배달원 그리고 실직자는 상허의 변함없이 이어지던 실존상태였고 직업이었으며 처지이기도 했

삶에는 그 누구와도 공유하기 힘든 간극이 있고 그 누구에게도 위로받지 못할 절대적 상황이 있다

심미적 경험 Ⅲ__서정적 모음곡

다. 요요적적은 세계의 본성이면서 이 세계의 속성이기 전에 인간실존의 속성이 된다. 그래서 아이와 아내 곁에서도 친구를 떠올리고, 이 친구가 곁에 있어도 또 다른 타자를 그는 그리워하는 것이다. 이 타자는, 정확히 말해, 하나의 타자가 아니라 다수의 타자고, 따라서 세계 전체다. 상허가 문학적으로 갈망한 감각의 신세계와 사고의 신대륙은 이 타자로 나아가는 경로 위에 있을 것이다.

더 나아가자. 이때 행복은 어디쯤 자리할까? 아마도 행복은, 가장 소박하게 말하면, 각자의 기질에 맞는 최선의 삶을 찾아내는 것, 그리고 그렇게 찾아낸 삶의 형태를 스스로 만들며 살아가는 데 있을 것이다. 행복이란 제각각으로 다른 각자의 삶을 그 나름으로 매일 확인하고 변화시키며 조직하는 데 있다. 아름다움도 여기에 있지 않을까? 자기에게 맞는 최선의 방식을 스스로 만들어가는 것, 이렇게 만들어가는 과정이 곧 각자의 고유한 삶이 되게 하는 것이야말로 아름답다. 그 나름으로 고유한 삶이 개별적으로 드러날 때 개성이 되고, 이 개성을 존중하는 것이 민주주의다. 개성을 살벌(殺伐)하는 문화는 고급문화가 아닐 것이라고 이태준도 썼다.

여기에서 아름다움은 두 가지로 나타난다. 그 자체로 아름다운 것이 자연의 고요한 세계라고 한다면, 이 자연의 세계를 닮기 위해 삶을 만들어가는 것은 인간의 아름다움이다. 자연의 아름다움이 아름다움을 의식하기 전의 무심하고도 적요한 세계라면, 이 고요한 세계를 육화하려는 의식과 의지의 세계는 인간에게 속한다. 세계의 고요는 내면의 고요로 육화되

> 자신에게 맞는 최선의 방식을 스스로 만들어가는 것, 이 만들어가는 과정이 곧 각자의 고유한 삶이 되게 하는 것이야말로 아름답다

> 세계의 고요는 내면의 고요로 육화되면서 인간에게 완성된다

면서 인간에게 완성된다.

그리하여 자연의 세계와 인간의 세계는 무관하지 않다. 자연은 삶의 최고의 비유로 자리하기 때문이다. 아름다운 인간은 초목이 마르고 수척했을 때의 담백한 상태—고담(枯淡)의 세계로 다가가려 한다. 마음이 담백할 때, 고요도 그 가까이 다가온다. 아마도 상허가 충무공의 병기보다는 그의 온양 생가에서 자라나던 두 그루 은행나무에서, 이 오래된 나무의 깊고 푸른 그늘에서 더 큰 반가움을 느낀 것은 그 때문이었을지도 모른다.

> 나는 충무공이 쓰시던 칼이나 활이나 어느 유품에보다 그 한 쌍 은행나무에 더 반갑고 더 고개가 숙여졌다. (〈수목(樹木)〉, 《무서록》)

맑은 기운과 바람은 칼과 활이 아니라 하늘과 땅에, 이 하늘과 땅 사이에서 바람을 맞으며 자라나는 나무에 깃들어 있다. 고요하고 맑은 것이야말로 서정적인 것이고, 서정적인 것은 평화로운 것이며, 평화로운 것은 신성하다. 고요-맑음-서정-평화-신성은 시적인 것의 참된 목록들이다.

그리하여 책 읽기가 지루하면 상허는 난초 잎을 닦아주거나, 붓과 연적(硯滴)을 바라보거나, 아니면 조선조의 도자기나 제기(祭器), 혹은 목침이나 반상(飯床)을 어루만졌다. 때로는 석수도(石壽圖)를 떠올리면서 돌의 묵직하고 편안하고 한결같은 성질—청담고박(淸淡枯朴)을 예찬하기도 했다. 그의 이런 고완취미(古玩趣味)는 은자의 한가한 소일거리거나 속물적 허영심의 발로가 아니다. 옛 물건이 아름다운 것은 기교를 모르는 옛 사람들의 순박한 생활자취가 그 속에 남아 있기 때문이고, 바로 그 때문에 또 그렇게 남아 있는 것으로 지금 사람들이 재해석해야 한다고 그는 썼다. 그가 '골동품(骨董品)'보다는 '고완품'이란 말을, 마치 추사가 '고(古)'자를 즐겨 쓴 것처럼, 기꺼이 쓴 것도 그런 까닭이다.

손에 익고 몸에 맞고 마음에 어긋나지 않는 물건은 그 자체로 아름답다. 자연에 가까운 것이기 때문이다. 땅과 하늘의 이치에 밝은 것이라고나 할까. 그래서 그것은 천명(天命)을 깨닫고 그 이치에 다가서는 일이 된다. 상허는 이 요요적적하고 청담고박한 세계를 삶과 글의 목표로 삼았던 것으로 보인다. 그가 동경 유학 시절 '불 없이 노는 모임'을 만들었던 것도 이런 맥락에서 이해될 수 있을 듯하다. 그는 가끔 지인들과 저녁에 만나 다음 날 해가 밝을 때까지 기나긴 어둠을 즐기기도 했다.

> 땅과 하늘의 이치에 밝은 것―천명을 깨닫고 그 이치에 다가서는 일

밤이 오는 것은 날마다 보면서도 날마다 모르는 사이다. 그러기 때문에 낮에서부터 정좌하여 기다려도 본다. 닫힌 문을 그냥 들어서는 완연한 밤걸음이 있다. 벽에 걸린 사진에서 어머님 얼굴을 데려가버리고 책상 위에 혼자 끝까지 눈을 크게 뜨던 꽃송이도 감겨버리고 나중에는 나를 심산(深山)에 옮겨다놓는다.

그러면 나는 벌레 우는 소리를 만나고 이제 찾아올 꿈을 기다리고 그리고 이슥하여선 닭 우는 소리를 먼 마을에 듣기도 한다. (〈밤〉, 《무서록》)

이태준이 밤을 좋아하는 것은 그것이 "날마다 보면서도 날마다 모르는 사이"에 오기 때문이다. 이렇게 모르는 사이에 와서 "어머님 얼굴을 데려가버리고", 책상 위에 놓인 "눈을 크게 뜨던 꽃송이도 감겨버리고", "나중에는 나를 심산(深山)에 옮겨다놓"기 때문이다. 이 어둠 속에서 그는 밤이면 "벌레 우는 소리를 만나고", 곧 "찾아올 꿈을 기다리고 그리고 이슥하여선 닭 우는 소리를 먼 마을에 들기도 한다". 낮에 떠나 있던 현재의 많은 것들뿐만 아니라 미래의 것들("닭 우는 소리")과도 접하게 되는 것이다. 그의 문장공부는 이 타자의 전체를 향한 구도적 정신과 결부되어 있다. 그러는 한 그의 글은 윤리적 도덕적 요소를 이미 내포한다.

상허의 문장공부는 타자의 전체를 향한 구도적 정신과 결부되어 있다

밤과 고요와 어둠을 만나면서 글의 주체는 스스로 넓어지고 깊어지는 것을 경험한다. 그럼으로써 타자의 전체에 열려 있는 무한친화의 삶을 살아간다. 이태준 문학의 순함과 고움 그리고 맑음과 향기는 여기에서 오는지도 모른다. 그가 물을 사랑하는 것과 같은 맥락 아래 있을 것이다.

물은 더러움을 씻어 줄 뿐 더럽히지 않는다

물은 더러움을 씻어줄 뿐 더럽히지 않는다. 물은, 노자가 말하듯이, 최고의 선이고 도(道)다. 그것은 모든 자연스러운 것에 대한 존중이요, 인공적인 모든 것에 대한 거리두기다. 사실 여하한의 순서나 서열 혹은 체계화는 인공적인 소산이지 않은가? 그것은 인간이 행하는 성취이면서 동시에 그가 저지르는 악덕의 시초다. 그의 수필집의 제목이 《무서록(無序錄)》인 것은 '순서 없이 쓴다'는 수필의 정신을 드러낸 말이지만, 가치의 인위적 우선순위를 허락하지 않은, 그래서 각자

의 일은 그 나름으로 자리한다는, 삶에 대한 그의 태도이기도
할 것이다.

능인자안(能忍自安)

사람의 하루를 갖자. 구복(口腹)에만 충실한 개의 10년은 나는 싫다.
사람의 하루를 갖자.

_ 이태준, 〈고향〉(1931)

우리가 지나던 거리, 우리가 나누던 말들, 그때의 사람과
그 표정과 어조 그리고 그때의 분위기는 다들 어디에 있는
가? 어떤 아쉬움과 드문드문 드러나던 열망과 이 열망이 공
감하며 작열하던 한때의 불빛은, 그때의 태양빛이나 그 빛이
어리던 나뭇가지와 그 가지가 바라다 뵈던 작은 창문과 갈라
진 벽의 흔적이 그러하듯이, 흩어지고 만다. 살면서 맞닥뜨
리는 풍경을 우리는 보면서 동시에 보지 못하고, 우리가 알았
던 사물은 기억되면서 동시에 잊혀져간다.

후두두둑 내리던 거리의 빗줄기와 이 비에 젖은 아스팔트
의 축축함, 그리고 이 길을 지나던 사람들의 분주한 발걸음
소리, 그때의 가로등 불빛과 이 불빛 옆으로 보이던 건물의
커튼 쳐진 창문은 어떠했던가? 낮이 밤으로 변하고, 이 밤의
어둠이 아침의 어스름 속에서 다시 물러날 때, 그래서 찰나의
부산함이 정지된 듯한 영원으로 옮겨갈 때, 밤과 낮을 이어
주는 이 길목은 생애의 어디쯤 있을까? 순간의 생애에서 우

리는 영원의 어음을 끊고 행복의 약속을 남발하나, 구원은 인간의 일이 되지 못한다. 세상을 먼저 떠난 누이의 표정과 밤새도록 울리던 어머니의 다듬이 소리. 내가 어울려 지내던 어린 시절의 친구들은 어디에 있고, 우리가 사랑하던 애인은 어디로 떠나갔는가? 많은 것은 그저 견디고 또 견디며 지내야 한다.

이태준은 '능히 견디면 스스로 편안하다'(能忍自安)고 〈물〉이란 수필에서 썼지만, 그렇다고 무조건 참고 불의도 견디내라고 말한 것은 아니다. 또 쉽게 자족하고 타협하길 바랐던 것도 아니다. 인내란 무엇보다 다가올 싸움을 준비하기 위한 인내다. 우리가 나무를 자르고 쌀을 없애고 닭을 먹으며 목숨을 부지하는 까닭이다. 세계는 이 만만찮은 힘들의 관계—우악스럽고 적대적인 관계들의 총합이다. 그러므로 필요한 것은 '제대로' 싸우기 위한 인내이고, 이 인내는 혹독한 수련을 전제한다. 더 정확히 말하여 인내 속의 수련이고 고통을 통한 배움이다. 그렇게 견디고 배워야 '잘' 싸울 수 있다. 그리고 이 싸움의 궁극은 싸움조차 버리는 일일 것이다. 결국 싸움을 위한 인내의 필요는 겸손에 대한 요구가 된다. 더 겸손하다면 더 행복해질 수 있기 때문이다. 이태준의 요구는 무엇보다 자기를 향한 것이었다. 글에 관한 한 이 같은 요구는 더 철저했다. 이태준은 이렇게 썼다. "잃어버리면 울지 않고는, 몸부림을 치지 않고는 견딜 수 없는, 그런 작품을 써야 옳을 것이다."(〈작품애(作品愛)〉,《무서록》)

일에서의 원칙과 나날의 생활, 문학적 신념과 일상의 영위,

필요한 것은 '제대로' 싸우기 위한 인내이고, 이 인내는 혹독한 수련을 전제한다

집 안의 식구들과 집 밖의 사람들 사이에서 이태준은 어떻게 살았을까? 그 이어짐과 끊어짐을, 이 단속(斷續)의 긴장을 그는 어떻게 글로 엮어내고, 문장으로 드러내며 아내와 아이들과 어울려 이 집에서 살았을까? 그런 그에게 행복은 파초 위의 빗방울처럼 잠시 머물다 사라졌다. 다시 안경을 벗고 나는 이 가족사진을 더 가까이서 들여다본다.

그런 그에게 행복은 파초 위의 빗방울처럼 잠시 머물다 사라졌다

저 아이들의 눈빛과 입술과 표정과 손짓 그리고 서 있는 자세는 착잡한 행복의 시적 순간을 구현한다. 행복은 이 천진하고도 각기 다른 표정을 포착한 촬영순간만큼 짧고도 덧없이 그들 곁에 머물렀을 것이다. 그럼에도 행복은 성북동 시절에 그들의 것이었을 것이다. 이들은 제각각 순정한 채로 서로 돌보고 함께 다독이면서 주변의 말없는 세계―꽃과 나무와 땅과 하늘과 어우러져 있기 때문이다. 시는 쓰이고 노래되기 전에 살아지고 살아가는 무엇이었을 것이다. 살아지는 것으로서의 시, 살아가는 것으로서의 서정이야말로 예술의 항구적 지향이다. 그들이 행복한 것은 이 자연스러움, 이처럼 자연스런 조화의 생기 덕분이다. 아름다움은 일상에서 우러나오지만, 일상 자체가 아니라 일상의 자연스런 영위에서 비로소 완성된다. 상허의 성북동 사진은 그런 충일된 서정성을 담고 있다.

살아지는 것으로서의 시, 살아가는 것으로서의 서정이야말로 예술의 항구적 지향이다. 아름다움은 일상에서 우러나오지만, 일상 자체가 아니라 일상의 자연스런 영위에서 비로소 완성된다

여기에 나오는 아이들과 아내와 이태준의 모습은 그지없이 순박하고 평화롭다. 이 정겨운 이미지에 어울리는 소리는 어떤 것일까? 나는 그것이 앞서 말한 베토벤 〈피아노 협주곡 3번〉 2악장 라르고가 아닐까 여긴다. 아니면 베토벤 〈피아노

협주곡 5번) 2악장 같은 것. 거기에는 서정적이고 웅장한 선율 속에서 고요하고 평화로운 분위기가 펼쳐진다.

이 선율이 환기시키는 이미지의 풍경은 성북동 사진이 불러일으키는 여운과 어울린다. 하나의 시각적 이미지와 또 하나의 청각적 이미지는 시적 풍경의 서정성 아래 하나로 만난다. 참으로 서정적인 것은 평화롭고 고요하며, 그래서 아름답다. 그러면서 이 아름다운 느낌은 느린 리듬과 장려한 선율에 담겨 숭고한 세계로 나아간다. 여기에는 서두름도 없고, 소음이나 다툼도 없다. 그것은 세말사적 번잡함을 훌쩍 떠나 있다.

나는 이 서정적인 것이 아름답고 숭고하며 동시에 성스럽다고 느낀다. 그래서인가, 서정적 순간이면 이 모든 것을 예찬하고 싶은 충동을 나는 느낀다. 행복하면 우리는 찬미자가 아니 될 수 없다. 서정적인 것의 예찬이야말로 최고도로 고귀한 행위이자 가장 깊은 행복감의 표현이다. 여기로 나아갈 수 있을까. 그것은 어렵다. 일상이 그 자체로 아름답기는 드물기 때문이다. 거기에는 단단한 정신적 무장―책임과 절제의 원칙이 필요하다. 또 어깨를 다독이고 어리석음을 줄이며 모자람을 메우려는 의지도 요구된다. 기품도 이 원칙이 구비되었을 때 생겨난다. 일상적인 것 가운데서 '심오한 아름다움'이 있다면, 이 아름다움은 나날이 실행되는 이 같은 원칙, 이 원칙을 통한 생활 속의 성장 때문일 것이다. 이 성장의 체험이야말로 생활의 우아를 지탱한다.

하지만 행복의 세계에서 지속되는 것은 아주 드물다. 그것은 늘 떠나가는 중에 있다. 머무르는 것이 아니라 사라지고 잦아들며 휘발되고 있는 것이다. 영원히 도피 중인 상태야말로 행복의 정체다. 그래서 우리는 아쉽고 슬픈 마음으로 행복과 매번 헤어져야 한다. 그러니 행복에 관한 한, 남는 건 작별의 기억뿐이다.

그러나, 지금까지 살펴본 대로, 우리 사는 집에 텅 빈 벽을 갖고, 그 벽에 좋아하는 그림을 한두 장 걸어두고 보며, 이렇게 혼자 보는 것처럼 친구들과 어울려 함께 보는 것은 기분 좋은 일이다. 또 그 텅 빈 여백에 그림을 그리듯 글을 적고 음미하는 일은, 이렇게 음미하며 삶의 요요적적한 바탕과 침묵과 어둠과 무를 떠올리는 것은 행복한 일이다. 고요와 어둠과 침묵과 여백은 삶이 놓인 토대—자연의 근원요소인 까닭이다. 인간은, 삶이 그러하듯이, 이 근원요소의 한때 부록에 불과하다.

행복도 한때의 사건이라는 점에서 삶의 부가물이다. 그러나 그것은 심정적으로 열린 주체의 상태이기에 객체적 요소가 거기에는 들어 있고, 주체의 고유한 속성에 타자의 이질적 속성이 포개져 있다. 그러므로 행복은 주체와 타자, 여기와 지금을 포괄하는 근원적 체험이 될 수 있다. 마냥 희희낙낙하는 좁은 행복도 있지만, 삶의 타자적 둘레를 돌아보게 하는 넓은 행복도 있다. 참된 행복은 나의 고유한 자아가 나를 넘어 너와 그들에게 나아갈 때, 이렇게 옮아가며 내 삶의 변형 속에서 사회역사적 삶과 자연적 둘레를 경험할 때, 마침내 찾아들 것이다. 그 점에서 참된 행복의 자아에서 개인과 사회,

영원히 도피 중인 상태야말로 행복의 정체다. 우리는 아쉽고 슬픈 마음으로 행복과 매번 헤어져야 한다. 그러니 행복에 관한 한, 남는 건 작별의 기억뿐이다

참된 행복은 내가 나를 넘어 너와 그들에게 나아갈 때, 내 삶의 변형 속에서 사회역사적 삶과 자연적 둘레를 경험할 때 찾아들 것이다

내적 진실과 외적 현실은 일치한다.

아마도 문화의 방향은, 투박하게 말하면, 이 행복의 감정을 증진하고 장려하는 데로 모아져야 할 것이다. 문학이나 예술이 행복의 체험을 예찬하듯이, 역사나 철학도 행복했던 인간의 궤적을 살피고 이 행복의 인식적 윤리적 생활적 조건이 무엇인지 물어야 한다. 정치나 경제의 문제는 이 행복과 무관한 것인가? 그렇지 않다. 사회의 존립 이유, 정치경제학의 목표 그리고 인간관계의 지향도 마땅히 행복의 향수여야 한다. 단순히 밀폐된 자아의 사적 행복이 아니라, 확대된 자아의 열린 행복으로 수렴되어야 한다.

> 문화의 방향은 이 행복의 감정을 증진하고 장려하는 데로 모아져야 한다. 밀폐된 자아의 사적 행복이 아니라 확대된 자아의 열린 행복으로 수렴되어야 한다

그런 행복에서라면, 우리는 겉치레 교양이나 과시로서의 예절이 아니라 치장과 자랑이 없어도 갱신하는 삶—건전한 시민으로서의 건전한 삶을 위해 노력하는 중에 있을 것이다. 너그럽되 원칙이 있고 융통성을 가지되 일관성 또한 잃지 않는 개인에게는 순박하지만 중후한 덕성도 깃들어 있을 것이다. 이것은 바로 이태준이 바랐고 그 스스로 체현했던 인간상이지 않았을까.

그러나 해방 후의 현실은 이태준의 이 같은 염원을 허용하지 않았던 것으로 보인다. 언제나 이기는 것은 현실의 불행이지 마음속의 행복이 아니다. 현실을 지배하는 것은 이념과 슬로건과 구호다. 그래서 침착과 세심함과 숙고는 제자리를 찾지 못한다. 어쩌면 인간은 행복을 위해 태어나지 않았는지도 모른다. 불행한 삶의 안타까운 궤적은 인류사적 항수(恒數)다. 하지만 이 가족의 한때 미소와 표정 그리고 그 몸짓만큼

> 언제나 이기는 것은 현실의 불행이지 마음의 행복이 아니다

> 어쩌면 인간은 행복을 위해 태어나지 않았는지도 모른다

심미적 경험 Ⅲ__서정적 모음곡

사랑스럽고도 순박하며 참으로 시적인 예는 드문 것 같다. 상허 선생의 성북동 시절 사진은 바로 이 덧없고 아득한 인간 행복의 한 원형적 이미지로 보인다.

3장 _____ 슬픔과 자비

> 예술의 본질, 특히 음악의 본질은 세상적인 것(the mundane)보다 가능한 한
> 더 높게 우리를 고양시키는 힘이다.
>
> _ 가브리엘 포레

하나의 예술장르를 고집하는 것은 어리석은 일이다. 또 가장 위대한 작품이 어떤 것이라고 말하는 것도 어리석다. 그러나 음악이, 아니 음악이야말로 가장 위대한 예술장르 아닌가라고 생각될 때가 있다. 예를 들어 니콜라예바(T. Nikolayeva)가 연주한 베토벤 〈피아노 소나타 15번〉, 일명 〈전원〉을 들을 때 나는 그런 느낌을 갖는다. 그녀처럼 〈전원〉을 자연스럽고도 유연하게 들려주는 연주자는 드문 듯하다. 모든 악장이 좋지만, 특히 2악장은 극치다. 그것은 어떤 궁극으로 나아가는 듯하다. 부드러움, 자연스러움, 유연함… 이 모든 것은 거장적 완벽성의 특징이다.

'완숙함'이란, 자세히 들여다보면, 세 가지에서 나오지 않나 싶다. 첫째, 음의 하나하나가 생생하게 살아 있도록 분명하게 연주하는 것. 둘째, 하나의 생생한 음과 다른 음이 어울

리도록 하는 것. 그래서 음은 리듬을 타면서 다른 음과의 조화를 만들어내고, 이 조화가 곧 선율(멜로디)이 된다. 이 선율이 축조되면 음의 질서—음악이라는 구조물이 된다.

이렇게 어울린 음의 조화—선율은 이미 있었던 사건이나 추억이나 시간을 표현하면서 그 이상—세속적인 것을 넘어 어떤 초월적 차원으로 나아간다. 이 나아감은 선율의 나아감이고 감성의 나아감이다. 더 정확히 말하면, 아름다운 선율이 불러일으키는 감흥의 진행이요 발전이다. 감정이 발전된다는 것은 논리가 생겨난다는 것이고, 이 논리로 사유의 질서가 구축된다는 뜻이다. 그리하여 결국 감정의 논리란 곧 이성의 과정이기도 하다. 니콜라예바가 연주하는 베토벤의 〈전원〉 2악장에는 그런 계기가 있지 않나 여겨진다. 그것은 앞으로 나아가는, 그래서 계속 자라나는 갱신의 계기다.

그런데 선율의 나아감 혹은 운동은 뛰어난 음악에는 다 들어 있다. 니콜라예바가 연주한 슈베르트 〈피아노 소나타 21번〉(D. 960)이 끝간 데 없이 이어지듯이. 차이코프스키의 현악 6중주 〈플로렌스의 추억〉(op. 70)에도 그런 대목이 있다. 슈베르트의 음이 나직하고 서정적인 가운데 무한히 이어지는 것이라면, 차이코프스키의 선율에는 격렬한 열정이 숨어 있다. 격렬한 가운데 진행되는 감정의 움직임은 이 세상의 것이면서 이미 그 너머에 자리한 무엇을 상기시킨다. 아름다운 선율이 일으키는 감정은 이렇듯 복잡하다. 감정에도 여러 스펙트럼이 있는 것이다. 감정의 스펙트럼. 여러 가지 뉘앙스로 된 감정의 빛깔과 질과 여운. 기쁘고 슬프고 화나고 아쉽고 놀랍

니콜라예바(T. Nikolayeva, 1924~1993)
그녀의 연주는 어머니 품처럼 아늑하고 물 흐르듯 유연하다.
〈평균율〉이나 〈파르티타〉를 비롯하여 바흐의 모든 피아노곡 연주가 그렇고,
베토벤의 〈피아노 소나타 15번〉, 일명 〈전원〉도 무척 아름답다.

고 안타까운 삶의 셀 수 없는 사연들. 그 가운데 삶의 성격에 가장 맞는, 삶의 본성에 질적으로 부합하는 감정은 무엇일까? 나는 그것이 슬픔과 자비라고 생각한다.

　당연한 말이지만, 기쁨은 중요하다. 경이감이나 안타까움도 삶의 유한함과 인간 이성의 어리석음을 생각하면, 중요하지 않을 수 없다. 그러나 슬픔만큼 결정적이지 못할 것이라고 나는 여긴다. 슬픔의 감정은 감정이되 인간의 실상─헤아릴 수도 없이 많은 인간의 한계를 직시한 데서 나온 것이기 때문이다. 인간은 영원히 살지 못하고, 나의 말은 네게 그대로 전달되기 어려우며, 사랑의 밀어는 오해되기 십상이다. 진리는 포착하기 어렵고, 이념은 현실을 이끌지 못한다. 역사는 파국을 거듭하고, 인간은 자연으로 회귀하기 어렵다. 곳곳에 생애의 짧음과 언어의 불충분, 소통의 불가능과 사랑의 어려움, 진실 포착의 어려움과 이념의 간극이 있다. 역사의 재앙이 있고, 자연과 인간의 격리가 자리한다. 슬픔은 바로 이 편재하는 한계에 대한 직시에서 생겨난 감정이다. 그리고 이 슬픔은, 그것이 한계를 넘어 좀 더 올바르고 선한 무엇을 향하는 한, 사랑의 시작이 된다. 그래서 슬픔은 너그러움의 표현이다.

　자비(慈悲)에서 '자(慈)'란 '사랑', 특히 '어머니의 사랑'을 뜻한다. 이 사랑에 왜 '슬플 비(悲)'가 붙어 있겠는가? 어머니의 사랑처럼 깊은 사랑은 한계에 대한 직시에서 오는 '슬픔'이 자리하기 때문이다. 슬픔이야말로 모든 심미적 인식의 핵심이고, 아름다움의 고갱이다. 이것은 비극이 예술장르의 핵심인 데서도 확인될 수 있다. 왜냐하면 비극은 좀 더 옳은 하나의 일과 좀 덜 옳은 일 사이의 어찌할 바 없는 선택에서 생겨나는 것이고, 이 선택에 따른 간극/차이를 아무런 말없이 고통 속에서 감당하는 일이기 때문이다. 설령 좀 더 옳은 일을 선택한다고 해도, 이 선택이 그러나 전적인 정당성의 선택이 아닌 한, 불충분성 혹은 거짓의 기미는 사라지지 않는다. 바로 이 불가항력적 결락상태가 인간의 고통을 야기한다. 비극적 인식이란 이 불가항력적 결핍에 대한 긍정적 체념의 마음이다. 너그러움이나 용서, 인정과 포용은 이런 마음의 표현이다.

예를 들어 모차르트의 〈피아노 협주곡 9번〉(K. 271), 일명 '죄놈(Jeunehomme)'이라고 불리는 곡을 들어보자. 이것은 10분 정도 연주되는 것으로 특히 2악장 '안단티노'는 아름답다. 이 장중한 슬픔이 배인 곡을 겨우 스무 살이던 모차르트가 작곡했다니, 믿기지 않는다. 모차르트는 다른 누가 아닌 모차르트다. 그의 또 다른 곡 〈신포니아 콘체르탄테〉 K. 364번이나 K. 297b 같은 곡. 이것의 특히 2악장이나 브람스의 〈현악 6중주〉(op. 18)와 〈현악 6중주〉(op. 36) 같은 것을 들어보자. 또 차이코프스키의 〈피아노 3중주〉(op. 50)나 〈로코코 변주곡〉(op. 33) 혹은 〈교향곡 4번〉(op. 36)의 2악장은 어떤가?

이 모든 곡들은 내게 깊은 슬픔을 자아낸다. 이 슬픔의 감정은 주관적이고, 따라서 자의적이다. 그러니 논리적으로 설명하거나 절차적으로 투명하게 그 이유를 전달하기 어렵다. 그러나 반드시 그런 것도 아니다. 음악은 설명하는 것이 아니라 그저 듣는 것, 듣고 즐기는 것이지만, 그래서 해석이 중요한 게 아니라 즐김이 훨씬 중요하지만, 그럼에도 음악의 원리를 깊게 이해하기 위해 그 이유를 생각해보는 것도 때때로 필요하다.

알 수 없이 밀려오는 선율의 슬픔에는 회한도 묻어 있고, 행동에 대한 자책이나 지난 시간에 대한 아쉬움, 어떤 만남과 사람에 대한 안타까움이 들어 있다. 그래서 그것은 나 자신을 돌아보게 하고, 나를 반성하면서 다시 앉았거나 서 있는 자리를 바로 잡아주기도 한다. 돌아봄은 삶을 재위치시키는 데 불가결한 것이다. 그렇다면 슬픔에는, 적어도 깊은 슬픔에는 윤리적 요소가 있다고 말할 수 있다. 인간의 모든 일에는 작별이 예비되어 있어서일까. 거꾸로 말해 작별의 요소가 숨어 있기에 모든 일은 근본적으로 슬프다. 슬픔의 감정에 작별이 들어 있다는 것, 그 때문에 그 감정은 삶의 일회성과 유한성을 자각한다. 빛 속에 어둠이 스며들어 있다고나 할까? 인간의 생애는 빛의 사건이다. 그것은 빛 속에서 일어나고 빛 아래 드러난다. 우리는 빛 속에서 어둠과 친교하며 산다. 어둠과 빛이 혼재된 이 사건은 그러나 불과 몇 차례 진행된다. 그리고 다시는, 정말이지 다시는 일어나지 않는다. 그래서 이 작곡가들의 말년 작품을 특히 좋아한다고 나는 고백하지 않을 수 없다.

베토벤의 말년 〈피아노 소나타〉와 브람스의 〈클라리넷 3중주〉나 〈클라리넷 5중주〉 같은 것. 이 곡들의 어떤 선율에는 말할 수 없이 아득한 슬픔이 배어 있다. 앞으로 다가올 작별을 예비하는. 그래서 그 감정은 아리고 아프다. 만남은 영원

모든 깊은 슬픔에는 윤리적 요소가 들어 있다

인간의 생애는 빛의 사건이다. 그것은 빛 속에서 일어나고 빛 아래 드러난다. 우리는 빛 속에서 어둠과 친교하며 산다

히 지속되지 않는다. 그것은 끊겨지고 중단될 뿐만 아니라 비틀리고 짓눌린다. 그 만남이 훼손되듯이, 이렇게 만나는 사람과 이들의 감정도 시간의 흐름 속에서 상처받는다. 그래서 가슴 벅찬 일만큼이나 아쉬움도 크고 즐거움만큼이나 큰 회한이 따른다. 그러나 이 사건의 정서적 내용은, 그 색채와 농도와 성격이 제각각인 채로, 시간 속에서 차츰 잊혀져간다. 그래서 결국에는 하나의 모호한 상태로 수렴된다. 하나의 감정으로 증류되는 것이다. 슬픔은 그렇게 증류된 정서적 결과물이다.

그리하여 슬픔에는, 자세히 살펴보면, 여러 뉘앙스의 감정이 녹아 있다. 아쉽고 아프고 안타깝고 기쁘고 놀랍고 무서우며 끔찍하리만큼 사랑스런 복잡미묘한 것들이 어울려 마침내 슬픔을 만들어낸다. 삶에 기쁨이 없을 수 없지만, 웃음이야말로 일상의 결핍을 견디는 힘이지만, 그럼에도 더 깊은 아름다움은 슬픔에 있다. 슬픔이야말로 삶의 가장 깊은 심연에 닿아 있는 근본적인 정서인 것이다. 그래서 그것은 주위를 돌아보게 하고, 밝은 곳보다 어두운 곳을 응시하면서 잊어왔던 사람을 생각나게 하며, 지금껏 밀쳐두었던 책장을 펼치거나 아쉬웠던 관계를 떠올리게 한다. 그것은 미련 때문일 것이다. 못다함, 제대로 하지 못했다는 자책이나 아쉬움 같은 것. 슈베르트의 〈피아노 소나타 21번〉(D. 960)의 끝없이 반복되는 선율도 바로 이 아쉬움을 나타낸 것이 아닐까? 아마도 슬픔은 그 자체로, 그것이 더 깊게 가라앉으면 앉을수록, 자아를 윤리적으로 주형하는 데 관계하는 것처럼 보인다. 이것을 나

삶에 기쁨이 없을 수 없지만, 웃음이야말로 일상의 결핍을 견디는 힘이지만, 그럼에도 더 깊은 아름다움은 슬픔에 있다. 슬픔은 삶의 가장 깊은 심연에 닿아 있는 근본적인 정서다

는 '슬픔의 윤리학'이라고 부르고 싶다.

그러나 슬픔의 윤리학에서 '윤리'란, 흔히 그러하듯이, 하나의 개념으로서의 윤리가 아니다. 이 슬픔은 어떤 예술작품과 관련하여 구체적으로 체험되는 일이기 때문이다. 그것은 개념이 아니라 체험이고, 자폐적인 감정이 아니라 객관화된 감정이다. 참된 슬픔은 사인화(私人化)된 감정이 아니다. 그것은 주관적 감정이 아니라 객관적으로 반성된 감정이다. 깊은 슬픔은 이성의 감정인 것이다. 그래서 그것은 심미적이다.

여기에서 내가 말하려는 것은 슬픔의 심미적 윤리학이다. 모든 음악이 슬프지는 않지만, 가장 좋은 혹은 가장 감동적인 음악은 예외 없이 깊은 슬픔을 자아낸다. 그래서 우리를 너그럽게 하고, 우리의 삶을 돌아보게 한다. 그리하여 나는 나를 넘어 너에게로 가고, 우리는 우리를 넘어 그들로 다가간다. 마치 감정이 감정을 넘어 이성으로 나아가듯이, 뭔가 아득하게 멀고 더없이 넓은 지평으로 나아가는 것이다. 그것은 다른 식으로 말하여, 사회정치적 제도적 정당성을 넘어, 또 개인적 상호주체적 정당성을 넘어 정당성의 형이상학적 종교적 차원이라고 말할 수 있을지도 모른다. 아마도 훌륭한 음악은, 모든 탁월한 예술이 그러하듯이, 어떤 정당성을 내세우지 않고도 그 자체로 정당할 것이다. 그 모든 시비(是非)와 곡직(曲直)과 진위(眞僞)를 넘어 삶의 새로운 지평을 열어준다는 점에서 그것은 이미 진실할 것이다. 진정한 예술은 옳고 그름의 경계마저 넘어선다. 그래서 허망하지만, 이 허망함은 기쁨보다도 슬픔에 가깝다. 그러나 이 깊은 슬픔 속에서 우리는 어

참된 슬픔은 사인화(私人化)된 감정이 아니다. 깊은 슬픔은 이성의 감정이다. 그래서 그것은 심미적이다

훌륭한 음악은 깊은 슬픔을 자아낸다. 그것은 사회정치적 제도적 정당성을 넘어, 또 개인적 상호주체적 정당성을 넘어 정당성의 형이상학적 종교적 차원으로 우리를 이끈다

떤 구원의 가능성이나 영원의 삶 혹은 신적 질서를 떠올리기도 한다. 감동은 여기에서 온다. 모든 감동은 아련하다.

인간의 삶은 아마도 영혼적 진실과 우주론적 지평을 포용할 수 있을 때, 참으로 복된 지경으로 나아갈지도 모른다. 이때 인간과 자연, 유기체와 무기체는 서로 무관한 것이 아니라 이루 셀 수 없는 연결고리 속에서 '이미 얽혀 들어가' 있다. 아서 케슬러(A. Koestler)가 말한 '대양적 감정(oceanic feeling)'이란 말도 이 두 가지가 얽혀 들어간 의식의 표현일 것이다. 또 솔제니친(A. Solzhenitsyn)이 《이반 데니소비치의 하루》(1962)에서 암시한 어떤 길도 이와 다르지 않을지도 모른다. 이 길은 알료쉬카라는 작중 인물에서 암시된다. 영혼을 위한 기도를 하라는 말에 '기도란 거절당하기 십상인 죄수들의 진정서'라고 대꾸하지만, 수용소의 살벌한 나날에서도 어떤 부탁이든 응하는, 그러면서 뜨는 해를 바라보며 미소 짓는 알료쉬카를 작가는 '올바른 사람'이라고 적는다.

많은 일이 무의미하게 끝날 뿐만 아니라, 이렇게 무의미하게 끝난다는 사실을 알면서도 시도되는 이 같은 노력마저 아무것도 아닐 수 있다. 하지만 그럼에도 불구하고 어떤 시도는, 살아 있는 한, 행해져야 한다. 그런 출발의 한 준거는 생명의 원리이다. 땅과 하늘을 증인으로 내세우고, 삶과 죽음, 축복과 저주 가운데 삶의 길을 택하면서, 이 잠시 동안의 삶을 내가 살아가면서 나에게서 너에게로, 우리에게서 그들에게로 어떻게 이 생명의 기운을 퍼뜨릴 수 있느냐는 것, 그것이 우리의 관건이다. 그것이 우리의 종국적 원칙이 되어야 한

출발의 한 준거는 생명의 원리다. 땅과 하늘을 증인으로 내세우고, 삶과 죽음, 축복과 저주 가운데 삶의 길을 택하면서, 이 잠시 동안의 삶을 내가 살아가면서 나에게서 너에게로, 우리에게서 그들에게로 어떻게 이 생명의 기운을 퍼뜨릴 수 있느냐는 것, 그것이 우리의 관건이다

다. 그러니 필요한 것은 오직 하나―이 한계에 깨어 있는 것, 두 눈과 귀를 열고 삶의 또 다른 한 켠에서, 보이고 들리는 것 그 너머에서 닥쳐올 무엇을 예비하는 것, 그것에 주의하는 일이다.

하지만 이런 각성으로도 영혼의 삶을, 영혼적 진실에 눈뜬 경건한 삶을 살기는 어려울 것이다. 우리는 애써 노력하면, 《이반 데니소비치의 하루》에 나오는 슈호프처럼, 삶의 거창한 의미보다는 양배춧국이나 담배 한 개비를 위해 대신 줄을 서주거나, 남의 밥그릇에 쥐새끼처럼 붙어 사는 치사한 인간은 되지 않을지도 모른다. 그렇게 노력하면, 적어도 자기자신은 감당할 줄 아는, 이렇게 감당하려는 자의식만은 잃지 않는 사람이 될지도 모른다. 외양과 결과에 치중하는 보통 사람으로서 이 정도의 선을 지키는 것도 상당히 버거운 일일 것이다. 이런저런 슬픔은 우리 주변에 지천으로 널린 흔하디 흔한, 그러나 쉽사리 주목하지 않는 근본한계를 돌아보게 한다. 적어도 가장 오래가는 음악에는 혹은 음악의 감동에는 슬픔의 요소가 꼭 깃들어 있다. 이것은 위에서 언급했던, 고대철학에 대한 푸코의 해석에 기대 말할 수도 있다.

음악을 들으면서 내가 나를 돌아보는 것은, 내가 나를 돌아보고 주위를 살펴보는 것은 기독교적 금욕주의에서처럼 자기를 지우는 것이 결코 아니다. 또 플라톤주의에서처럼 존재를 인식하고 상기하기 위해서도 아니다. 그것은 차라리 자기를 돌보기 위한 것이다. 나를 돌보며 자기를 다스리는 것, 그래서 자기 삶을 더 나은 방향으로 배려하기 위한 것이다.

슬픔은 우리 주변에 흔한, 그러나 쉽사리 주목하지 않는 근본한계를 돌아보게 한다

심미적 경험에는 플라톤적 자기인식이나 기독교적 자기포기가 아니라, 이보다 더 구체적인 것―자기를 나날의 삶 속에서 점진적으로 만들어가는 자기조직의 실천적 계기가 들어 있는 것이다. 자기조직의 실천적 계기란, 내 식으로 말하면, 변형적 계기이고, 이 변형을 통해 자기를 형성하는 자발적 계기다.

예술경험의 실천적 계기란 무엇인가? 그것은 자기충실이자 자기해방이다

예술경험의 실천적 계기란 무엇인가? 그것은 자기충실이자 자기해방이다. 말하자면 음악을 들으며 우리는 자기 삶을 돌보고 다스리는 가운데 다른 무엇이 아닌 자기의 현존적 삶에 충실하게 된다. 그러나 이 충실은 단지 자기성실로 끝나는가? 그렇지 않다. 그것은, 앞서 언급했듯이, 나를 돌아봄으로써 나와 주위를 살펴보고, 나를 넘어 나 이외의 것―타자적 세계로 나아간다. 타자와의 관계란 하나의 존재로부터 다른 존재로 넘어가는 사랑의 관계다. 사랑의 관계란 현존 속에서

사랑의 관계란 현존 속에서 현존하지 않는 관계로 이행해가는 공감과 책임과 연민의 초월적 관계다

현존하지 않는 관계로 이행해가는 공감과 책임과 연민의 초월적 관계다. 그래서 그것은 현재적이고 기성적이며 협소한 세계로부터 벗어나는 해방적 움직임이 된다. 결국 심미적 경험에는 자기충실과 자기해방의 두 모순적 계기가 역설적으로 병존하는 것이다. 자기충실과 자기해방의 변증법이 심미적 경험의 윤리를 구성한다면, 이 예술경험의 내부에는 슬픔과 자비가 자리한다. 비극적 인식이 예술을 이끌고 가는 것이다.

나는 음악을 들으며 나를 돌본다. 음악을 들으며 나는 지금 여기에서 저기 저 너머로 나아간다. 아름다운 선율 속에서 옷

깃을 여미고 고쳐 앉듯이, 나는 내 영혼을 다독이고 추스르는가? 그래서 지금 여기의 내 삶이, 내 현재의 실존이 더 나은 곳으로 나아감을 확인하는가? 그렇게 살고 있는가? 만약 그렇게 산다면, '그렇게 살고 있다'고 스스로 자신 있게 말할 수 있다면, 그 삶은 허황되진 않을 것이다. 적어도 덜 허황된 것이라고 말할 수 있을 것이다. 예술경험은 영혼의 성장을 도모하는 삶의 기술이어야 한다.

나는 슬픔이 예술의 근본감정이고, 인간 삶의 본질이라고 생각한다. 그래서 슬픔을 슬픔이라고 여기지 않는다. 슬픔을 희망하진 않지만, 주어진 슬픔은 외면하지 않으려고 한다. 슬픔은 늘 세상살이라는 태풍의 눈을 상기시켜주기 때문이다.

지금 여기의 내 삶이, 내 현재의 실존이 더 나은 곳으로 나아감을 확인하는가? 그렇게 살고 있는가?

4장 _____ 카라바조, 카라바조 – 심미적 정언명령

아름다움은 우리에게 더 이상 진실하게 나타나선 안 된다. 진실한 것은 아름다운 것으로 느껴지지 않기 때문이다. 우리는 아름다운 것을 철저히 불신해야 한다.

_ 브레히트, 〈새로운 비판에의 요구사항〉(1929)

내가 좋아하는 화가가 있다. 그림을 좋아한다면 그런 화가가 어디 한둘이겠는가. 그렇다면 이 말은 '내가 특히 좋아하는 화가'라는 뜻일 것이다. 이런 말도 어쩌면 부족할지 모른다. 더 정확히 말하자. 쳐다볼 때마다 충격적으로 느껴지는 그림이 하나 있다. 그것은 카라바조가 그린 〈골리앗의 머리를 든 다윗〉이라는 그림이다.

그 충격의 경로를 한번 쫓아가보는 것은 어떤가.

잔혹한 드라마

〈골리앗의 머리를 든 다윗〉은 1605년에서 1606년 사이에 그려졌다고 말해진다. 하지만 카라바조가 죽던 해인 1610년에 그려졌다는 설도 있다. 그는, 지금도 남아 있는 경찰조서에 따르면, 1606년 5월 29일 어떤 내기를 하다가 토마쏘니

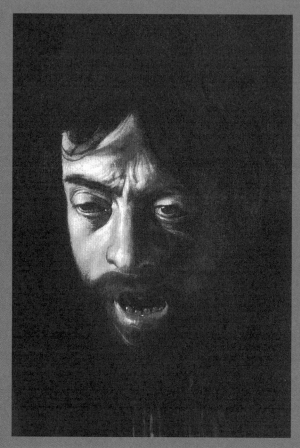

카라바조(Caravaggio, 1571~1610),
〈골리앗의 머리를 든 다윗〉(1605/1606), 부분화

삶에서의 승리란, 설령 있다고 해도, 잠시의 사건일 뿐이다.
자신의 요구수준이 높으면, 우리는 '언제나' 패배하고 만다.

(Tomassoni)라는 상대가 속였다고 해서 이 사람과 주먹질을 했다. 그래서 결국 그를 죽이고 만다. 이때 카라바조도 심하게 다쳤고, 경찰의 수배 때문에 로마를 떠나야 했다. 그를 발견하면 언제라도 처형해도 된다는 명령이 떨어졌기 때문이다. 그때 이후 그는 시골을 떠돌거나 나폴리 같은 도시들, 그리고 말타 섬과 시칠리 섬의 시라쿠스를 지나 메시나와 팔레르모 등으로 돌아다닌다. 그의 명성은 그 당시에 이미 자자했고 존경받았지만, 그가 바라던 교황의 사면은 끝내 이뤄지지 않는다.

삶의 이 같은 고단함과 궁핍은 그러나 카라바조 말년에만 나타나는 건 아니다. 그는 일평생 열망과 좌절, 폭력과 도주, 은총과 새 출발 사이에서 쉼 없이 흔들렸다. 허기와 갈망과 좌절과 곤경은 그의 전 생애를 지배한 것이다. 그는 1604년 즈음에도 한 창녀를 두고 어떤 신분 높은 사람과 싸운 후 제노바로 도망쳤고, 교황청 경비가 검문하자 거부하다가 그를 죽이기도 한다. 이 때문에 감금되어 채찍을 맞기도 했다. 하지만 그는 감옥을 탈출한다.

이렇듯 카라바조의 전 생애는 비행(非行)과 충돌, 불법과 타락과 도주의 모험으로 가득 차 있다. 그는 밤을 새워 돌아다녔고, 내기와 싸움과 폭력을 습관처럼 일삼았다. 그의 경쟁자들이 명예 기사직을 얻은 후 미술아카데미라는 제도적 질서로 점차 편입해 들어갔다면, 그래서 공식제도의 일원으로서 느긋하고 편안한 삶을 살아갔다면, 그는 이 제도권 밖에서 자기신념에 따라 작업했고, 사회적 법적 도덕적 규범에 저촉

카라바조, 그는 일평생 열망과 좌절, 폭력과 도주, 은총과 새 출발 사이에서 쉼 없이 흔들렸다. 허기와 갈망과 좌절과 곤경은 그의 전 생애를 지배한 것이었다

되는 일탈도 서슴지 않았다. 외로움 때문이었는지도 모른다. 창녀를 모델로 한 그의 성모 그림은 교황청으로부터 거절당하기도 했다. 이 위험한 길을 그는 왜 걷게 되었을까? 그는 신성모독으로 불릴 만한 상스럽고도 속된 행위를 자주 저질렀다. 그러면서도 높고 고귀한 신분의 사람들보다는 낮고 비천한 자들의 옆에 기꺼이 섰다. 왜 그랬던 것일까?

바로크 회화는 그 어느 것이나 역동적 다양성으로 꿈틀대지만, 카라바조의 그림은 유별나도록 그렇게 보인다. 그가 그린 거의 모든 그림들은 극명한 명암대비와 이 대비로부터 나오는, 누구도 흉내 낼 수 없는 강렬한 표현력으로 삶의 극적인 순간들을 구현한다. 전혀 새로운 리얼리즘이 출현하게 되는 것이다. 그래서 그의 그림들은 제각각의 방식으로 기성규범에의 도전이고 기존질서에 대한 결투 신청처럼 보인다. 아마도 회화사에서 카라바조만큼 한편에서는 미움을 받으면서 다른 한편에서는 환영을 받았던 극단적 평가의 화가는 다시 없을 것이다. 그는 실제로 싸움꾼이자 난봉꾼이었고, 무법자이자 살인자였다. 그는 늘 도망을 다녔고, 그러다가 아무도 모르게 죽음을 맞았다. 그런데 이 같은 과도함은 그의 그림에 철저함의 형태로 고스란히 나타난다.

〈골리앗의 머리를 든 다윗〉이 야기하는 충격의 강도는 카라바조 그림 목록 가운데 아마 첫 손가락에 꼽아야 할 것이다. 내게는 그렇게 느껴진다. 왜냐하면 승자 다윗이 들고 있는 골리앗의 머리는 다름 아닌 카라바조 자신의 것이기 때문이다. 이 그림은 그의 마지막 자화상이다. 이 그림을 볼 때마

목 잘린 골리앗의 머리는 다름 아닌 카라바조 자신의 것이었다. 이 그림이 카라바조의 마지막 자화상이다

카라바조, 〈골리앗의 머리를 든 다윗〉, 전체화

그러나 패배를 그리는 것은, 자신을 패자로 주제화하는 것은 놀라운 일이다.
그래서인지 골리앗을 바라보는 다윗의 눈길은 깊은 연민에 차 있다.
카라바조는 자신을 패자로 대상화함으로써 결국 회화사의 승자로 살아남는다.
엄정한 자기직시가 위대함을 낳는다.

다 나는 끔찍함을 넘어 말로 표현하기 힘든 어떤 전율을 느끼곤 한다. 그래서 이 그림으로부터 시선을 돌린 다음에도 그것이 남긴 잔상은 오래도록 사라지지 않는다.

어떤 이미지는 메아리처럼 오래오래 울린다. 시각적으로 선명한 어떤 이미지가 상상 속에서 혹은 추억의 한 파편처럼 가시지 않고 남아 있는 것이다. 그래서 그것은 내가 다른 일을 하거나 다른 주제에 골몰하고 있을 때도 나를 지배하고, 그 일이 있은 지 며칠 혹은 몇 주가 지난 후에도 불현듯 다시 떠오르곤 한다. 그만큼 이 이미지의 여운은 강렬한 것이다. 이 같은 여운의 실체는 무엇일까?

소년 다윗은 거인 골리앗의 머리카락을 왼손으로 움켜쥔 채 쳐다보고 있다. 그의 오른손엔 칼이 쥐어져 있고, 왼손에 들린 잘려진 목에서는 피가 줄줄 흘러내린다. 이 머리는 카라바조의 것이다. 그는 두 눈을 뜨고 있지만, 그 초점은 분명하지 않다. 이미 찾아온 죽음 때문일까. 두 눈은 떠진 상태지만, 그 시선은 흐릿하여 점차 꺼져들고 있다. 감겨지는 눈꺼풀이 버거운 듯 시선은 아래를 향해 있다. 벌려진 입 안으로 검붉은 혀가 보이고, 거무죽죽한 이는, 그간의 불안정한 주거를 암시하듯, 성기게 나 있다. 전기 작가인 벨로리(Bellori)는 카라바조를 검은 머리와 검은 눈 그리고 짙은 눈썹을 가진 사람으로 묘사한 적이 있지만, 이 같은 묘사는 이 그림에 나타난 초췌한 모습과 크게 다르지 않다. 자세히 보면, 이마에는 핏자국이 나 있다. 골리앗의 이 상처는 다윗의 돌에 맞아 생겼을 터이지만, 카라바조에게 그것은 나폴리나 로마에서 벌어진 어떤 싸움에서 생겼을 것이다. 아니면 우리가 알지 못하는 또 한 번의 싸움이 있을 수도 있을 것이다.

〈골리앗의 머리를 든 다윗〉이 그려진 시기는 전문가들 사이에서도 의견이 분분하다. 누구는 이 작품이 카라바조 최후의 자화상이라고도 하고, 누구는 로마를 도망쳐서 1606년과 1607년 사이 그가 나폴리에서 머물던 시기에 그려졌다고도 한다. 어쨌거나 이 그림이 자전적이라는 데는 대개 동의한다. 앞서 말한 벨로리에 따르면, 이 그림은 카라바조가 용서를 구하면서 스키피오네 보르게제(Scipione Borghese) 주교한테 일종의 진상품으로 제작했다고 전해진다. 그는 당시 토마쏘니를 죽인 후 경찰에 쫓기고 있었기 때문이다.

다윗 손에 들린 골리앗의 모습은 끔찍함으로 그치지 않는다. 그것은 끔찍함의 충격을 넘어 알 수 없이 긴 여운을 남긴다. 어떤 여운인가? 자화상이란, 앞서 적었듯이, 자기제시이고 자기표현이며 자기증명이다. 카라바조는 단순히 골리앗을 든 다윗의 모습을 재현한 것이 아니라, 또 다윗 손에 들린 골리앗의 모습을 그린 데 그치는 것이 아니라, 다윗에 의지하여 자기를 표현한다. 여기서 카라바조는 패배자 골리앗이다. 반면 다윗은 골리앗을 때려눕힌 승자다. 따라서 골리앗 머리는 일종의 전리품이다. 그러나 이 전리품을 든 다윗의 표정은 기이할 정도로 어둡다. 17세기 이래 패배한 골리앗의 이미지는 롬바르드 지역 화가들에게 극적 자화상의 표현에서 자주 사용되었지만, 이처럼 깊은 연민의 표정은 그때까지 이어지던 전통적 도상학과는 전혀 다른 것이었다.

'나는 죄를 지었다. 그것은 사람을 죽인, 그래서 결코 용서 받지 못할 죄다. 그러니 속죄해야 한다. 목이 잘려지는 형벌 이라도 그것으로 용서받을 수 있다면, 그 고통을 나는 감당해 야 한다…' 카라바조는 이렇게 중얼거리는 듯하다. 다윗은 어떤 생각을 하였을까. 그는 이렇게 묻고 있을지도 모른다. '그러나 이 죄는 무엇이고, 이 죄를 저지른 카라바조란 자는 누구인가? 이 죄악의 인간을 보라. 그는 이마에 피멍이 들어 있고, 얼굴은 초췌하며, 이는 삭아가고, 눈꺼풀은 꺼져가고 있다. 그는 내게 패배하기 전에 이미 이 세상에, 이 인간의 현 실에 패배한 자 아니던가. 그는 이 세상의 불의와 인간들의 위선에 상처받아 쓰러졌다. 그렇다면 그의 굴욕은 세상의 굴 욕. 그러니 이 자를 누가 단죄할 수 있단 말인가? 그가 죄인 이라고 누가 판결할 수 있겠는가?' 승자 다윗은 패자 이상으 로 고통스러워하면서, 이 고통의 분노를 억누르며, 골리앗 쪽 으로 고개를 기울인 채, 깊은 연민의 눈길로 마치 패자의 고 통을 쓰다듬듯이 안타깝게 바라본다. 패자와의 말없는 동일 시 속에서 그는 패자의 고통에 참여하는 것이다.

여기서 주제화되는 것은 다윗도 아니고 골리앗도 아니다. 그것은 무엇보다도 화가 카라바조의 현존재를 주제화한다. 자신을 패자로 드러낸다는 것은 자기진술의 용기 없이 어렵 다. 카라바조는 자기제시를 통해 자신을 주제화한다. 이 내용 은 무엇인가? 그는 한편으로 골리앗 같은 회화사의 거인이었 지만, 다른 한편으로 어린 다윗의 칼에 쓰러진 힘없는 인간이 기도 했다. 희귀한 재능의 소유자였건만 그는 현실의 여건 속

자신을 패자로 드러 낸다는 것은 자기진 술의 용기 없이는 어렵다

에서 몰락하게 되는 것이다. 그 이유는 무엇일까? 그는 목 잘린 채 피를 줄줄 흘리면서도 무엇인가 웅얼거리는 듯하다. 미처 하지 못한 말이 있다는 듯이, 아직도 이뤄내야 할 일이 남아 있다는 듯이, 그는 죽어가면서도 뭔가를 표현하려 하는 것이다. 다윗의 표정이 어두운 것은 그 때문인지도 모른다. 참된 승자는 승리에 도취하는 자가 아니라, 패자의 고통에 공감하는 자인가?

세상을 회피하지 말라는 것, 현실은 외면될 수 없다는 것, 삶에는 오직 현실과의 정면대결만 있다는 것, 그러나 이 대결에서 나는 패할 수밖에 없다는 것, 그래서 패배는 노력하는 인간의 불가피한 운명이며 내가 보여줄 수 있는 것은 이 패배의 자취뿐이라는 것

세상을 회피하지 말라는 것, 현실은 외면될 수 없다는 것, 삶에는 오직 현실과의 정면대결만 있다는 것, 그러나 이 대결에서 나는 패할 수밖에 없었다는 것, 그래서 패배는 노력하는 인간의 불가피한 운명이며, 따라서 내가 보여줄 수 있는 것은 이 패배의 자취—들리지 않는 외마디 절규뿐이라는 것… 이것이 그가 진술하는, 진술하며 표현하려는 내용이 될 수 있을까. 예술적 주체가 자기를 주제화한다면, 그것은 승리의 영광이나 전리품의 과시가 아니다. 그것은 차라리 끝없는 패배와 충족되지 못한 갈망의 어두운 흔적이다. 여기에서 자기직시는 곧 현실직시다. 그것은 리얼리즘의 정신이다. 이 리얼리즘적 의지가 없다면, 자기진술은 무의미하다. 인간의 자기성찰적 해부는 세계의 분석적 해명으로 확대될 때 비로소 가치를 얻는다. 이 확대 속에서 주체의 자기갱신이 이뤄지기 때문이다. 바로 이 자기갱신을 장려하기에 〈골리앗의 머리를 든 다윗〉은 아름답다. 끔찍하도록 아름답다. 그러면서도 그것은 슬픈 여운을 남긴다.

아마도 현실의 숨겨진 진실을 파헤치는 끔찍한 시도만이

아름다울 수 있는지도 모른다. 그것은 현실에, 세계의 사실적 실상과 인간의 내면적 진실에 성실하기 때문이다. 오직 진실한 것이 아름답다. 그렇듯이 참된 아름다움에는 슬픔이 깃들어 있다. 모든 진실은 어찌할 수 없는 것들—한계의 영역에 닿아 있기 때문이다. 그리하여 진실한 것은 슬플 수밖에 없고, 이 슬픔의 불가항력에 어쩔 도리 없이 아름다움이 녹아 있다. 다시 묻자. 왜 아름다운가? 나는 세 가지 이유를 들고 싶다.

현실의 숨겨진 진실을 파헤치는 끔찍한 시도만이 아름다울 수 있는지도 모른다. 그것은 현실에, 세계의 사실적 실상과 인간의 내면적 진실에 성실하기 때문이다

첫째, 이 그림에는 '성찰하는' 계기가 들어 있다. 거듭 강조하여, 성찰적 자기관련성은 심미적인 것의 가장 중대한 특성이다. 둘째, 예술작품은 대상(객체)에 대한 표현이면서 이 대상표현은 결국 주체/개별자/감상자로 '돌아온다'. 그래서 감상자의 공감을 불러일으킨다. 그래서 자기회귀적이다. 셋째, 작품의 의미는 개념적으로 규정되기 전에 감상자가 먼저 느끼는 것이다. 다시 말해 심미적 느낌은, 학문적 이론적 개념처럼 종속논리적으로(subsumtionslogisch) 작동하는 것이 아니라, 개별/구체를 살리고 특수한 것을 포용하는 방향에서 작동한다. 심미적 감성의 메커니즘에서 개념이 작동한다면, 이 개념은 처음부터 전체를 상정하는 데서 생겨나는 것이 아니라 특수한 것에 주의하고 이 특수한 것을 겨냥하는 데서 비로소 진실해진다. 바로 이 점에서 〈골리앗의 머리를 든 다윗〉은 자기성찰적이고, 그 때문에 진실하다. 아름다움의 감정은 이 진실성에서 온다. 자기성찰성 속에서 삶의 진실과 아름다움은 하나로 만나는 것이다.

아름다움은 '예쁘다'거나 '멋지다'는 뜻이 아니다. 그것은 '근본적으로 다른 자기의 다른 경험'이다

그러나 이 아름다움은, 다시 강조하건대, 단순히 '예쁘다'거나 '멋지다'는 뜻이 아니다. '곱상하다'거나 요즘 말로 '쿨(cool)'하거나 '칙(chic)'한 것도 아니다. 그것은 깊은 의미에서 어떤 울림—정서적 파장과 진동을 야기한다는 뜻이다. 감동은 이 파장의 여운이자 그 결과로 온다. 아름다움을 느끼고 판단하는 데는, 칸트가 말했듯이, 모든 사람들이 동의하고 찬성할 만한 '주관적 일반성'이 분명히 있다. 그것은 개념적으로 논증하기 어렵지만, 그렇다고 없는 것은 아니다. 그것은 의미 있는 것이다. 심미적 경험은 '근본적으로 다른 자기의 다른 경험'이고, 보다 나은 주체의 현존에 대한 신선한 경험이기 때문이다. 그래서 절실하다. 심미적 즐거움은 단순히 아는 데 있는 것이 아니라 무엇보다 느끼는 데 있고, 이 느낌은 감각적 차원을 넘어 사유적 인식적 차원으로 나아간다. 나아가 이 인식은 미래의 실천을 위한 발판이다.

심미적 주체는 단순한 감성주체나 인식주체가 아니라 감성과 이성을 조화시키는 균형적 존재이고, 이 균형을 통해 자신을 기존과는 다르게 만들어가는 형성적 주체다

심미적 주체는 인식주체에 머무는 것이 아니라, 또 감성주체로 제한되는 것이 아니라, 감성과 인식, 인식과 주체 사이를 왕래하는 유동적 존재이고, 이 왕래 속에서 감성과 이성을 조화시키는 균형적 존재이고, 이 균형을 통해 자기를 기존과는 다르게 만들어가는 형성적 주체다. 이 형성적 움직임을 통해 예술의 주체는 심미적인 것 속에서 비심미적인 영역들—사회정치적 질서와 역사적 경로 그리고 자연의 우주적 둘레를 돌아본다.

탈주체화

심미적 주체는 성찰 속에서 자기를 지속적으로 갱신해가는 변형적 주체이고, 자기이해로부터 현실이해와 세계이해를 도모하는 개방적 주체다. 이 모든 것은 놀이처럼 즐겁게, 그래서 향유하듯이 행해진다. 심미적 경험은 어떤 책임감이나 의무감에서가 아니라, 비강제적 자발성 아래 일어나기 때문이다. 예술경험의 즐거운 놀이에는 나로부터 나 밖의 세계로 나아가는 자발적 자기갱신의 움직임이 있다.

심미적 주체는 성찰 속에서 스스로를 지속적으로 갱신해가는 변형적 주체이고, 자기이해로부터 현실이해와 세계이해를 도모하는 개방적 주체다

그러므로 '심미적으로 성찰한다'는 것은 '자기 외의 목소리를 듣는다' 혹은 '자기 속에서 자기 밖으로, 그래서 세계 전체로 나아간다'는 뜻이다. 예술경험은 자기로부터 사회와 역사와 자연─타자의 전체성을 성찰하는 일이다. 이 타자와의 관계는 신과의 관계일 수도 있고, 초월과의 관계일 수도 있고, 앞서 레비나스에 기대 말했듯이, 긍휼과 책임의 관계일 수도 있다. 또 플라톤 식으로 말하면, 불사(不死)로 나아가는 에로스의 관계일 수도 있다. 그 무엇이 되었든, 심미적 성찰의 경로는 현존적인 것으로부터 이 현존적인 것을 넘어 타자의 전체성과 만나는 일이다. 그리고 이 전체성에는 불멸이나 신 혹은 초월성도 들어 있다.

이 대목에서 우리는 심미적인 것의 진실성을 말할 수 있고, 또 말해도 좋을 것이다. 감정은, 적어도 심미적인 것의 감정은 단순히 주관적이고 감각적이고 정서적이며 감상적인 차원에 머물러 있지 않다. 예술의 주체는 자기성찰 속에서 좁은 주관성을 넘어 세계의 타자성─영원하고 초월적인 것들과

관계하는 까닭이다. 그 점에서 그것은 진리로 나아간다고 할 수 있다. 혹은 진실한 것의 범주에 가깝다고 할 수 있다. 이렇듯이 예술경험의 주체는 있어온 그대로의 주체가 더 이상 아니다. 그것은 자기를 떠나 타자와 만난 후 다시 자기자신으로 귀환하는 주체다. 아니, 이렇게 귀환하면서 새롭게 태어난 주체다. 더 자세히 설명할 순 없을까? 심미적 상태에서의 주체의 재귀환은, 니체의 디오니소스/아폴로 개념에 기대어, 두 단계로 말할 수 있을 것이다.

첫째, 심미적 상태에서 주체는 대상에 열광적으로 빠져든다. 이것은 '디오니소스적 자기상실'이라고 말할 수 있다. 디오니소스적 열광 속에서 우리는 현실에서 금지되거나 기존의 규범이 불허하는 것을 꿈꿀 수 있다. 그래서 미지의 낯선 것들과 교류할 수 있다. 이것은, 자기라는 친숙한 범주를 넘어설 때, 가능하다. 이것이 심미적 경험의 '탈주체화(ent-sub-jektivieren)' 혹은 '외화(外化, ent-äußern)'다. 이 주관적 열정은 그러나 일상세계로 돌아와야 한다. 그것은 주관주의적 자기탐닉에 그치는 것이 아니라, 명료한 자기의식으로, 그래서 더 높은 객관화의 수준으로 나아가야 하기 때문이다. 이것이 심미적 지양이다.

이것은 어떻게 일어나는가? 그것은 형식화/상징화를 통해 일어난다. 이 형식화를 갖추는 것을 우리는 '아폴로적 명징성'이라고 지칭할 수 있다. 이것이 두 번째 단계다. 아폴로적 명징성 아래 만들어지는 형식은, 다시 확인하면, '심미적으로 구조화된' 것이다. 그 점에서 허구고 가상이다. (미학에서 자

'디오니소스적 자기상실'의 주관적 열정은 일상세계로 돌아와야 한다. 그래서 더 높은 객관화의 수준으로 나아가야 한다. 이것이 심미적 지양이다

주 거론되는 가상(Schein)이나 가면(mask), 환영(illusion)이나 페르소나(persona)는 허구화된 바로 이 틀을 뜻한다.) 예술에서 경험되는 것은 사물의 실체가 아니라 '모방된 실체' 혹은 '실체의 가면이자 그 그림자'이기 때문이다. 현실은 이 가면/가상을 통해 자신의 참 모습을 드러낸다. 그러니까 미학의 한 핵심주제는 어떻게 현실과 가상, 실체와 환영이 서로 관계하는 것인가, 그리고 이 관계에서 심미적 가상은 어떻게 현실갱신적 에너지를 갖는가라는 문제다.

그러므로 예술은 디오니소스적 도취만으로 되는 것도 아니고 아폴로적 명료화만으로 되는 것도 아니다. 이 둘은 합쳐져야 한다. 주체는 심미적 상태에서 디오니소스적 도취(주관화)와 아폴로적 명징성(객관화)을 상호왕래하면서 자기를 새롭게 만들어간다. 심미적 주체의 변증법적 자기갱신이라고나 할까. 심미적 주체의 자기귀환이란 이 자기갱신의 경로를 뜻한다. 〈골리앗의 머리를 든 다윗〉에 나타난 화가의 자기직시가 타자직시로 되는 것도 이 변증법적 자기갱신의 에너지 덕분이다.

그리하여 나는, 카라바조가 패배한 골리앗에서 자기 모습을 보듯이, 이 화가의 자화상에서 나 자신의 모습을 본다. 나와 우리자신의 패배―꿈의 좌초와 정열의 허망함을 확인한다. 골리앗의 처진 눈동자와 상처 난 이마 그리고 벌려진 입은 그 모습을 바라보는 우리자신의 육체를 투과하는 듯하다. 그러면서 그것은 사회역사적 부조리도 증거한다. 카라바조 시대의 심미적 표상, 동시대 사람들의 아름다움에 대한 이해

예술은 디오니소스적 도취와 아폴로적 명징성을 상호왕래하면서 스스로를 새롭게 만들어나간다

그리고 신성과 믿음에 대한 생각은 고루하고 편협하기 그지없었다. 그의 그림의 충격은, 그 대상이 신이든 사랑이든, 인간이든 아름다움이든, 전례 없는 혁신성에 있다.

전례 없는 혁신성이란 감각과 시각과 인식과 관점의 혁신성이다. 그는 자기의 상처로 현실의 상처를 드러냈다. 그는 시대의 편견과 싸우면서 자신과 정직하게 만나고자 했고, 이 만남 속에서 당대 상황을 정확하게 투시하고자 했다. 그가 혹독하게 살았다면, 그 혹독함은 그 시대 자체의 혹독함이었을 것이다. 그는 시대와 이념의 상처를, 〈토마스의 회의〉에서 토마스가 그러듯이, 손가락으로 후비면서 두 눈으로 직접 확인하려 했던 것이다.

생애 마지막 10년 동안 카라바조를 지배한 것은 법률적 제재와 이로부터의 도피 그리고 이 도피 속의 굶주림과 이 굶주림에서도 잦아들지 않았던 출구에의 갈망이었을 것이다. 세상의 편견과 오해에 대항한 그 싸움에서 그가 기진맥진한 채 결국 찾아간 곳은 팔레르모였다. 그곳은 로마법이 미치지 못하던 곳이었기 때문이다. 법이 정의롭지 못할 때, 우리는 무엇을 할 수 있는가? 법과 불법이 구분되지 않을 때, 예술은 어떻게 저항하는가? 기존의 법이 통용되지 않는 어떤 공간을 그는 갈망했는지도 모른다. 그렇게 돌아다니면서 기다렸던 교황의 사면은 끝끝내 도착하지 않는다. 그는 열병에 걸린 채 스페인 점령군이 주둔하던 포르토 에르콜레에 도착했고, 그 해안가에서 결국 싸늘한 시체로 발견된다. 수년 동안 기다렸던 사면은 그제서야 내려졌지만, 그것은 너무나도 때늦은 것이었다. 그가 마흔 되기 전이었다.

화가 카라바조는 꿈을 추구한 사람이자 이 꿈에 세상의 실체가 있는 그대로 배어들길 바란 사람이었고, 자기 꿈의 바로 이 같은 진실성에 무너져간 사람이다. 그는, 그의 그림에 등장하는 수많은 인물들처럼, 흠칫하며 놀라고 당혹해하고 고개 숙이고 쓰러지며 주시하고 짓눌리고 피 흘리며 갈구하고 소리친다. 그들은 고개를 돌리고 손을 내뻗으며 무엇인가 탐색하고 바라볼 뿐, 웃거나 노래하는 듯한 밝은 표정은 아주 드물다. 그 눈빛은 대체로 초롱하지만 눈가에는 짙은 그림자가 져 있고, 사건 자체는 뚜렷하나 그 주변은 어둡게 테두리져 있다. 그의 회화 장면들은 예외 없이 삶의 음울한 드라마를 구현한다. 이 슬픈 삶의 드라마에서 그는 가해자이자 희생자이기도 했다. 말하자면 다윗이자 골리앗이었던 것이다. 이것이 그가 파악한 자기정체성의 내용이 되지 않을까. 그러나 이것은 그에게만 해당하는 것인가? 그렇지 않다. 그것은 그의 그림을 보는 나/우리자신의 정체성과 크게 다르지 않다.

서로 다른 정체성들 사이의 삼투현상은 물론 작품과 관람객, 예술가와 수용자의 관계에서 생겨난다. 그림에서 받는 끔찍함과 아름다움 그리고 슬픔의 충격도 이 같은 삼투적 상호관계의 산물이다. 그러므로 심미적 주체의 충격 내용은 그 자체로 객관적으로 확대된 주관성이다.

심미적 경험은 세계지각의 주관적 방식이면서, 예술주체의 이 성찰적 능력으로 말미암아, 객관적으로 확대된다. 칸트가 말한 취미판단(Geschmacksurteil)의 의미도 이것이다. 즉 객관

예술경험의 탈주관화 과정에서 주체는 사라지는 것이 아니라 기존과는 다른 새로운 이미지, 형성을 획득한다. 이것이 심미적 현상이다. 이때 주체는 주체이면서 동시에 객체화된다

성은 주체의 감성이 탈주체화되면서 얻어지는 것이다. 비주관적이고 객관적인 것은 예술적 환영을 통해 주관성 속에서 '비쳐진다'. 그리하여 예술경험의 탈주관화 과정에서 주체는 사라지는 것이 아니라 기존과는 다른 모습—자신과 세계에 대한 새로운 이미지를 획득한다. 이것이 심미적 현상이다. 심미적 현상에서 주체는 주체이면서 객체화된다. 그래서 주체이자 객체이고, 배우이자 관객이 된다. 모든 심미적 경험에는 주관과 객관의 삼투적 상호작용—자기변형적 자기갱신적 계기가 자리하는 것이다. 심미적 감성은 직접적 표피적 주관주의적 감성이 아니라 '되비쳐지고(re-flektiert) 반성된 감성'— 복합적이고 심층적인 성찰감성이기 때문이다. 반성된 감성이란 곧 이성이다. 혹은 감성을 포용하는 이성이다. 이것은 반성된 것이기에 거짓되기 어렵다. 그러므로 심미적 경험에서 감성은 인식적이고 복합적이며 중층적으로 작동하는 것이다.

감정의 진리연관성

　그리하여 심미적 감성은 감성과 이성을 그 나름의 방식으로 매개하고 통합한다. 아도르노와 넬슨 굿맨(N. Goodman)이 옹호하는 미학적 핵심테제의 하나도 궁극적으로 '감정의 진리연관성' 혹은 '감성의 이성성'이라고 할 수 있다. 다시 니체를 끌어들여 말하자면, 디오니소스적 주관화(감성/감정이입)와 아폴로적 객관화(이성/형상화)가 동시에 이뤄지는 것이다. 더 정확히 말할 순 없을까.

형성적 인간의 우아

심미적 경험에서 이뤄지는 것은 단순히 주체의 객관화가 아니다. 주체는 객체에 참여하고, 이 참여를 통해 자신의 기존틀을 교정하고 보완하며 갱신시킬 수 있다. 자기를 넘어서는 일은 이런 식으로 이뤄진다. 그리하여 주체의 자기넘기는 일종의 사건이라고 할 수 있다.

예술의 사건은 근본적으로 자기부정적이고 자기해체적이며 자기초월적이다. 의미 있는 모든 예술행위에는 이런 파괴와 부정, 해체와 소멸의 창조적 계기가 자리한다. 그것은 이미 있는 것으로서의 대상에 대한 거부를 전제하기 때문이다. 대상을 묘사하고 언어적으로 표현한다는 것은 존재하는 것으로서의 그 대상을 파기하고 폐기한다는 뜻이다. 하이데거의 예술론에서 진리의 드러남은 늘 숨겨짐을 수반하는 것이었다. 그리고 이 숨어 있음은 드러남에서 밝혀진다. 그러므로 예술의 진리는 언제나 드러남과 숨음 사이에서 하나의 의미론적 사건으로 일어난다. 더 근본적으로는 심미적 정신 자체가 부정적(negative) 과정으로 되어 있다는 사실이다. 그런 점에서 모든 (뛰어난) 예술은 자기마저 거스르는 해체적 계기를 내포한다. 이 자기해체는 다시 자기구축을 동반한다. 결국 예술행위란 자기해체와 자기구축의 변증법인 것이다.

자기가 창출한 성취를 부정하지 못한다면, 예술은 좋은 작품이기 어렵다. 작품의 부정성은, 이 부정성에 독자/수용자가 참여하는 한, 독자가 공유하는 것이기도 하다. 이 에너지를 공유함으로써 독자는 보다 넓은 의미의 지평―타자의 전

예술의 사건은 자기부정적이고 자기해체적이며 자기초월적이다

예술행위란 자기해체와 자기구축의 변증법이다

자기가 창출한 성취를 부정하지 못한다면, 예술은 좋은 작품이기 어렵다

체성에 참여한다. 그리하여 심미적 경험은 주체가 주체 이상의 객체로 나아가는 자기교정적 자기확장적 사건이다. 예술은 자기초월의 매체다. 이 자기확장은, 거듭 강조하건대, 다시 자기의 제한을 통해 가능하다. 〈골리앗의 머리를 든 다윗〉에서 카라바조는 자기를 패자로 대상화하고 있고, 이 대상화에서 자기는 소멸된다. 이 자기소멸을 통해 그러나 주체는 역설적으로 새롭게 태어난다. 주체가 자기를 넘어설 수 있었다면, 그것은 자기소멸에의 직시와 그 용기 때문일 것이다.

자기대상화의 공간 — 반성과 성찰의 공간

그러므로 자기대상화란 자기를 선전하고 자랑하고 광고한다는 뜻이 아니다. 그것은 더 투명하고 더 공정하게 자기를 객관화함으로써 객체와 자기 사이에 어떤 생각의 공간을 확보한다는 뜻이다. 이 공간이란 반성과 성찰의 공간이다. 표현의 설득력은 이 성찰의 냉정함에서 온다. 카라바조가 위대하다면, 그것은 자기의 양지(陽地)뿐만 아니라 음지(陰地)도 가차 없이 드러낸 정직성에 있고, 세상의 빛뿐만 아니라 어둠과도 대결하는 용기를 잃지 않았다는 데 있다. 그에게는 우월의식이 없다. 그는 자신과 대상을 오가면서 이 사이의 긴장을 예술적 표현의 에너지로 삼을 줄 알았고, 이 표현의 에너지가 그 자체로 삶의 추진력이 되도록 했던 화가였다. 성찰력이란 다름 아닌 비판적 자의식이고, 이 자의식이, 앞서 언급했듯이, 근대적 인간의 가장 확연한 징표라고 한다면, 카라바조는 그 점에서 철저히 근대적 인간이다.

칸트의 '주관적 일반성'

주체 속에서 주체의 감성을 넘어 타자의 일반성으로 나아가는 심미적 길을 칸트는 '주관적 일반성'이라고 부르면서,

이 주관적 일반성이 인간성(humanity)을 장려한다고 생각했다. 이 인간성의 장려를 실러는 예술의 형성력으로 이해하면서 예술을 통해 영육을 연마하는 인간을 '아름다운 영혼(schöne Seele)'이라고 불렀다. 말하자면 여하한의 도덕론에도 기대지 않고 윤리적일 수 있는 자발적 자기변화의 어떤 길이 있다고나 할까. 그것은 바로 심미적 길이다. (칸트가 다른 계몽주의 철학자와 구분되는 사실은 심미적인 것의 의미를 도덕적 표상과는 무관하게 정초하려 했다는 점이고, 그럼에도 아름다움이 인륜적인 것(das Sittliche)과 유추관계 아래 있음을 보여준 데 있다.)

우리는 자기의 감정을 내적으로 깊게 느끼고 일반적으로 전달하는 가운데 기존과는 다르게 자신을 만들면서 동시에 자기를 둘러싼 세계의 변화에도 참여한다. 문화의 능력이 말 그대로, 마치 밭을 갈듯이, 자기를 '갈고닦는(cultivate)' 능력이라면, 심미적 감성은 자기형성의 문화적 능력으로 기능한다.

한 걸음 물러나자. '아름다운 영혼'이란 말에는, 오늘날의 관점에서 보면, 답답하고 고리타분한 뉘앙스가 없지 않다. 그것은 고전적 가치범주에 속하기 때문이다. 그러나 자기를 돌아보는 가운데 자신과 주변을 살피고 스스로 갱신해가는 것이 예술경험에서 장려된다는 것도 분명하다. 단지 이 관점은 지금의 급변하는 현실에서 더 세심하게 재구성될 필요가 있다. 그중의 하나는 감정과 이념, 기호(嗜好)와 의무 사이에 놓인 전통적 적대주의 혹은 이분법의 지양이다. 이 지양의 한 표현이 '우아(Anmut)'다. 실러는 이 우아가 감정과 이성, 기호와 의무가 조화를 이룰 때 생겨난다고 여겼다. 우리는 우아한 인간이 될 수 있는가? 우리는 예술을 통해, 예술의 심미적 경험에 기대어 자기형성의 윤리적 인간으로 태어날 수 있는가? 그래서 윤리적 인간으로 구성된 인간성의 사회―시민적 민주사회를 만들어갈 수 있는가?

참으로 심미적인 것은 감각의 다양성과 이성의 통일성을 하나로 합친다. 그것은 주체와 세계를 하나로 드러내고, 이렇게 드러난 하나를 새로 경험하게 한다. 자유란 이렇게 경험된 새로운 상태를 이름할 것이다. 이 자유에서 감지되는 전체성이 곧 아름다움이다. 그리하여 우리는 이렇게 말할 수 있다. 자신을 부단히 쇄신하고 재조직하는 한, 이 쇄신에의 준비가 되어 있는 한, 그 영혼은 아름답다, 라고. 그리고 이 영혼은 우아하다. 오직 자기쇄신적 영혼만이 아름답고도 우아한 인간이 될 수 있는 것이다. 그러나 전체성의 경험은, 전통미학에서처럼, 더 이상 조화나 화해 속에서 이뤄지지 않는다. 현대의 경험은 근본적으로 파편적이고 우발적이며 끔찍하고 충격적이기 때문이다. 심미적 경험은, 적어도 현대의 그것은 어느 정도의 단절과 균열과 파편과 불연속을 동반한다. 그래서 지극히 낯설고 불편하다. 우리는 단절과 균열의 착잡한 감정 속에서 불편하지만 의미 있는 인식의 새 지평 안으로 들어서는 것이다.

그리하여 이 착잡한 아름다움의 느낌에는 도덕과 자유가 숨어 있다. 이 말은 심미적 감성이 감성적 차원에 그치는 것이 아니라, 그 앞과 뒤―감성 이전의 감성(Vor-Gefühl)이고 감

현대의 착잡한 아름다움의 느낌에도 도덕과 자유가 숨어 있다. 심미적 감성은 감성 이전의 원초적 감성이고 감성 이후의 이성적 감성이다

성 이후의 감성(Nach-Gefühl)이라는 뜻이다. 그것이 '감성 이전의 감성'인 것은 여타의 감성이 느끼지 못하는 원초적 영역에 닿아 있다는 뜻이고, 그것이 '감성 이후의 감성'인 것은 다른 감성을 성찰하는 이성적 요소를 내포한다는 뜻이다. 그래서 진실로 심미적인 감성은 있을 수 있는 자유의 가능성을 인간에게 '미리 비추어준다(vor-schein)'. (블로흐는 예술을 유토피아의 '선취(Vorschein)'라고 여겼다.) 우리는 예술에서 주관적으로 가장 고유하면서도 동시에 객관적으로 드러난 최고의 실존형식과 만난다. 자유란 이렇게 고양된 실존형식의 하나일 것이다.

심미적 감성은 있을 수 있는 자유의 가능성을 '미리' 비추어준다. 우리는 예술에서 주관적으로 가장 고유하면서 동시에 객관적으로 드러난 '최고의 실존형식'을 만난다. 자유는 이렇게 고양된 실존형식의 하나다

5장 ____ 모순과 설움과 아이러니 – 백석의 고향

그러니까 칙령에는 전혀 언급되어 있지 않고, 교황이 각자에게 마음대로 방
귀를 뀔 수 있는 자유를 허용한 것을 고려할 때, 두 겹으로 된 반바지에 줄무
늬가 없고 세상에서 아무리 가난하더라도 하인배에 속하지만 않는다면, 종달
새들을 부화시키기 위해 새로 밀라노에서 갓 생겨난 무지개는 그 여인이 그
당시 오래된 장화의 제조법을 이해하는 데 필요했던 불알이 달린 작은 생선
들의 거절증서에 의거해서 좌골신경통 환자들에게 사발에 담아 대접하는 것
에 동의했습니다.

_ 라블레, 《팡타그뤼엘》(1532)

이제나저제나 인간의 현실을 채우는 것은 끝간 데 없는 모
순과 역설과 아이러니다. 이 모순과 역설의 기나긴 행렬이 삶
을 구성한다. 500여 년 전의 라블레(F. Rabelais)가 파리 시민
들에게 '포도주'를 제공한답시고 신나게 오줌을 싸서, '여인
네와 아이들을 빼고 26만 4백 18명을 익사시킨' 것은, 그리고

백석(白石, 1912~1995?)
살과 흙 사이에서,
목숨이 있는 것과 없는 것들 사이에서,
머나먼 옛 조상과 앞으로 올 후손 사이에서
백석은 "거룩하고 아득한 슬픔"을 느꼈다.
이 세상에서의 삶을 그는 "쓸쓸한 나들이"라고 적었다.

법률책이란 '금실로 짠 아름다운 옷을 똥으로 수놓은 것'에 불과하다고 조롱한 것은 인간 삶을 구성하는 근본적 몽매와 위선 그리고 허상 때문이었을 것이다.

편협한 신앙(종교)과 앞뒤 막힌 법률(법제도)과 비뚤어진 논리(이성/학문)는 이 허상의 대표적 체계였다. 이 허상을 드러내기 위해 라블레는 엄숙하고 휘황찬란하며 거룩한 것을 조롱하고, 갖가지 신분적 제약과 종교적 규율과 사회적 금기사항으로부터 벗어나, 눈물보다는 웃음에 대해 글을 쓰고 싶어했는지도 모른다. 그의 글에서는 얼마나 많은 사람들이 먹고 마시고 농담하며, 트림하고 방귀 뀌고 오줌 싸고 똥 누며, 춤추고 노래하고 뒹굴며 하루를 보내는가? 글을 쓰는 일도 먹고 자고 쉬고 마시는 일의 천국 같은 축복을 건배하는 것과 다르지 않다고 그는 여겼던 것 같다.

팡타그뤼엘리즘　　삶에는 이 팡타그뤼엘리즘(Pantagruelism) — 감각적 육체적 쾌락을 외면하지 않으면서, 위선과 타락을 경계하면서, 그리고 좋은 음식을 먹으면서 즐겁고 평화롭게 사는 일 이외의 길은 없는 것일까? 그 이외의, 혹은 그보다 더 나은 대응방식이 있는 것일까? 그 같은 길이 있든 없든 간에, 문학이 지금까지 보여준 길은, 대체로 보아, 그런 모순과 역설과 아이러니를 관통한 설움의 길이었음에 틀림없어 보인다. 시인 김수영은 〈거미〉(1954)라는 시에서 이렇게 썼다.

나는 너무나 자주 설움과 입을 맞추었기 때문에
가을바람에 늙어가는 거미처럼 몸이 까맣게 타버렸다.

삶의 역설과 모순을 외면할 순 없다. 그래서 시인은 그 설 움과 자주 "입을 맞추"게 된다. 그래서 그의 몸은 "가을바람에 늙어가는 거미처럼" "까맣게 타버"린다. 그는 "모리배들한테서 언어의 단련을 받는다"고 썼지만, 나는 모순과 설움과 아이러니에게서 사고와 언어를 연마하고, 이 삶을 배운다. 예술은 삶이 미처 경험케 하지 못하는 모순과 슬픔과 아이러니를 느끼게 해주기 때문이다. 여기 백석(白石)의 시 한 편이 있다.

삶의 역설과 모순은 외면할 수 없다

포근한 봄철날 따디기의 누굿하니 푹석한 밤이다
거리에는 사람두 많이 나서 홍성홍성할 것이다
어쩐지 이 사람들과 친하니 싸다니고 싶은 밤이다

그렇건만 나는 하이얀 자리 우에서 마른 팔뚝의
새파란 핏대를 바라보며 나는 가난한 아버지를
가진 것과 내가 오래 그려오던 처녀가 시집을 간 것과
그렇게도 살뜰하던 동무가 나를 버린 일을 생각한다

또 내가 아는 그 몸이 성하고 돈도 있는 사람들이
즐거이 술을 먹으러 다닐 것과
내 손에는 신간서(新刊書) 하나도 없는 것과
그리고 그 〈아서라 세상사(世上事)〉라도 들을
유성기도 없는 것을 생각한다

심미주의 선언

3　5　6

그리고 이러한 생각이 내 눈가를 내 가슴가를

뜨겁게 하는 것도 생각한다

(《내가 생각하는 것은》(1938))

백석은 어둡고 암울한 일제시대의 분위기를 누구보다 토착적인 시어로 그려낸 시인으로 알려져 있다. 그러나 반드시 이것이 아니어도 그의 시는 어떤 것이나 이 땅에 살았던 사람들과 그 신산스런 생활을 아련하고도 쓸쓸한 어조로 보여준다.

거기에는 온갖 사람들과 살림살이 도구와 동물 이름이 줄줄이 나온다. 가즈랑집 할머니가 나오고, 아배와 엄매, 광대와 장꾼과 도적놈이 등장하고, 물지게꾼과 새악시, 애기무당과 늙은 말꾼이 모습을 드러낸다. 항아리와 쌀독, 고방과 멍석과 병풍과 윗목과 모닥불이 그려지고, 술집과 거리와 벌판과 정거장이 스쳐간다. 시에 나오는 사람들은 도토리묵을 만들고, 찹쌀 탁주를 마시며, 인절미와 송구떡을 해먹고, 콩나물과 고사리와 술국을 끓이고, 호박떡을 나눠 먹는다. 어딜 가나 살구나무와 자작나무가 주변에 서 있고, 호박잎과 옥수수와 도라지꽃과 동백꽃이 피어 있으며, 승냥이와 도야지 그리고 새끼오리가 돌아다닌다. 망아지와 토끼가 뛰어다니는가 하면, 메추라기와 날버들치가 헤엄치고, 물총새와 짝새, 까치와 멧비둘기가 여기저기 우짖는다. 한편으로 서러움과 설레임 그리고 아련한 역사가 있고, 다른 한편으로 개울물소리와 들뜬 기분, 웃음소리와 빛나는 달밤이 있다.

이것은 주로 1930~1940년대 한국의 농촌공동체, 특히 평

안도 지방의 살림살이를 보여주지만, 크게 보면 그 당시 평민적 삶의 한 전형이라고도 할 수 있다. 더 평이하게 보면, 어려운 시절에 겪게 되는 인간 일반의 고단한 생활정경이라고나 할까. 그리하여 거기에는 문학과 예술의 어떤 근원적 지향도 배어 있는 듯 보인다. 잃어버린 것들에 대한 말할 수 없는 회한이 들어 있는 것이다.

잃어버린 것들에 대한 말할 수 없는 회한

위 시에서 화자는 봄철의 포근한 밤이어서 거리에는 사람들이 "흥성흥성할 것"이고, 그래서 "어쩐지 이 사람들과 친하니 싸다니고 싶은" 마음을 갖는다. 그러면서 "마른 팔뚝의/새파란 핏대"에서 "가난한 아버지를/가진 것과 내가 오래 그려오던 처녀가 시집을 간 것과/그렇게도 살뜰하던 동무가 나를 버린 일을 생각한다". 또 "몸이 성하고 돈도 있는 사람들이/즐거이 술을 먹으러 다닐 것과" 자기에게 "신간서(新刊書) 하나도 없는 것과/그리고 그 〈아서라 세상사(世上事)〉라도 들을/유성기도 없는 것을 생각한다". 그가 떠올리는 것은 지금 여기에 없는 것들—빈곤한 사람들과 채워지지 못한 사랑과 신간서와 유성기 같은 것들이기도 하고, 생애의 좌절이나 환멸이기도 하다.

이러한 목록들은, 정확히 말해, 빈곤과 실패와 좌절과 환멸 자체가 아니라 이것들에 대한 기억이다. 이 기억에는 시간적 거리가 놓여 있다. 그리고 이 거리감 때문에 기억은 안타까운 회한이 되고 아쉬움이 된다. 아쉬움은 조금 지나면 슬픔으로 변한다. 그래서 시적 자아는 적는다. "그리고 이러한 생각이 내 눈가를 내 가슴가를/뜨겁게 하는 것도 생각한다." 시적 주체는 그저 눈물을 흘리고 가슴이 뜨거워지는 데 그치는 것이 아니라, 이 눈물과 눈물에 적셔진 가슴의 뜨거움을 "생각한다". 이 생각에 기대어 그는 체험에 대한 비판적 거리를 확보하고, 이 거리감 속에서 감정적 정서적 차원으로부터 논리적 사유적 차원으로 나아가는 것이다. 마치 가차 없는 조롱과 해학 속에서도, 단순히 이 조롱과 풍자가 빈정거림에 그치는 것이 아니라, 전해져오는 사상과 상징의 골수를 배우고 소화하면서 저 위대한 라블레가 인간 삶의 자유의 가능성을 탐색하는 데로 나아가듯이.

이렇게 나아가는 힘은 물론 시적 주체의 반성력이다. 시적 화자의 고통이 감상적 허위에 빠지지 않는 것도 이 반성적 인식력 덕분이다. 그래서 화자의 고통은 상당 부분 누그러지면서 그의 감정은 인식의 차원으로 고양된다. 이런 이유에서 우리는 '시적 지양' 혹은 '서정적인 것의 변증법'을 말할 수 있을지도 모른다. 참으로 시적인 것은 감정적 차원에 머무는 것이 아니라, 삶의 모순과 서러움과 아이러니를 넘어, 수치와 분노와 역겨움을 견디며 사유적 인식적 차원으로 나아간다. 즉 감정의 자기변용이 이뤄진다. 이것은 그 자체로 심미적인 것의 잠재력을 증거한다. 왜냐하면 이것은 '시라는 문학작품 속에서' 일어난 것이기 때문이다. 시인이 지나간 경험을 표현 속에서 지양하듯이, 이렇게 표현된 시를 읽으며 우리/독자는 감정적 고양을 경험한다. 시적 창작의 과정에서나 창작된 작품의 수용 과정에서 감정의 이성적 전환이 두루 일어나는 것이다. 심미적 사건이란 감성의 이 같은 이성적 전환─예술경

시적 주체의 반성력─시적 화자의 고통이 감상적 허위에 빠지지 않는 것은 이 반성적 인식력 덕분이다. 참으로 시적인 것은 감정적 차원에 머무는 것이 아니라, 삶의 모순과 서러움과 아이러니를 넘어, 수치와 분노와 역겨움을 견디며 사유적 인식적 차원으로 나아간다

험을 통한 자기변형을 일컫는다.

우리를 에워싼 삶의 전선(戰線)은 눈에 보이지 않는다. 지도책은 생계의 전선을 알려주지 않는다. 그렇지만 도처에 적이 있고 장애가 있다. 나의 외부에 적이 있듯이, 나의 내부에도 적이 있다. 세상이 적이면서 나 자신이 내게 적이기도 하다. 그리하여 우리는 싸우는 가운데 쉬어야 하고 쉬면서도 싸워야 한다.

우리를 에워싼 삶의 전선은 눈에 보이지 않는다

싸움과 휴식의 이 중간활동―싸우면서 쉬는 긴장을 무엇이 견딜 수 있는가? 나는 그것이 시이고 예술이라고 여긴다. 시를 통해 감각은 감상적 허울을 벗고 견고한 사유의 영역으로 확장된다. 그래서 시의 슬픔은 슬픔이 아니고, 시의 서러움은 서러움이 아니다. 그것은 반성된 슬픔, 되짚어진 서러움이기 때문이다. 그래서 시적 자아는 끊임없이 삶을 되뇌이고 경험을 되새기며 생활을 되비춘다. "나는 내 슬픔이며 어리석음이며를 소처럼 연하여 쌔김질하는 것이었다."(〈남신의주유동박시봉방(南新義州柳洞朴時逢方)〉(1948)) 무엇을 되새김질하는가? 그것은 크게 보면 세상에 존재하는 모든 것들이고, 작게 보면 매일 겪게 되는 생활의 슬픔이다.

싸우면서 쉬는 긴장, 그것이 시이고 예술이다

구신과 사람과 넋과 목숨과 있는 것과 없는 것과 한 줌 흙과 한 점 살과 먼 옛 조상과 먼 훗자손의 거룩한 아득한 슬픔을 담는 것
(〈목구(木具)〉(1940))

눈물의 또 볕살의 나라에서 당신은

이 세상에 나들이를 온 것이다

쓸쓸한 나들이를 다니러 온 것이다

〈허준(許俊)〉(1940)

시를 읽으며 우리는 "구신과 사람과 넋과 목숨과 있는 것과 없는 것"을 살펴보고, "한 줌 흙과 한 점 살"을 헤아리며, 이 한 줌 흙으로 된 이전의 육체를, 그리고 이 육체를 가지고 살았던 "먼 옛 조상과 먼 훗자손"을 돌아본다. 옛 육체를 돌아보는 것은 지금의 육체다. 여기에서 묻어나는 것은 "거룩한 아득한 슬픔"이다. 이 거룩한 슬픔을 "담는 것", 그것이 시이고 문학이고 예술이다.

그러므로 우리는 삶의 전체성과 다시 만나야 한다. '전체가 거짓'이라고 해도, 우리의 삶이, 나날의 현실이 이 전체 속에서 움직이는 한, 전체는 하나의 궁극적 지향점이다. 왜 그런가? 이 전체에서 우리의 지식과 인식은 좀 더 온전해지고, 우리의 표상은 덜 오염되기 때문이다. 전체만이 세계의 필연적 질서에 속하기 때문이다. 그리하여 우리는 언어와 사유와 표현의 순수성과 그 기원을, 이 물음이 허위적이고 때로는 위험할 수 있다고 해도, 거듭 묻는다. 시가 묻는 일도 이와 다르지 않다.

시와 예술은 삶의 전체를 묻는다. 시의 예술에서 우리는 삶의 전체—지난날의 생활과 인간을 만난다. 이것이 감각에서 촉발된 사유의 인식적 힘이고, 이 힘을 추동하는 것은 반성력이다. 이 반성력의 계기는 예술이다. 그렇다면 이때의 반성력

우리는 삶의 전체성과 다시 만나야 한다. 전체가 거짓이라고 해도 우리의 삶이, 나날의 현실이 이 전체 속에서 움직이는 한, 전체는 하나의 궁극적 지향점이다

시와 예술은 삶의 전체를 묻는다

은 심미적 반성력이다. 심미적 반성력 속에서 감성과 이성은 서로 만나고, 감각은 사유와 하나로 결합한다. 이것이 '심미적 이성'이다.

아마도 이 결합 속에서 시인은 나물 먹고 물 마시며 팔베개하고 누웠던 순정했던 옛날들을 떠올리고, 광개토대왕을 생각하며, 참으로 밝고 그윽하고 깊은 마음을 헤아리고, 맑고 외롭고 높고 쓸쓸하게 살아가도록 태어난 것들을 그리워한다. 그래서 백석은 썼다. "나는 이렇게 한가하고 게으르고 그러면서 목숨이라든가 인생이라든가 하는 것을 정말 사랑할 줄 아는/그 오래고 깊은 마음들이 참으로 좋고 우러러진다"(〈조당(澡塘)에서〉(1941)). 예술이 삶의 가능성을 헤아린다면, 그 가능성이란 무엇보다 "오래고 깊은 마음들"을 헤아리는 데 있고, 이 마음들이 열어놓는 어떤 지평을 떠올리는 데 있다. 그것은 "한가하고 게으르"면서도 "목숨"이나 "인생"을 "정말 사랑할 줄 아는" 일이다. 우리는 예술경험 속에서 "사람들의 얼굴과 생업과 마음들을 생각해보"는 것이다.(〈산중음(山中 吟)〉(1938)) 이처럼 시의 방법은 구체적이고 생생하다.

진리는 인식이론적으로, 적어도 현대에 들어와서 그것은 더 이상 실체화될 수 없다. 그것은 하나가 아니라 여러 개이고, 이 여러 개도 일정한 형태를 갖기보다는 하나의 가능성으로, 그래서 차라리 하나의 윤곽으로 존재한다. 그것은 양자역학적 사고가 보여주듯이, 형태나 파동으로 확정될 수 있는 것이 아니라, 오히려 어떤 상태에 가깝다. 따라서 그것을 포착하는 언어는 모호할 수밖에 없다. 그러므로 언어는 수많은 빈

틈과 반증을 허용하는 것이어야 한다. 그렇다는 것은 예술의 표현이 삶의 역설과 모순에 너그럽지 않을 수 없다는 뜻이기도 하다. 현대의 예술가가 한 입장이 아니라 여러 입장을 가지며, 이 여러 입장 아래 다양한 실험을 내용적 형식적으로 하는 것은 자연스럽다.

현대의 예술가는 ① 활동에 있어 실험적 인간이며 ②사고에 있어 변증법자이고 ③ 관점에 있어 아이러니스트다

"삶은 모든 사물의 무게보다 더 무거운 것" (릴케)

현대의 예술가는 활동에 있어 근본적으로 실험적 인간이고, 사고에 있어 변증법자이며, 관점에 있어 아이러니스트다. 반어적 변증법자는 아마도 우울한 사람일 것이다. 그는 수많은 의미론적 상실을 허용해야 하고, 자기가 지향하는 철학적 진리와 대립되는 것조차 사양치 않아야 하기 때문이다. 그래서 슬픔이나 비판은 거의 생래적이게 된다. 릴케가 적은 대로, "삶은 모든 사물의 무게보다 더 무거운 것(das Leben ist schwerer als die Schwere von allen Dingen)"인가? 이 슬픔이 아무리 크다고 한들, 그래서 삶의 쓸쓸함은 피할 수 없다고 해도, 그것이 그러나 허무와 비관에 빠지는 근거가 되어선 곤란하다. 허무와 비관에 빠져 근대적 유산들―자유와 인권과 평등과 민주주의를 외면하는 데로 나아가선 안 된다. 인간은 본능적 동물이지만, 그렇다고 신경세포의 제어만으로 움직이진 않으며, 남녀 간의 연애가 서투르다고 해서 호르몬의 배합 문제로 사랑이 환원될 수 없는 것과 마찬가지다. 인간도 현실처럼 복합성의 지평 위에서 자기를 전개하기 때문이다.

이제 우리는 사실의 바탕 위에서 감각을 경험에 열어둔 채, 사고를 정밀하게 하면서 현실을 다각도로 탐색할 수 있어야 한다. 관점의 일관성을 유지하되 삶의 파편과 불연속성도 포

함하는 원리를 견지하는 것이 가능할까? 타성을 벗어나는 충격을 주면서도 어떤 의미의 메아리를 잃지 않고, 값싼 감상과 진부한 신파를 거부하면서도 어떤 근원적 시초를, 이 시초의 전일성(全一性)을 잊지 않는 그런 글을 우리는 쓸 수 있을까?

우리는 그림을 보며 경험의 한 장면을 떠올리고, 음악을 들으며 새로운 현재를 만들고, 시를 읊조리면서 흘려보낸 시절의 기억을 더듬는다. 그 속에는 미처 알지 못하는 집의 현관이 놓여 있고, 이 현관을 들어서면 몇 개의 방이 있다. 책과 화병과 팔걸이의자와 탁자 같은 오랜 물건들이 놓인 그 방과 또 다른 방 사이에는 긴 복도가 놓여 있고, 이 복도의 끝에는 다락으로 올라가는 나무계단이 오후 햇살 아래 나 있다. 이 다락의 열린 창밖으로는 별들로 총총한 먼 하늘이 열릴 수도 있을 것이다. 모든 방과 복도와 계단과 지붕, 집의 안과 그 밖의 세상은 이렇듯 어지럽게 흩어져 있다. 흩어져 있으면서 우리가 다가가기를, 다가가 다시 보고 읽고 느껴지길 기다린다. 우리를 둘러싼 사물들은 지금과 다르게 해독되길 기다리는 것이다.

예술의 주체가 노니는 시적 공간, 이 공간에서의 탐사도 이와 다르지 않다. 백석과 윤동주가 염원한 것도, 그리고 이 두 시인이 즐겨 읽었던 릴케가 보여준 것도 바로 이 시적 세계의 서정적 의미였다.

> — 나는 이 세상에서 가난하고 외롭고 높고 쓸쓸하니
> 살아가도록 태어났다

"나는 이 세상에서 가난하고 외롭고 높고 쓸쓸하니 살어가도록 태어났다" (백석)

그리고 이 세상을 살아가는데

내 가슴은 너무도 많이 뜨거운 것으로 호젓한 것으로

사랑으로 슬픔으로 가득 찬다

(…)

초생달과 바구지꽃과 짝새와 당나귀가 그러하듯이

(〈흰 바람벽이 있어〉(1941))

서정적인 것의 현실적 의미

결국 중요한 것은 서정적인 것의 현실적 의미다. 시가 환기하는 서정적인 것의 생활적 파급력이다. 그것은 다르게 말해 예술의 반성적 잠재력과 같다. 시와 그림과 음악이 나날의 삶에 에너지를 가질 수 있는가? 우리는 어떻게 시와 예술의 즐거운 경험 속에서 고통과 오해의 역사를 줄여갈 수 있는가? 그것이 제대로 된다면, 심미적 경험은 그 자체로 화해의 출발점이 될 것이다.

예술은 궁극적으로 삶의 구제적 화해를 지향한다. 그러나 그것은 손쉬운 타협과 순응이 아니라, 갈등과 불화의 어두운 경로를 통해 힘겹게 이뤄진다. 내세에서의 종말론적 구원이 아니라 지금 여기에서의 현실적 구제가 중요하다.

아주 미세한 틈새들 – 바를라흐의 조각 _____

6장

우리는 잠자며 깨어 있고, 깬 채로 자고 있다.··· 우리가 생각하고 행동하는
것은 다른 방식의 꿈꾸는 일이고, 깨어 있는 것은 어떤 종류의 잠이 아닌가?

_ 몽테뉴, 《에세이》(1583)

인간의 느낌과 생각, 꿈과 열망과 현실은 몇 가지 행동들로
모아질 것이다. 그렇듯이 이 행동들은 한 가지 몸짓이나 자세
로 수렴될 수 있을 듯하다. 말하자면 팔을 휘두르거나 기지개
를 펴거나 고개 숙이거나 눕거나 서 있는 모습은 어떻게 요약
될 수 있을까? 소리치거나 울거나 탄식하는 것, 잠자거나 꿈
꾸는 것, 말하고 웃고 화내거나 싸우는 것은 어떤 동작에 가
장 축약적으로 내포되어 있을까?
　모든 동작은, 사고를 포함하여, 이상적인 경우에 한두 가지
의 전형적인 몸짓으로 수렴될 것이다. 기도나 포옹, 꿈꾸기

와 용서 혹은 속죄의 장면은 그 좋은 예다. 에른스트 바를라흐(E. Barlach)의 조각품들은 인간 삶을 구성하는 이런 기본적인 몸짓을 보여준다.

바를라흐는 말하자면 '순수 독일인'으로 판명받았지만, 그의 조각품들은 1930~1940년대 나치 시절 '퇴폐예술'로 전시되는 등 크고 작은 정치적 압력을 받았다. 그래서 그는 그 당시에 프로이센 예술아카데미의 탈퇴를 선언하기도 했다. 〈웃는 노인〉이나 〈추위에 떠는 노파〉는 이 무렵에 나온 대표작이다. 하지만 그 이전에도 그는 인간을 짓밟고 삶의 권리를 억압하는 현실에 대한 증언을 계속했다. 특히 1906년 러시아 여행은 그에게 보는 것의 훈련─조소적 감수성을 불러일으켰다. 일련의 거지상은 그 예다. 마치 죄악을 저지른 듯 가난 속에서 고통받고 갈구하며 기도하고 노래하고 술 마시는 이 소박한 사람들에게서 그는 깊은 형제적 감정을 느꼈다. 거지들의 모습은 땅과 하늘 사이에 처해 있는 인간상황에 대한 살아 있는 상징이었다. 〈눈먼 거지〉는, 그의 많은 작품들처럼, 영육으로 궁지에 처한 사회적 불우계층을 아무런 가식 없이, 놀랍도록 단순하고도 절제된 방식으로 보여준다.

삶의 비참함에 대한 바를라흐의 대응은 단순히 분노에 머물러 있지 않다. 거기에는 연민이 있고, 공감이 있다. 또 인간에 대한 사랑과 삶의 인간주의에 대한 믿음이 배어 있다. 동시대 많은 사람들이 내쫓기고 굶주리는 상황 앞에서도, 또 공들여 제작한 자기 작품도 짓밟히는 어처구니없는 현실 앞에서도 바를라흐는 절망만 하지 않았다. 그는 두 눈을 뜨고 현

바를라흐(E. Barlach, 1870~1938)
독일의 조각가이자 극작가. 69년의 생애.
그의 조각표현은 최소주의적으로 축약되어 있다.
그는 삶의 절망과 고통 속에서 신적인 존재의 흔적을 찾으려고 애썼다.

실을 직시하려 했다. 〈추위에 떠는 노파〉를 보라. 이 노파는 옷을 뒤집어쓴 채 무릎을 껴안고 맨 발로 떨고 있다. 두 눈은 꺼지고 이는 성기다. 추위를 덮어줄 것은 그녀의 몸밖엔 없는 듯하다. 마치 나무처럼 혹은 돌처럼 그녀는 스스로 사물의 하나가 되어 차갑게 웅크리고 있다. 그러나 그럼에도 불구하고, 삶의 쾌활성은 바를라흐 작품에서, 〈노래하는 남자〉나 〈웃는 노인〉이 보여주듯이, 사라지지 않는다. 이 〈웃는 노인〉은, 그의 많은 작품이 '전시불가' 판정을 받은 후 스위스에서 경매되었다는 소식을 듣고 나서 제작되었다.

〈웃는 노인〉의 모습은 참으로 독특하게 보인다. 그는 팔을 내뻗고 두 어깨를 움츠린 채, 뒤로 넘어질 듯 고개를 젖히며 웃어댄다. 이 모습은 마치 노래하듯 너무도 활달하고 흥겨워, 그가 노인이 아니라 청년이 아닌가 느끼게 한다. 웃는 일은 노래하는 일과 다를 수 없다. 웃음은 노래의 일종이다. 혹은 노래는 웃음에 리듬을 부여한 형식이라고 할 수도 있다.

삶은 비참과 슬픔에도 불구하고 부단히 노래하고 웃어야 마땅한 무엇이다. 삶의 생래적 쾌활성을 이처럼 생생하게 보여주는 작품은 여느 다른 조각가의 작품들에서도 찾아보기 어렵다. 그러나 그의 낙관주의는, 다시 강조하건대, 아무러한 전망이나 섣부른 희망 속에서가 아니라, 누구보다 예리한 현실인식 위에 자리한다. 바를라흐를 독일 최고의 조각가로 간주했던 브레히트는 그의 전시회를 관람한 후에 이렇게 썼다. "미화하지 않는 아름다움, 과장되지 않은 위대함, 아첨 없는 조화 그리고 잔혹함 없는 삶의 힘이야말로 바를라흐의 조각

〈눈먼 거지〉(1906년, 광택을 낸 세라믹)
바를라흐의 조각상들은 최소한으로 결정화(結晶化)된
듯하다. 그들에게는 그 어떤 장식도, 군더더기도 없다.
몸짓이나 표현 그리고 질료에서 모두 최대한의 절제가
실현되어 있다.

〈접시를 든 러시아 거지 여인〉(1906년, 광택을 낸 세라믹)
이 여인에게 두드러진 것은 두 가지 – 왼손에 들린 접시와 온
몸을 지탱하는 오른손이다. 나날이 먹을 것을 구하고, 이렇게
먹으며 목숨을 버텨내는 일만큼 중요한 것이 어디 있는가?
그밖에는 아무래도 상관없는 일이다.

〈추위에 떠는 노파〉(1937년, 호두나무 재목)
인간의 궁핍을 표현하는 데 바를라흐의 리얼
리즘을 능가할 작품은 그리 많지 않을 것이
다. 웅크리고 있는 노파에게 무릎은 이미 차
디찬 돌덩이처럼 보인다. 눈은 감겨 있고, 살
갗은, 얼굴이든 손발이든, 뼈처럼 굳어 있다.
가난에 시달린다는 것은 생명이 사물의 일부
로 무화(無化)되어간다는 뜻일 것이다.

〈웃는 노인〉(1937년, 호두나무 재목)
웃는 모습을, 웃는다는 것의 경이를 이처럼 유쾌하고도
명료하게 표현한 조각품은 달리 없을 것이다.

〈책 읽는 사람〉(1936년, 청동)
읽는 행위의 단순 소박한 조건을 이토록
조촐하게 표현하다니! 읽는다는 것은 지금
내가, 여기 이 자리에 앉아, 한 뼘 책으로
세상을 탐색하는 일이다. 적힌 활자(活字)에
기대어 세계의 원리를 갈구하는 어리석고
허망한 시도.

〈재회(토마스와 예수)〉(1926년, 호두나무 재목)
굽은 자와 곧은 자. 갈구하는 자와 감싸안는 자. 예수는
포용을 과시하지 않는다. 그는 한결같이 무덤덤하다.

〈노래하는 남자〉(1928년, 청동)
무릎을 붙들고 몸을 뒤로 제친 채 그는 노래를 부른다.
눈감고 어디론가 날아가려는 듯이, 그러나 이 몸은 떠날
수 없다는 듯이.

품을 걸작으로 만든다."[76]

이렇듯이 야만적 현실에 대한 바를라흐의 대응은 간단치 않았다. 1930년대 그의 일기를 보면, 나치주의자들에 대한 반감은 분명 드러난다. 그는 철모 쓴 나치주의자들이 자신의 적임을 본능적으로 느꼈다. 그래서 그들이 결코 승리해선 안 된다고 생각했다. 시대의 성난 바람이 미친 듯 불어대면서 많은 사람들이 그 상황에 좌초될 수 있지만, 그럼에도 그것이 패배의 이유는 되지 못한다고, 그래서 자신은 어떤 속박 없는 삶― '자유로운 숨을 쉴 수 있는 가능성'을 위해 싸울 것이라고 말한다. 이 자유로운 숨쉬기란 그에게는 오직 예술언어로, 살아 있는 듯한 조소적 표현형식 속에서 가능한 것이었다. 그는 이 조각형식을 통해 운명에 짓밟힌 가난한 사람들을, 권력의 횡포 아래 삶의 권리가 유린된 사람들을 '어떤 양식화된 인간의 모습(stilisiertes Menschentum)'으로 표현해내고자 했다. 이 양식화된 인간이야말로 시대적 제약에도 현실의 비참을 이겨낼 것이고, 이렇게 표현된 이들의 기쁨과 고통은 그 누구도 비웃을 수 없다고 보았기 때문이다.

거지상 시리즈나 〈추위에 떠는 노파〉가 현실의 곤란을 증거하고, 〈노래하는 남자〉나 〈웃는 노인〉이 이런 현실에 대한 대응방식을 보여준다면, 〈책 읽는 사람〉은 이 슬픔과 기쁨, 궁핍과 환희가 뒤섞인 현실의 층위를 명상한다. 작은 책을 든 이

---

76 Bertolt Brecht, *Schriften zur Literatur und Kunst 2*(GW 19), Gesammelte Werke in 20 Bde, Frankfurt/Main 1967, S. 511.

사람의 자세를 살펴보라. 그의 모습에는 아무런 장식이 없다. 그는 마치 수도사처럼 두 발을 모으고 무릎을 오므린 채, 돌 위에 앉아, 호기심에 차서, 궁구하듯이 비판적으로, 그리고 믿음에 찬 듯 결연하게, 책을 들여다보고 있다. 책 읽는 자는 갈구하는 자이고 꿈꾸는 자이며, 그리움의 전사(戰士)다. 이런 생생한 태도 때문에 브레히트는 로댕의 〈생각하는 사람〉보다 바를라흐의 이 작품이 더 마음에 든다고 고백했을 것이다. (그는 로댕의 작품은 '사고의 어려움'만 보여준다고 논평했다.)

가장 간단한 인간의 몸짓에도 심연처럼 알 수 없는 무엇이 배어 있다. 그래서 그의 몸짓은 수수께끼적 존재—우주를 채우는 수많은 존재의 근원적 비유가 될 수 있다. 인간은 드러나는 가운데 숨기는 무엇—현상 속의 가면을 지니는 것이다. 그러니 핵심은 드러난 몸짓의 가면 뒤를 보아야 하고, 이 현실의 장막 배후를 헤쳐 보는 일이다.

보이는 것이 하나의 비전으로 고양되지 못한다면, 그것은 껍데기일 뿐이다. 이러한 전환 혹은 고양은 말이나 의지로 될 수 있는 것이 아니고, 또 설교하거나 주장하거나 진위를 정의하는 데 있는 것이 아니다. 그것은 언어적 논리적 이성적 산술적 기획을 넘어서 있다. 신은 이렇게 넘어서서 있는 것의 궁극적 이름일 것이다. 신은 결코 말로 지칭하거나 손으로 만질 수 없다. 그는 1924년에 한 연극작품에서 이렇게 썼다.

신은 거대한 고요다. … 신은, 노아가 말하듯이, 곳곳에 있는 것이 아니고, 모든 것도 아니다. 그는 모든 것 뒤에 숨어 있고, 이 모든 것에는 가는 틈새들이 있고, 이 틈새를 통해 그는 비치고 비치며 반짝인다. 아주 가늘고 미세한 틈새들, 그것은 너무나 가늘어서 고개를 한 번만 우리가 돌려도 다시 찾기 어렵다.[77]

바를라흐는 신을 말하기에는 자기는 너무 부끄럽고, 말이란 자기 입에 비해 너무 거창하다고 고백했다. 그리고 그가 아는 것은 신이란 결코 파악될 수 없다는 사실뿐이라고 말했다. 이 세계가 보이는 것이고, 신이 모든 것이라면, 이 보이는 세계란 너무나 작은 것이다. 그래서 세계란 무(無)보다 더 작다고 그는 썼다. 진실한 것이 인간이 만들어낸 것이라면, 진리 자체는 신에게 속한다. 진실하게 보이는 것들이 감각적으로 경험되는 것이라면, 진리는 오직 존재하는 것들의 존재로서 결코 지칭할 수 없다. 모든 인간적인 것이 불충분한 것이라면, 인간을 넘어서는 완전하다. 따라서 모든 인간적 불충분성은 초인간적 신적 완전성을 기억하고, 이 완전성을 의식하며, 이 완전성 속에서 자신의 미진함을 되돌아볼 수 있어야 한다.

바를라흐는 이 넘어가는 것—인간을 넘어 나아가는 것을 예감하고자 했고, 이 넘어가는 것들의 가능성에 대해 경탄했으며, 이 넘어가는 것의 경험을 즐거워했다. 그리고 이 경험을 표현할 대상에 그는 늘 주의했다. 이 '자기자신을 넘어가

---

77 Naomi Jackson Groves(hrsg.), *Ernst Barlach, Leben im Werk*, Königstein im Taunus 1972, S. 94. 인용된 구절은 바를라흐의 희곡작품인 〈대홍수(Sintflut)〉(1924)에서 발췌한 것이다.

는 것(ein über-sich-selbst-hinaus)의 경험이야말로 예술경험의 본질이다. 왜냐하면 그것은, 거듭 적었듯이, 지금의 현존적 제약 속에서 이 현존을 넘어 더 넓고 깊은 삶의 가능성으로 나아가는 자기형성적 자기변형적 경험이기 때문이다. 내가 플라톤에서 나오는 '불사에의 사랑'과 윤두서의 '염정자수' 그리고 푸코의 '자기배려'를 통해 일관되게 강조한 것도 바로 이것이다. 예술은 지금 여기에서 자기를 넘어 타자적 지평으로 나아가는 것을 경험케 한다. 자기변형은 이 경험의 자연스런 결과일 뿐이다.

바를라흐는 힘겨운 나날에서 속박 없는 삶을 위해, 또 자유롭게 숨 쉬기 위해 생활의 감각으로부터 시작하여 자신만의 표현형식을 찾고자 했고, 이 예술언어를 위해 헌신했다. 그는 정직성이란 칭찬이나 찬사를 받기 위해 보여주는 것이 아니라, 현실의 어려움 속에서 이 부당한 상황에 대항하면서 어쩔 수 없이 나오는 것이고, 바로 이 대결의 어려운 경로가 정직성의 가치를 구성한다고 여겼다. 세계의 깊이에 이르려면 우리는 수도하듯 명상하고 읽고 생각하고 궁구해야 한다. 조각품 〈재회(예수와 토마스)〉는 이 같은 탐색을 넘어선 또 하나의 세계―사랑과 포용과 위로의 신적 차원을 보여준다. 어떤 이념이나 철학이나 정치도 결국에는 이렇게 서로 다독이고 추스르며 보듬고 북돋는 행위로 모아져야 한다.

삶의 현실은 복잡하고 그 사건은 다채롭지만, 인간의 몸짓은, 바를라흐 조각품이 보여주듯이, 몇 가지로 수렴된다. 앉아 있거나 누워 있거나 서 있거나 걸어다니는 모습, 혹은 바라보거나 꿈꾸거나 갈구하거나 기도하거나 책 읽거나 다독이거나 껴안거나, 고개를 숙인 채 혹은 하늘을 우러르며, 그 인물들은 생각에 잠겨 있다. 꿈꾸는 것도, 기도하는 것도, 책 읽는 것도, 또 누군가를 껴안고 쓰다듬는 것도 결국에는 모두 하나의 몸짓—그리움의 몸짓이 될 것이다. 인간의 모든 실천은 그리워하는 일이다. 그리움이 삶을 구성한다.

7장 _____ 혁명의 피로, 고갈된 기억
– 실패한 혁명가 루바쇼프께 보내는 편지

루바쇼프께

당신의 사연을 최근에 다시 읽었습니다. 아서 쾨슬러가 《한낮의 어둠》(1940)[77]에 묘사한 당신의 삶을. 이 소설을 번역하면서 나는 서너 번 읽었고, 그렇게 번역된 글과 조판된 글로 다시 두세 번을 읽었지요. 그러니 이번으로 대여섯 번째 읽는 게 될 겁니다.

이 《한낮의 어둠》이 공산주의 체제를 비판한 뛰어난 정치 소설이라는 데는 많은 평자가 동의하는 바지요. 그러나 이런 정치적 이데올로기 비판적 관점을 굳이 취하지 않더라도, 그러니까 인간과 상황, 꿈과 역사, 선의와 권력, 의도와 결과,

---

77 아서 쾨슬러, 《한낮의 어둠》, 문광훈 역, 후마니타스, 2010년, 이하 인용은 본문 안에 표기.

아서 쾨슬러(A. Koestler, 1905~1983)
쾨슬러는 이른바 다초점 렌즈를 가진 범유럽적 문화지식인이었다.
그에게 기대어 우리는 오늘의 세계를 좀 더 탈이데올로기적으로 파악할 수 있을 것이다.

가능성과 제약이라는 일반적 관점에서 보더라도 이 소설은 빼어난 작품으로 보입니다. 그만큼 정치적이면서도 정치 이외의 영역에 그 문제의식은 열려 있지요. 이 열린 의식의 담지자가 바로 당신, 루바쇼프입니다. 그래서 나는 이 작품을 읽던 내내 당신에게 말을 걸고 싶은 충동을 느끼곤 했습니다. 편지라는 내밀한 형식은 이런 욕구를 어느 정도 충족시켜줄 것입니다. 비록 그 답장을 기대할 수 없지만, 당신이 품었던 생각과 그 행동의 경로를 좇아갈 수 있으므로 크게 아쉽지는 않습니다. 중요한 것은 이 편지를 통해 아직 살아 있는 나의 그리고 독자의 마음가짐을 다시 한 번 추스르는 일이기 때문입니다. 나로서는 사적인 이 글이 나름의 설득력을 가짐으로써 공적 광장으로 나아가, 이 공적 광장에서 또 다른 여러 생각들과 만나 어떤 공감을 일으킬 수 있었으면 하고 바랍니다.

너무나 혁명적인, 그래서 반혁명적인

당신은 이른바 '실패한 혁명가'입니다. 혁명의 꿈을 안고 40년 동안 투쟁했으나 반대파로 몰린 채 하지도 않은 일을 했다고 고백하고, 자신의 거짓됨을 공개 시인하면서 형장의 이슬로 사라집니다. 그것이 '기이하고도 의례적인 인형놀이'라고 당신은 여기지만, 진실을 밝힐 기회는 허용되지 않습니다. 그래서 갖은 모함과 야유 속에 죽어갑니다. 그 어떤 공감도, 그 어떤 이해도 보이지 않지요. 남은 것은 허황되기 짝이 없는 결말의 기나긴 여운입니다. 그리하여 독자는 혁명의 피로 속에서 더 이상 기억할 것도, 기억하고 싶은 것도 없다는 느낌을 받게 되지요.

그러나 나는 묻고 싶습니다. 당신이 왜 실패하게 되었는지 말이지요. 당신에게 씌워진 '반혁명가'나 '반역자'란 칭호는 정말 맞는 것인지, 대체 정당성이란 무엇이고, 당과 개인이란 어떻게 관계하는지라고요. 왜냐하면 당신은, 적어도 보그로프 처형 후의 당신은 거짓되지 않았고, 반역자거나 반혁명가이지도 않았기 때문입니다. 오히려 당신은 전체를 향한 대의 속에서 어떻게 개인이 억압되고, 개인들의 내밀한 사연 속에 어떻게 인류의 꿈이 제각각으로 살아꿈틀대는가에 주의했지요. 그러면서 어떻게 살아남기 위해 자신이 주변 사람들에게 등을 돌렸는지, 말없이 죽어간 이들로 인해 자신이 어떻게 밤낮으로 고통받는지를 보여주기 때문입니다. 당신 역시 과오를 피할 수 없었지만, 그 과오는 이해할 만한 것이었고, 따라서 반드시 죄스러운 것이 아닐 수도 있었으며, 그래서 당신의 실패는 당신만의 실패가 아닐 수도 있는 것이지요. 그것은 인간 일반의 행동적 한계이면서 더하게는 상황과 역사적 조건 아래 강제된 패배일 수도 있지요.

그렇다고 해서 당신의 잘못까지 옹호하려는 뜻은 물론 없습니다. 분명 당신은 살아남기 위해 사랑하던 연인 알로바에게 책임을 전가했으니까요. 그뿐인가요? 당신은 청년 리하르트의 제명(除名)을 방관했고, 어딜 가나 사랑받던 곱사등이 리틀 뢰비의 자살도 외면했지요. 당의 공식노선 밖으로 벗어난 사람들은 끊임없이 축출되거나 수감되거나 추방되거나 살해되었지요. 개인의 생각이나 행동의 동기, 양심이나 욕구는 전혀 고려 대상이 되지 못했습니다. 당은 한 치의 오차도 없이 명령하고 단죄하고 결정하고 판결했지요. 그러나 무엇이 죄악인가요? 무엇이 수치일 수 있나요? 진실과 거짓의 기준은 과연 어디에 있나요? 비록 과오를 범한다고 해도 자기 책임 아래 결정내리는 것이 어떻게 잘못일 수 있나요? 방침과 명령을 주어진 대로 군소리 없이 추종하는 것이 자랑스런 일인가요? 당신이 자신의 행동에서 수치와 경멸감을 갖는 것은 이 때문일 겁니다. 그러나 스스로 결정하고 이 결정의 결과에 책임지는 일만큼 두려우면서도 고결한 삶이 어디에 있는가요? 왜냐하면 그것이야말로 자유의 실천인 까닭입니다.

우리는 스스로 결정하지 않기에 결과에 책임지려 하지 않고, 책임을 느끼지 못하기에 자유 역시 제대로 누리지 못합니다. 그러나 참된 자유는 책임의 두려움 속에서 외로운 결정을 감행하는 데 있지요. 결정은 있으나 책임이 없기에 권력자는 자유롭지 못하고, 대중은 자유로운 듯하나 주체적 결정이 없기에 무책임한 존재가 되지요. 그 점에서 권력자나 대중은 다 같이 미숙한 단계에 있다고 할 것입니다. 도대체 존엄한 삶은 어디에 있는가요?

당신의 행로를 다시 짚으면서 내가 느끼는 것은 어떤 피폐감입니다. 당신을 지배하는 것도 대체로 쓸쓸함의 감정이지요. 사실 《한낮의 어둠》을 관통하는 것은 분노와 무기력, 환멸과 기이함, 우울과 불안입니다. 이 부정적 감정에 당신은 깊게 침윤되어 있지요. 감방에 갇힌 채 이따금 내다보는 복도나 그곳의 희미한 불빛 그리고 운동 시간이면 하루에 한 번씩

나가 도는 안마당 그리고 이 마당을 돌며 쳐다보던 구름 낀 하늘의 흐릿함…. 당신의 귓속에선 늘 윙윙거리는 소리가 들리고, 당신의 머리엔 수많은 기억의 이미지가 얼어붙은 듯 굳은 채 예고도 없이 떠오르곤 하지요. 그래서 당신은 뚫어지듯 어둠을 자주 응시하곤 했습니다. 혁명을 위해 싸웠던 동지들 가운데 누구는 지도자가 되고 누구는 수감되며, 누구는 해외로 추방되고 또 누구는 처형되었다면, 이것은 어떻게 된 일인가요? 평생 헌신한 대가가 반역자로 판결받거나 대중의 웃음거리로 전락하는 것이라면, 이 부당함을 어떻게 받아들일 것인가요? 개인의 권력욕이 전체의 이름으로 행사되고, 거짓도 법의 논리로 정당화된다면, 이 사회의 구성원은 어떤 믿음 아래 행동할 수 있나요? 우리는 집단의 명령 앞에서 자기양심을 지켜낼 수 있나요? 그렇게 하기 어려울 것 같습니다.

혁명을 위해 싸웠던 동지들 가운데 누구는 지도자가 되고 누구는 수감되며, 누구는 해외로 추방되고 또 누구는 처형되었다면, 이것은 어떻게 된 일인가요?

　당신은 무엇을 할 수 있었던가가 아니라 할 수 없었던가를, 했다고 여긴 것 가운데 제대로 한 것은 무엇이었던가를, 이룩한 것은 이루지 못한 것에 비하면 얼마나 빈약한가를 거듭 반추합니다. 그러면서 이 환멸이나 무력감보다는 혁명세대로서의 에너지 고갈을 더 고통스럽게 느끼고, 먼지 속에 죽어갈 육체를 가진 인간으로서 자기실존을 더 실감합니다. 수치심이나 모욕보다 더 근본적인 상실은 생물학적 변화―늙어감이나 죽음 같은 것이지요. 이것은 당신을 지지했던 문지기 바실리에게도 보입니다. 딸이 지도자였던 당신의 초상화를 방에서 떼는 걸 그가 내버려두는 것은, 그 일이 옳다고 보기 때문이 아니라 자신이 늙어가고, 자라나는 다음 세대에 길을 틔어주기 위해서지요. 혁명의 대의를 무시해서가 아니라 분가해갈 딸을 위해 지금 사는 방을 비켜줘야 하고, 그래서 딸이 하는 부당한 처사도 그냥 받아들이지요.

그리하여 삶에서 많은 것은 밝혀지지 않은 채 다음 단계로 이월됩니다. 다음 세대는 앞 세대로부터 축적된 지혜를 이어받는 것이 아니라, 그래서 더 현명해지는 것이 아니라, 자기에게 주어진 일을 처음부터 맞닥뜨리지요. 이렇게 부닥친 일이 '새로운' 것이라면, 그것은 한 세대가 처음 경험하기 때문이고, 그것이 '구태의연한' 것은 이러한 경험이 세대와 세대를 넘어 인류학적으로 반복되기 때문입니다. 그래서 과오는 불가피한 것이 되고 말지요. 사건은 제대로 해명되지 못한 채 계속 엄습합니다. 설령 밝혀진다고 해도, 진실은 눈 밝은 몇 사람에게 알려질 뿐이고, 이 사람들이란 사회의 주변인일 때가 많습니다. 당신 역시 '지도자 암살계획'이란 누명 아래 청중들에게 '미친개'로 조롱받지 않던가요? 당신의 선의란 고작 바실리 같은 사람에게 짐작될 뿐이었지만, 이 노인 역시 하나 남은 피붙이에게조차 자기 속마음을 전달하지 못하고 맙니다.

어떤 판단과 결정과 그에 따른 행동은 시간이 감에 따라 수긍될 수밖에 없는 그런 때가 삶에는 자주 생겨나지요. 이것이 누적될 때 피로는 생겨납니다. 그렇습니다. 곳곳에 피로가 쌓여 있습니다. 실패한 혁명의 피로가 있는가 하면, 이 실패를 떠올리는 기억의 피로가 있습니다. 기억의 피로가 의욕의 탈진상태에서 온다면, 이 탈진에는 환멸과 자괴, 모욕과 수치가

자리합니다. 정치적 시도란 '공모의 무언극'이거나 '가면무
도회'에 불과하다는 사실, 대부분의 사람들은 현실의 무대에
서 무엇이 일어나는지, 이렇게 일어나는 것을 규정하고 조건
짓는 것은 무엇인지 알지 못한 채 무대로 올랐다가 역할이 끝
나면 내려오고 맙니다. 역사에는 선의와 선의의 변질 혹은 확
신과 확신의 횡포 사이의 부질없는 선택만 존재하는 듯 보입
니다. 그래서 선의는 악덕과 다르지 않고, 정의는 불의와 다
르지 않습니다. 당신이 보여주듯이, 대의를 향한 최대한의 헌
신도 권력에의 저열한 아첨으로 간주될 수 있습니다. 역사는
충분히 그럴 수 있지요. 권력이 정의의 옷을 두르듯이, 존엄
을 위한 행위가 도적질로 매도될 수 있지요. 혼자 편하려고
하지 않은 시도조차 허영의 발로로 비쳐질 수 있습니다. 그러
니 현실에서는 그 어떤 자존심도 내세우지 않아야 하는지도
모릅니다. 혁명은 처음부터 인간이란 이름에 어울리지 않는
것인지도 모릅니다. 그런 역사가 두렵고, 이 역사를 이루는
하루하루의 시간이 무섭습니다. 우리에겐 '침묵 속에 죽는
것'밖에 남은 것이 없는가요? 자유를 향한 발걸음이 묘비라
는 당통의 말을 수긍할 수도 있을 것 같습니다.

그러니까 루바쇼프, 당신은 반혁명적이어서 반역자가 된
것이 아니라 너무나 혁명적이었기 때문에 반역자가 되었습
니다. 그 점에 연민을 느끼지 않을 수 없군요. 당신은 연민과
동정을 삼가라고 말했지만, 나 역시 쉽게 연민을 표하고 싶지
않지만, 부당함이 아니라 정당함 때문에 고통을 겪은 당신에
게 나는 공감을 느끼지 않을 수 없습니다. 당신은 사익적 편

그러니까 루바쇼프,
당신은 반혁명적이
어서 반역자가 된
것이 아니라 너무나
혁명적이었기 때문
에 반역자가 되었습
니다.

의가 아닌 공적 정의를 추구했기 때문입니다. 당신은 삶의 물질적 실존적 개인적 한계 속에서도 그 너머의 가능성을 타진한 사람이었지요. 아닙니다. 나의 경의는 이보다 소박한 데서 나온다고 말하는 것이 옳을지도 모르겠습니다. 당신은 이념적 대의를 추구하기 전에 이 대의의 기만적 가능성을 직시했지요. 그리고 이 기만에도 불구하고 다시 이성적 사회의 가능성을 고민했지요. 이 고민에는 사적이고 일상적인 경험이 들어 있습니다. 그리하여 당신은 사고적으로나 이성적으로뿐만 아니라 감각적으로나 지각적으로도 섬세하게 열려 있는 사람이었고, 언어적으로 명료하면서도 절제 있는 사람이었습니다. 당신은 말의 엄격한 의미에서 두루 헤아리는 사람이었지요.

권력의 구조와 인간의 심성, 역사의 현실과 개인의 실존, 감각의 일상과 문명사의 흐름, 자연사의 거시구조와 개별 사물의 미시구조…. 이 모든 것을 당신의 감수성은 일관되게 관통하려고 한 듯 보입니다. 마치 혁명의 당위성과 그 허위를 의식하듯이, 윤리와 그 왜곡에도 유의했지요. 개인성의 자폐적 구조처럼 개인성이 사회정치적 지평으로 나갈 수 있는 확대의 가능성까지 염두에 두었지요. 인간을 규정하는 경험적 인식적 역사적 조건의 기이한 규칙과 이 게임규칙에서 있을 수 있는 삶의 다른 질서를 당신은 늘 헤아리려 한 듯 여겨집니다. 그리고 논리의 끝까지 사고하고 난 후에 도출되는 객관의 가능성조차 반드시 순수한 것은 아니며, 이 논리의 난관 옆에는 무언의 영역이 있음을 당신은 고백했지요. 무언의 영역이란 당신이 말한 '문법적 허구'이고, 다시 풀어쓰면 표현할 수 없는 흐느낌과 공허, 숨죽임과 꿈과 불안이 서식하는 곳이지요. 이것들은 사고나 이성, 논리나 언어가 끝나는 곳에서 비로소 시작하는 목록입니다. 그것은 너무도 다양하고 이질적으로 작동하는 것이지만, 그럼에도 삶의 나날을 무정형적으로 채우는 것이기도 합니다. 어떤 중얼거림이나 몸짓, 기억이나 꿈의 파편, 욕망과 충동 그리고 침묵의 언저리는 이 비논리적인 것들의 무한한 목록에 해당합니다. 타자성의 목록인 셈이지요.

  이 모든 비논리적인 것들을 당의 공식기관은 '반동적'이라고 불허합니다. 그것은 확연치 않고 일인칭적이며 손에 쉽게 잡히지 않기 때문입니다. 당신은 바로 이 금지된 목록을 기억하고 해명하고 구제하려고 했기 때문에 패배합니다. 당신의 죽음은 보이지 않는 것─밀려나고 잊혀진 것의 권리를 옹호한 대가였던 것입니다. 그러니 기억은 거꾸로 보면 그 자체로 혁명적일 수도 있지요. 당신의 생각은 당의 견해와 달랐기 때문에 반혁명적이었지만, 이 다른 생각으로 인해 당신은 참으로 혁명적인 혁명가였습니다. 진실로 혁명적인 것은 단순히 혁명의 당위성을 옹호하는 데 있는 것이 아니라 이 당위성에도 불구하고 그 너머의 보편적 차원까지 고려하는 데 있을 것입니다. 너무도 혁명적이어서 반혁명적이었던 당신의 독자적 행보를 나는 지지합니다.

주저와 망설임

그러나 무엇보다 당신에게 돋보이는 것은 비논리적 타자성의 영역임에도 불구하고 이 영역에서부터 '우리가 다시 출발할 수 있다'는 것을, 아니 '다시 출발해야 한다'는 것을, '이렇게 출발하는 것이 선의를 향한 인간의 마지막 품위'라는 사실을 보여준다는 점인지도 모릅니다. 그리고 이렇게 출발하는 주체는 인류라는 추상체가 아니라 뼈와 살과 피를 가진 구체적 인간이라는 사실이지요.

내가 당신을 경의한다면, 이 경의는 혁명의 대의명분을 설파하거나 혹은 과오의 불가피성을 변호할 때의 당신이 아니라, 지나온 경로에서 겪은 수많은 경험의 파편을 기억할 때의 당신에게 있습니다. 당신은 자주 뢰비의 어깻짓, 리차드의 중얼거림, 알로바의 고개 숙인 목선이나 누이 같은 향내, 아니면 피에타의 구부러진 손이나 앙상한 팔, 그리고 어린 시절의 이런저런 장면을 떠올리곤 합니다. 혹은 얼굴에 칠해진 미지근한 비누거품에 행복해하고, 이런 작은 즐거움을 누리고 싶다는 유혹을 아련하게 기억하기도 합니다. 그래서 이발사에게 잡담을 늘어놓고 싶은 욕구를 느끼기도 하지만, 동시에 이런 자기의 욕구가 이발사를 곤란하게 할 수도 있음을 생각합니다. 혹은 좀 더 견고한 문제의식 아래, "확실한 것은 어디에도 없었다. … 역사는 하소연하는 이들의 턱뼈가 오래 전에 떨어져 먼지가 될 즈음에야 판결을 내렸다"(28쪽)라고 쓰거나, "자네가 말하는 '우리'란 과연 누구인가? 재정의가 필요하다고 생각하네"(116쪽)라고 말할 때의 당신은 어떤가요?

또는 "우리가 좇는 잘못된 생각은 모두 미래 세대에게 자행되는 범죄행위라네"라고 말할 때의 어떤 자의식.(140쪽)

이런 생각들은 당신의 것이면서, 당신을 묘사하는 작가로부터 온 것이기에, 작가의 것일 수 있습니다. 그러니 나의 호감은 당신에 대한 동의이면서 작가에 대한 동의이지요. 사실 주인공인 당신과 작가의 모습은 많은 부분 겹쳐 있지요. 예를 들어 "그들은 과장된 존경과, 상대를 만만하게 보는 데서 나오는 너그러움으로 루바쇼프를 대했다"라고 묘사할 때의 주체는 작가이고, 더 정확히는 화자지요. 너그러움이란 상대를 만만하게 보는 데서 나오기도 한다는 점이 잘 지적되지요. 그러면서 당신과 작가는 물론 구분되기도 하지요. 이것은 당신의 과오가 언급되는 데서 분명히 나타납니다. 당신 동료인 이바노프나 과격한 신세대인 글레트킨의 모습이 어떤 점에서 이해할 만하게 보이는 것도 작가의 이런 편향되지 않은 관점 덕분일 겁니다. 그리하여 이 편지의 수신자는 더 이상 루바쇼프 당신만이 아니라 작가 쾨슬러이고, 나아가 작가와 이 인물에 공감하는 독자들이겠지요. 그렇습니다. 나의 편지는 가장 반혁명적이라고 낙인찍혔던 한 혁명가의 숨겨진 선의, 그 짓밟힌 정당성을 독자와 공유하려는 열망으로 쓰인 것이지요.

이제 역사에서의 실험은, 적어도 이데올로기 투쟁으로서의 정치실험은 실패로 판명났다고 해도 좋을 것입니다. 그로 인한 생명의 파괴는 혹독했지요. 그러나 역사는 삶의 이 무수한 참혹성에 참으로 냉랭합니다. 그래서 당신은 이렇게 적었나요? "역사는 배를 실어 나르는 바다처럼 무심하네. 스쳐 가는

"우리가 좇는 잘못된 생각은 모두 미래 세대에게 자행되는 범죄행위라네"

빛이 표면을 비추지만, 그 아래에는 어둠과 침묵뿐"이라고.(119쪽) 역사가 지나는 경로에는, 당신이 쓴 대로, 진흙과 시체만 남는지도 모르겠습니다. 그러나 그런 역사를 그대로 받아들여야 하나요? 역사의 현실이 정글이라면, 이 정글을 만드는 것도 다름 아닌 인간 아니던가요? 역사의 이성적 조직화, 그것은 정치적인 것의 영역입니다. 이 역사의 정치적 재조직 가능성이 완전히 고갈되었다고 우리는 말할 수 없을 것입니다. 그렇다고 한다면, 우리는 어떻게 시작할 수 있을까요? 나는 이것을 어떤 주의나 대의명분이나 정당성에 대한 선언에서가 아니라 당신의 모습에서, 그 몸짓과 자세와 행동과 정황에서 얼마간 확인합니다.

아닌 게 아니라 당신은 작품 전체를 통해 어딘지 망설이고 주저하는 듯한 모습을 보입니다. 뭔가를 잃어버린 듯, 어떤 일을 제대로 하지 못한 듯, 아니면 아직도 토로하거나 고백해야 할 일이 있는 듯이 당신은 뭔가를 끊임없이 중얼거리거나 주위를 돌아보거나 어딘가를 응시하곤 합니다. 어떤 알 수 없는 일로 가위눌려 있는 듯 말이지요. 자주 코안경을 소매에 문지르는 것도 그 때문이지 싶습니다. 그것은 어떤 회한 때문이겠지요. 이 회한은 당이 혁명사상의 역사적 구현체이고, 그래서 과오를 범할 수 없다는 공식적 규정에 대한 의문에서 생겨난 것이겠지요. 바로 이 의문 때문에 당신은 당을 신뢰하지 못하고, 역사에의 절대적 믿음을 견지하지 못합니다. 삶은 선명하게 규정될 수 없다는 것, 인간은 이해할 수 있는 것 이상으로 이해하기 어렵고, 현실은 파악할 수 있는 것만큼이나 파

역사가 지나는 경로에는 진흙과 시체만 남는지도 모르겠습니다. 그러나 그런 역사를 그대로 받아들여야 하나요?

악할 수 없는 것이라고 당신은 생각합니다. 그래서 이 현실의 불가사의한 생리와 당의 일도양단적 강령 사이에서 현기증을 느끼지요. 그러고는 얼굴을 두 손에 파묻은 채 자주 고개 숙입니다. 당신의 치통도 그런 이해의 간극에서 오겠지요.

그러나 주저 속에 구원이 있다고 카프카는 썼던가요? 주저와 망설임은 가장 인간적인 것의 증표이기도 합니다. 망설인다는 것은 고민한다는 것이고, 결정의 단순화를 유보한다는 뜻이며, 이 단순화가 야기할 훼손의 가능성을 잊지 않는다는 뜻이기도 하니까요. 그래서 당신은 당신이 건넨 한마디 말이나 당신이 내린 한순간의 결정으로 다시는 어떤 일이 돌이킬 수 없게 될까봐 두려워하곤 합니다. 그래서 억눌린 흐느낌이나 사라져버린 목소리, 앙상한 팔이나 가녀린 목선 같은 이미지들이 당신에겐 드물지 않게 떠오르지요. 일사천리로 내려진 결정, 예외를 고려 않는 확신만큼 삶에서 위험한 것도 없지요. 당신의 양심과 윤리는 이 주저하는 자책으로부터 나온다고 말할 수 있을지 모르겠습니다. 불붙은 담배꽁초를 당신 손등에 비벼 끈 것도 리하르트를 배신했다는 자책 때문이었지요. 이 회의하는 모습에서 나는 당신의 진실된 자아를 봅니다. 당신은, 적어도 개심(改心) 후의 당신은 자기에겐 엄격했지만 타인에겐 너그러웠지요. 당신을 다른 혁명가와 구분 짓는 한 가지는, 작가의 말대로, 자기기만을 배우지 않았다는 점인지도 모르겠습니다. 그러나 그런 당신이 할 수 있는 것은 아무것도 없었지요. 선의와 양심 그리고 윤리는 언제나 너무 늦게 찾아들지요.

"확신이 아니라 주저 속에 구원이 있다" (카프카)

무수한 곡절들, 알려지지 않은

루바쇼프, 당신의 망설임에는 이미 늦어버렸다는 것, 행해진 것은 되돌릴 수 없다는 것, 아무리 기를 써봐야 말로는 새로운 것에 도달할 수 없다는 것, 인간은 햇수로 살아가지만 역사는 세대로 계산된다는 치유될 수 없는 체념이 놓여 있습니다. 어떻게 해야 하나요? 인간은 대체 무엇을 위해 살고 죽을 수 있나요? 목적이 수단을 정당화하는 것이 아니라, 오직 순수한 수단이 목적을 정당화하는 정치와 제도와 사회적 공간은 가능한가요?

'경제적 숙명성'과 '대양적 감정'의 아우름

이런 물음 앞에서 당신이 도달한 결론은 '경제적 숙명성'과 '대양적 감정(oceanic feeling)'을 아우르는 새로운 정신이 일어나야 한다는 것이었지요. 그것은 다르게 말하면 사회경제적 토대와 이데올로기적 상부구조를 고려하는 일이고, 삶의 바탕과 그 테두리를 참작하는 것입니다. 당신의 이런 견해에 나는 동의합니다. 그러나 이렇게 동의하는 나의 마음은 우울합니다. 왜냐하면 당신은 이 같은 정신으로 고통받았고, 바로 그 때문에 실패하는 까닭입니다. 물질적 조건은 절대적으로 필요하지만, 그것으로 충분치 않다는 것, 인간의 삶은 물적 토대 그 너머로 열려 있어야 한다고 생각했기 때문에 당신은 반대파로 몰리면서 죽어갑니다. 이 점에서 나는 지금 시대의 과제를 봅니다.

거대한 말이 갖는 수사적 위험성

그러나 이 거대한 말이 갖는 수사적 위험성을 먼저 지적해야 할 것 같습니다. 특히 대양적 감정이란 말에는 의심스런 구석이 없는 것이 아닙니다. 그것은 현실과는 무관한 심리주의적인 인공물일 수도 있고, 기성질서를 당연시하는 지배의 언어일 수도 있습니다. 이 가능성은 당신이 '정관(靜觀)'이나 '황홀'이란 어휘를 강조하는 데서도 엿보입니다. 왜냐하면 이 가치들은, 미학사적으로 보아, 부르주아 전통미학의 주된 범주였기 때문입니다. 그러나 다른 한편으로 정관이나 명상 혹은 황홀이 반드시 지배계급적 개념은 아니며, 언제 어디서나 필요하고, 오늘날 같은 가속도 사회에서는 특히 요긴한 가치일 수도 있습니다. 몇 가지 유행상품이 주기적으로 대중을 휘어잡는 현대적 삶에서 자신을 돌아보는 데 정관 혹은 명상만한 것이 없기 때문입니다. 단지 그것은 사회적으로 검토되는 것이어야 하지요. 마찬가지로 대양적 감정 역시, 사람이 극미한 세계의 한 알갱이이면서 이 알갱이로서의 전체인 우주를 호흡하며 산다고 할 때, 반드시 신비주의로 치부될 수 없겠지요. 매일 매 순간의 느낌 속에 이성이 있고, 이 정신의 행로에 감성이 작용하면서 인간은, 적어도 최선의 상태에서 볼 때, 세계의 전체에 열려 있는 것이지요. 그리하여 당신이 적었듯이, "결국 모든 사상과 모든 감정, 심지어 고통과 기쁨 자체도 의식의 프리즘 속에 분열하는, 그저 같은 빛줄기의 분광인 것처럼 여겨"질 수 있습니다. (339쪽)

> 모든 사상과 감정, 고통과 기쁨 자체도 의식의 프리즘 속에 분열하는, 그저 같은 빛줄기의 분광인 것

  이 대목에 이르면 인간이 중요한 것이 아니라 모든 살아 있는 것이 중요하고, 모든 살아 있는 것보다는 모든 존재하는 것들이 소중해지지요. 인간의 모든 탐구―진선미의 추구도 이 존재하는 것들의 지극히 무심한 척도 아래 파악될 수 있어야 합니다. 그리고 이런 시도는 그 자체로 삶의 폭과 깊이를

생각케 해주지요. 사회정치적 변혁의 시도도 자연사적 삶의 광대함을 포용할 수 있어야 합니다.

그러므로 가장 현실적인 것 속에 형이상학적인 것이 깃들여 있고, 가장 추상적인 것에 가장 구체적인 것이 겹쳐 있다고 나는 말하고 싶습니다. 대양적 감정이란 바로 이 겹침을 경험케 하는 것이구요. 사람은 이 확대된 감정과 의식에 힘입어 기존과는 다른 삶의 질서를 감지하고, 마침내 각 개체 속에서 보편적 삶을 살 수 있게 되는 것입니다. 그렇습니다. 당신이 대양적 감정을 말한 것은 결국 지금 여기의 협소한 삶을 벗어나 더 넓고 깊은 삶의 가능성을 느끼며 살라는 뜻일 겁니다. 그리고 이 충족된 형식이란 죽음이 아니라 삶에서 체험되어야 한다는 뜻일 겁니다. 대양적 감정과 대양적 의식도 죽음에서 경험될 수는 없으니까요. 그것은 매일 매 순간 삶에서 확인되어야 하고, 이 확인을 통해 사람은 자신의 먼지 같고 허황된 속성을 조금씩 덜어낼 수도 있을 것입니다. 그렇다면 무엇이 필요할까요? 나는 세 가지를 생각합니다.

우선 필요한 것은 말할 수 없는 것을 말할 수 없는 것으로 인정하는 일입니다. 이해할 수 없는 것조차 논리적이고 수학적인 방정식으로 풀어내겠다거나, 현실이나 역사를 합법칙성 아래 재단하겠다는 일체의 강박관념으로부터 자유로워져야 합니다. 이렇게 자유로울 때, 우리는 집단도 개인처럼 그르칠 수 있음을 인정하게 되고, 역사란 진리 이상으로 거짓에 의해 이끌리기도 한다는 것을 알게 됩니다. 최악의 경우, 역사는 진보나 퇴행이라는 상투적 이분법으로 규정될 수 없는

심미적 경험 III__서정적 모음곡

것, 어쩌면 우매함의 항구적 재귀일 수도 있습니다. 역사라는 말 자체가 진리나 정의의 동의어는 아니지요. 당신 역시 이렇게 되뇌인 적이 있지요. "여기 이 더러움과 피와 거짓 속에 미래의 웅대한 토대가 놓여 있는 것이라면? 역사는 언제나 거짓과 피와 진흙의 회반죽을 뒤섞은, 비인간적이고 악랄한 건설자가 아니던가?"(175쪽) 그러니 '역사의 진보'나 '당의 무오류성'이란 얼마나 근거 없는 것인가요? 이런 현실에서 당신은 침묵 속에 죽어갈 것인지, 아니면 공식적인 것의 압박을 감내하면서 목표를 이뤄갈 것인지 고민합니다. 어디에도 정해진 지침서는 없습니다. 완전한 명예나 완벽한 정직성도 찾아보기 어렵구요. 수천 수백만의 사람들이 까닭도 모른 채 죽는 것은 이 무심한 역사의 지칠 줄 모르는 횡포 때문일 것입니다.

이 횡포를 줄이려면, 둘째, 작고 사소하며 개인적이고 내밀한 영역을 존중해야 합니다. 바로 이 영역에 침묵과 어둠과 파괴력이 기거하기 때문입니다. 침묵과 어둠은 말과 말 사이의 틈에 우리가 귀 기울이고, 문장과 문장의 빈 의미를 해독하며, 몸짓과 몸짓의 균열에 주의할 때, 줄어들 겁니다. 그래야 한 감방 동료가 알려주었듯이, '땅 위의 비참한 자들은 일어날' 수 있을 것입니다. 이 경청과 해독과 주의는 기억의 작업과 다르지 않을 테지요. 기억이야말로 정치적 변혁의 출발이고 혁명의 시작입니다. 그 점에서 문화적 활동이기도 하지요. 나는 문화적 기억의 변혁적 계기를 믿습니다. 우리는 고통의 기억에 게으르지 않아야 하고, 진리를 독점하려는 교만에서 벗어나야 합니다.

도덕주의적 당위성
이 아닌 주변을 돌
아보는 데서, 그리
고 자연을 헤아리는
데서 실행하는 것

그러나 이러한 요청은, 셋째, 도덕주의적 당위성에서가 아니라 우리 주변을 돌아보는 데서, 그리고 자연을 헤아리는 데서 실행할 필요가 있습니다. 자연의 힘은, 최근의 일본 대지진과 쓰나미가 보여주듯이, 얼마나 무자비한 것인가요? 자연은 인간을 위해서가 아니라 스스로 존재하기 위해 있습니다. 그리고 그런 스스로 있음이 그 자체로 우리자신을 스스로 있도록 합니다. 무심한 자연은 말과 행동에서 거품을 빼줍니다. 이 작은 노력은 불가피한 생물학적 고통은 받아들이면서도 사회적 고통은 철폐하려는 혁명의 길과 다를까요? 단지 우리는 이 '바른' 길의 추구가, 당신이 지적했듯이, 생물학적 고통을 증가시킬 수도 있음에 유의해야겠지요.

이 세 가지 사항은 그러나 따로 있는 것이 아니라 차라리 하나라고 말해야 할지도 모릅니다. 그 하나란 '모든 것을 각자의 자리에 놓는 것'이라고 말할 수 있을 겁니다. 말하자면 자연스런 삶의 자연스런 영위지요. 대양적 감정도 대양처럼 거대한 규모에서 시작할 필요는 없습니다. 차라리 그것은 각자의 주변에서, 매일의 생활 속에서, 매 순간의 작은 경험들 가운데 찾는 것이 좋을지도 모릅니다. 주변의 것을 사랑하고 이 주변으로 일상의 꿈을 끌어들이는 일. 그 무엇을 위해 현재의 모든 것을 희생하는 것이 아니라 지금 여기에서 이뤄지는 구체적 경험에 충실하고, 그러면서 경험 너머의 광막한 저편을 헤아리는 일이지요. 자연스런 삶에서 사람의 말은 사실에 충실하고 그 억양은 원래의 음조를 되찾으며 그 행동은 좀 더 신중해질 테니까요. 삶은 그토록 복합적이고, 인간은 그토록 예측불가능한 지평 아래 놓여 있지 않나요? 사지(四肢)마저도 저마다의 목소리를 갖는데, 하물며 인간은 얼마나 다성적인 불협화음의 산물이던가요? 그는 이율배반의 총화(總和)입니다. 이것을 우리는 아쉽지만 받아들일 수밖에 없습니다. 이렇게 받아들일 때, 사람은 침묵에도 귀 기울이고, 죽음도 기계적 업무로서가 아니라 불가항력적 운명의 일부로 경외할 수 있을 겁니다.

침묵과 어둠에의 유의는, 다시 한 번 더 강조하여, 거창한 어휘나 초월적 사변 속에서가 아니라 나날의 주위를 돌아보는 데서, 이렇게 헤아리는 삶의 일상적 영위에서 시작되어야 할 것입니다. 전략이나 술책은 생활이 자연스럽지 못하기에 고안되는 것이지요. 이것이 야비함과 역겨움을 야기합니다. 당신이 대양적 감정을 처음 느낀 것도 어떤 특별한 계기에서가 아니라 어린 시절의 한때 잔디밭에 누워 나뭇가지 사이로 푸른 하늘을 보았을 때였지요?

주위를 돌아보며 헤아리는 삶의 일상적 영위

어떤 것은 지극히 사소한 것이면서 보편적인 차원을 내장하고 있지요. 영육적 확장의 경험도 그렇게 예기치 않게 그러면서도 강력하게 엄습하는 것이지요. 제임스 조이스의 '에피파니'나 발터 벤야민의 '세속적 계시'라는 것도 이와 다르지 않을 것입니다. 그것은 지각이나 체험에서의 전례 없는 각성적 순간이지요. 이 전환의 순간에 인간은 감각적으로나 이성적으로 또 실존적으로 질적 고양을 경험합니다. 이런 식으로 사람은 비루하고 구태의연한 지표면의 타성을 잠시 벗어날 수 있지요. 그래서 수백 수천만 명 중의 한 명이면서 동시에 이 수천만의 전체 열망을 구현하는 존재이기도 합니다. 이것 혹은 저것의 양자택일적 강제를 벗어날 수 있는 것도, 또 경제적 숙명성의 부박함을 문제시하는 것도 이 해방감에서일 겁니다. 사람은 감긴 만큼 돌아가는 시계태엽 같은 존재가 아니라 스스로 돌아가고 스스로 멈추는 자기조직적 존재이기 때문입니다. 이 자발적 삶에서 그는 집단 역시 잘못할 수 있고, 역사 또한 개인처럼 오류투성이임을 깨닫습니다. 사람은 스스로에게 열려 있듯이 세계의 전체에 열려 있어야 하고, 또 이미 열린 존재이지요.

그러므로 삶의 대양성, 존재의 무한성이란 낭만주의적 수사가 아니라 인간실존의 토대입니다. 사람은 그토록 좁으면서도 그토록 넓고 깊은 존재이지요. 바로 그 때문에 자신의 미숙함과 서투름을 흔쾌히 자인(自認)합니다. 그러면서 더 나은 가능성에 대한 추구를 포기하지 않지요. 그래서 이 가능성에 비춰 지금 사는 나라가 사람 살 만한 나라인지, 자기의 조국이 적국은 아닌지, 도대체 '조국'이나 '적국'이란 구분을 넘어선 인류의 나라는 이 지구에 있을 수 없는지, 폭력 없는 삶은 왜 아직 실현되지 못했는지 묻게 되지요. 인간을 처음부터 결정된 존재로 파악하는 것, 삶을 수학적 방정식으로 환원시키는 것은 그만큼 낡은 것이기 때문입니다.

도덕이 도덕주의로 변질되는 것도 도덕의 가능성을 정해진 틀 아래 가두는 까닭입니다. 이 논리는 무반성적이지요. 모든 무자비에는 무반성이 자리합니다. '목적이 수단을 정당화한다'는 논리 역시 그렇지요. 참된 논리는, 논리의 가능성과 폐해를 동시에 헤아릴 때, 비로소 도달될 수 있지요. 혹은 논리적이되 논리의 밖을 생각하고, 이 논리의 밖에서도 논리의 유용성을 다시 헤아리는 일입니다.

좁은 길 — 배반과 시도 사이

그러나 그런 날은 올까요? 경제적 숙명성과 대양적 감정을 아우름으로써 인간은 약속의 땅으로 들어설 수 있을까요? 그래서 구원은 과연 인간의 것일 수 있을까요? 아마도 어려울 것이라고 말해야 할지도 모릅니다. 인간은 원래 어리석거나, 그 탐욕은 불치의 병이거나, 모든 세대는 늘 처음부터 시작해야 하기 때문입니다. 혹은 당신의 언급대로, 권력자의 머릿속에 무슨 일이 일어나는지 알 수 없고, 그래서 역사란 '과학이기보다는 신탁에 가깝기 때문'입니다. 인간은 기껏해야 자기의 열정과 욕망의 희생자지요. 그는 권력을 없애기 위해 권력을 꿈꾸고, 지배되지 않기 위해 지배하려 하지요.

그러나 반성하지 않는 힘은 권력화합니다. 검토되지 않는다면, 정치는 지배가 됩니다. 인간은 같은 상황 같은 조건 아래 놓인다면, 결코 지금까지와 크게 다르지 않을지도 모릅니다. 인간이 변해야 한다는 요구는 듣기엔 좋으나 실상과는 맞지 않는 허구일지도 모릅니다. 그것은 도덕적 당위일 뿐이지요. 사람은 실제로 거의 변하지 않으니까요. 인간은 불변의 상수(常數)처럼 보입니다. 여기에는 물론 상황도 한몫할 겁니다. 당신이 속절없이 죽어가는 것도 미신처럼 헤아리기 힘든

반성하지 않는 힘은 권력화하고, 검토되지 않는 정치는 지배가 된다

상황 때문일 겁니다. 어쩌면 혁명이 꿈꾸는 다른 나라와 다른 사회 그리고 다른 공동체는 현실의 저편에 있는지도 모릅니다. 죄를 짓지 않고 통치할 순 없다고 생쥐스트(Saint-Just)는 말했던가요? 그리하여 낙원으로 들어서지 못했다는 기억만이 인류의 역사를 채우는 것이지요. 사람의 기억은 언제나 못다함—좌초하고 상실한 것들의 목록으로 채워지지요. 이 실패를 헤아리는 가운데, 상실의 어두운 심연을 기억할 때, 비로소 낙원의 속삭임은 들리는 것인지도 모릅니다.

도대체 인간의 나라는 어디에 있는가요? 우리는 여하한의 냉소주의와 금욕주의적 억압을 넘어, 경쾌하되 의기양양하지 않고 신중하되 근엄을 떨지 않는 채, 그래서 매 순간의 경험을 존중하고 몸의 반응에 귀 기울이는 가운데 더 넓은 지평으로 나아갈 수 있나요? 그래서 평화로운 삶을 살 수 있는 것인가요?

이러한 물음을 우리는 견고하게 던져야 합니다. 감성적으로 예민해야 하고 이성적으로 견고해야 하지요. 그렇지 않다면, 쉽게 무너지니까요. 이런 자기무장에 유용한 것이 당신 친구 이바노프의 생각이지 않나 싶습니다. 예를 들어 그가 "내 요점은 이 세상을 감정을 풀기 위한 형이상학적 사창굴로 여겨선 안 된다는 것일세.… 우리 같은 사람에게 최대 유혹은 폭력을 단념하고 참회하며 자신과 화해하는 일이네. 스파르타쿠스에서 당통과 도스토옙스키에 이르기까지 가장 위대한 혁명가들도 이 유혹 앞에서 무너졌어.… 신의 유혹은 늘 사탄의 유혹보다 인류에게 더 위험했네. 혼란이 세상을 지배하는 한, 신은 하나의 시대착오네. 그리고 자기양심과의 모든 타협은 배반이지"라고 말하거나, "은화 서른 닢에 자기를 파는 건 정직한 거래야. 그러나 자기를 자기양심에 파는 건 인류를 포기하는 것이지. 역사는 선험적으로 비도덕적이네"라고 말할 때(208쪽 이하), 우리는 그의 강고한 현실주의를 배워야 한다고 나는 생각합니다. 그것은 《한낮의 어둠》 전편을 통해서 가장 강력한 언어로 보이기 때문입니다. 이 친구에게는 자기자신에게서보다 더 많이 위로가 필요하다고 당신이 중얼거리는 것도 그런 이유에서지요.

  자연의 전적인 무 속에서 우리는 논리의 광적 추구가 무엇으로 귀결하는지, 정의를 내건 무자비한 혁명이 얼마만한 폭력을 야기하는지도 알게 되지요. 이런 추구를 이바노프는 '추상적 기하학적 사랑'이라고 불렀지만, 이 기하학적 사랑 속에서 사람은, 그가 말한 대로, "학살행위를 없애기 위해 학살자가 되고, 양을 도살하지 않기 위해 양을 희생시키고, 인민을 매로 채찍질함으로써 그들이 채찍질당하지 않도록 가르치는, 그래서 더 높은 신중함의 이름으로 모든 신중함을 빼앗고, 인류에 대한 사랑 때문에 인류를 감히 증오하는"것이지요. (204쪽 이하) 그렇습니다. 이것은 혁명을 위해 그 왜곡도 서슴지 않는 이바노프의 견해를 담고 있지만, 이 내용은 혁명적 현실의 핵심을 꿰뚫고 있지요. 말하자면 '양심'이나 '연민' 혹은 '인간성' 같은 그럴싸한 어휘에 대한 감상적 의존이 대의 자체를 좌초시킨다는 점이지요.

  안이하게 연민에 기대지 않는 것, 함부로 세계를 성스럽게

은화 서른 닢에 자기를 파는 것은 정직한 거래일지 모르나, 자기를 자기양심에 파는 것은 인류를 포기하는 것이다

치장하지 않는 것, 손쉬운 초월적 비약을 삼가는 것은 정확한 현실인식에 불가결합니다. 손쉬운 위로는 거짓화해일 뿐이니까요. 우리는 자기도취의 위험성을 경계해야 합니다. 이 위험성을 의식한다면, 다시 양심과 연민의 긍정적 측면을 외면할 이유도 없을 것입니다.

대상을 유연하고도 복합적으로 파악하는 것, 그러면서도 타협하지 않는 것. 양심이나 화해, 연민이나 속죄라는 말을 남발하지 않고, 내면성과 자아 그리고 개인이란 어휘의 위험성을 직시하면서도 윤리의 자기관련성을 잊지 않을 수 있는가요? 우리는 개별적 세부에 충실하면서도 이 경험의 온전한 외연을, 삶의 거대한 공허를 잊지 않을 수 있는가요? 이 공허 속에서 시간은 인간에 무심하고, 역사는 현실을 돌보지 않지요. 그래서 생명이란 하염없이 헛된 것이면서 바로 이 헛됨 때문에 더없이 존귀하다는 것을 우리는 알게 됩니다. 그리하여 나는 죽어가는 당신 앞에서 나의 꿈을 더 작게 만들어야겠다고 다짐하게 됩니다. 더 작게 만들고 더 구체적으로 사고하여 좀 더 견고한 현실대응력을 가져야겠다고 여기게 됩니다. 삶은, 삶에서 일어나는 중대한 것들은, 그것이 중대하면 중대한 것일수록, 단 한 번 일어나는 것이기 때문입니다. 삶이 자연과학의 실험 같을 순 없지요.

필요한 것은 삶을 위한 순교가 아니라 삶 자체이고, 삶다운 삶의 영위이지요. 그것은 밀랍인형처럼 끌려다니지 않겠다는 것, 자기 삶의 조건은 스스로 선택하고 결정하고 책임지겠다는 데서 시작할 것입니다. 이것은 그 자체로 헌신일 수 있고, 자기충실일 수 있으며, 따라서 명예심의 시작일 수도 있습니다. 명예란 '허영심 없이 유용한 것'이라고 당신은 말했지요. 허영심 없이 자기에게 충실한 것은 곧 타인에게 유용한 것일 수 있지 않나요? 그 점에서 윤리적입니다. 감각적으로 풍성하고 사고적으로 정확해야 수천 사람의 수천 가지 열망의 총량과 이 열망이 지닌 제각각의 사연에도 무심하지 않을 수 있는 것입니다. 이 사연은 기이할 정도로 모순적이고 불합리할 수 있지요. 인간이 거짓 이상으로 진리 때문에 고통받을 수도 있다는 사실은 삶의 기이한 진실이지요. 사람의 진리란 대개 '내세운 진리'이고, '절대적으로 규정하고 주장한 진리'이며 '계산된 진리'이지요.

그리하여 인간은 반(半)거짓과 온전한 거짓 사이에 가로놓인 쳇바퀴 속에서 의미 없이 왕래하다가 먼지처럼 꺼져가지요. 참으로 중요하다고 간주되었던 것이 몇 초 사이에 아무 상관없이 되는 경우가 허다하고, 자기가 저지른 것뿐만 아니라 저지르지 않았던 것조차 감당해야 하는 것이 인간의 현실이지요. 그 점에서 나는 실없는 잡담, 한없는 게으름, 시간 죽이기의 가치도 인정합니다. 적어도 지속적이지 않다면 말이지요. 혁명은 이런 쓸데없는 것들, 아니 쓸데없이 보이는 것들, 그래서 인간과 그 현실의 근본적 역설을 고려하지 않지요. 개인적 충실의 사회적 윤리적 경로를 헤아리지 않는 것은 말할 것도 없구요. 개별적 주체의 자발성을 존중하지 않을 뿐만 아니라 삶을 단순화하면서 스스로 교리화하기 때문에 혁명은 실패하고 말았습니다.

그러나 인간에겐 깨어날 권리뿐만 아니라 심지어 깨어나지 않을 권리도 있습니다. 그리고 이 모든 사례의 있을 수 있는 최대 폭을 헤아리는 것이 참으로 깊은 의미의 인간학입니다. 이 인간학에서 중심은 삶이고 주체이며, 이 주체적 삶의 고유한 가능성이지요. 나는 그렇게 생각합니다. 주체적 삶은 내 감각이 매 순간을 다르게 느낄 수 있고, 나의 사고가 다른 사람의 그것과 다르게 전개되는 데서 나옵니다. 집단과 동일한 나의 생각에서 어떻게 세계가 변화될 수 있을까요? 이 변화에의 의지에는 물론 자기믿음이 있습니다. 그러나 이 믿음은 신념의 편향성을 의식하는 반성적 믿음입니다. 사람은 자기믿음의 이름으로만 십자가를 질 수 있다고 했던가요? 자기믿음 아래 헌신하고 이 헌신의 대가를 잊는 공적 개입이 필요합니다.

보상을 바라지 않는 선의의 실천이야말로 참으로 선한 행위다

보상을 바라지 않는 선의의 실천이야말로 참으로 선한 행위지요. 마찬가지로 최고의 혁명은 혁명을 잊은 혁명―혁명이란 말조차도 내던져버린 쇄신적 생활의 실천일 겁니다. 그래서 진실된 혁명은 '영구혁명'일 수밖에 없지요. 그것은, 마치 아무것도 아닌 것처럼, 그래서 일상의 일부로서 자연스럽게 행해질 것입니다. 당신은 글레트킨 같은 원칙주의자에게 눈에 띄는 특징이 '유머의 절대적 부족'이라고 말한 적이 있지만, 죽음을 앞둔 당신이 바란 것도 이런 소박한 것이었지요. 죽은 듯이 경직되어 있는 것이 아니라 살아 있는 것처럼 꿈틀대는 것, 기계처럼 단조로운 것이 아니라 물결처럼 출렁대며 느끼고 생각하고 행하는 것. 얼굴에 와닿는 태양의 온기

심미적 경험 Ⅲ__서정적 모음곡

를 느끼며 사는 것, 혹은 따뜻한 모포 아래 편안히 눕는 것을 당신은 좋아했지요. 눈 녹는 냄새가 공기 중에 나는 날이면 갈피를 못 잡는다던 어느 농부의 말을 당신은 기억했지요. 그런 당신이 바란 것은 램프 있는 도서관에서 조용히 일하는 것, 그래서 새로운 생각을 구축하는 것이었지요. 이렇게 구축되는 생각 속에는 희생양 없는 공동체의 모델도 들어 있을 겁니다. 그리고 이런 당신의 생각들은 오늘의 현실에서도 유효하겠지요.

희생양 없는 공동체

현재의 내가 홀로 있는 게 아니라는 것, 이런 생각들에서 지금 여기와 그때 그 당시, 나의 삶과 당신의 삶이 어떤 정신의 친화력 아래 이어져 있다는 것을 알려준 당신에게 고개 숙입니다. 많은 것은 새롭게 고안되어야 할 테지만, 또 많은 것은 이미 있어왔던 것의 다시 읽기에서, 지난날 이 땅 위에 살았던 사람과의 상상적 교류 속에 새롭게 태어나는 것인지도 모릅니다. 당신의 혁명적 열정과 그 좌절 그리고 이런 당신을 있게 한 작가의 언어를 나는 이렇게 이해합니다.

혁명은 피로하고 기억은 고갈되어 있습니다. 어떤 꿈은 미완의 것으로서 아직 우리 앞에 그 실현을 기다리고 있습니다.

아지랑이 피어오르는 어느 날입니다.

당신의 번역자 적습니다.

___ # 나에게 현실이란 무엇인가?

> 삶의 본질은 모든 순간에 '전체적으로' 존재한다.
>
> _ 게오르그 짐멜, 《렘브란트 연구》(1916)

사회적인 것의 과부하

한국사회가 어떻게 돌아가고 여기 사람들이 어떻게 살고 있는지, 신문이나 방송에서 이슈화되는 것은 무엇이고 사회적으로 유행하는 것은 무엇인지를 찬찬히 돌아보면, 어떤 의미로든 그렇게 높은 점수를 주기 어렵다. 이 평가의 기준을 그리 높고 까다롭게 하지 않아도, 우리 사회의 생활세계적 풍경이 '괜찮다'거나 '좋다'고 말하기는 힘들 것이다. 사람 사이의 관계는 팍팍하고, 사회경제적 정치적 구조는 부실하며, 공적 언어는 거칠고 공격적인 것으로 보인다. 이것은 우리가 사는 일상적 현장에서, 학교에서나 직장, 시장이나 거리에서 매일 겪을 수 있는 일이기도 하다.

이것은, 자주 지적되듯이, 이 땅의 공론장(Öffentlichkeit)이 그만큼 취약하고 아직 합리적으로 조직되지 못했다는 것을 뜻한다. 정치제도적 장치가 세밀하지 못하고, 법률적 틀이 투명하지 않으며, 시장을 포함하는 경제구조도 불안정하기 그지없다. 여기에는 물론 여러 요인이 있다. 이것은 길게 보면 19세기 말 개항 이후, 짧게 보면 1945년 해방 이후 한국사회가 두 개의 엄청난 역사적 과제—산업화와 민주화라는 시대적 과업을 해결해야 했고, 이 일의 완수가 국가적으로나 사회전체적으로 가장 큰 지상명령이었기 때문에 다른 소소한 문제를, 그리하여 삶의 실질 내용을 찬찬히 돌아볼 여력이 없었다는 점에서, 불가피한 것이기도 했다. 사회윤리적 규범이 생활 속에 깊이 뿌리내리지 못하고, 사람들의 생활이 조용하고 안정되지 못한 것도 그 때문일 것이다. 개인적 사회적 심성의 윤리적 토대란 생활 속에 축적된 오랜 의식적 무의식적 관습(ethos)으로부터 나온다. 사회적 규범의 부재는 이념상의 가치와 일상의 습관 문제다.

사회적 규범의 부재는 이념상의 가치와 일상의 습관 문제다

　이런 사회적 규범의 부재에서 일어나는 기이한 역설의 하나는, 간단히 말하여, 사회적인 것의 팽배이고 개인적인 것의 위축일 것이다. '사회적인 것의 팽배'라고 할 때의 사회적인 것은 물론 좋은 의미의 사회적인 것이 아니다. 그것은 오히려 집단적인 것이고, 더 정확하게는 집단주의적인 것에 더 가깝다. 그래서 지속적인 것보다는 일시적인 것에 민감하다. 가치나 기준이 혼란스럽고 사회적 관습이 뿌리내리지 못한 까닭에 우리의 삶이 자주 외풍에 시달리는 것이다. 이러한 외풍은, 그것이 신상품이건(소비적 차원), 부동산이건(물질적 차원), 아니면 유행이나(사회적 차원), 대중적 속어건(언어적 차원),

여러 형태로 나타난다. 그래서 한국사회는 주기적으로 찾아드는 그럴싸한 무엇에 늘 크게 들썩이고 휘둘린다. 이런 집단적 유행의 열풍은 무엇보다 대중추수주의의 무분별한 결과라고 볼 수 있다.

아마 우리나라의 인터넷만큼 반말이나 욕설, 비난이나 단죄가 횡행하는 공간도 없을 것이다. 며칠 혹은 몇 주가 멀다 하고 찾아오는 인터넷상의 무자비한 신상털기나 마녀사냥식 추궁은 어떠한가? 여기에서 무시되는 것은 각 개인의 자유이고, 각 개인이 갖는 인간으로서의 존엄이다. 그런 의미에서 우리 사회에서 회자되는 사회적 공적 가치는, 그것이 정의든 평등이든, 평화든 복지든, 대체로 '사이비 사회적인 것'이고, 따라서 사회적인 것의 표피적 피상적 측면이라고 해야 할 것이다. 그렇다는 것은, 거꾸로 보면, 개인적인 것의 고유한 가치가 경시된다는 뜻이다. 한국사회는 사회적인 것의 과부하 때문에 참으로 깊은 의미의 사회적인 가치를 상실하고 있을 뿐만 아니라 개인적인 가치까지 유린당하고 있는 셈이다.

사회적인 것의 이 같은 병폐에 대하여, 사이비 사회적인 것의 압도적 지배가 초래한 현대사회에서의 비인간화 경향에 대하여 아마도 가장 강력하게 비판했던 한 사람은 러시아 사상가 베르댜예프일 것이다. 그는 러시아혁명과 두 차례의 세계대전을 겪으면서, 이 현실의 격변 아래 벌어진 국가와 제국, 종족과 민족, 계급과 인종 사이의 크고 작은 싸움을 지켜보면서 역사의 드높은 이념들이 어떻게 허물어지는지, 이른바 문명사회의 교양계층이 얼마나 취약하고, 서구의 휴머니

즘적 전통이 얼마나 얄팍한지를 깊은 환멸 속에서 체험해야
했다. 현대에 들어와 삶의 많은 것은 전쟁을 위해, 동료인간
의 폭력과 살인을 위해 동원되었기 때문이다.

　이 야만적 현실 앞에서 베르댜예프는, 마치 2차 대전 후 서
구 지식인이 아우슈비츠의 체험에서 '문명의 파국'을 읽게
되듯이, 그 10여 년 전에 이미 엄청난 좌절감을 겪는다. 그의
좌절감은 인간이 객체화되고 삶이 사물화되며 사회가 집단
화/국유화되는 데서, 그리하여 각 개인의 생명과 인격이 박
탈당하는 데서 나온다. 그는 이 전반적 비인간화의 현대사회
를 "사회적 주문의 시대"라고 부른다.

각 개인의 생명과
인격이 박탈당하는
전반적 비인간화의
현대사회

　　우리는 '사회적 주문'의 시대에 살고 있다. 대중의 사회적 주문은
　문화와 예술과 문학과 철학과 학문, 심지어 종교의 모습을 결정한
　다. 고급문화, 정신문화, 진정한 철학, 진정한 예술에 대한 사회적
　주문은 없다.[79]

　이것은 현대 대중의 저속한 취향과 자본주의체제의 반인격
주의 경향을 지적한 것이다. 객체화된 인간, 사물화된 삶 그
리고 집단화된 조직에서 횡행하는 것은 진실이 아니라 이데
올로기다. 전일성/영원성이 아니라 파편성/일시성이 삶의 세
계를 규율한다. 러시아 공산주의든 나치의 국가사회주의든,

객체화된 인간, 사
물화된 삶, 집단화
된 조직에서 횡행하
는 것은 진실이 아
니라 이데올로기다

79　니콜라이 베르댜예프, 《현대 세계의 인간 운명》, 조호연 역, 지식을만드는지
　　식, 2012년, 114쪽.

아니면 이탈리아의 파시즘이든, 생명과 자유와 인격과 창조를 존중하는 것이 아니라 유린한다는 점에서, 이 모두는 크게 다르지 않다. 온갖 정치체제와 사회세력은, 그것이 힘의 숭배 아래 살인과 증오를 부추긴다는 점에서, 한곳에서 만난다. 반개체적 반인격적 반생명적 맹목성이라는 점에서 모든 집단주의적 이념과 술어는 서로 다르지 않고, 바로 이 점에서 그것은 문명의 참다운 문화적 진전에 역행한다. 이런 집단화 경향이 지닌 특징은 물론 여러 가지다. 이 같은 특징의 뿌리에는 무엇이 있을까? 나는 그것이 협소한 현실인식으로부터 시작된다고 여긴다.

협소한 현실시각의 하나는, 베르쟈예프에 의하면, 인간이 '사회와 국가'에 의해 결정된다는 관점이다. 여기에서 인간의 독자성과 독립성은 부정된다. 하지만 인간은 그리 단순한 존재가 아니다. 이것은 자유에서 잘 나타난다. 그는 이렇게 쓴다.

그러므로 자유의 영원한 근거는 자유주의와 민주주의와 같은 일시적인 정치형태와 결부될 수는 없다. 자유의 문제는 자유주의의 문제보다 측정할 수 없을 정도로 깊다.

자유는 사회 속에 존재할 뿐만 아니라, 사회로부터 분리되어 있으며, 사회 속에 전혀 포함되지 않는 근원을 가지고 있다.

최대한의 자유는 정신적인 생활, 인간의 사상과 양심, 인격의 본질적인 생활을 위하여 존재한다. 정치적 형태의 자유는 이미 축소되고 훼손된 자유다. 최소한의 자유는 경제 분야에서의 것이라고 말할 수 있다.[80]

위의 인용문에서는 두 가지 주요 사실이 지적되어 있다.

첫째, 자유는 이념이나 개념의 차원 그리고 정치형태의 차원을 넘어선다. 그렇듯이 그것은 사회적인 차원 속에 있으면서도 이 차원으로부터 분리되어 있다.

둘째, 자유의 가능성은 곧 정신과 사상의 가능성이고, 정신의 가능성은 양심과 인격으로부터 온다.

이 두 가지 사실로부터 우리는 위의 논지를 다음과 같이 정리할 수 있다. 자유의 가능성은 자유에 대한 개념의 문제 그이상이다. 그것은 마치 민주적 생활이 민주주의의 문제보다더 깊고 더 넓은 것과 같다. 다르게 표현하면, 인간 삶의 드높은 가능성은 사회역사적 차원으로 환원될 수 없는 것이다. 정신의 자유가 사회조직으로 한정되는가? 사회나 역사는 인간을 이해하는 가장 긴급한 현실의 차원이지만, 삶의 모든 차원은 아니다. 그리하여 베르댜예프는 몇 쪽 뒤에서 이렇게 쓴다.

> 자유의 가능성은 자유에 대한 개념의 문제 그 이상

인간학의 문제는 순수한 사회학적인 문제보다도 더욱 심오한 것이다.[81]

---

80 앞의 책, 43, 45, 46쪽.
81 같은 책, 53쪽.

베르댜예프의 사상은 묵시론적이고 메시아적이며 종교철학적인 배경을 갖고 있지만, 그래서 신비주의적인 요소가 없지 않지만, 그러나 집단화된 이념은, 그것이 어떤 형태이건, 개인의 인격과 자유를 억압한다는 점에서, 삶의 비인간화를 초래하고, 그러는 한 서로 다르지 않다고 할 수 있다. 바로 이 점에서 그의 통찰은 오늘날에도 유효하게 보인다.

그러므로 필요한 것은 삶의 전체를 보려고 애쓰는 일이다. 즉 우리는 인간학의 문제를 사회정치적 경제적 차원을 넘어, 또 개념적 논증적 차원을 넘어 삶의 넓고 깊은 가능성 속에서 바라볼 수 있어야 한다. 그 출발점은 무엇인가? 그것은 여하한의 집단주의적 술어와 명제들—'국가'와 '민족'과 '사회'로부터 비판적 거리를 유지하는 일일 것이다. 왜냐하면 국가나 민족이나 사회가 절대화될 때, 대체될 수 없는 인간의 고유한 진실들—자유와 인격과 개성, 영혼과 양심 그리고 창조의 충동 등이 부정되기 때문이다. 권력이나 강압적 정치체제가 역사적으로 자행한 것은, 국가주의든 인종주의든 민족주의든, 이 비인간화 혹은 비인격화의 폐단이었다. 집단주의적으로 강권되고 동원된 현실인식이 건강하기는 어렵다. 현실인식이 넓고 견고하지 못하면, 사람은 쉽게 선동에 넘어간다. 그래서 허위를 허위로 인지하지 못하고, 진실과 허위마저 구분하지 못한다. 독단은 이 편향된 생각에서 나온다.

개인적 차원의 이런 덕목이 가지는 의미를 우리는 좀 더 적극적으로 말할 수 있다. 사실 인간 문명의 탁월한 성취들은 집단이 아니라 개인—고독한 소수의 개인에게서 나왔다고

인간학의 문제는 사회정치적 경제적 차원을 넘어, 개념적 논증적 차원을 넘어 삶의 넓고 깊은 가능성 속에서 바라보아야 한다

할 수 있다. 그러면서 개인은 단순히 개체적으로 고립된 존재가 아니라 철저하게 사회역사적 조건 아래에서 자라나온다. 개인과 사회, 인성과 역사, 내면적인 현실과 외면적인 현실은 분리 불가능할 정도로 착잡하게 얽혀 있는 것이다. 개인적인 것의 사회적 의미, 나아가 영혼적이고 형이상학적이며 신적인 것의 사회적 의미도 이런 겹침의 맥락 아래 생각해볼 수 있다.

예를 들어 신적 차원은 논증이나 개념이 불가능한 곳에서 비로소 열리기 시작한다. 자유의 가능성이 탐사되는 것도, 또 뛰어난 예술가나 철학자가 밝혀주는 것도 미지의 어두운 영역과의 만남 속에서다. 이 만남에서 현실은 어둡게 드러나고, 인간은 모순에 찬 것으로 나타난다. 베르댜예프가 〈도스토옙스키론〉에서 드러내 보인 것은 인간이 바로 모순의 존재라는 것이고, 이 모순 속에서 자신의 어리석은 변덕을 헤치고 신으로 나아간다는 이율배반적인 사실이었다. 자기모순은 인간에게 너무도 뿌리 깊은 것이기에 이 모순을 없애기 위한 걸음을 내디딜 때마다 인간은 부득이 또 한 걸음 후퇴한다고 그는 적었다. 인간은 창조와 질서 이상으로 파괴와 혼돈을 사랑하는지도 모르는 것이다. 그러나 이 혼란과 모순의 한계경험에서 자유의 가능성은 탐사된다.

그러므로 인간의 자유가 확대된다는 것은 그의 사고와 감각이 미지적 가장자리에 닿아 있고, 이 가장자리로 들어서며, 이 가장자리로 나아간다는 뜻이다. 미지의 영역이야말로 전체적인 것이고, 이 전체적인 것의 가장자리이기 때문이다. 인간 개개인이 태어날 때부터 지니는 유일무이성, 그 고유한 인격과 개성, 창의성과 자유를 고려함 없는 이상적인 현실기획이란 있을 수 없다. 20세기 역사의 실패는, 베르댜예프가 보기에, 인간적인 명암의 전체를 고려하지 않은 협소한 관점의 실패에서 오고, 이 협소한 관점의 실패는 곧 이념의 실패로서 문화의 실패를 이루며, 따라서 그것은 인간 자체의 실패이기도 했다.

베르댜예프의 이 가차 없는 문제제기는, 이 글에서 생각해 보려는 현실이해에 관련시키면, 그것이 현실개념을 사회정치적 차원에 제한하는 것이 아니라, 사회정치적 차원을 포함하면서 '동시에' 그 이상의 비가시적 형이상학적 차원으로까지 나아가는 것이 필요하다는 사실을 보여준다는 점에서, 매우 중대해 보인다. 한국에서는 흔히 '국가'에 비해 '사회'가 안 보인다고들 말해지지만, 또 이때의 사회란 시민사회가 되겠지만, 설령 사회가 있다고 해도, 그것은, 앞서 지적했듯이, 좋은 의미의 사회적인 것이라고 말하기 어렵기 때문이다. 강조되는 것은 오히려 부정적인 의미의 사회다. 한국사회에서 가장 이해하기 어려운 사실의 하나는 한편으로 사회정치적인 것이 지배적이면서도 다른 한편으로 '진실로 사회적인 것'(예를 들어 연대성이나 사회민주주의적 요소 같은 것)이나 '진실로 정치적인 것'(예를 들어 시민참여 같은 것)은 턱없이 부족하다는 점이다.

이 땅에서 개인이 강조된다면, 그것은 개인주의적 개인이 아니라 이기주의적 사인(私人)에 더 가까워 보인다. 이 사인

사회정치적인 것이 지배적이지만 '진실로 사회적인 것'이나 '진실로 정치적인 것'은 턱없이 부족한 한국사회

을 끌고 가는 것은, 냉정하게 말하면, 건전한 개인으로서의 시민의 덕성이라기보다는 유행에 민감하고 세평에 휩쓸리는 생각 없는 사람들—신민(臣民)에 가깝다. 신민에게는 스스로를 돌아볼 능력—반성적 능력이 없다. 그래서 스스로 개선하거나 발전하기 어렵다. 이 무사고(無思考/thoughtlessness) 속에서 익명의 다수는, 아렌트가 분석해 보였듯이, 불의의 정치체제에 쉽게 휩쓸린다. 대부분의 현대인은, 냉정하게 보면, 시민으로서 주체적으로 살기보다는 신민으로서 유행과 구호에 따르는 대중추수적인 삶을 산다. 이 점에서 한국사회는 집단과 개인, 전체와 인격 사이의 균열이 매우 심한 곳이라고 할 수 있다.

그렇다면 치유는 가능한가? 치유는 어디에서 시작될 수 있는가? 관련되는 많은 것이 문제적으로 나타날 때, 무엇이 문제인가라는 물음은 그 바탕—우리가 선 자리로 돌아감으로써 어느 정도 답변될 수 있다. 그리하여 여기 선 자리에서 나는 다시 묻는다. 무엇이 문제인가? 이런 물음에서 한결같은 기준은 현실이어야 한다. 그래서 '무엇이 문제인가'라는 물음은 '무엇이 현실인가'라는 물음이 된다.

무엇이 문제인가? 이런 물음에서 한결같은 기준은 현실이어야 한다

무수한 현실 '들'

있는 것—지금 현재하는 것은 있을 수 있는 현실의 전부인가? 지금 눈앞에 일어나고, 우리 모두에게 나타난 것은 현실의 전체인가? 물론 그렇지 않다. 그것은 현실의 무수한 가능성들 가운데 드러난 하나의 실현태다. 그리고 이 실현태는 현재적으로 유효하다. 그렇다는 것은 이것이 이 현재 상태의 전이나 그 후에도 여전히 그렇다고 말할 수 있는 근거는 없다는 뜻이다. 그렇다면, 경험적으로 드러난 현실의 가시적인 현상은 드러나지 않은 비가시적인 면모들의 한 항목일 뿐이다.

현실은 일종의 '움직이는 전체'다. 이 전체는 인간에게 일목요연한 하나의 덩어리로 나타나지 않는다. 그것은 느끼고 생각하고 행동하는 각자에게 각각의 형태로, 이질적이거나 동질적이기도 하면서, 아니 수많은 이질적인 요소들이 서로 얽힌 채, 나타난다. 그래서 혼란스럽고 모호하다. 열 명의 사람에게는 열 개의 현실이 있고, 천 명의 사람에게는 천 개의 현실이 있다. 그렇듯이 인간 이외의 동물에게는 그들 나름의 의식적이거나 반의식적이거나 무의식적이거나 본능적인 현실이, 빛과 어둠을 배경으로, 있을 것이다. 그렇다면 사물에게는? 사물의 현실이 있을 것이다. 더 정확하게 말하면, 사물 '들'의 현실 '들'이 있을 것이다. 그러므로 현실은, 인간에게만 한정시켜 보아도, 수천 수백의 현실들이라는 매우 모호하고 착종되며 복합적인 형태를 갖는다. 그러면서 이 현실은, 앞서 언급했듯이, 그 자체로 고정된 것이 아니라 유동적이어서 쉼 없이 변화한다.

삶의 이러한 유동성과 복합성은 20세기의 가장 뛰어난 논리학자였던 괴델(K. Gödel)의 물음에서 어쩌면 가장 명료하게 드러나는 것인지도 모른다. 그는, 잘 알려져 있듯이, 천재적인 수학자이면서 '동시에' 형이상학자였기 때문이다. 괴델은 1930년대를 주도하던 비엔나 서클의 철학자들이—그 가운데

(왼쪽 여백) 열 명의 사람에게는 열 개의 현실이, 천 명의 사람에게는 천 개의 현실이 있다

(왼쪽 여백) 현실은 유동적이어서 쉼 없이 변화한다

는 카르납(R. Carnap)이 있었는데—서구 형이상학의 시대는 저물었으며, 이제는 철학을 자연과학처럼 다루어야 한다면서 경험적으로 의미 없는 형이상학적 테제는 무시할 수 있다고 주장한 데 반대하면서, 의미 있는 문장이란 단순히 경험적 차원으로 제한될 수 없다는 것, 수학 역시 논리적 구문으로 환원될 수 없기 때문에 불완전하다는 사실을 보여주고자 했다. 그가 골몰했던 것은 '합리적 형이상학'의 문제였고, 이 합리적 형이상학에 대한 인식적 정초적 관심(Erkenntnis-und Begründungsinteresse)은 이미 자연과학적 대상영역을 넘어서는 것이었다.[82] 괴델에게 중요한 것은 삶과 세계 그리고 존재의 의미였고, 그는 이 의미를 단순히 '설명'하려 한 것이 아니라 '이해'하고자 애썼다. 가장 '논리적'이라고 하는 수학마저도 무한하게 이어지는 것이어서 완전히 고갈될 수도 없는 것이라면, 사고란 무엇인가? 사고 역시 불완전할 수밖에 없다. 수학의 형식적 체계 속에도 입증할 수 없는 참된 문장이 있는 것이다. 현실의 의미는 수학의 문제보다 더 비논리적이고 무정형적일 것이다. 삶과 세계와 존재와 사유는 고갈될 수 없는 무한한 충일성 속에서 끝도 없이 펼쳐져 있다.

그리하여 우리는 이렇게 말할 수 있다. 인간의 현실에는 보이는 것과 보이지 않는 것, 경험할 수 있는 것과 경험할 수 없는 것, 물리적인 것과 형이상학적인 것이 있다. 현실 이전의

보이는 것과 보이지 않는 것, 경험할 수 있는 것과 경험할 수 없는 것, 물리적인 것과 형이상학적인 것

---

82 Eva-Maria Engelen, Kurt Gödel: Ist der Mensch mehr als sein Gehirn?, *Die Zeit*, 2014. 10. 1(Nr. 41)

현실이 있듯이 현실 이후의 현실이 있고, 현실 너머의 현실이 있는 것처럼 현실 아래의 현실─바탕으로서의 현실도 자리한다. 합리적 형이상학은 삶의 도처에 자리하기 때문이다. 요컨대 인간의 현실이란 수준과 층위와 차원을 달리하면서 수없이 중첩적이고 가늠할 길 없이 유동적인 형태로 살아 움직이는 것이다. 바로 이 중첩성과 유동성, 가변성과 복합성이 현실 자체의 운동, 이 운동의 변화무쌍한 메커니즘을 구성한다.

여기에서 '인간의 현실'이라고 할 때, 이것은 두 가지 의미를 갖는다. 그것은 첫째, 인간이 살아가는 외적 사회적 현실이고, 둘째, 인간 자체의 내적 심리적 정신적 현실이다. 그러면서 이 두 번째 인간현실은 사회적 현실에 의해 조건지어진다. 인간이 살아가는 현실이 살아 움직이듯이, 인간이라는 현실 자체도 살아 움직이는 것이다. 예를 들어 인간에게는 현명하고 고상한 욕구뿐만 아니라 어리석기 짝이 없는 방식으로 살고 싶은 욕구도 있다. 그리고 이 어두운 욕구가 놀랍게도 자유의 표현이 되기도 한다. 인간의 삶에는 비합리적인 잉여 부분이 언제나 자리하기 때문이다. 인간성은, 마치 현실이 통계나 수치로 환원될 수 없듯이, 이성이나 논리로 환원될 수 없다. 인간의 영혼이 세상의 그 어떤 왕국보다 더 불가사의하고 파란만장한 것은 그런 이유에서다. 이런 점에서 인간 내면적인 것의 일체는 외부 현실에 대한 비유이자 상징일 수 있다. 그리하여 현실의 모호성은, 그것이 사회의 현실이든, 인간의 현실이든, 드러난 현실─명약관화한 현실의 배후나 그 바탕 혹은 테두리를 이룬다. 삶의 신비나 역설, 모순과 난관은 바로 이 어두운 배후에서 나온다.

　그러므로 현실의 전체를 느낀다는 것은, 그것이 내적 차원이든 외적 차원이든, 현실의 안과 밖, 그 밑과 위, 그 앞과 배후를 '동시에 느낀다'는 뜻이다. 현실의 전체를 느낀다는 것은 현실을 현실 자체로 느끼면서 하나의 가능성—어떤 무엇이면서 동시에 앞으로 될 무엇으로 가늠하며 느끼는 것이다. 그렇다는 것은, 흔히 말하듯이, 현실을 실현태와 잠재태 속에서 파악하는 일이다. 또는 보이는 것과 보이지 않는 것의 변증법적 과정 속에서 이해하는 일이다. 이때 변증법적 과정이란 시종여일한 의미체계의 기계적인 유지나 존속이 아니라, 해체와 구성을 포함하는 부단한 변형 과정이 될 것이다. 이런 점에서 보면, 앞서 말한 사회적인 것의 과부하가 갖는 가장 치명적인 결과는 이처럼 복잡한 현실의 단순화다. 편견이나 억측은 대개 이렇게 도식화된 현실이해로부터 온다. 인간의 가능성이란 곧 복잡한 현실의 가능성에서 나오는 것이라면, 현실의 단순화란 인간 자체의 단순화가 아닐 수 없다.

사회적인 것의 과부하가 갖는 가장 치명적인 결과

　《돈의 철학》(1900)으로 잘 알려진 사회학자 짐멜(G. Simmel)은 생애 말년에 예술철학에 몰두하면서, 이 글의 모토로 인용하였듯이, 《렘브란트》(1916)에서 이렇게 적었다. "삶의 본질은 모든 순간에 '전체적으로' 존재한다." 삶이란, 그에 의하면, 특수한 순간의 기계적 합산이 아니라 연속적으로 형식을 바꾸는 '흐름'에 가깝고, 이 흐름은 단편적으로서가 아니라 하나의 덩어리로 파악될 수 있는 것이었다. 그러나 모든

순간에 전체적으로 존재하는 것은 삶만이 아닐 것이다. 인간의 삶을 구성하는 현실도 그와 유사하지 않을까? 현실은, 삶이나 인간처럼, 모든 순간에 전체적으로 존재한다. 현실은 일종의 전체적 흐름이고, 생성과 소멸의 유동적 복합체이기 때문이다.

현실을 고정태가 아니라 변증법적 유동체로 파악하려면, 무엇보다 인간 스스로가 유동적이어야 한다. 그렇다는 것은 인간의 감각과 사고와 언어도 그 자체로 유연하고도 유동적이어야 하며, 유연한 태도 속에서 이질적인 요소에 열려 있어야 한다. 그것은 관점이나 시각이 그만큼 섬세하고 복합적이어야 한다는 뜻이다. 복합적 현실을 제대로 느끼려면, 인간 자신이 복합적이어야 한다. 그래서 섬세하게 느끼고 유연하게 사고하며 풍부하게 표현할 수 있어야 한다. 인간이 거주하는 세계가, 그가 경험하는 현실이 매일 매 시각 비슷하면서도 다르게 드러나는 만화경 같은 것이라면, 그의 감각과 사고와 언어도 현실의 이 다채로운 만화경에 대응할 만큼 풍요롭고도 미세한 반향판이지 않으면 안 된다. 삶의 전체성은 이 전체성에 상응하는 감각과 사유와 언어를 내장한 주체에게만, 그리하여 이 주체가 현실의 다채성을 스스로 살아갈 때만, 비로소 체감될 수 있다.

이 대목에서 우리는 베르댜예프가 말한 인간학의 여러 문제들—사회적 집단적 국가적 제도적 차원으로 환원될 수 없는 인간 현실의 여러 내적 차원을 다시 떠올린다. 그것은 인격과 개성, 자유와 양심, 영혼과 내면성의 문제다. 좀 더 일반

> 복합적 현실을 제대로 느끼려면, 인간 자신이 복합적이어야 한다. 섬세하게 느끼고 유연하게 사고하며 풍부하게 표현해야 한다

적으로 그것은 인간 개개인이 매일 매 순간 느끼고 생각하며 고민하며 살아가는 요건들이다. 더 소박하게 말해보자. 인간은 일하고 웃고 쉬며, 사랑하고 좌절하고 울고 탄식하다가 밤새워 읊조리며 노래하기도 하는 존재다. 그러면서 그는 갈구하고 희원하며 욕망한다. 인간은 알 수 없는 본능과 어두운 충동에 휘둘리는 존재이면서 동시에 가장 고귀한 가치와 위엄을 추구하고, 이 추구 속에서 가끔 드러나는 미지의 신비에 형이상학적 전율을 느끼는 존재이기도 하다. 삶에서 가장 안타까운 불가사의는 아마 그렇게 끔찍하리만치 싸움과 미움과 오해와 편견을 되풀이하고 난 후 마침내 서로 조금 더 알게 되어 좀 더 너그러우며 좀 더 사랑하게 되는 바로 그 시점에 인간은 서로를 떠나가야 한다는 사실인지도 모른다. 이 알 수 없는 현실처럼 인간은 알 수 없는 흐름이 되어 있고, 세계의 리듬에 상응하는 실존의 리듬으로 하루하루를 살아간다. 인간의 현존 자체가, 그의 삶의 전체가 허점투성이 유동체인 것이다.

인간은 미지의 가능성을 향해 두려움 속에 나아가는 존재이면서, 오직 이 두려운 감행 속에서만 그는 자유롭다. 앞서 말한 짐멜이 '전체적 인간(der ganze Mensch)'을 말한 것도 이런 맥락 속에 있을지도 모른다. 전체적 혹은 온전한 인간이란 육체적인 것과 정서적인 것 그리고 정신적인 것을 모두 갖춘 인간이다. 이 전체적 인간이 삶의 현실을 움직이는 총체로 향유한다.

> 인간은 미지의 가능성을 향해 두려움 속에 나아가는 존재이면서, 오직 이 두려운 감행 속에서만 자유롭다

'일차원적인' 현실관

이런 맥락에서 보면, 나는 앞서 언급했던 한국사회의 치명적 병리 — '사회정치성의 과부하'를 다시 말하지 않을 수 없다. 정권의 유지를 주장하건 그 교체를 주장하건, 이른바 진보파건 보수파건, 그때그때의 대중적 기호(嗜好)와 유행에 민감하다는 점에서, 또 '민족'이나 '통일' 혹은 '민중' 같은 거대술어를 내세우거나 절대적으로 신봉한다는 점에서, 이들은 모두 이데올로기적으로 보인다. 그러나 지나치게 사회화되는 것은 차라리 비사회적이다. 정치적인 사안에만 골몰하는 것만큼 비정치적인 것도 없다. 매일 매 신문을 채우는 우리 사회의 이념논쟁, 진보와 보수의 싸움, 각종 마녀사냥 그리고 '일베'와 '어버이연합' 같은 퇴행적 단체의 횡행은 그런 맥락 속에 있다:

이때 나타나는 폐해는 무엇인가? 그것은, 세 가지로 나눠볼 수 있다. 첫째, 대부분의 사람이 주기적으로 나타나는 시대적 유행에 전염병처럼 휘둘린다는 것이고(개인적 일상적 차원), 둘째, 공적 담론의 장이 근거 없는 풍문과 설익은 견해에 의해 끊임없이 훼손되거나 오염된다는 것이고(사회적 담론적 차원), 셋째, 이로 인해 내면적 정신적 빈곤의 악순환이 공고화된다는 것이다(지적 문화적 차원). 어느 것이든, 이 모든 것의 근거는 궁극적으로 협소한 현실이해에 있지 않나 여겨진다. 그러나 이것은 한국사회 일반의 문제이면서, 이 사회의 문제를 탐구하는 학문의 문제이기도 하다. 학문적 시각의 문제성도 두 가지로 나눠질 수 있다. 대부분 그것은 이해관계적으로 얽

지나치게 사회화되는 것은 차라리 비사회적이다. 정치적인 사안에만 골몰하는 것만큼 비정치적인 것도 없다

혀 있고(첫째), 이해관계를 벗어난 소수의 경우에도 현실을 넓고 깊게 파악하는 경우란 매우 드물다(둘째).

　사회과학적 현실인식의 시각적 편협성은, 이를테면 역사학자가 한국사의 어떤 문화적 유산을 유일무이하고도 세계적인 성취인 것처럼 찬사하고, 사회학자가 한국의 경험현실을 현실적 가능성의 변함없는 기준인 양 간주하며, 정치학자가 제도개선이 정치의 모든 가능성이라고 여기는 데서, 잘 드러난다. 사회과학자가 말하는 현실이란 좋게 말하여 '사회과학적' 현실이지 인간의 현실은 아니다. 인간의 현실을 구성하는 크고 작은 세목은 오히려 외면되거나 무시된다. 이들 가운데, 앞서 베르댜예프가 강조한 '인격'이나 '성격' 혹은 '인성'에 주목하는 경우는 거의 없는 것처럼 보인다. 마찬가지로 개인성의 덕목('정관'이나 '명상' 혹은 '수양' 같은)을 나타내거나, 개인적 차원으로부터 사회적 차원으로 나아가는 전통적 덕성들('수신제가(修身齊家)'나 '극기복례(克己復禮)' 같은)도 언급되지 않는다. '내면성'의 가치가 도외시되는 것은 물론이다. 이것은, 그들의 견해에 의하면, '구체적'이지 않기 때문이다.

　정치학자의 현실관을 좀 더 자세히 살펴보자. 이 땅에서 말해지는 정치현실이란, 냉정하게 말하여, 정치권력적 현실이지 생활세계적 가능성은 아니다. 혹은 현실정치이지 깊고 넓은 의미에서의 정치는 아니다. 이 말은 정치에서의 현실성이 중요하지 않다는 것이 물론 아니다. 정치의 출발점 그리고 그 바탕은 말할 것도 없이 현실의 가시적 경험적 현장이다. 정치가 현실을 떠나 나날의 생계현장과 분리된다면, 어떻게 올바른 정치가 가능하겠는가? 하지만 정치는 삶 가운데 일어나고 현실 속에서 행해진다. 그렇다는 것은 정치를 정치의 관점에서가 아니라, '삶'의 관점에서 파악해야 하고, 나아가 삶을 살아가는 '인간'의 관점에서 이해해야 한다는 뜻이다. 내가 '정치의 가능성'보다는 '정치적인 것의 가능성'이란 말을 더 선호하는 것은 그 때문이다.

그러나 이 땅의 정치가는 말할 것도 없고 정치학자도 대체로 골몰하는 것은 전략과 술수로서의 정치에 가깝다. 설령 정치의 가능성을 다룬다고 해도, 이때의 정치는 이해관계적이고 권력관계적인 차원에서, 말하자면 권력의 창출이나 유지, 정권의 교체나 지속에 초점이 맞춰져 있다. 그리하여 이 땅에서의 정치적 비전은, 이를테면 정의나 평등을 향한 어떤 (선의의) 의도와(첫째), 선의에도 불구하고 이 의도에 깃들 수 있는 여하한의 이데올로기적 가능성까지도 검토하는(둘째), 그리하여 철저하게 반성적인, 그러나 이 반성을 어떤 완성된 형식이 아닌 잠정적 형식으로 이해하고(셋째), 따라서 이 부단한 반성의 과정 속에서 계속적으로 개선되는 가치의 미지적 지평까지 고려하는 경우(넷째)는 매우 드물어 보인다. 바로 이 점에서 이 땅의 정치학이 보여주는 현실이해는 '일차원적'이라고 말하지 않을 수 없다.

일차원화된 정치이해는 체험현실의 구체적 복합성에도 어긋날 뿐만 아니라, 정치의 드넓은 가능성을 위해서도 바람직하지 않다. 거듭 강조하여, 정치의 가능성이란 삶의 가능성이다. 그렇다는 것은 정치를 삶의 가능성 차원에서, 또 크고 작은 현실의 복잡다단한 층위 속에서 파악해야 한다는 뜻이다. 제도나 권력의 문제란 현실의 복잡다단한 층위에서 가장 우선적이고 결정적인 주제지만, 그것은 여러 현실성과 가능성들 가운데 한 가지 항목일 뿐이다. 현실정치의 메커니즘이 정치 자체의 가능성은 아니며, 정치적인 것의 가능성은 더더욱 아니다. 최대한으로 정치적인 것의 가능성이란 마땅히 삶의 가능성이고 인간의 가능성이어야 한다. 이 삶의 가능성으로서의 정치의 가능성을 고려할 수 있을 때, 인간은 비로소 사회만큼이나 중요하고, 사회적 현실의 역학은 내면적 실존적 요인과 '같이' 고려될 것이다.

정치의 가능성은 삶의 가능성이고 인간의 가능성이다

현실이해의 수준이 삶의 이해의 수준이라면, 삶의 이해의 수준은 곧 인간이해의 수준으로 이어진다. 요즘에 들어와 민주주의의 생활적 차원들, 이를테면 풀뿌리 민주주의나 마을 공동체 운동에 대한 관심도 많이 늘어났지만, 그래서 전국 곳곳에서 '사회적 기업'이나 '생활협동조합'이 크고 작은 단위에서 생겨나고 있지만, 더 구체적으로 개인의 일상은 어떻게 정치적으로 고려되는가? 정치의 행위가 과도한 사명감과 '불타는' 의협심 그리고 시류에 대한 신속한 정보 몇 가지면 되는 것처럼 여겨지는 곳에서 정치적인 것의 가능성은 아예 질식되어 있다고 말할 수밖에 없다. 이것은 왜 정치학이 '정책학'으로 변질되고, 정책학자/행정학자보다는 정치평론가/시사평론가로 넘쳐나는지, 그럼으로써 결국 정치철학자는 희귀해졌는지에 대한 좋은 설명이 될지도 모른다. 정치철학에는 삶의 배후와 현실 전체에 대한 통찰이 필요하기 때문이다. 표피적인 현실이해와 이 현실에 기반한 협소한 정치이해로부터 인간에 대한 깊은 이해와 시대의 문화적 이해는 불가능하다.

정치는 정치의 현장과 그 테두리, 현실의 정치와 현실 너머의 가능성을 두루 포괄할 수 있어야 한다. 정치의 역학을 정치적인 것의 생활세계적 가능성이라는 측면에서 파악하지 못한다면, 정치와 삶의 상호관계는 단선적으로 간주되거나 누락된 것이다. 이것은 결국 삶 자체의 단순화로 이어진다. 삶의 단순화가 인간 자체의 단순화라면, 얕은 정치이해는 곧 얕은 인간이해로 수렴된다. 여기에 누락된 것은 다시 현실의 여러 층위와 그 가능성들이다. 정치이해와 사회이해 그리고 인간이해는 서로 결합되면서 삶 전체에 대한 이해—이 삶 속에서 이뤄지는 당대 시대와 문화에 대한 균형 잡힌 이해 틀을 구성한다.

그러므로 다양한 현실층위의 미지적 가능성을 헤아리는 것 자체가 지금 여기의 현실이해에, 또 이 현실의 실제적 교정에 절대적으로 중요하다. 왜냐하면 이 같은 고려가 모든 개선의 선한 시도에 깃들 수 있는 온갖 폭력적 가능성을 줄여줄 것이기 때문이다.

심미적인 것 — 자발적 개선의 길

다시 묻자. 그렇다면 무엇이 구체적인가? 무엇이 삶에서 가장 구체적인 것이라고 말해지는 덕목인가? 우리가 말하는 구체적인 것은 정말 삶에서, 생활현실에서 가장 실감 있고 생생한 항목들인가? 어폐가 있는 대로, 나는 다시 구체적인 것의 추상성과 추상적인 것의 구체성을 말하지 않을 수 없다.

가장 구체적인 것은 추상적이다. 가장 추상적인 것은 가장 구체적일 수 있다. 구체와 추상의 이 경계는 어디쯤에서 그어지는가? 여기에서는 두 가지가 중요하다. 첫째는 각 개인의 구체적 체험현실이고, 둘째는 이 각 개인들로 구성되는 사회 전체의 윤곽—배치관계에 대한 파악이다. 그래서 이 경계의 지평—어떤 하나의 것과 다른 어느 것이 만나는 경계의 지평 전체를 잊지 않는 것이 필요하다. 이 전체 지평을, 내가 지금 여기에서 대상을 선택하고 행위를 결정할 때, 함께 고려하려고 노력해야 한다. 그것이야말로 가장 현실적인, 가장 넓고 공정한 의미에서 현실적인 대응방식이기 때문이다.

가장 구체적인 것은 추상적이다. 가장 추상적인 것은 가장 구체적이다

그렇다면 첫째, 가장 구체적인 것으로서의 전체는 어떻게 파악될 수 있는가?(구체적 전체성의 파악) 둘째, 이때의 파악방식이 외적으로 강요되는 것이 아니라 각 주체가 그 나름으로 선택할 수 있는 방법은 없는가?(개인적 자발성의 존중) 셋째, 그러면서 개인적으로 선택한 내용이 사회적으로도 타당할 수 있는 길은 없는가?(개인적 진실과 사회적 진실의 일치) 넷째, 이 모든 것의 경로가 사고나 이성이 아니라, 지금 여기에서 나의 몸이 느끼는 가운데 일어날 수 있는가?(감성/몸의 우위성) 이러한 물음에는 사실 인문학의 핵심적 문제의식이 거의 다 들어 있다.

우리 사회에서 '인문학의 위기'나 '인문정신의 복원'은 주기적으로 회자되지만, 사실 인문학에서 다뤄지는 가장 중요

한 주제는 바로 나로부터 시작하는 자율성이고, 이 자율성을
통한 자기형성이며, 이 자기형성이 얼마나 사회적 형성과 이
어져 있는가를 다룬다. 적어도 오랜 고민과 긴 우회로를 통해
내가 이해하게 된 인문학의 핵심원리는 그렇다고 할 수 있다.
이러한 문제의식은, 크게 보면, 인문학에 해당하지만, 작게
보면 문학과 예술과 철학의 근본 주제에 해당한다. 말하자면
각 개개인이 갖는 지금 여기에서의 의미, 지금 여기에서의 느
낌이 중요하고(1), 이 느낌이 어떻게 사고와 이성으로 옮아
가는가가 중요하며(2), 이 자연스런 전환에서의 비강제성과
자발성 그리고 실존적 절실성이 중요하다(3). 이 자연스런
경로에서 자아는 스스로 변화하는 가운데 사회적으로 확대
되고 깊어지며(4), 그의 지식은 윤리적/실천적으로 변화하기
때문이다(5). 예술은, 또 더 넓게 예술의 심미적 경험은 바로
감각/감성의 자연스런 변화와 주체의 자율적 변형 그리고 지
식의 윤리적 변형을 장려한다. 그리고 자기변형의 이 자발적
계기에는 이미 사회정치적 차원도 포함된다.

　내가 '사회'나 '집단'에 대해 '개인'을 강조하는 것은 개인
이 전부라는 뜻에서가 아니다. 그것은 정치를 개인화하자는
것이 아니라, 개인이 감각과 경험과 행동의 주체이기 때문이
다. 사회제도적 디자인이 실존의 구체적 체험과 무관하게 집
행되어선 안 된다. 사회제도적 조건의 개선과 개인/인격/성
격의 개선은 서로 어우러진 채 같이 가야 한다. 그러면서 삶
의 전체 조건을 사는 1차 심급이 개인인 한, 모든 개선의 출
발점은 마땅히 개인에게 놓여야 한다. 사회성의 도덕도 개인

으로부터 시작하는 내면적 계기의 자발적 동의 없이는 공허해지기 쉽다. (도스토옙스키에게 혁명마저 반동에 가까웠던 이유는 혁명의 '성스러운' 기원이 시간의 경과와 더불어 잊혀지면서 인간을 예속시키고 자유를 부정하면서, 역설적이게도, 미증유의 불평등을 야기했기 때문이었다. 그는, 베르댜예프에 따르면, 혁명주의자도 반동주의자도 아니었다. 오히려 도스토옙스키는 원래의 선의가 전적으로 전도되는 이 역설의 심연을 직시한 묵시록적 인간이었고, 이 묵시록적 비전 속에서 그가 가장 안타까워한 것은 정신의 자유와 인격의 상실이었다.) 주체의 내면에서 일어나는 자각이야말로 도덕성의 핵심인 까닭이다. 그러므로 개인의 인격적 내면적 토대는 참된 사회성의 확립을 위한 필수불가결의 조건이다.

이와 관련된 논의를 나는 서너 군데에서 가능한 한 다각도로 이미 다룬 적이 있다.[83] 여기에서 다시 그것을 되풀이할 필요는 없을 것이다. 단지 현실이해와 관련된 이 글의 논의에서 꼭 짚고 넘어가고 싶은 것은 한 가지다. 원론적인 사항이기는 하나, 일상적 차원에서, 또 시대적 요청으로, 또 학문의 원칙으로서 진실이나 이성의 원칙 그리고 윤리의 실천을 내세우기가 오늘날에 와서 지극히 어렵게 되어버렸다는 분명

83　이런 주제를 나는 푸코와 관련하여, 또 벨라스케스의 그림을 감상하면서, 또 한국소설론을 논평하면서 '도덕개념의 심미적 전환'이나 '앎의 윤리적 변형' 혹은 '주체구성의 심미적 실천', '자기관계의 새로운 조형' 등의 개념 아래 다룬 적이 있다. 차례대로, 문광훈, 〈자기형성의 심미적 윤리: 김우창론〉, 《한국예술총집 문학편 VI》, 대한민국예술원, 2009년, 268쪽; 문광훈, 《렘브란트의 웃음》, 한길사, 2010년, 358쪽; 문광훈, 《한국 현대소설과 근대적 자아의식》, 아카넷, 2010년, 175쪽, 223쪽.

한 사실이다. 이제 이것은 거의 불가능하다고 말해야 하는지도 모른다.

　이성이나 진리, 정체성이나 본질은, 그에 대한 포스트모더니즘의 이런저런 논의가 보여주듯이, 그리고 이런 논의에 우리가 동의하든 동의하지 않든 관계없이, 역사의 그 어느 때보다 뒤흔들리게 되었다. 진실은 허위만큼이나 가상적이고, 이성은 그 자체를 해체해야 할 정도로 오염되어 있으며, 윤리는 개별적 일상적 차원으로 내려가지 않으면 공허하지 않기 어렵게 되어버렸다. 말하자면 감각과 사고와 표현 그리고 언어의 곳곳에 해결하기 힘든 난관(aporia)이 있다. 그래서 자기당착과 자기모순 없이는 어떤 말도 이제는 꺼내기 어렵게 돼버린 것이다. 이른바 담론분석을 통해 지식의 권력성을 문제시하면서 이성의 전복을 꾀하던 푸코가 말년에 이르러 '자아의 기술'을 중시하고, 이른바 자기배려의 '실존미학'으로 돌아간 것도 사실 이런 중첩적 난관과 무관하지 않다. 푸코의 미학적 전회에도 여러 가지 이유가 있지만, 그 중요한 이유의 하나는 더 이상 이성이나 윤리 그리고 진리마저 '외적으로 강제될 수 없다'는 사실이었다. 강제적 선은 선이 아니기 때문이다.

진리는 외적으로 강제될 수 없다. 강제적 선은 선이 아니다

　이제 진선미는 낡은 교리문답법으로 더 이상 적용될 수 없다. 진리든 윤리이든, 좋은 일은 주체가 자기를 만드는 가운데 스스로 선택하여 행하는 즐거운 것이지 않으면 안 된다. 바로 여기—자발적으로 선택하고 책임지는 자기형성의 연습을 장려하는 것이 다름 아닌 예술이고, 예술에 대한 심미적 경험이다. 그것이야말로 오래가는 지혜로운 이성의 생활실

천적 기술이다. 이 점에서 나는 예술과 심미적 경험이 결정적인 역할을 할 수 있다고 믿는다. "가장 혁명적인 것은 자기자신에 대한 시각"이라고 페터 바이스(P. Weiss)는 쓴 적이 있지만, 실존적 절실성 속에서 보이게 보이지 않게 일어나는 미묘한 변화야말로, 비록 '느리고 우회적일' 수 있지만, '가장 오래가는 그러면서 가장 강력한' 변화라고 생각하기 때문이다. 갱신의 경로가 이렇게 느리고 힘겹다는 사실을 인정하고 허용하며 견뎌내는 일 자체가 사회적 유연성과 문화적 성숙 없이는 불가능하다. 가장 사소한 개인적인 변화 속에서 사회적이고 혁명적인 변화가 겹쳐 있는 것이다.

"가장 혁명적인 것은 자기자신에 대한 시각" (페터 바이스)

그러나 다시 한 걸음 물러나자. 앞서 지적했듯이, 한국사회처럼 전 인구적으로 현실개념이 일차원화되어 있고, (사이비) 사회적인 것이 압도하는 곳에서 '내면성'의 가치나 '심미성'을 말하는 것은, 혹은 좀 더 넓게 말하여 '개성'이나 '성격' 혹은 '인격'의 개선 가능성을 강조하거나 '자아의 형성'을 논하는 것은 매우 비현실적이거나 소박한 것으로 간주되기 쉽다. 그래서 낭만적 망상에 불과하거나 역사현실로부터 후퇴한 것으로 외면된다. 내가 아는 몇몇 유능한 정치학자나 사회학자 그리고 기자까지도 이런 견해를, 정도의 차이에도 불구하고, 갖지 않는 이는 드물다.

우리는 거의 매일 거의 모든 신문을 포함하는 공론장에서 '시키고 명령하고 지시하는 언어'를 만날 수 있다. 비판과 사실 검증이 언론의 의무이자 존재이유인 것은 말할 나위가 없다. 하지만 개별 보도나 사설은 그렇다고 치더라도, 문화면의 칼럼까지 지시와 훈계, 당위와 설교조의 언어로 채워져 있다면, 그것은 어떻게 된 것인가? 언론의 언어는 물론 사람 사이의 일상적 대화나 문학의 언어까지 규정적이고 훈계적이라면, 그것은 바람직한 것인가? 이 땅의 문학에서는 해방 이후 지금까지 도덕주의적 정언명령과 이데올로기적 집단술어가 지배적이었다고 해도 크게 틀린 말은 아니다. 지금 한국사회에서 가장 긴급하게 요구되는 것은, 진리든 윤리든 이성이든, 아니면 민족이든 통일이든, '좋은 이름' 아래 행해지는 일의 사회적 강제력이나 도덕적 압박감을 조금씩 줄여가는 일이다. 이런 점에서 한국사회에는 이념적으로 바른 의미의 자유주의와 건전한 의미의 개인주의가 절실하지 않나 여겨진다.

'자유주의'가 절실하다는 것은 사회나 집단이 아니라 무엇보다 개인의 자유와 (소유) 공간이 전제되어야 한다는 뜻이고, '개인주의'를 말하는 것은 이기주의를 강조하기 위해서가 아니라 자기자신으로부터 시작하는 행복과 자족과 향유가 건전한 우선순위라는 점을 말하기 위해서다. 이 땅에서 개인의 인격과 자유에 대한 사회적 존중이 절실한 것은, 그것이 한국사회를 지배하는 과도한 사명감과 명분의식, 영웅심리나 도덕적 명령에 대한 자연스런 항체가 될 수 있을 것이기 때문이다. 여기에서 더 나아가면, 사민주의 같은 이념의 보완이 필요할 것이다. 사민주의는, 모두 알고 있듯이, 무엇보다 공동체 전체의 사회적 연대와 함께하는 평화의 삶을 강조하기 때문이다. 한 사회의 변화는 물론 정치적 선택과 집단의 일반의지에 의해 우선 결정된다. 그런 점에서 대다수 구성원의 의사는 절대적으로 중요하다. 그러나 이 다수의 변화를 시작하는 것은 개개인의 변화라는 사실도 자명하다. 집단의 큰 가능성도 개별주체의 지극히 작은 가능성으로부터 시작되는 것이다.

우리는 바른 의미의 개인성의 역사를 한 번이라도, 적어도 사회역사적 차원에서 어떤 내적인 필연성으로부터 스스로 투쟁하여 획득한 경험이 있는가? 그래서 진보를 말할 때에도 '역사'나 '민족' 혹은 '통일' 같은 거대이념을 끌어들이거나 집단적 당위성에 자신을 결부시키는 것이 아니라, 자기자신의 절실한 마음을 먼저 말할 수 있는가? 아니 그렇게 말해도 허용되는 것인가? 한국사회의 가장 기묘한 이율배반 중의 하나는 학문적/문화적으로는 자율적 내면적 가치에 갈급해하면서도 대중심리적 사회제도적 차원에서 이 내면적 가치를 의식적으로 배척하면서 동시에 도덕주의적 당위성에 요지부동으로 포박되어 있다는 사실이다. 우리 사회의 이데올로기적 성격은 아마 이 같은 균열—개인적 내면적 가치와 사회적 외면적 가치 사이의 적대적 간극에서 오는 어떤 강박증에 있지 않나 싶다. 이 강박증은, 내가 보기에, 거의 자기마취적이고 자기강제적인 집단편집증처럼 보인다. 이 거대망상증은 역사적으로 보면 19세기 말 개항 이후, 더 구체적으로는 1945년 해방 이후 한국사회가 수십 년 동안 앓아온 고질적인 사회병리가 아닐 수 없다.

이제 한국사회의 문화적 성숙을 위해, 우리 사회의 질적 고양을 위해 새로운 사고와 새로운 문제의식 그리고 새로운 접근방법이 필요하다. 우리가 심원한 현실들을 언제나 의식할 필요는 없다. 또 판단의 변함 없는 중심은 지금 여기의 현실, 말하자면 사실로 드러난 구체적 경험현실이다. 문제는 이 경험현실을 치우치지 않게, 그러니까 단기간의 관점과 장기간의 관점을 두루 헤아리면서 이 현실에 어떻게 대응하느냐. 왜냐하면 이 균형 잡힌 현실대응은 그 자체로 인간의 사회적 갈등을 최소화하는 방법인 까닭이다. 그러니까 명백한 현실—가까운 경험현실에 대한 최대한으로 균형 잡힌 대응과 그에 대한 바른 판단을 하기 위해서라도 경험초월적 형이상학적 현실을 염두에 둬야 한다. 심원한 현실들과 눈앞의 경험현실은 결코 분리될 수 없다. 사회정치적 기획도 개별 인간의 구체적 생존에, 이 생존의 복잡다단한 변증법에 닿아 있어야 한다.

우리는 어떻게 삶의 갈등을 최소화하면서 우리의 현실을 보다 나은 방향으로 개선시켜갈 것인가 라는 물음에 대하여

이 새로운 접근법에도 여러 사항이 있다. 하지만 '우리가 어떻게 삶의 갈등을 최소화하면서 우리의 현실을 보다 나은 방향으로 개선시켜갈 것인가'라는 물음에 대하여, 내가 보기에, 가장 설득력 높은 그러면서도 가장 인간적인 방식을 암시해주는 것은 예술이 아닌가 한다. 예술은 전체화하고 집단화하는 권력의 강요에 저항한다. 그러면서 그것은 삶의 전체, 현실의 복합적 메카니즘에 열려 있다. 그것은 근본적으로 지금 여기의 현실과 이 현실 속의 '나'에 주의하고, 거대한 집단적 주체의 거대담론이 아니라 개별적 주체의 작은 사연에 주의하고 주목하기 때문이다. 예술은 '소문자 주체의 미시양식화 작업'이다.[84] 그러면서 동시에 이 작은 주체를 둘러싼 세

계의 전체를 염두에 둔다. 이런 이유에서 예술은, 예술의 경험을 통한 자기형성의 반성적 부정적 비판적 계기는 불가결하다고 나는 판단한다.

예술은 삶의 전체 속에서, 온갖 집단주의적 도덕률과 국가주의적 횡포에 대항하면서 보다 높은 진선미로의 길을 향해 '비표준화된' 방식으로 스스로를 갱신해가는 미시적 실천의 비강제적 길이다. 예술의 자기형성은, 그것이 집단적 국가주의적 횡포에 거스른다는 점에서 정치적이고, 보다 높은 진선미를 향해 자신을 갱신해간다는 점에서 윤리적이며, 이 모든 실천이 강제적이 아니라 자율적으로 행해진다는 점에서 진실하다고 할 수 있다. 그리고 이 모든 것이 기존과는 '다른' 방식으로 행해진다는 점에서, 예술의 길은 비표준화된 방식을 추구한다. 권력욕이나 탐욕, 이기심과 폭력을 줄일 수 있는 것도 이런 반성 속에서일 것이다.

사회의 중심은 이 사회를 구성하는 제도나 정책이 아니라 주체이고, 이 주체의 담지자는 개인이다. 주체의 가능성을 부정하면, 누가 정치적 참여를 시작하고 누가 윤리적 실천을 보여줄 것인가? 주체의 변형과 이 변화를 통한 실천 없이는 정치의 참여도, 또 권력에의 저항도 있기 어렵다. 현실 개선뿐만 아니라 윤리적 실천은 지금 여기 자기자신으로부터 시작해야 한다. 그러나 진실이나 윤리 그리고 이성의 의무는, 거듭 강조하여, 외적으로 지시되거나 부과되는 의무감으로서

예술은 삶의 전체 속에서 높은 진선미로의 길을 향해 스스로를 갱신해가는 미시적 실천

---

84 문광훈, 《한국 현대소설과 근대적 자아의식》, 아카넷, 2010년, 230쪽 이하 참조.

가 아니라, 물론 이것 역시 필요하지만, 무엇보다 주체가 스스로 선택하는 자유의 유쾌한 실천이어야 한다. 그것은 나 이외의 누군가를 강제하고 그에게 부과하는 힘의 수단이어선 결코 안 된다. 비강제적 자기형성의 윤리적인 길이야말로 삶을 넓고 깊게 사는 일이기 때문이다.

삶을 넓고 깊게 사는 일

당신이 누구든

내 친구든 내 적이든

처음 만난 사람처럼

아직 만나보지 못한 타인처럼

그렇게 나는

당신과 헤어지고 싶다.

이 글이

당신에게 맞든

저속하고도 아둔한 소리로 들리든

이제 당신은

초연하고도 대담하게

이 글의 잘잘못을 판단하여

자신의 길을 가면 된다

만사(萬事)에 어린 어리석고 끔찍한 망상들

자유와 평화와 행복을 위한

헛된 정열의 궤적만

곳곳에

파편처럼 남아 있다

이제는

당신 차례

이번에는 당신 스스로

당신 자신의 삶을 만들어가야 할 시간

이쯤에서

나와 작별하자

이 한심하고도 부실한 작자와

그 헛된 자만심과

시대의 분칠한 말들 그리고 온갖 유행들

아무렇지도 않게

안녕!

기꺼이 헤어지자, 안녕!

이 입김 같은 먼지별에서

Manifesto for Life Aesthetic

심미주의자를 위한 7가지 삶의 원칙

1. 네 삶을 살아라

나는 내 삶을 살고 있는가? 아니면 사는 것을 흉내내며 살아가는가? 한 번도 진짜로 살지 않았거나, 살아 있어도 마치 죽은 사람처럼 살아가는 경우란 얼마나 많은가?

자유와 책임 속에서 비로소 '실제로 사는' 것

나는 마땅히 내 삶을 살아야 한다. 그렇게 사는 것이 내 몸이라면, 이 몸을 이끄는 것은 생각이다. 나날의 영육(靈肉)이, 살아 꿈틀대는 몸과 정신이 지금의 삶을 구성한다.

허망한 삶을 더욱 허망하게 살려면 애쓸 필요가 전혀 없다. 그냥 먹고 마시고 자면 된다. 그러나 무지하면 무례해지기 쉽다.

10대에서 20대에 이르기까지 부단한 시행착오를 거쳐, 아니 일평생 인간은, 비록 서투르고 때로는 미숙하더라도, 스스로 판단하고 결정한 바를 책임지는 연습을 계속 해가야 한다.

스스로 감당하려는 이 책임으로부터 오직 자유는 자라 나온다. 자유와 책임 속에서 삶은 비로소 '실제로 사는' 것이 된다.

자기 삶을 사는 것, 이렇게 사는 법을 부단히 배울 일이다. 진정한 삶은 주체가 자신에 대해 어떤 관계를 맺는가에 따라, 이 관계의 내용을 어떻게 그리고 얼마나 쇄신하느냐에 달려 있다.

2. 가끔, 돌아보자

돌아본다는 것은 자기를 돌보는 가운데 세상을 돌보는 일

'돌아보는' 데서 삶은 미묘하게 변하기 시작한다. 돌아본다는 것은 반성한다는 것이고, 두루 헤아린다는 것이다.

배우고 익히는 일은 이 돌아봄의 적극적 차원이다. 부단한 학습 속에서 앎은 점차 깊어진다. 이 깊이로부터 새로움은 생겨난다. 삶은 돌아보는 데서 마침내 쇄신된다. 그것은 자기를 돌보고 영육을 배양하며 내면의 충일을 도모하는 가운데 세상으로 나아가는 길이기 때문이다.

자기연마는, 그것이 '자기배려'로 불렸건, '자기를 위하는 학문(爲己之學)'이나 '내면에 전념하여 자기를 충실히 하는 학문(專內實己之學)'으로 불렸건, 고대 그리스 사상에서 광범위하게 논의된 삶의 수련방식이면서 동시에 동양사상의 핵심적인 가르침이기도 했다. 그러나 그것은 오늘의 관점에서, 이곳의 현실적 적실성에 따라, 또 자기 상황에 견주어 재구성되어야 한다.

돌아봄은 안팎으로 작용하고, 이 안팎에서 제각각 '이중적'이다. '안을 돌본다'는 것은 우선 몸을 돌본다는 뜻이고,

다음에는 영혼을 돌본다는 뜻이다. 몸과 영혼의 배려는 함께 이뤄져야 한다. 그러면서 몸의 배려는 영혼의 배려에서 완성된다고 할 수 있다. '밖을 돌본다'는 것은 나를 넘어선 것들— 타인과 세계를 돌본다는 뜻이다. 돌보는 일은, 마치 제 영육을 돌보듯이, 타인의 영육을 돌보는 데로 이어진다. 우리는, 허기진 몸이 먹을 것을 구하듯이, 영혼의 허기도 채워야 한다. 나의 돌봄은 세계의 영육적 돌봄에서 잠시 완성된다.

그리하여 돌아본다는 것은 자기를 돌보는 가운데 세상을 돌보는 일이다. 자기배려는 타자배려로 넓어지고, 세계의 배려는 다시 자기의 배려로 돌아온다. 확장과 회귀의 이 왕복운동 속에서 나의 삶은 더 깊어질 것이다. 이 깊이 속에서 우리는 생애적 한계를 넘어 아득한 곳으로, 시비(是非)를 넘어선 무한한 지평으로 나아갈 수 있을 것이다.

그 아득한 곳에서

나는 그대를,

또 다른 나를 만나듯이,

다시 만나리.

3. 불운과 대결하라

자기돌봄을 말하는 것은 무슨 교양주의를 설파하기 위해서가 아니다. '교양(Bildung)'이라는 말의 어원적 뿌리에 '만들고 형성하며 조직한다'는 뜻이 들어 있다면, 그것은 오늘날에도 여전히 중대한, 아니 필요불가결한 사안이 아닐 수 없다. 교육뿐만 아니라 삶 자체가 스스로 만들어가는 자발적 형성

고대 철학자들이 다가오는 불운을 미리 숙고하고 죽음을 명상하면서 삶의 불확실성을 이겨내었듯 자기수련을 통해 오늘을 버티는 일

의 기나긴 과정이기 때문이다.

벤야민은 서구 부르주아의 교양인문주의를 혹독하게 비판한 적이 있지만, 그렇다고 그 전통을 외면한 것은 아니었다. 그는 교양주의의 정치문화적 허위의식을 불신하면서도 그 유산은 자기 것으로 만들고자 애썼다. 참된 교양이란 무슨 대학 졸업이나 학위증에 있는 것이 아니라, 또 타이틀이나 권력에 있는 것이 아니라, 매일의 자기쇄신을 두려워하지 않는 데 있기 때문이다.

교양인은 자기형성적 인간이다. 왜 자기형성이 필요한가? 그것은 삶의 불확실성과 불운을 이겨내기 위해서다.

곳곳에 크고 작은 괴물이 있다. 이 괴물은 나의 어리석음과 욕심에서 생겨나기도 하지만, 사람과 얽히는 가운데 사회관계적으로 생겨날 수도 있고, 때로는 누가 원하지 않아도 생겨날 수 있다. 현실의 도처에 알 수 있거나 알 수 없는 모순과 불합리 그리고 신비가 자리한다.

시간이 갈수록 가슴을 채우는 것은 어떤 참담함이다. 피로와 환멸 그리고 자패감은 오랜 친구처럼 익숙해져간다. 그리하여 있을 수 있는 불행들에 대한 사전 준비가 필요하다.

고대 철학자들이 다가오는 불운을 미리 숙고하고 죽음을 명상하면서 삶의 불확실성을 이겨내려 했듯이, 자기수련을 통해 오늘을 버티는 일이 필요하다. 왕충(王充)이 강조한 것도 바로 '어려움에 대비하는(備乏)' 일이었다.

4. 고요 가운데 나를 지킨다.

마음이 어지러울 때면, 일에 지치고 세상사가 착잡하게 느껴질 때면, 나는 이렇게 중얼거리곤 한다.

염정자수(恬靜自守), 염정자수.

그러면서 공재 할아버지를 떠올린다. 나는 그 〈자화상〉의 눈빛을 떠올리고, 출사(出仕)의 길이 막혔던 그의 삶을 생각한다.

공재 선생은, 아들이 쓴 〈행장〉이 보여주듯이, '동인'이니 '서인'이니 하는 말을 입에 담지 않았고, 뭇 비방도 마음에 두지 않았다. 그는 사교를 즐겨 하지 않았으며, 손님이 내방해도 책을 놓는 법이 없었다. 종이라 하여 '이놈' '저놈' 부르지 않았고, 자신을 굽혀 아첨하지 않은 것은 물론이다.

그러면서 고대의 전적과 그림 그리기로 마음을 다독이고 가족과 가난한 이웃을 돌보면서 비루하고 상스런 세상을 견뎌갔다. 그의 형은 모함을 받았고, 증조부 윤선도는 20년이나 유배를 당했다. 상소를 올리다가 세상을 떠난 벗들을 그는 얼마나 그리워했을 것인가? 세상은 이겨내는 것이 아니라 견뎌내는 것이고, 이 견뎌냄 속에서 헤쳐 나가는 것인지도 모른다.

우리는 싸움을 잊은 채 싸워갈 수 있는가? '쟁(爭)'과 '투(鬪)'가 아닌 싸움, 미움과 증오를 넘어선 싸움을 할 수 있는가? 이기기 위한 싸움이 아니라 보다 넓은 데서, 보다 참되고 선하며 아름다운 광장에서 다시 만나기 위해 당당하게 겨룰 수 있는가? 이렇게 겨루는 가운데 우리는 스스로 갱신해갈

세상은 이겨내는 것이 아니라 견뎌내는 것, 이 견뎌냄 속에서 헤쳐 나가는 것

수 있는가? 이 자기갱신의 의지 속에서는 나뿐만 아니라 우리와 그들의 갱신을, 그리하여 공동체 전체의 갱신을 도모할 수도 있을 것이다.

나는 다시 중얼거린다.

염정자수, 염정자수.

고요한 가운데 나는 나를 지킨다.

5. 느슨한, 그러나 끊기지 않는 연대

어울리되 자기를 잃지 않는 것

공재가 세상을 떠나자, 수십 년 친교하던 이서는 이렇게 적었다. "마음이 서로 거스르지 않았으나, 구차하게 합해지지도 않았다." 따르되 합치지 않는 것, 합하되 따로 가는 것. 그렇다는 것은 어울리되 각자는 자기를 잃지 않아야 한다는 것이다.

개체를 전체와 손쉽게 동일시하는 것은, 그리하여 사명감과 정의감을 과도하게 내세우는 것은 모든 전체주의적 재앙의 기원이었다. 자기를 팔지 않는 것─자기의 원칙과 자존감을 견지하는 것은, 사회적 관계에서나 읽고 쓰는 일에서나, 두루 생활원칙이 될 만하다.

친구도 적처럼 대하고 적도 친구처럼 대하라고 몽테뉴가 말했을 때도 아마 이런 뜻에서였을 것이다. 친구는 편함 이상의 경애하는 대상이어야 하고, 적도 증오의 차원을 넘어 만날 수 있어야 한다. 그러려면 가능한 한 마음을 비워야 한다. 진실은, 말과 행동에서 의도를 지울 때, 생겨난다.

2300년 전 아리스토텔레스가 적었듯이, 무턱대고 칭찬하

에필로그 _ 이 입김 같은 먼지별에서

지도 말고, 무턱대고 나쁘게 말하지도 말자. 화를 내야 한다면, 적당한 때 적당한 정도로만 그치자. 나쁜 일은 마음에 두지 말자. 소문을 좋아하는 대신 자기 일에 충실하자. 때때로 어울리지만, 교제는 선택적이어야 한다.

온갖 전략과 술수와 계산으로부터 물러나 자기 일에 성실하는 것. 자기충실은 모든 윤리적 실천의 시작이다. 그때 나의 사랑은 아마도 너의 사랑으로 나아가고, 땅 위의 사랑은 신의 사랑으로 이어질 것이며, 이 불멸의 사랑 속에서 삶은 더 깊고 넓어질 것이다. 자기충실 속에서 우리는 이미 아름다움의 사다리를 타고 있을지도 모른다.

6. 예술이라는 우회로

억지로 한 일 가운데 오래가는 것은 드물다.

참되고 선하고 아름다운 것은 강요될 수 없다.

선은 다른 누구가 아닌 바로 자기를 위한 것이다.

자아를 사랑하는 자가 선하다고 했다.

보이는 보이지 않는 유대의 끈과 공감의 관계망을 헤아리자. 모든 생명 있는 것과 존재하는 사물에 대한 친화감으로, 그러나 이 공감이 흉내가 아니길 고민하면서.

문학과 예술의 언어는 간접적이다. 예술은 행동이 아니라 느낌에서 시작하고, 느낌에서 일어나는 작고 미묘한 변화 속에서 행동을 변화시킨다. 예술적 각성의 길은 우회로다. 그 점에서 그것은 묘사된 경험에 대한 반성적 재경험이다. 그래서 더디고 표 나지 않는다. (이 점에서 수동적이다.) 그렇다고 그

예술은 행동이 아니라 느낌에서 시작하고, 느낌에서 일어나는 작고 미묘한 변화 속에서 행동을 변화시킨다

것이 '없는' 것은 아니다. '무의미한' 것은 더욱 아니다. 그 것은 사소하면서도 때로는 잊을 수 없는 사건으로, 마음의 지울 수 없는 파장으로 자리한다. (그 점에서 능동적이다.) 감동은 그토록 뉘앙스 가득한 파장—마음에 새겨진 깨우침의 물결 무늬를 뜻한다.

인문학의 길은 기나긴 우회로—적극적 수동성의 길이다. 그것은 배운 것의 오래고 오랜 내면화/체질화/생활화 과정이다. 참된 것은 흉내가 아니라 그 본성을 닮는 일이기 때문이다. 문화의 가치는 오랜 숙성 과정을 거쳐야 공동체의 마음으로 실현된다. 좋은 문화란 개개인의 자발적 숙성과 내면적 고양을 북돋아주는 문화다.

7. 자기를 기록하자

다시, 내 삶의 주인은 내 자신이다.

나를 키우고 돌보며 나날의 일상을 조직하면서 내 생활양식을 세우자. 그 한 방법은, 마치 묘지명(墓誌銘)을 자찬(自撰)하듯이, 자기 삶을 서술하는 일이다. 하루에 30분이나 일주일에 한두 번 자신만의 시간을 갖자.

매일 매 순간 생명의 경이로움을, 이 살아 있음의 놀라움을 향유하는 일. 그러면서 때로는 마치 처음 태어난 것 같은 느낌을 경험하는 일. 지금 내가 내 생애의 어떤 시각에 있고, 내 삶의 어떤 길에 서 있는지 물을 일이다. 자기 삶을 살 일이다. 제 삶을 사는 가운데 세계를 껴안을 일이다.

옛 사람들이 양피지(羊皮紙) 위에 쓰고 지우기를 반복하며

매일 매 순간 생명의 경이로움을, 살아 있음의 놀라움을 향유하는 것

자기 삶을 돌보았듯이, 우리는 우리 마음의 칠판에 나날의 느낌과 생각, 인상과 추억을 적으며 삶을 만들어가야 한다. 스스로 만들어가는 일만큼 깊은 기쁨이 어디에 또 있을 것인가? 그렇게 한 뼘 씩 만들어가는 시간 속에서 내 이웃과 세계 그리고 자연과 다시 해후하자.

아마 그때 우리는 행복이란 말없이도 이미 행복해져 있을 것이다.

사전(事前) 작업 그리고 남은 일

섣부른 낙관주의에 반대하듯이 분별없는 허무주의와도 거리를 두면서 우리는 더 나은 삶의 길을, 인간됨의 품위를 저버리지 않는 보편성의 길을 갈 수 있을까? 그런 길을 예술에서 또 인문학에서 추구한다면, 그것은 어떤 방식이 될까? 이 책은 바로 그런 문제의식의 소산이다.

*

지금 한국사회에서 필요한 것은 물론 무척 많다. 그러나 그것은 다섯 가지 정도로 요약될 수 있을 것이다. 말하자면 정치에서의 민주화와 경제정책에서의 복지, 사회 안에서의 법률적 정의와 문화에서의 자유, 그리고 남북관계에서의 평화쯤 될 것이다. 각 분야에서의 세부내용은 서로 연결되면서 조금씩 차이가 나겠지만, 어찌되었건 이 모두는 결국 공동체의 합리성을 드높이는 데로 귀결해야 한다. 여기에서 민주주의나 사회복지는 정치경제적 합리성에 속할 것이고, 문화적 자유나 한반도에서의 평화는 생활세계적 합리성 없이 실현되기 어려울 것이다.

예술작품의 역할 그리고 예술경험의 잠재력에 대한 지금까지의 논의는, 좁게 보면, 미학 분야에서의 문제제기이지만, 이때의 문제가 주체의 형성과 자기조직의 가능성을 탐구하는 한 문학예술론이 되고, 크게는 인문정신의 사상적 재구성이라는 훨씬 중대한 주제의 한 켠에 닿아 있다. 그런 만큼 그것은 미학사적 지성사적 경로에서 일어난 이런저런 움직임—예술사조는 이런 움직임을 일컫는다—의 빛과 그늘을 두루 고려하면서 그 장점을 받아들이되 단점은 지양해야 할 것이다.

이 책에서 강조되는 심미주의가 19세기 말 유미주의의 되풀이가 아니라 '심미적인 것의 잠재력'을 탐구하는 데 집중한다는 것, 그래서 단순히 순수하게 아름답거나 낭만적인 것을 추구하는 것이 아니라, 현실의 파편과 대결하고 삶의 모순과 역설을 직시하면서 그 불순을 교정해가는 복합적 대응방식이 되는 것은 그 때문이다. 나는 미학에 대한 전혀 다른 이해를 갖고 있다.

우리는 이제 불순하고 모순되며 역설적인 것을 외면해선 안 된다. 마찬가지로 파편적이고 기괴하며 충격적이고 우발적이며 끔찍한 것들과 적극적으로 만나 그와 대결하고, 이 모든 것을 삶의 생산적 에너지가 되도록 전환시킬 수 있어야 한

불순과 파편과 역설
과 기괴와 모순은
현대적인 것의 근본
현상이다. 오늘의
미학은 이 같은 근
대적 착종현상을 흔
쾌히 소화한 비동일
적 미학이어야 하고
그 사유는 미학적인
것의 현대적 가능성
을 고민한 다층적
논리체계여야 한다

다. 왜냐하면 불순과 파편과 역설과 기괴와 모순은 현대적인 것(the modern)의 근본현상이기 때문이다. 오늘의 미학은 이 같은 근대적 착종현상을 흔쾌히 소화한 비동일적 미학이어야 하고, 그 사유는 미학적인 것의 현대적 가능성을 고민한 다층적 논리체계여야 한다. 그러니 심미적 감수성도 섬세하고 풍성하면서도 '동시에' 견고하고 철저해야 한다. 그리고 이 유연한 움직임에는 어떤 일관된 원칙이, 이를테면 공감과 책임, 사랑과 인의(仁義), 평등과 평화와 인권 같은 보편적 가치가 하나의 상수(常數)로 배어들어 있어야 한다.

이 점에 유의하면서, 나는 시각적으로 넓고 사유적으로 복합적이며 형식적으로 실험적이고 내용적으로 다채로운 글이 되도록, 그래서 이 선언문이 그 자체로 하나의 작품이 되도록, 그래서 이 선언문을 읽는 것 자체가 하나의 심미적 경험이 되도록 노력했다. 이 심미적 경험의 목표는 시민이다. 감각적으로 이어지고 의식적으로 납득할 수 있으며 행동적으로 건전한 개인으로서의 문화시민이다. 이 문화시민은, 이때의 건전성이 그의 성찰적 능력이 쌓이고 쌓여 생활 속에 체화될 때 비로소 얻어지는 것이라면, 교양시민이 될 가능성이 크다. 또 이 교양시민은, 그가 국적이나 인종, 민족이나 종교, 계급이나 신분과 같은 이런저런 인위적 경계를 넘어 지구 위의 모든 삶과 사물에 열려 있다면, '세계시민(Weltbürger/cosmopolitan)'이 되어 있을 것이다. 심미적 경험의 목표는 궁극적으로 교양적 세계시민의 배양에 있다.

이 책을 구상한 지 벌써 네다섯 해가 지났다.

이제 시만으로 될 수 없다는 것, 문학의 시대는 시청각적 매체의 범람 속에서 가버렸다는 것, 그렇듯이 정치만으로 이 땅의 현실이 개선될 수 없다는 것은 자명해졌다. 다시 한 번 더 확인하건대, 제도의 합리적 개혁이 현 단계에서 중요한 것은 말할 것도 없다. 그러나 그것은 심성과 인격의 지속적 계발을 동반해야 하고, 인성에 대한 탐구는 거꾸로 제도와 정치의 혁신을 필요로 한다. 말하자면 우리는 현실과 전면적으로 만나야 하고, 영육의 전체로 우리 사회의 문제점을 대응해야 한다. 한국사회에서는 정치적인 것의 바른 의미, 참된 사회성 그리고 공적 의식이 터무니없이 얕고 취약한 것 이상으로, 기이하게도, '사회'나 '정치'나 '국가'나 '이념'이 왜곡된 방식으로 개별적 삶을 압도하기 때문이다. 현실에의 전면적 응전 방식을 어떻게 고안해내느냐가 내 학문적 탐색의 주된 목표라면, 내가 선택한, 유효한 동시에 절실하다고 여긴 하나의 방식은 바로 심미적인 것이다.

이 책에서 나는 플라톤과 푸코와 아리스토텔레스의 생각에 기대어, 심미적인 것의 부정적 비판적 반성적 잠재력과 실천적 지혜를, 특히 미켈란젤로의 그림과 공재의 〈자화상〉, 이태준의 가족사진과 카라바조의 그림 그리고 백석의 시와 바를라흐의 조각 등에서 타진하고자 했다. 그러나 그것은 심미적인 것의 의미를 개념적으로 규명하는 것(실증적 문헌적 작업)도 아니고, 그것을 논증적으로 주장하는 것(철학적 체계화 작업)도 아니며, 훈계하듯 설파하려는 일(도덕적 명시작업)은 더더욱 아니었다. 또 대상에 대한 진단과 분석으로 현실문제가 해소된 것처럼 간주하지도 않는다(사회과학적 접근법). 나는 현실을 스케치하듯 서술했고, 이렇게 서술된 것을 해명하고 이해하면서, 이렇게 이해된 내용이 다양한 예술체험 속에서 하나의 공감적 과정이 되도록 애썼다. 이러한 노력에서 왜 심미적인 것의 잠재력이 오늘날 하나의 긴급한 요청이 될 수 있는지, 왜 예술경험이 개인의 각성과 사회의 합리화를 동시에 실현하는 데 불가결한 것인지 보여주고자 했다.

예술의 심미적 경험은 하나의 촉구이자 호소이고 요청이자 장려이다. 무엇에 대한 촉구이고 요청인가? 그것은 상투적인 것에 대항하는 신선한 감각의 촉구이고 새 인식에 대한 요청이다. 우리의 감각과 사유와 언어는, 이를테면 지구의(地球儀)를 보면 육지보다는 수면이 훨씬 더 많다는 것, 그 때문에 "지구(地球)가 아니라 수구(水球)라야 더 적절한 명칭일 것 같다"라고 쓴 이태준의 관찰처럼, 새로워야 한다. 그리하여 이 글은 그 자체로 심미적 정언명령일 수 있다.

*

가장 단순하고 일상적인 경험 속에서 객관적 지식의 근거가 마련된다고 본 대표적 철학자는 후설(E. Husserl)이었다. 메를로퐁티(M. Merleau-Ponty)의 《지각의 현상학》(1945)이나 레비나스가 논거한 '타자성의 철학'도 후설적 매개―생활세계와 초월성이 따로 있는 것이 아니라 상호주관적 교차 아래 만난다는 후설적 테제의 현대적 재구성이었다. 이 같은 교차는 무엇보다 예술가의 창작활동에서, 그리고 이렇게 창작된 작품의 심미적 수용에서 가장 강렬하게 일어난다고 할 수 있다. 메를로퐁티가 《눈과 마음》(1964)에서 세잔느 회화를 말한 것이나 여러 예술작품을 언급한 것도 이런 맥락에서다. 이것은 심미적 전환 혹은 심미적인 것의 새로운 패러다임이 필요하다는 뜻이기도 하다. 나의 글은 그런 문제의식의 표현이다.

나는 한국사회가 심미적인 것의 새로운 지평, 그리고 그 인간적 가능성을 고민할 때, 비로소 진정한 시민문화의 시대로 들어서게 될 것이라고 생각한다. 인간적인 것의 가능성을 고민한다는 것은 보다 넓고 깊은 삶의 가능성을 더 높은 수준의 보편성 아래 고민한다는 뜻이다. 이 영역은 궁극적으로 인간뿐만 아니라 모든 생물과 사물들, 나아가 존재하는 모든 것을 이질적 다양성이라는 본래적 모습에서 존중하는 상태가 될 것이다. 이때 비로소 문화시민이 공적 광장에서 활동하게 되고, 교양적 인간이 시대의 한 모델로 살아갈 수 있게 되리라고 여긴다.

인간적인 것의 가능성을 고민한다는 것은 보다 넓고 깊은 삶의 가능성을 더 높은 수준의 보편성 아래 고민한다는 뜻

*

사람에게 유익할 수 있는 것들을 생각해내고, 이 생각을 글로 표현하며, 이렇게 표현하면서 우리 모두의 본성이 빛나게 하는 일보다 더 아름다운 것은 인간의 일생에 없을 것이다.

＊

그러나 아름다움은 오늘날 현실에 있는 것인가? 있다면, 그것은 얼마나 자주 나타나는가? 그렇게 나타난다면, 그것은 나와 우리의 일이 되는 것인가? 아름다움은, 아름다운 상황이나 사건이나 인간은 아주 드물다. 있다면 그것은 이 인간의 삶에 아름다움은 없다는 서글픈 인식의 아름다움뿐인지도 모른다. 인간 현실에 대한 이 같은 뼈아픈 각성은 그러나 추하지 않다. 아니 이것이야말로 아름답다. 이 점에서 또 한 번의 역설을 우리는 겪는다.

슬픈 노래, 야속한 사랑의 노래만 삶에서 살아남는다. 그것은 마치 불행만 지속된다는 사실을 각성하는 동안 행복이 아주 짧게, 그리고 궁색하게, 그래서 횡재하듯이 겨우 찾아드는 것과 같을지도 모른다. 220여 년 전의 실러도 이같이 엄혹한 삶의 현실을 절감하고 있었던 것 같다.

실러는 《인간의 심미적 교육론》을 끝내면서, "대담한 단순성과 조용한 무구함을 가지고 가장 뒤엉킨 상황도 헤쳐가면서, 자기의 자유를 주장하기 위해 다른 사람의 자유를 손상시킬 필요가 없고, 우아함을 보이기 위해 자신의 품위를 내던질 필요도 없는" 심미적 공동체를 염원했지만, 이 "섬세하게 조율된 영혼(feingestimmte Seele)"으로 구성된 단체가 "몇 개의 두셋 되는 정선된 모임에서만(nur… in einigen wenigen auserlesenen Zirkeln)" 발견될 수 있을 것이라고 썼다.[85] 아름다움의 길—심

---

85 Friedrich Schiller, *Über die ästhetische Erziehung des Menschen in einer Reihe von Briefen*, a. a. O., S. 520.

미적 공동체로의 길은 이처럼 어렵고 멀고 좁은 길이다.

　인류가 보다 나은 삶의 길로 향해 간다는 것은 확실치 않다. 이것을 관념 속에서나마 진전시키기도 어렵고, 이 진전을 실행 속에서 체험하기란 더더욱 어렵다. 인간의 생애는 너무도 짧다는 것, 어처구니없을 정도로 짧아 그 어떤 것도 제대로 할 수 없다는 사실을 나는 이미 청년 시절에 절감했다. 그래서 이 주어진 생애 동안 할 수 있는 작은 일이, '내'가 의미를 두는, 내게 적합한 그 작은 일이 과연 무엇인지 고민하면서 문학을 선택했지만, 이 문학과 예술에서조차, 돌아보면 벌써 30년이 다 되어가는데, 할 수 있는 일이 크게 없다는 점은 이제 자명해졌다. 내가 염원하는 심미주의의 길도 인간의 현실에서 쉽지 않을 것이라는 사실을 나는 잘 안다.

　진선미의 좁고도 위태로운 길은 인간사를 지배하는 변덕스런 느낌과 견해와 이해관계의 수천 가지 장애를 넘고 또 넘고 또 넘어야 한다. 결국 이 책은 소수의 독자―예술의 힘을 잊지 않고 고민하는 몇몇 독자를 위한 것이다. 말할 것도 없이 행복의 약속보다는 그 실천이 더 소중하지만, 이 실천 속의 행복은 저 멀리 떨어져 있지만, 그 먼 행복에 대한 지금의 그리움이 그 꿈을 적게 했고, 이 꿈을 적는 가운데 나는 그 기쁨의 한쪽을 미리 맛보았다. 삶의 어떤 기쁨은 상상적으로만, 오직 꿈속에서 체험되는 것인지도 모른다. 심미주의가 만약 있다면, 그 기초는 이 현실에서 온전히 정립될 수 없다는 불가능성에 대한 통절한 인정으로부터 하나하나씩 놓이기 시작할 것이다.

인류가 보다 나은 삶의 길로 향해 간다는 것은 확실치 않다. 진선미의 좁고도 위태로운 길은 인간사를 지배하는 변덕스런 느낌과 견해와 이해관계의 수천 가지 장애를 넘고 또 넘고 또 넘어야 한다

이토록 불가능한 것을 나는 이 책에서 참으로 간절하게 염원했다. 그 점에서 그 시도는 단순하고 어리석고 비현실적이다. 아마도 10년, 50년, 100년 후에도 아름다움의 추구 방식은 이처럼 어리석고 아둔하며 비현실적인 열정이 시도할 가능성이 높다. 그래서 그 누구의 주목도, 적어도 대다수의 주목은 받지 못할지도 모른다. 소수의 눈귀 밝은 자만 그것에 주의할까? 하지만 개인의 자유를 허용하면서 사회의 평화로 나아가는 비강제적인 화해의 삶은 예술을 통해 가능할 것이다.

*

"(나는) 다투지 않고 나 자신의 방식에 따라서 진실을 말할 용의가 있다" (소크라테스)

소크라테스는 《향연》에서 논쟁을 원하는 사람들에게, "자네들과 다투지 않고, 나 자신의 방식에 따라서 진실을 말할 용의가 있네"라고 말했다. (199a) 남을 공격하거나 누구의 잘못을 드러냄으로써 나는 내가 옳다고 말하고 싶지 않다. 지금까지의 글은 다른 사람의 진술방식과 다투지 않고 나 자신만의 방식에 따라 서술한 것이다. 내가 싸운다면, 나는 지금까지와 다르게 싸우고 싶다. 다른 글쓰기의 내용과 형식이야말로 내가 선택한 싸움의 방법이다.

*

좋은 것은 이루기 어렵고, 이룬다고 해도 남아 있기 어려우며, 남아 있다고 한들 그것은 곧 사람들의 기억에서 사라진다. 하나의 성취가 사람들의 시야에서 멀어지기까지는 그리

오랜 시간이 걸리지 않는다. 망각의 역사를 더듬어보는 것은 기억의 역사를 더듬어보는 것보다 더 절망적이다.

그렇다면 문화라는 이름으로 행해진 모든 의미론적 활동이란 무엇인가? 이 활동의 역사적 결과물로서의 예술사와 지성사와 철학사와 사상사는 무엇이 되는가? 그것은 잠정의 것 — 곳곳에 균열과 빈틈과 불충분과 미비를 허용하는 파편적이고 불연속적인 것이다. 예술사, 사상사 그리고 정신사에서 이뤄지는 모든 성취는 불완전하기 짝이 없다. 그것은 왜곡과 훼손과 편견과 경사(傾斜)로 뒤범벅된 불완전투성이 집적물이다. 그러나 그렇다고 그것이 아무것도 아닌 것은 아니다. 1200여 년 전 당나라의 한유(韓愈)는 이렇게 썼다. "옛 사람을 돌아보면 시대를 잘 만나 도를 행할 경우에 책을 쓰지 않았다. 책을 쓴 사람들은 당대에 행하지 못해서 후세 사람들이 행하도록 하기 위해서였다."(《중답장적서(重答張籍書)》)

글을 쓰는 것은 오늘의 사람들이 쓴 대로, 또 생각하는 대로 행하지 않기 때문이다. 언젠가 좋은 시절이 오면, 지금은 알 수 없는 후대의 사람들이, 어쩌면 이 글에서 지금 희구한 대로, 실천할 수도 있을 것이다. 이 글은 그런 먼 훗날의 실천을 떠올리며, 지금의 모든 사람들이 그저 생각 없이 살진 않았다는 것, 그 가운데 어떤 이는 삶의 바람직한 과정을 고민하며 살기도 했다는 작은 증거가 될 수 있을지도 모른다. 개인적으로나 집단적으로 '진보'라고 여긴 것이 바로 이 진보에 역행하게 되었던 사례가 지금까지 얼마나 많았던가? 배우지 않으면 알 수 없고, 묻지 않으면 깨칠 수 없으며, 행하지

배우지 않으면 알 수 없고, 묻지 않으면 깨칠 수 없으며, 행하지 않으면 나아갈 수 없다

않으면 나아갈 수 없다.

이 불가해한 삶의 총체성 앞에서 무지와 욕망을 줄여가는, 생각 없음의 당연하고도 평범한 악을 줄여가면서 인간다움을 입증해가는 하나의 고귀한 방식, 이것이 예술의 방법이다. 그것은 자유를 향한 인간의 자기조직술이다. 내가 사랑한 모든 예술을 나의 재산으로, 나의 예술은 만인의 것으로 나는 간주한다. 인간은 아마도 지금 여기에서 여기를 넘어가는 초월성과의 관계를 통해서만 보편적으로 인간적일 수 있을 것이다. 이 글도, 인간의 많은 일이 그러하듯이, 그 보편적 인간성의 차원을 향한 하나의 사전작업(Vor-arbeit)일 뿐.

*

이것으로 내 글은 막바지에 도달했다.

이제 마침표를 찍어야 한다. 이 마침표는 그러나 새롭게 그리고 다시 시작하기 위한 또 다른 출발점이다. 기존의 의미체계와 작별하면서 새롭게 출발하기 위한 하나의 작은 간이역, 하나의 정거장으로서의 성찰을 나는 한국의 문학과 철학과 미학 그리고 사회현실의 진단 속에서 내 예술론을 펼쳐 보인 것이다.

이 책은 언뜻 보면 '반정치담론'으로 비칠 수도 있다. 그것은 '우리'가 아니라 '나'로부터 시작하고, '집단'보다는 '개인'을 중시하며, '사회의 변화' 이전에 '인격의 개선'을 우선시하기 때문이다. 그러나 삶이 갖가지 경험의 그물망 속에서 매일 매 순간 펼쳐지는 것이라면, 그 변화는 정치를 포함하는 크고 작은 생활의 한가운데서 이미 시작되는 것이라고 해야 한다. 내가 어떻게 느끼고, 이 느낌을 어떻게 생각하며, 어떤 행동 속에서 삶을 도모하는가? 그러면서 우리는 어떻게 그들과 어울려 살고자 하는가?

여기에는 감각과 사고와 언어의 문제, 개인과 사회의 정치도덕적 관계, 그리고 삶의 이성적 조직의 문제가 모두 들어 있다. 우리는 정치를 힘의 관계—권력의 획득과 배분의 차원에서만 파악해선 안 된다. 정치적인 것의 가능성은 삶 전체의 가능성 속에서 개인과 집단이 어떻게 교차하고, 이 접점에서 각자가 어떻게 느끼고 생각하고 행동하는가의 측면에서 시작되어야 한다.

'즐거운' 일이 동시에 '선한' 경우는 삶에서 매우 드물다. 예술은, 심미적 경험의 길은 그 드문 길―즐거우면서도 악하지 않은 삶의 어떤 가능성을 모색한다. 《심미주의 선언》은 보다 나은 삶을 어떻게 나로부터 시작할 것인가를 고민한 글이다. 그것이 선한 것은 좋은 삶의 추구가 자발적으로, 즉 아무런 강제 없이 일어나기 때문이고, 그럼에도 즐거운 것은 그 추구에는 감각을 쇄신하는 기쁨이 들어 있기 때문이다. 사고의 진전, 행동의 변화는 감각의 신선한 기쁨 바로 곁에 자리한다. 감각과 사고의 부단한 쇄신 속에서 개인은 시민으로서 보다 이성적인 사회로 나아갈 수 있을 것이다. 그러므로 이 책은 정치 적대적 담론이 아니라 정치적인 것의 드넓은 가능성을 예술경험적 차원에서 모색한 시도다.

나는 지금까지 13권의 책을 썼다. 이 책들은 어떤 실존적 절실성의 궤적과 다르지 않을 것이다. 절실하게 느끼고 생각하지 않는다면, 어떻게 책으로, 어떻게 한 채의 정신적 독립가옥으로 기록될 수 있겠는가? 실존적으로 가장 절실한 사연들은 사회적으로도 거짓될 수 없다고 나는 믿는다. 하지만 이 절실한 마음도, 이 글을 염원하던 지난 네다섯 해를 되돌아보면, 벌써 시간의 강 저 아래로 떠내려가고 있는 듯하다.

나이가 들수록, 어떤 문헌을 뒤적이고 어떤 그림을 마주치면서 삶의 또 다른 곡절을 마주칠 때마다 더욱 짙게 쌓이는 것은 아쉬움이고 안타까움이다. 시간 속에서 더욱 분명해지는 것은 슬픔의 무게이고 삶의 깊이다. 때로는 분노를 억누르고 울음도 삼키면서 썼건만, 이 모든 열정도 사막을 건너온 모래바람처럼 메말라 있다. 누군가를 꾸짖거나 억누르기 위해서가 아니라, 또 자기정당성을 과시하기 위해서가 아니라, 오직 자신을 일깨우는 방식으로, 그리하여 마치 마른 영혼에 물을 뿌리듯 언어를 우리는 사용할 수 있을까? 그러면서 나는 너를 만나고, 그러면서 우리는 사회 속에서 더 큰 자연과 해후할 수 있을까? 김우창 선생님이 적으셨듯이 "우리는 상처나 고통에 대해서도 겸손해야 한다."

책을 읽다가 문득 고개를 들고 잠시 주변을 돌아볼 수 있는 그런 문장, 그런 그림, 그런 생각을 어느 독자가 간혹 만나게 된다면, 그래서 지금 삶을 한번 가늠할 수 있다면, 이 책은 그 나름의 목적을 이룬 것이라고 나는 생각한다. 나는 누군가를 위해서가 아니라 내 자신을 다독이기 위해, 인간 삶의 근본적 무의미를 견뎌내기 위해 이 글을 썼다. 나를 위한 이 헌정은 그러나, 그것에 거짓이 없다면, 내가 모르는 어떤 분들께도 반드시 헛되지는 않으리라고 여긴다.

책을 출간해주신 김영사에 깊이 감사드린다. 또 책의 문제의식에 깊이 공감하고 편집상의 여러 틀을 잡아주신 박광성 선생님과, 훌륭한 조언을 많이 해주신 김윤경 편집자, 책을 정성껏 꾸며주신 디자인팀에도 깊은 감사를 드린다.

찾아보기

Manifesto for Life Aesthetic